LERNHELFER.DE – DEIN ONLINEPORTAL ZUM BUCH

Dein einzigartiges multimediales Lernkonzept aus Buch, Web und App

Lernen, wann du willst, wo du willst und wie du willst! So funktioniert's:

BUCH
Mit deinem Nachschlagewerk für den gesamten Schulstoff ab der 5. Klasse kannst du dich gezielt auf Unterrichtsinhalte vorbereiten und verpasste Themen nachholen.

WEB
Melde dich bei unserem Lernportal über www.lernhelfer.de/buch an und nutze alle zusätzlichen Features:
- das Schülerlexikon mit zahlreichen Beiträgen und Videos
- deinen persönlichen Lernbereich mit Lernkarten, Musterklausuren und Originalprüfungen zum MSA und Abitur

APP
Mit der kostenlosen App LERNHELFER kannst du bequem unterwegs lernen:
- mobiler Zugriff auf die Inhalte des Webportals www.lernhelfer.de
- Bearbeiten, Sortieren und Erstellen von deinen Lernkarten

Dein LERNHELFER online

Mit jedem Basiswissen-Schule-Buch bekommst du eine 6-monatige Premium-Mitgliedschaft auf dem LERNHELFER-Portal für nur 1,– Euro.
Melde Dich einfach an unter:
www.lernhelfer.de/buch

6 Monate Premium-Mitgliedschaft für nur 1,– Euro!

Duden

BASISWISSEN SCHULE

Mathematik

5. BIS 10. KLASSE

5., aktualisierte Auflage

Dudenverlag

Berlin

Herausgeber
Günther Rolles, Dr. Michael Unger

Autoren
Dr. Hubert Bossek †, Prof. Dr. Klaus-Peter Eichler, Dr. Lutz Engelmann,
Dr. Günter Fanghänel, Karlheinz Lehmann †, Dr. Günter Liesenberg,
Dr. Franz Oberländer, Dr. Gerhard Paulin †, Dr. Ulf Rothkirch,
Prof. Dr. Hans-Dieter Sill, Dr. Reinhard Stamm, Dr. Michael Unger

Die Autoren der Inhalte der beigefügten DVD-ROM sind im elektronischen
Impressum auf der DVD-ROM aufgeführt.

Bibliografische Information der Deutschen Nationalbibliothek
Die Deutsche Nationalbibliothek verzeichnet diese Publikation in der
Deutschen Nationalbiografie; detaillierte bibliografische Daten sind im Internet
über http://dnb.d-nb.de abrufbar.

Das Wort Duden und der Reihentitel **Basiswissen Schule** sind für den Verlag Bibliographisches Institut GmbH als Marke geschützt.

Kein Teil dieses Werkes darf ohne schriftliche Einwilligung des Verlages in ir-
gendeiner Form (Fotokopie, Mikrofilm oder ein anderes Verfahren), auch nicht für
Zwecke der Unterrichtsgestaltung, reproduziert oder unter Verwendung elektronischer Systeme verarbeitet, vervielfältigt oder verbreitet werden.

Für die Inhalte der im Buch genannten Internetlinks, deren Verknüpfungen zu
anderen Internetangeboten und Änderungen der Internetadresse übernimmt
der Verlag keine Verantwortung und macht sich diese Inhalte nicht zu eigen. Ein
Anspruch auf Nennung besteht nicht.
Für die Nutzung des Internetportals www.lernhelfer.de gelten die Allgemeinen
Geschäftsbedingungen (AGB) des Internetportals, die jederzeit unter dem entsprechenden Eintrag abgerufen werden können.

Alle Rechte vorbehalten. Nachdruck, auch auszugsweise, nicht gestattet.

© Duden 2014   D C B A
Bibliographisches Institut GmbH, Mecklenburgische Straße 53, 14197 Berlin

Redaktionelle Leitung	David Harvie
Redaktion	Anja Ziemer
Illustrationen	Wolfgang Beyer, Heribert Braun, Gerlinde Keller, Matthias Pflügner

Herstellung	Marta Rive
Layout	Britta Scharffenberg
Umschlaggestaltung	Büroecco, Augsburg
Satz	DZA Satz und Bild GmbH, Daniela Watzke
Grafiken	Jens Prockat, Christiane Gottschlich, Daniela Watzke
Druck und Bindung	Těšínská tiskárna,Český Těšín
Printed in Czech Rebublic	

ISBN 978-3-411-71505-3
www.lernhelfer.de

Inhaltsverzeichnis

1	Mathematik – eine der ältesten Wissenschaften	9
1.1	**Was ist Mathematik und was kann sie?**	**10**
1.2	**Denk- und Arbeitsweisen in der Mathematik**	**11**
1.2.1	Mathematisches Modellieren.	11
1.2.2	Definieren von Begriffen	13
1.2.3	Vermutungen und Hypothesen aufstellen, begründen und beweisen bzw. widerlegen	14
1.2.4	Skizzieren, Zeichnen und Konstruieren mathematischer Objekte	16
1.2.5	Lösungswege dokumentieren und die Fachsprache angemessen einsetzen.	18
1.2.6	Lösungsstrategien bei Sach- und Anwendungsaufgaben nutzen.	19
1.2.7	Erfassen, Darstellen und Interpretieren von Daten	13

2	Grundbegriffe der Mathematik	23
2.1	**Aussagen**	**24**
2.1.1	Zeichen und Zeichenreihen in der Mathematik	24
2.1.2	Wahrheitswerte von Aussagen	28
2.1.3	Erfüllbarkeit von Aussageformen	29
2.1.4	Logische Operationen	30
2.1.5	Definitionen	35
2.1.6	Sätze und Beweise	36
2.2	**Mengen**	**40**
2.2.1	Mengenbegriff	40
2.2.2	Darstellung von Mengen	41
2.2.3	Mächtigkeit von Mengen.	42
2.2.4	Relationen zwischen zwei Mengen.	43
2.2.5	Mengenoperationen	45

3	Zahlen und Rechnen	49
3.1	**Natürliche Zahlen**	**50**
3.1.1	Zahlbegriff; Zahldarstellungen	50
3.1.2	Rechnen mit natürlichen Zahlen	53
3.1.3	Vielfache und Teiler	53
3.2	**Ganze Zahlen**	**63**
3.2.1	Zahlbegriff; Zahldarstellungen	63
3.2.2	Rechnen mit ganzen Zahlen	65
3.3	**Gebrochene Zahlen**	**71**
3.3.1	Zahlbegriff; Zahldarstellungen	71
3.3.2	Rechnen mit gemeinen Brüchen	75
3.3.3	Rechnen mit Zehnerbrüchen (Dezimalbrüchen).	79
3.4	**Rationale Zahlen**	**82**
3.4.1	Zahlbegriff; Zahldarstellungen	82
3.4.2	Rechnen mit rationalen Zahlen	84
3.5	**Reelle Zahlen**	**87**
3.5.1	Zahlbegriff	87
3.5.2	Rechnen mit reellen Zahlen.	88

4 Inhaltsverzeichnis

3.6	**Rechnen mit Potenzen, Wurzeln und Logarithmen**	**89**
3.6.1	Potenzbegriff; Potenzgesetze; Rechnen mit Potenzen	89
3.6.2	Wurzelbegriff; Wurzelgesetze; Rechnen mit Wurzeln.	93
3.6.3	Logarithmen; Logarithmengesetze	95
3.7	**Größen**	**96**
3.7.1	Größenbereiche	96
3.7.2	Längen-, Flächen- und Volumeneinheiten	97
3.7.3	Masseeinheiten.	99
3.7.4	Zeiteinheiten.	99
3.7.5	Währungseinheiten	100
3.8	**Rechnen mit Näherungswerten**	**101**
3.8.1	Grundbegriffe.	101
3.8.2	Rechnen mit Näherungswerten.	102

▌Überblick 104

4	**Prozent- und Zinsrechnung**	**105**
4.1	**Prozentrechnung**	**106**
4.1.1	Grundbegriffe.	106
4.1.2	Bequeme Prozentsätze.	106
4.1.3	Berechnen von Prozentwerten, Prozentsätzen, Grundwerten	107
4.1.4	Grafische Darstellungen von Prozentsätzen.	110
4.2	**Promillerechnung**	**111**
4.3	**Zinsrechnung**	**112**
4.3.1	Grundbegriffe.	112
4.3.2	Berechnen von Zinsen, Zinssatz, Kapital und Zeitspannen . . .	112

▌Überblick 118

4.3.3	Zinseszins.	116
4.4	**Rentenrechnung**	**119**
4.4.1	Ratenzahlungen	119

▌Überblick 122

4.4.2	Schuldentilgung	121

5	**Gleichungen und Ungleichungen**	**123**
5.1	**Variable und Terme**	**124**
5.1.1	Rechnen mit Variablen; Termumformungen	125
5.2	**Grundlagen der Gleichungslehre**	**129**
5.2.1	Grundbegriffe.	129
5.2.2	Lösen einer Gleichung bzw. Ungleichung; Lösungsmenge . . .	130
5.2.3	Proben bei Gleichungen und Ungleichungen.	132
5.2.4	Inhaltliches Lösen von Gleichungen bzw. Ungleichungen. . . .	133
5.3	**Äquivalentes Umformen von Gleichungen und Ungleichungen**	**135**
5.3.1	Begriff „Äquivalenz"	135
5.3.2	Äquivalentes Umformen von Gleichungen.	135
5.3.3	Äquivalentes Umformen von Ungleichungen	137
5.4	**Lineare Gleichungen**	**138**
5.4.1	Lineare Gleichungen mit einer Variablen	138
5.4.2	Lineare Gleichungen mit zwei Variablen	142
5.5	**Lineare Ungleichungen**	**143**
5.5.1	Lineare Ungleichungen mit einer Variablen	143
5.5.2	Lineare Ungleichungen mit zwei Variablen	144
5.6	**Lineare Gleichungssysteme**	**145**
5.6.1	Begriffe	145

▌Überblick 148

5.6.2	Lösen linearer Gleichungssysteme.	145

5.7	**Quadratische Gleichungen**	**149**	
5.7.1	Begriffe	149	
5.7.2	Lösungsverfahren für spezielle quadratische Gleichungen	149	
5.7.3	Lösungsformel für quadratische Gleichungen	150	
5.7.4	Diskussion der Lösungen einer quadratischen Gleichung	151	
5.7.5	Wurzelsatz von Vieta	152	
5.8	**Bruchgleichungen und Bruchungleichungen**	**153**	Überblick 155
5.9	**Algebraische Gleichungen höheren Grades**	**156**	
5.9.1	Begriff	156	
5.9.2	Kubische Gleichungen und Gleichungen höheren Grades	156	
5.9.3	Polynomdivision	158	
5.10	**Wurzel-, Exponential- und Logarithmengleichungen**	**160**	
5.10.1	Begriffe	160	
5.10.2	Lösen von Wurzelgleichungen	160	
5.10.3	Lösen von Exponentialgleichungen	162	
5.10.4	Lösen von Logarithmengleichungen	163	
5.11	**Trigonometrische Gleichungen**	**164**	
5.12	**Näherungsverfahren zum Lösen von Gleichungen mit einer Variablen**	**165**	
5.12.1	Iterationsverfahren	165	
5.12.2	Nullstellenbestimmung durch Intervallschachtelung	166	
5.12.3	Sekantennäherungsverfahren (regula falsi)	167	Überblick 168

6	**Funktionen**	**169**	
6.1	**Grundbegriffe und Eigenschaften von Funktionen**	**170**	
6.1.1	Funktionsbegriff	170	
6.1.2	Darstellung von Funktionen	171	
6.1.3	Eigenschaften von Funktionen	172	
6.1.4	Schnittpunkte von Funktionsgraphen mit den Achsen	174	Überblick 176
6.2	**Proportionalität**		
6.2.1	Direkte Proportionalität	177	
6.2.2	Indirekte Proportionalität	178	
6.3	**Lineare Funktionen**	**180**	
6.3.1	Funktionen mit der Gleichung $y = m \cdot x$	180	
6.3.2	Funktionen mit der Gleichung $y = m \cdot x + n$	182	Überblick 185
6.4	**Quadratische Funktionen**	**186**	
6.4.1	Graphen quadratischer Funktionen	186	
6.4.2	Nullstellen der Funktionen mit $y = x^2 + p \cdot x + q$	188	
6.4.3	Funktionen mit $y = a \cdot x^2 + b \cdot x + c$	189	Überblick 190
6.5	**Potenzfunktionen**	**191**	
6.5.1	Potenzfunktionen mit geraden Exponenten	191	
6.5.2	Potenzfunktionen mit ungeraden Exponenten	192	
6.6	**Wurzelfunktionen**	**193**	
6.6.1	Funktionen mit $y = \sqrt[2]{x}$	193	
6.6.2	Funktionen mit $y = \sqrt[n]{x}$	193	
6.7	**Exponentialfunktionen**	**194**	
6.7.1	Funktionen mit $y = a^x$	194	
6.7.2	Funktionen mit $y = e^x$	194	
6.8	**Logarithmusfunktionen**	**195**	
6.8.1	Funktionen mit $y = \log_a x$	195	
6.8.2	Funktionen mit $y = \lg x$ und $y = \ln x$	195	

	6.9	**Winkelfunktionen (trigonometrische Funktionen)**	**196**
	6.9.1	Sinus, Kosinus, Tangens und Kotangens am rechtwinkligen Dreieck 196
	6.9.2	Winkelfunktionen am Kreis........................... 196
Überblick 202	6.9.3	Graphen und Eigenschaften der Winkelfunktionen 198

7	**Planimetrie**	**203**
7.1	**Grundbegriffe**	**204**
7.1.1	Ebene, Linie, Punkt, Gerade, Strahl und Strecke 204
7.1.2	Länge und Längenmessung........................... 208
7.1.3	Fläche und Flächeninhaltsmessung..................... 209
7.1.4	Winkel und Winkelmessung 210
7.2	**Konstruktionen**	**218**
7.2.1	Konstruktionen mit Zirkel und Lineal.................... 218
7.2.2	Konstruktionen mit Zeichendreieck, Lineal und Geodreieck... 220
7.2.3	Konstruktionen mit der Methode der Bestimmungslinien ... 221
7.2.4	Softwaregestütztes Konstruieren 223
7.3	**Geometrische Abbildungen**	**224**
7.3.1	Ähnlichkeitsabbildungen............................ 225
7.3.2	Kongruenzabbildungen.............................. 226
7.4	**Bewegung, Kongruenz und Symmetrie**	**228**
7.4.1	Spezielle Bewegungen.............................. 228
7.4.2	Nacheinanderausführung von Bewegungen 231
7.4.3	Kongruenz 234
7.4.4	Symmetrie 235
7.5	**Zentrische Streckung, Ähnlichkeit und Strahlensätze**	**237**
7.5.1	Zentrische Streckung 237
7.5.2	Ähnlichkeit 239
7.5.3	Strahlensätze 240
7.6	**Dreiecke**	**245**
7.6.1	Dreiecksarten 245
7.6.2	Sätze über das Dreieck.............................. 246
7.6.3	Besondere Linien und Punkte des Dreiecks 247
7.6.4	Kongruenz von Dreiecken 249
7.6.5	Ähnlichkeit von Dreiecken........................... 251
7.6.6	Konstruktion von Dreiecken 251
7.6.7	Flächeninhaltsberechnung von Dreiecken 254
7.6.8	Satzgruppe des Pythagoras 256
7.6.9	Anwendung der trigonometrischen Funktionen 260
7.7	**Vierecke**	**266**
7.7.1	Allgemeines Viereck................................ 266
7.7.2	Klassifizierung von Vierecken 267
7.7.3	Spezielle Vierecke und deren Eigenschaften 271
7.8	**Vielecke (Polygone)**	**277**
7.8.1	Allgemeine Eigenschaften........................... 277
7.8.2	Regelmäßige n-Ecke................................ 278
7.9	**Kreis**	**280**
7.9.1	Begriffe 280
7.9.2	Winkel am Kreis 285
7.9.3	Inkreis und Umkreis von Vielecken 287
7.9.4	Berechnungen am Kreis.............................. 288

Überblick 217

Überblick 244

Überblick 276

Überblick 292

8	**Stereometrie**	**293**
8.1	**Grundlagen der Körperdarstellung**	**294**
8.1.1	Begriffe und Merkmale geometrischer Körper	294
8.1.2	Projektionsarten	296
8.1.3	Schräge Parallelprojektionen.	297
8.1.4	Senkrechte Parallelprojektionen	298
8.1.5	Körpernetze	301
8.2	**Grundlagen der Körperberechnung**	**302**
8.3	**Würfel und Quader**	**303**
8.3.1	Begriffe und Formeln	303
8.3.2	Darstellung von Würfeln und Quadern	304
8.4	**Prisma und Kreiszylinder**	**305**
8.4.1	Begriffe und Formeln	305
8.4.2	Darstellung von Zylindern und Prismen	309

▍Überblick 312

8.5	**Pyramide und Kreiskegel**	**313**
8.5.1	Begriffe und Formeln	313
8.5.2	Darstellung von Pyramiden und Kegeln	318
8.6	**Pyramidenstumpf und Kegelstumpf**	**320**
8.7	**Kugel**	**323**
8.8	**Zusammengesetzte Körper**	**324**
8.9	**Regelmäßige Polyeder**	**326**

▍Überblick 328

9	**Stochastik**	**329**
9.1	**Kombinatorisches Rechnen; Zählstrategien**	**330**
9.1.1	Anordnungen	330
9.1.2	Zählstrategien.	334
9.2	**Elemente der beschreibenden Statistik**	**336**
9.2.1	Statistische Erhebungen (Erfassen und Auswerten von Daten)	336
9.2.2	Statistische Kenngrößen (bei Häufigkeitsverteilungen)	341
9.3	**Wahrscheinlichkeitsrechnung**	**347**
9.3.1	Vorgänge mit zufälligem Ergebnis; zufällige Ereignisse	347
9.3.2	Elementarer Wahrscheinlichkeitsbegriff; Berechnen von Wahrscheinlichkeiten	349
9.3.3	Mehrstufige Zufallsversuche	350
9.3.4	Zufallsgrößen und ihre Verteilung	356

▍Überblick 360

10	**Rechenhilfsmittel**	**361**
10.1	**Geschichtlicher Abriss**	**362**
10.2	**Elektronische Hilfsmittel**	**365**
10.2.1	Elektronische Taschenrechner	365
10.2.2	Grafikfähige Taschenrechner.	368
10.2.3	Computeralgebrasysteme	370
10.2.4	Tabellenkalkulationsprogramme.	372
10.2.5	Dynamische Geometriesoftware	375

A	Anhang	379

Übersicht zur Herkunft ausgewählter
mathematischer Begriffe 380
Mathematische Zeichen und Symbole 383
Griechisches Alphabet 384
Römische Zahlzeichen 384
Rundungsregeln 385
Einheiten von Größen 385
Nichtdezimale Einheiten (Auswahl) 386
Maße im Haushalt 386
Kettensatz 388
Mischungsrechnen 388
Register 389
Bildquellenverzeichnis 400

Mathematik – eine der ältesten Wissenschaften

1

1.1 Was ist die Mathematik und was kann sie?

▶ Geschwindigkeit:
$v = \frac{s}{t}$
Bodymaßindex: BMI
$= \frac{\text{Körpermasse in kg}}{(\text{Körpergröße in m})^2}$
Umfang: $u = 2(a + b)$
Wasser: H_2O
Ethin C_2H_2: $CH \equiv CH$
Natriumion: Na^+

Die Mathematik, so wie sie im Unterricht der Sekundarstufe I vermittelt wird, besteht aus den Teilgebieten:
- Rechnen mit Zahlen und Größen (Arithmetik),
- Lösen von Gleichungen und Ungleichungen (Algebra),
- Darstellen, Untersuchen und Berechnen von ebenen und räumlichen Figuren (Geometrie),
- Rechnen mit dem Zufall und mit Wahrscheinlichkeiten (Stochastik),
- Untersuchen von Zusammenhängen und funktionalen Beziehungen (Analysis).

In einigen Übersichten werden das Arbeiten mit Größen und das Untersuchen der Teilbarkeit als gesonderte Bereiche ausgewiesen.
Oftmals wird das große Teilgebiet der Geometrie in die Bereiche Planimetrie (ebene Figuren) und Stereometrie (räumliche Objekte) aufgeteilt.
Im Mathematikunterricht der gymnasialen Oberstufe werden neben diesen Teilgebieten neue Teilbereiche wie die Differenzialrechnung behandelt.
Eine gesonderte Stellung nimmt die sogenannte angewandte Mathematik ein, zu der z. B. die Versicherungsmathematik zählt.

Die Mathematik stellt für alle anderen Wissenschaften Modelle zur Verfügung, mit denen Prozesse in der Wirklichkeit erfasst, beschrieben und untersucht werden können.

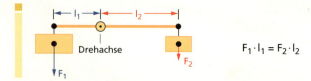

Viele Erkenntnisse in den Natur- und Gesellschaftswissenschaften lassen sich ohne mathematische Grundlagen nicht quantitativ untersuchen und darstellen. Im Gegensatz zu den Naturwissenschaften, die einen Großteil ihrer Erkenntnisse aus Experimenten ableiten, beruhen die Entwicklungen in der Mathematik auf allgemeingültigen Aussagen und streng logischen Schlussfolgerungen.
Die dabei verwendeten Modelle stützen sich auf grundlegende Annahmen, die in Form von Grundbegriffen, Axiomen, Definitionen und Sätzen den Aufbau der Mathematik bestimmen.

Baustein	Beispiel
Grundbegriff	Punkt
Axiom	Parallelenaxiom
Definition	Kreis
Satz	Scheitelwinkelsatz

1.2 Denk- und Arbeitsweisen in der Mathematik

Bei der Beschäftigung mit den Inhalten der Mathematik werden vielfältige Denk- und Arbeitsweisen benötigt, die auch für die Bewältigung von Alltagsanforderungen unerlässlich sind.
Zu den wichtigsten fachspezifischen Denk- und Arbeitsweisen gehören:
– das mathematische Modellieren,
– das Definieren von Begriffen,
– das Aufstellen, Begründen und Beweisen von Vermutungen und Hypothesen,
– das Zeichnen und Konstruieren mathematischer Objekte,
– das Dokumentieren von Lösungswegen,
– das Erfassen, Darstellen und Interpretieren von Daten.

1.2.1 Mathematisches Modellieren

Wenn ein Problem aus dem Alltag bearbeitet werden muss, ist es in einen mathematischen Sachverhalt zu „übersetzen". Das gewählte mathematische Modell muss in allen für das Lösen des Problems wichtigen Eigenschaften mit der realen Situation übereinstimmen.

▎ Zur Bestimmung der Baumhöhe kann das Försterdreieck benutzt werden. Mathematisch führt das auf das Lösen einer Verhältnisgleichung (Strahlensatz). ▶ $\frac{a}{b} = \frac{c}{h-x}$

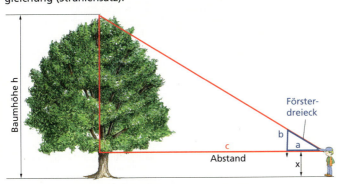

Das mathematische Modellieren bezieht sich zumeist auf das Lösen von Sachaufgaben oder das Konstruieren geometrischer Objekte und lässt sich in folgende drei Teilhandlungen aufgliedern:

1. Analyse – Sachverhalte auf mathematische Konzepte zurückführen:
– sachbezogene Fragestellungen entwickeln,
– das Problem geeignet vereinfachen,
– Sachverhalte z. B. in Form von Skizzen oder Tabellen darstellen,
– Terme, Gleichungen und Ungleichungen aufstellen,
– passende mathematische Objekte auswählen.

2. Lösung – Zusammenhänge erkennen, verwenden und begründen:
– Beziehungen zwischen Größen erkennen,
– Zusammenhänge hinterfragen (mit Alltagserfahrungen vergleichen, Abschätzungen vornehmen, Plausibilitätserklärungen durchführen),
– Abhängigkeiten erkennen,
– grafische Darstellungen (Diagramme) verwenden und interpretieren.

3. Kontrolle – Ergebnisse interpretieren und reflektieren:
– mathematische Ergebnisse in die Sachebene zurückführen,
– Ergebnisse anhand praktischer Erfahrungen prüfen,
– Lösungsstrategien und Lösungswege kritisch bewerten.

In dem folgenden Beispiel sind die einzelnen Schritte in Fragen eingekleidet:

Lilli und Paul stellen der Klasse ihren Vorschlag für eine dreitägige Rundreise mit Fahrrädern vor:
„Am ersten Tag fahren wir ein Drittel der Gesamtstrecke. Am zweiten Tag müssen wir 6 km mehr als am ersten Tag fahren und am dritten Tag fahren wir noch 19 km."
Die Klasse überlegt, ob man aus den Angaben die Gesamtstrecke berechnen kann.

Analyse:

Worum geht es in der Aufgabe?	Es geht um eine Fahrradtour, die drei Tage dauert.
Wie heißt die Frage?	Wie lang ist die Gesamtstrecke?
Wie kann ich mir den Sachverhalt vorstellen?	Ich zeichne drei Strecken, die ein Dreieck bilden.
Ist eine Skizze günstig?	Ich zeichne eine Strecke für die ganze Fahrt.

Lösung:

Kann ich aus der Skizze Beziehungen erkennen?

1. Tag — ein Drittel der Gesamtstrecke
2. Tag — 6 km mehr als am 1. Tag
3. Tag — 19 km

Was kann ich noch günstiger zeichnen?
– Den zweiten Tag zerlegen
– Die Gesamtstrecke in drei Teile teilen:
  6 km + 19 km muss auch ein Drittel sein.

Wie rechne ich am günstigsten?
$6 + 19 = 25$
$25 \cdot 3 = 75$

Kontrolle:

Wie kann ich die Rechnung kontrollieren?
$75 : 3 = 25$

Kann das wahr sein?
In drei Tagen schafft man 75 km.

Kann ich das Ergebnis am Sachverhalt prüfen?	Am ersten Tag soll ein Drittel, also 25 km, gefahren werden, am zweiten Tag 6 km mehr, also 31 km. Das sind zusammen 56 km. Es bleiben noch 19 km für den dritten Tag.
Wie lautet die Antwort?	Die Gesamtstrecke ist 75 km lang.

1.2.2 Definieren von Begriffen

Das Definieren von Begriffen in der Mathematik ist auf drei Wegen möglich.

1. Das Objekt beschreiben und Merkmale nennen:
– das Objekt eindeutig beschreiben, z. B. in der Form von „besteht aus",
– Oberbegriffe nutzen,
– charakteristische Merkmale nennen.

■ Ein Rechteck ist ein Parallelogramm mit einem rechten Winkel.

Ein Kreis ist die Menge aller Punkte in einer Ebene, die von einem festen Punkt den gleichen Abstand haben.

2. Erklären, wie das Objekt entsteht:
– erklären, wie das Objekt erzeugt wird,
– mittels geometrischer Abbildungen Figuren erzeugen.

■ Ein Kreis entsteht, wenn eine Strecke in einer Ebene um einen ihrer Endpunkte rotiert.

3. Die Bedeutung und die Verwendung eines Zeichens festlegen:
– Schreibweisen festlegen,
– erklären, wie ein Zeichen zu verwenden ist.

■ Als Radius r eines Kreises wird der Abstand der Punkte des Kreises vom Mittelpunkt bezeichnet.

Mit der Variablen V wird das Volumen eines Körpers bezeichnet.

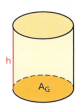

▶ $V = A_G \cdot h$

1.2.3 Vermutungen und Hypothesen aufstellen, begründen und beweisen bzw. widerlegen

In der Mathematik gehört das **Argumentieren,** zu dem auch das Begründen und Beweisen zählen, zu den wichtigsten Tätigkeiten. So sind Aussagen zu treffen, ob z. B. eine Aussage allgemeingültig ist oder ein vorgegebener Lösungsweg bzw. ein Ergebnis richtig ist.
Oftmals müssen weitere Informationen erfragt und festgelegte mathematische Vereinbarungen eingehalten werden.

Dem schließen sich **Arbeitsweisen** an, die man wie folgt strukturieren kann.

1. Vermutungen und Hypothesen aufstellen:
– aufgrund von Erfahrungen ein mögliches Ergebnis nennen,
– eine Aussage treffen.

2. Vermutungen und Hypothesen begründen:
– Fragen und Ziele formulieren,
– mögliche Argumente erfassen und analysieren,
– Vermutung (anfangs umgangssprachlich) formulieren,
– schrittweise formalisieren.

3. Vermutungen und Hypothesen beweisen bzw. widerlegen:
– eine Behauptung formulieren,
– eine Beweisidee suchen,
– Argumente logisch und fachlich richtig miteinander verknüpfen,
– Gegenbeispiel suchen, um Behauptung zu widerlegen,
– allgemeine Beweisstrategien finden und geeignete auswählen,
– verschiedene Beweisverfahren miteinander vergleichen.

Für das **Beweisen** mathematischer Aussagen bietet sich folgende Vorgehensweise an, die in Form von Fragen dargestellt ist.

1. Erfassen und Analysieren der Aufgabe:
– Worum geht es in der Aufgabe?
– Ist eine Skizze möglich?
– Wie sind die vorkommenden Begriffe definiert?
– Was ist die Behauptung?
– Was sind die Voraussetzungen?

2. Suchen nach Beweisideen:
– Woraus würde die Behauptung folgen?
  Kenne ich Sätze mit gleicher oder ähnlicher Behauptung?
– Was lässt sich aus den Voraussetzungen ableiten?
  Kenne ich Sätze mit gleichen Voraussetzungen?
– Kann ich aus Beispielen etwas erkennen?
– Ist es möglich und notwendig, verschiedene Fälle zu betrachten?
– Kenne ich eine ähnliche, bereits gelöste Beweisaufgabe?
  Lässt sich das Vorgehen auf die neue Aufgabe übertragen?

3. Darstellen des Beweises:
– In welche Schritte muss ich den Beweis zerlegen?
– Wie lautet die Begründung für jeden Beweisschritt?
– Sind die Voraussetzungen der verwendeten Sätze erfüllt?

4. Kontrolle des Beweises:
Stimmen die Skizzen (Konstruktionen) mit der Beweisdarstellung überein?

In dem folgenden Beispiel werden teilweise die Fragen beantwortet:

■ Wenn in einem Trapez ABCD mit AB ∥ CD die Diagonalen e und f senkrecht zueinander sind, dann gilt $e^2 + f^2 = (a + c)^2$.

Analyse:
Es geht um die Diagonalen und Seiten eines Trapezes.

Voraussetzung:
Trapez mit AB ∥ CD und AC ⊥ BD

Behauptung:
$e^2 + f^2 = (a + c)^2$

Beweisidee:
Der Satz des Pythagoras sagt etwas über die Summe der Quadrate von Seiten aus.
Ich müsste ein rechtwinkliges Dreieck haben, in dem e und f die Katheten sind und a + c die Hypotenuse ist.
Ich verschiebe die Diagonale f um c in Richtung $\overline{AB}$.
Dabei bleibt der Winkel mit der Diagonalen e erhalten.

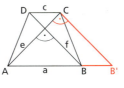

Beweis:
Das Dreieck AB'C ist rechtwinklig.	(nach Voraussetzung)
Die Strecke $\overline{AB'}$ = a + c ist Hypotenuse.	(nach Voraussetzung)
Die Seiten $\overline{AC}$ = e und $\overline{B'C}$ = f sind die Katheten im rechtwinkligen Dreieck AB'C.	(nach Voraussetzung)
$\overline{AC}^2 + \overline{B'C}^2 = \overline{AB'}^2$	(Satz des Pythagoras)
$e^2 + f^2 = (a + c)^2$	(w. z. b. w.)

▶ Mit w. z. b. w. (was zu beweisen war) wird das Ende eines Beweises gekennzeichnet.

In verkürzter Form wird dieses Beweisverfahren auch auf arithmetische Aussagen angewandt.

■ Die Summe von drei aufeinanderfolgenden geraden natürlichen Zahlen ist immer durch 6 teilbar.
Voraussetzung: 2n ist eine gerade natürliche Zahl.
Behauptung: 2n + 2n + 2 + 2n + 4 ist durch 6 teilbar.
Beweis: 2n + 2n + 2 + 2n + 4 = 6n + 6 = 6(n + 1)
6 | 6 (n + 1)   (w. z. b. w.)

1.2.4 Skizzieren, Zeichnen und Konstruieren mathematischer Objekte

Skizzen gehören zu den häufig genutzten Hilfsmitteln, um sich Sachverhalte zu veranschaulichen.
Beim Zeichnen geometrischer Objekte werden neben den klassischen Hilfsmitteln Zirkel und Lineal auch das Geodreieck genutzt bzw. dynamische Geometriesoftware eingesetzt.
Konstruktionen verlangen ein exaktes Vorgehen und werden in der Regel nur mit Zirkel und Lineal ausgeführt.
Zur Lösung einer Konstruktionsaufgabe zu ebenen Figuren oder Körpern sind folgende Schritte sinnvoll.

1. Aufgabe analysieren:
– eine Planfigur anfertigen,
– gegebene Stücke markieren,
– nach Beziehungen zwischen den Stücken suchen.

2. Lösungsplan aufstellen:
– nach Lösungsideen suchen,
– prüfen, ob Punkte durch zwei Linien eindeutig festgelegt sind.

3. Konstruktion ausführen:
– schrittweise die notwendigen Punkte der ebenen Figur oder des Körpers konstruieren,
– Konstruktion vervollständigen und z. B. bei Körpern die Sichtbarkeit von Kanten berücksichtigen.

4. Konstruktion kontrollieren:
– Anzahl der Lösungen bestimmen (Eindeutigkeit der Konstruktion),
– Kongruenz der gefundenen Figuren untersuchen.

In dem folgenden Beispiel werden die einzelnen Schritte in Form von Fragen formuliert:

Konstruiere ein Dreieck ABC aus den Seitenlängen $a = 2{,}3$ cm, $b = 3{,}0$ cm und der Höhe $h_c = 2{,}0$ cm.

Analyse:
Worum geht es in der Aufgabe?   Es geht um die Konstruktion eines Dreiecks.

Ist eine Planfigur möglich?

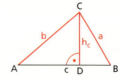

Welche Stücke sind gegeben?   Die Stücke a, b und h_c werden farbig eingezeichnet.

Lösungsplan:

Welche Punkte muss ich bestimmen, um die Konstruktion auszuführen?	Die drei Punkte A, B und C sind zu konstruieren.
Welche Punkte kann ich sofort festlegen?	Mit der Seite b sind die Punkte A und C festgelegt. Die Punkte D und B müssen konstruiert werden.
Wie lässt sich D konstruieren?	D liegt auf dem Thaleskreis über $\overline{AC}$. D liegt auf einem Kreis um C mit dem Radius $h_c = 2{,}0$ cm.
Wie lässt sich B konstruieren?	B liegt auf der Geraden AD. B liegt auf einem Kreis um C mit dem Radius $a = 2{,}3$ cm.

Konstruktion:

Wie weit muss ich die Linien zeichnen?	
Welche Punkte muss ich verbinden?	

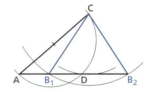

Kontrolle:

Wie viele Lösungen hat die Konstruktion?	Es gibt zwei Lösungen, da der Kreis um C mit der Geraden AD zwei Schnittpunkte hat.
Sind die Lösungen kongruent zueinander?	Die Lösungen sind nicht kongruent, da die Seite c in den beiden Dreiecken unterschiedlich lang ist.

Beim **Darstellen von Körpern** (Netz, Schrägbild, Zweitafelbild) solltest du dir die Figur zuerst vorstellen und eine Planfigur skizzieren. Anschließend geht es darum, schrittweise die Eckpunkte und Kanten zu zeichnen. Zum Abschluss werden die Eckpunkte beginnend von links unten entgegengesetzt dem Uhrzeigersinn mit großen Buchstaben beschriftet und die Kanten nach ihrer Sichtbarkeit unterschiedlich nachgezeichnet.

▪ Konstruiere das Schrägbild eines Satteldaches mit einer Grundfläche von 6×10 m und einer Firsthöhe von 4 m.
Wähle einen geeigneten Maßstab.

Analyse:

Worum geht es in der Aufgabe?	Es geht um ein Dach in Form eines liegenden dreiseitigen Prismas.

Kann ich die gesuchte Figur skizzieren?

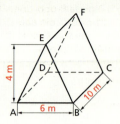

Welche Stücke sind gegeben?

Welcher Maßstab wäre günstig?   1 : 100 (1 cm ≙ 1 m)

Lösungsplan:

Wie viele Punkte brauche ich zur Konstruktion?	Es müssen 6 Eckpunkte konstruiert werden.
Welche Punkte sind festgelegt?	Die Punkte A und B sind durch die Kante $\overline{AB}$ = 6 cm gegeben.
Wie finde ich Punkt E?	E liegt auf der Mittelsenkrechten von $\overline{AB}$ im Abstand von 4 cm.
Wie finde ich die Punkte C und D?	An $\overline{AB}$ werden in A und B unter einem Winkel von 45° Tiefenlinien eingezeichnet. Von A und B aus werden auf den Tiefenlinien im Abstand von 5 cm (10 cm : 2) die Punkte C und D abgetragen.
Wie finde ich den Punkt F?	F liegt auf der Parallelen zu $\overline{BC}$ durch E in einem Abstand von 5 cm von E.

Konstruktion:

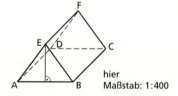

hier Maßstab: 1 : 400

1.2.5 Lösungswege dokumentieren und die Fachsprache angemessen einsetzen

Neben dem Darstellen von Lösungswegen in Form von numerischen und algebraischen Strukturen spielen verbale Beschreibungen eine bedeutende Rolle. Zu ihnen gehören z. B.
– Aussagen zu funktionalen Abhängigkeiten,
– Formulierungen in WENN-DANN-Form,
– Konstruktionsbeschreibungen.

① **Direkte Proportionalität**
Je größer die eine Größe, desto größer die andere Größe.
Wird die eine Größe verdoppelt (verdreifacht usw.), verdoppelt (verdreifacht usw.) sich die andere Größe.

x	2	4	5	7
y	6	12	15	21

② **Stufenwinkelsatz**
Wenn Stufenwinkel gleich groß sind, dann liegen sie an zueinander parallelen Geraden.

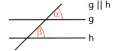

③ Konstruktion eines Dreiecks nach dem Kongruenzsatz sws
 – Auf einer Geraden wird die Strecke $\overline{AB}$ mit $\overline{AB} = c$ abgetragen.
 – Im Punkt A wird an die Strecke $\overline{AB}$ der Winkel α angetragen.

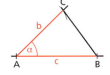

 – Um den Punkt A wird ein Kreisbogen mit dem Radius b gezeichnet. Er schneidet den freien Schenkel des Winkels α im Punkt C.
 – Der Punkt C wird mit den Punkten A bzw. B zum Dreieck ABC verbunden.
 – Die Konstruktion ist nach Kongruenzsatz sws eindeutig.

1.2.6 Lösungsstrategien bei Sach- und Anwendungsaufgaben nutzen

Arbeiten mit Größen
Alltagsprobleme sind mit vielfältigen Größen verknüpft.
Folgende Tätigkeiten zählen zum Arbeiten mit Größen.

Größen umrechnen:
– die kleinere bzw. größere Einheit bestimmen,
– die Rechenoperation ermitteln (multiplizieren, dividieren),
– die Umrechnungszahl ermitteln,
– die Umrechnung ausführen und kontrollieren.

Größen schätzen:
– mit einer bekannten Einheit vergleichen,
– mit einem anderen Objekt vergleichen,
– Ersatzgrößen schätzen, mit denen man weiterrechnen kann.

■ Schätze die Höhe des Straußeneis. Begründe.
Gib den Schätzwert in Zentimetern an.

Gehen wir davon aus, dass das Hühnerei ca. 5 cm groß ist, so ist das Straußenei etwa dreimal so groß und hat demzufolge eine Größe von 15 cm.

Inhaltliches Lösen von Gleichungen und Ungleichungen

Unter dem inhaltlichen Lösen von Gleichungen und Ungleichungen versteht man alle Tätigkeiten und Verfahren, die nicht sofort mittels Äquivalenzumformungen durchgeführt werden.

Dazu gehören u. a.
– systematisches Probieren,
– Terme und Zahlen zerlegen,
– Sätze anwenden,
– Umkehroperation nutzen.

① Welche ganzen Zahlen erfüllen die Ungleichung $3x + 1 < 10$?
Finde die Zahlen durch *systematisches Probieren*.

$3x + 1 < 10$	Wahrheitswert	$x \in \mathbb{Z}$
$3 \cdot (-2) + 1 < 10$	wahr	-2
$3 \cdot (-1) + 1 < 10$	wahr	-1
$3 \cdot 0 + 1 < 10$	wahr	0
$3 \cdot 1 + 1 < 10$	wahr	1
$3 \cdot 2 + 1 < 10$	wahr	2
$3 \cdot 3 + 1 < 10$	falsch	3
$3 \cdot 4 + 1 < 10$	falsch	4

Alle ganzen Zahlen, kleiner als 3, erfüllen die Ungleichung.
$L = \{\ldots; -4; -3; -2; -1; 0; 1; 2\}$

② Löse die Gleichung $8 \cdot (x + 3) = 56$ durch *Zerlegen*.

Das Produkt ist 56 und ein Faktor ist 8.
Der andere Faktor muss demzufolge 7 sein.
Wenn $x + 3 = 7$ ist, so ist x selbst 4.
$L = \{4\}$

③ Löse die Gleichung $(x + 2) \cdot (x - 8) = 0$ durch das *Anwenden von Sätzen*.

Ein Produkt ist null, wenn mindestens einer der beiden Faktoren null ist.

$(x + 2) = 0$ $(x - 8) = 0$
$x_1 = -2$ $x_2 = 8$
$\quad\quad L = \{-2; 8\}$
Die Gleichung $(x + 2) \cdot (x - 8) = 0$ hat die Lösungen -2 und 8.

④ Löse die Gleichung $\sqrt{x + 1} = 3$, indem du die *Umkehroperation* ausführst.

$\sqrt{x + 1} = 3$ | Quadrieren; für $x + 1 \geq 0$
$x + 1 = 9$
$\quad x = 8; \quad L = \{8\}$
Die Gleichung $\sqrt{x + 1} = 3$ hat die Lösung 8.

Wechsel der Darstellungsformen von Aufgaben

Mathematische Aufgaben treten in unterschiedlichen Formen auf. Sie werden z. B. als Textaufgaben formuliert, mit Platzhaltern und Pfeilen sowie in Tabellen und Diagrammen dargestellt. Oftmals hilft der Wechsel der Darstellungsform, um sich einen Sachverhalt besser zu veranschaulichen.

① Gib eine ganze Zahl an, die größer als −7 und kleiner als −3 ist.
   −7 < ■ < −3
   −7 < −5 < −3
   L = {−6; −5; −4}

② Ein Term besteht aus einem Produkt. Ein Faktor ist die Summe von (−7) und 9 und der andere Faktor ist die Differenz aus 12 und 4. Darstellen der Termstruktur in einem Rechenbaum:

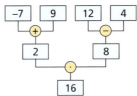

(−7 + 9) · (12 − 4) = 2 · 8 = 16

1.2.7 Erfassen, Darstellen und Interpretieren von Daten

Informationen aus allen gesellschaftlichen Bereichen werden in Form von Daten erhoben, interpretiert und zur Entscheidungsfindung für künftige Entwicklungen herangezogen.

① Daten zur Geburtenentwicklung und Altersstruktur bilden die Grundlage für Entscheidungen zu kommunalen Bauvorhaben wie Kindergarten oder Seniorenwohnanlagen.

② Daten zu Urlaubszielen führen zur Anpassung der Reiseangebote.

③ Daten zu Kfz-Diebstählen ziehen Anpassungen der Versicherungsbeiträge nach sich.

Im Rahmen des Mathematikunterrichts werden beim Arbeiten mit Daten die folgenden Tätigkeitsbereiche unterschieden.

1. Daten erfassen:
− vorrecherchierte Daten aus Tabellen und Diagrammen entnehmen,
− statistische Untersuchungen durchführen,
− Daten mittels Mess- und Zählverfahren ermitteln,
− Daten in Form von Urlisten, Strichlisten und Häufigkeitstabellen vorstrukturieren.

Bus	Pkw
IIII	̄HHT III

2. Daten darstellen:
- tabellarische Darstellung,
- Diagramme.

■ Die Abbildung zeigt die Alterspyramiden der deutschen Bevölkerung im Jahr 1950 und als Prognose für das Jahr 2050.

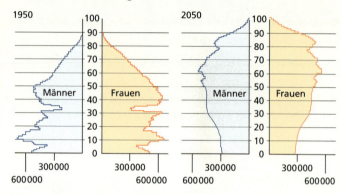

▶ Wird den Ergebnissen einer statistischen Untersuchung ihre relative Häufigkeit zugeordnet, so spricht man von einer **Häufigkeitsverteilung.**

3. Daten interpretieren:
- Kenngrößen wie Mittelwert, relative Häufigkeit oder Median mittels mathematischer Verfahren ermitteln,
- Ergebnisse mithilfe dieser Kenngrößen verbal formulieren.

Das Arbeiten mit Daten ist jederzeit kritisch zu hinterfragen. Dies beginnt bereits bei der Auswahl und dem Umfang der untersuchten Stichprobe und den Untersuchungsbedingungen, setzt sich bei der Darstellung der Daten in Form von Diagrammen fort und endet mit einer objektiven Bewertung der Ergebnisse.

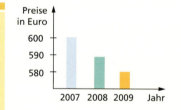

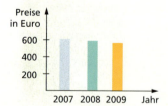

Die Skalierung der y-Achse beginnt nicht bei 0: Die Preisabnahme in den letzten zwei Jahren erscheint groß.

Die Skalierung der y-Achse ist korrekt: Die Preisabnahme in den letzten zwei Jahren erscheint gering.

Das Arbeiten mit einem umfangreichen Datenbestand ist ohne den Einsatz des Computers kaum realisierbar. Zum einen lassen sich Kenngrößen statistischer Untersuchungen mittels Computerprogrammen effektiv und genau ermitteln, zum anderen lässt die Verknüpfung von Datenerfassung und Darstellung eine flexible Veranschaulichung zu.

Grundbegriffe der Mathematik | 2

2.1 Aussagen

2.1.1 Zeichen und Zeichenreihen in der Mathematik

▶ constans (lat.) – feststehend
varius (lat.) – verschieden, wechselnd

Jeder mathematische Ausdruck ist eine Zeichenreihe, die aus einzelnen Zeichen besteht. Es gibt Konstanten, Variablen und technische Zeichen (z. B. Klammern). Eine **Konstante** ist ein Zeichen mit einem festen Wert bzw. einer festen Bedeutung.

Benzen

C_6H_6

Konstante	Beispiele
Zahlzeichen	4; π; −2; VI
Relationszeichen	<; >; =; ∈; ≅; |
Operationszeichen	+; −; ·; :; ∩; ∪
Funktionsnamen	sin; cos; ln

Eine **Variable** ist ein Zeichen für ein beliebiges Element.

> **Definition** In mathematischen Ausdrücken können Buchstaben (z. B. a; x; V) oder grafische Symbole (z. B. ○; △; □) als Platzhalter für bestimmte Zahlen verwendet werden. Diese Buchstaben bzw. Symbole werden auch **Variablen** (Veränderliche oder Unbekannte) genannt.

① Lara will für höchstens 3,00 € Eiskugeln zu je 0,70 € kaufen.
   0,70 € · x ≤ 3,00 €   x – Variable für die Anzahl der Eiskugeln
② Karl ist 12 cm größer als Tom.
   k = t + 12 cm   k bzw. t – Variablen für die Körpergrößen von Karl bzw. Tom

▶ Anstelle von **Grundbereich** wird oft von Grundmenge gesprochen.

Für die Variable kann jedes Element eines vorgegebenen **Grundbereichs** G (Variablengrundbereich) eingesetzt werden. Zu einer Variablen gehört deshalb stets zugleich auch ein Grundbereich. Grundbereiche sind Mengen, insbesondere Mengen von Zahlen oder Größenbereiche.

① 0,70 € · x ≤ 3,00 €
   Da x für eine Anzahl steht, ist der Grundbereich für x die Menge der natürlichen Zahlen, also G = ℕ

Anzahl der Eiskugeln: x	Gesamtpreis: 0,70 € · x
1	0,70 €
2	1,40 €
3	2,10 €
4	2,80 €
5	3,50 €
…	…

2.1 Aussagen

Lara kann eine, zwei, drei oder vier Kugeln Eis kaufen, wenn sie höchstens 3,00 € bezahlen will.
② In den Ausdruck $7x^2$ ($G = \mathbb{R}$) dürfen für x alle reellen Zahlen eingesetzt werden. Für keine dieser Zahlen nimmt der Ausdruck einen negativen Wert an.

Treten in einem Ausdruck mehrere Variablen auf, so kann man zwischen **Formvariablen** und **Lösungsvariablen** unterscheiden.
Die Lösungsvariable ist jeweils diejenige, nach der aufgelöst wird. Die Formvariablen nehmen in jedem konkreten Fall verschiedene Werte an.

Karl ist 12 cm größer als Tom. Wie groß ist Karl, wenn Tom 1,64 m, 1,70 m oder 1,77 m groß ist?
$k = t + 12$ cm   k – Lösungsvariable
$k_1 = 1,76$ m für $t_1 = 1,64$ m   t – Formvariable
$k_2 = 1,82$ m für $t_2 = 1,70$ m
$k_3 = 1,89$ m für $t_3 = 1,77$ m

Sprachliche Gebilde lassen sich mithilfe mathematischer Zeichenreihen als **Terme** (↗ S. 124; Begriffe Variable und Term) darstellen und umgekehrt.

Term	Sprachliche Formulierung
3x	das Dreifache einer Zahl
a^2	das Quadrat einer Zahl
a + b	die Summe zweier Zahlen

Definition Ein **Term** ist eine sinnvolle mathematische Zeichenreihe *ohne* Relationszeichen.

▶ relatio (lat.) – Beziehung, Verhältnis

T_1: 61 T_2: $a(2 + x)$; $G = \mathbb{Z}$ T_3: $34 + 27$
T_4: $\sqrt{25}$ T_5: $(2y - 3x)^3$; $G = \mathbb{R}$ T_6: $(a + b)(a - b)$; $G = \mathbb{N}$

▶ T → Term

Die Terme T_1, T_3 und T_4 enthalten keine Variablen. Ihr **Termwert** kann sofort angegeben oder ausgerechnet werden. Beispielsweise ist $T_1 = 61$ und $T_3 = 61$. Die Terme T_1 und T_3 haben den gleichen Wert.
Die Terme T_2, T_5 und T_6 enthalten Variablen. Wird für die Variablen ein Element aus einem Grundbereich G eingesetzt, nimmt der Term stets einen konkreten Wert an.

Term	Beispiele aus G	Einsetzung	Termwert
T_2: $a(2 + x)$	$a = 4$; $x = -2$	$4[2 + (-2)]$	0
T_5: $(2y - 3x)^3$	$y = 3$; $x = 1$	$(2 \cdot 3 - 3 \cdot 1)^3$	27
T_6: $(a + b)(a - b)$	$a = 7$; $b = 2$	$(7 + 2)(7 - 2)$	45

$2 \cdot (7 \cdot x) + 3$
$14 \cdot x + 3$

Dieses Einsetzen einer Zahl für die Variablen heißt **Variablenbelegung**.

> **Definition** **Aussagen** sind sinnvolle sprachliche Äußerungen bzw. entsprechende Zeichenreihen, die entweder **wahr** oder **falsch** sind.

Aussage	Wahrheitswert
Ananas ist eine Obstsorte.	wahr
Der Februar ist der längste Monat des Jahres.	falsch
Die Zahl 49 ist durch 7 teilbar (7|49).	wahr
Das Dreifache von 37 ist kleiner als 90 (3·37 < 90).	falsch

▶ 1742 wurde die goldbachsche Vermutung aufgestellt: Jede gerade Zahl größer oder gleich 4 lässt sich als Summe zweier Primzahlen darstellen (nach **CHRISTIAN GOLDBACH,** 1690 bis 1764). Diese Vermutung ist eine **Aussage,** weil klar ist, dass sie entweder wahr oder falsch sein muss. Allerdings wurde bisher noch nicht herausgefunden, ob sie wahr oder aber falsch ist.

Nicht jede sprachlich sinnvolle Äußerung ist eine Aussage. „Guten Morgen!" ist sprachlich sinnvoll, aber keine Aussage, da die Äußerung keinen **Wahrheitswert** hat.

> **Definition** Eine **Aussageform** ist eine sinnvolle sprachliche Äußerung, die mindestens eine Variable enthält und die zur Aussage wird, wenn für die Variable(n) ein Element aus dem Grundbereich eingesetzt wird.

■ Aussageform: X ist ein Wahrzeichen von Berlin.
   Grundbereich: Bauwerke

Aussage:
Das Brandenburger Tor ist ein Wahrzeichen von Berlin. (wahr)

Aussage:
Das Kolosseum ist ein Wahrzeichen von Berlin. (falsch)

Beim Einsetzen eines konkreten Elements in die Aussageform entsteht eine **Einzelaussage** über dieses konkrete Element.

Aussageform	Variablenbelegung	Aussage
12·a < 40 (a ∈ ℕ)	a = 3	12·3 < 40 (wahr)
Das Zwölffache einer natürlichen Zahl ist kleiner als 40.	für „eine natürliche Zahl" die Zahl 4 einsetzen	Das Zwölffache von 4 ist kleiner als 40. (falsch)
3·x = 18 (x ∈ ℕ)	x = 6	3·6 = 18 (wahr)
Ein Viereck ist ein Rechteck.	für „ein Viereck" ein Quadrat einsetzen	Ein Quadrat ist ein Rechteck. (wahr)

2.1 Aussagen

2

Entsteht beim Einsetzen eine wahre Aussage, so erfüllt das eingesetzte Element die Aussageform. Das eingesetzte Element ist dann *eine* **Lösung** dieser Aussageform.

Mit Formulierungen wie „es gibt ein", „es gibt kein", „für alle" oder „nicht für alle" kann man Aussagen über die Erfüllbarkeit einer Aussageform bilden (↗ S. 29; Erfüllbarkeit von Aussageformen).

Aussageform	Aussage (über die Erfüllbarkeit der Aussageform)
Eine natürliche Zahl ist durch 3 teilbar.	Es gibt eine natürliche Zahl, die durch 3 teilbar ist. w
$a^2 \leq 0$ $(a \in \mathbb{Q})$	Für alle rationalen Zahlen a gilt: $a^2 \leq 0$ f
Eine natürliche Zahl ist eine Primzahl.	Nicht alle natürlichen Zahlen sind Primzahlen. w

In den Aussageformen in der Tabelle sind die Variablen farbig dargestellt. Sie sind dort **freie Variable,** weil man aus dem Grundbereich beliebig für sie einsetzen kann.
In den Aussagen sind jeweils die gleichen Variablen wie in den Aussageformen enthalten. Allerdings kann dort nicht mehr für die Variablen eingesetzt werden. Die Variablen sind durch die Formulierungen „für alle", „es gibt ein" usw. gebunden, es sind **gebundene Variablen.**

▶ w → wahr
f → falsch

> **Definition**   Aussagen mit „es gibt ein" sind **Existenzaussagen.** Sie behaupten die Existenz *mindestens* eines Elements aus dem Grundbereich, welches die entsprechende Aussageform löst (erfüllt).

Zu beachten sind Unterschiede in der Bedeutung der verschiedenen Formulierungen.

Bedeutung	Erklärung	Beispiel
es gibt ein	Es existiert mindestens ein Objekt.	Es gibt einen Fluss, der durch Berlin fließt. Wahr, denn z. B. Spree und Havel fließen durch Berlin.
es gibt höchstens ein	Es ist möglich, dass ein oder kein Objekt existiert.	Unter drei Kindern findet man höchstens ein Zwillingspaar. Wahr, denn es kann nur ein oder kein Zwillingspaar unter drei Kindern sein.
es gibt genau ein	Es existiert ein und nur ein Objekt.	Es gibt genau eine gerade Primzahl. Wahr, denn die Zahl 2 ist die einzige gerade Primzahl.

> **Definition** Aussagen mit der Formulierung „für alle" behaupten, dass alle Elemente des Grundbereichs die in der Aussage enthaltene Aussageform erfüllen.
> Sie werden **Allaussagen (Universalaussagen)** genannt.

Im Sprachgebrauch wird „für alle" oft durch andere gleichbedeutende Wendungen wie „stets gilt", „immer" oder „für jede" ersetzt.

▶ Alle Rechengesetze sind wahre Allaussagen.

- Für alle reellen Zahlen a und b gilt: a + b = b + a   w
- Alle Planeten unseres Sonnensystems bewegen sich auf Bahnen um die Sonne.   w
- Alle Vögel fliegen im Winter in Richtung Süden.   f
- Alle Primzahlen sind ungerade.   f
- Nicht alle rechtwinkligen Dreiecke sind gleichseitig.   w
- Das Quadrat einer ganzen Zahl ist stets nichtnegativ.   w

2.1.2 Wahrheitswerte von Aussagen

▶ Wissenschaftler wie GOTTFRIED WILHELM LEIBNITZ und **GOTTLOB FREGE** (1846 bis 1925) versuchten, eine künstliche, von logischen Regeln bestimmte eindeutige Sprache zu schaffen.

Sehr alt sind die Versuche der Menschen, umgangssprachlichen Missverständnissen durch die Benutzung einer formaleren, von genauen und eindeutigen Regeln beherrschten Sprache aus dem Wege zu gehen. Heutige Programmiersprachen entsprechen vielen dieser Vorstellungen. In der (klassischen) Logik treten genau zwei Wahrheitswerte (*wahr* und *falsch*) auf. Man spricht deshalb von einer **zweiwertigen Logik**.

> **Definition** Die Forderung, dass eine Aussage entweder wahr oder falsch ist, wird als **Prinzip der Zweiwertigkeit** bezeichnet.
> Es enthält zwei Teilforderungen:
> 1. Jede Aussage ist wahr oder falsch.
>   **(Prinzip des ausgeschlossenen Dritten)**
> 2. Keine Aussage ist wahr und falsch zugleich.
>   **(Prinzip des ausgeschlossenen Widerspruchs)**

Die mathematische Logik untersucht auch sogenannte mehrwertige Logiken, in denen nicht nur zwei Wahrheitswerte auftreten können.
Die Bewertung der Güte von Aussagen über Ereignisse nach der Wahrscheinlichkeit ihres Eintretens etwa mithilfe einer Prozentskala oder als Zahl zwischen 0 (unmöglich) und 1 (sicher) ist ein Beispiel für eine **mehrwertige Logik**.

GOTTFRIED WILHELM LEIBNIZ
(1646 bis 1716)

- Beim Würfeln wird nicht mit Sicherheit immer die gleiche Augenzahl gewürfelt.
  Die Augenzahl 5 erhält man mit einer Wahrscheinlichkeit von 16,7 %.
  Die Aussage „Ich werde eine 5 würfeln" hat den Wahrheitswert $\frac{1}{6}$.

2.1.3 Erfüllbarkeit von Aussageformen

> **Definition** Wenn in einer Aussageform für die Variablen Elemente aus dem Grundbereich eingesetzt werden, gibt es folgende Fälle:
> - *Kein* Element des Grundbereichs überführt die Aussageform in eine wahre Aussage, d.h., die Aussageform ist **nicht erfüllbar** (unerfüllbar).
> - *Wenigstens ein* Element des Grundbereichs überführt die Aussageform in eine wahre Aussage, d.h., die Aussageform ist **erfüllbar**.
> - *Alle* Elemente des Grundbereichs überführen die Aussageform in eine wahre Aussage, d.h., die Aussageform ist **allgemeingültig**.

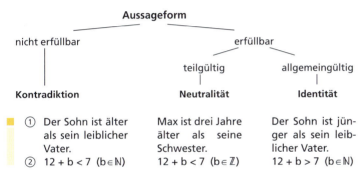

Kontradiktion	Neutralität	Identität
① Der Sohn ist älter als sein leiblicher Vater.	Max ist drei Jahre älter als seine Schwester.	Der Sohn ist jünger als sein leiblicher Vater.
② $12 + b < 7$ ($b \in \mathbb{N}$)	$12 + b < 7$ ($b \in \mathbb{Z}$)	$12 + b > 7$ ($b \in \mathbb{N}$)

Am Beispiel von $12 + b < 7$ und den Grundbereichen $\mathbb{N}$ bzw. $\mathbb{Z}$ wird deutlich, dass die Lösbarkeit (Erfüllbarkeit) einer Aussageform vom Grundbereich abhängt. *Erfüllbare* Aussageformen können zu *wahren Existenzaussagen* umformuliert werden.

■ Ein Viereck ist ein Quadrat.   Es gibt ein Viereck, das ein Quadrat ist.
Aber:
Nicht jedes Viereck ist ein Quadrat.

Allgemeingültige Aussageformen können zu *wahren Allaussagen* quantifiziert werden.

■ $x^2 \geq 0$ ($x \in \mathbb{R}$)   Das Quadrat einer reellen Zahl ist nie negativ.
  $x \cdot y = y \cdot x$ ($x, y \in \mathbb{R}$)   Für alle reellen Zahlen gilt: Faktoren kann man vertauschen, das Produkt bleibt dabei gleich.

Diese Zusammenhänge werden insbesondere beim Beweisen (↗ S. 36; Sätze und Beweise) genutzt. Beispielsweise kann die Wahrheit einer Allaussage nachgewiesen werden, indem gezeigt wird, dass die darin enthaltene Aussageform allgemeingültig ist.

30 **2 Grundbegriffe der Mathematik**

2.1.4 Logische Operationen

▶ opera (lat.) – Mühe, Arbeit

Aus der Umgangssprache ist bekannt, dass einfache Sätze durch Binde-wörter zu längeren Satzverbindungen zusammengesetzt werden können. So können Aussagen und Aussageformen verneint oder durch die Wörter „und", „oder", „entweder – oder", „wenn, so", „genau dann, wenn" verknüpft werden.

▶ Im Gegensatz zum umgangssprach-lichen Gebrauch ist es unwesentlich, ob eine Teilaussage inhaltlich mit der anderen zusammen-hängt.

Dabei entsteht eine neue Aussage oder Aussageform als Verbindung zweier anderer Aussagen oder Aussageformen.

Der Wahrheitswert einer zusammengesetzten Aussage hängt nur von den *Wahrheitswerten* der Teilaussagen und der Art und Weise ihrer Ver-knüpfung, nicht aber von den *Inhalten* der Teilaussagen ab.

Verneinung (Negation) einer Aussage

▶ Die Aussage und ihre Negation haben entgegengesetzte **Wahrheitswerte.**

A	Verneinte (negierte) Aussage ¬ A
Fußball ist eine Mannschafts-sportart. w	Fußball ist keine Mannschafts-sportart. f
Das Quadrat von 3 ist 10 ($3^2 = 10$). f	Das Quadrat von 3 ist nicht 10 ($3^2 \neq 10$). w

▶ Die Verneinung der Verneinung einer Aussage ist die **Aussage** selbst.

A	Verneinung ¬ A	Verneinung der Verneinung ¬ (¬ A)
2 ist eine Prim-zahl. w	2 ist keine Prim-zahl. f	Es stimmt nicht, dass 2 keine Primzahl ist w

UND-Verknüpfung (Konjunktion) zweier Aussagen A und B

▶ coniunctio (lat.) – Verbindung

Sprachlich wird die UND-Verknüpfung auch durch Formulie-rungen wie „sowohl als auch" oder „zu-gleich" ausgedrückt.

A	B	A und B (A ∧ B)
6 ist eine gerade Zahl. w	6 ist kleiner als 10. w	6 ist eine gerade Zahl und kleiner als 10. w
15 ist durch 3 teil-bar. w	15 ist durch 4 teil-bar. f	15 ist durch 3 und durch 4 teilbar. f
7 ist kleiner als 3. f	7 ist kleiner als 8. w	7 ist kleiner als 3 und kleiner als 8. f
16 ist eine Prim-zahl. f	16 ist Teiler von 20. f	16 ist eine Primzahl und Teiler von 20. f

> **Definition** Die Aussage **„A und B"** (A ∧ B) ist genau dann wahr, wenn die Teilaussagen A und B *zugleich* wahr sind.

2.1 Aussagen — 31

ODER -Verknüpfung (Disjunktion) zweier Aussagen A und B

A	B	A oder B (A ∨ B)
6 ist eine gerade Zahl. w	6 ist kleiner als 10. w	6 ist eine gerade Zahl oder kleiner als 10. w
15 ist durch 3 teilbar. w	15 ist durch 4 teilbar. f	15 ist durch 3 oder durch 4 teilbar. w
7 ist kleiner als 3. f	7 ist kleiner als 8. w	7 ist kleiner als 3 oder kleiner als 8. w
16 ist eine Primzahl. f	16 ist Teiler von 20. f	16 ist eine Primzahl oder Teiler von 20. f

▶ Die Disjunktion wird auch als Adjunktion bezeichnet.

> **Definition** Die Aussage „A oder B" (A ∨ B) ist genau dann wahr, wenn *mindestens* eine der Teilaussagen A bzw. B wahr ist.

▶ A oder B ist also auch dann wahr, wenn die Aussagen A und B zugleich wahr sind.

Hier besteht ein Unterschied zur Umgangssprache, in der „*oder*" häufig im Sinne von „*entweder – oder*", also im ausschließenden Sinne, benutzt wird. In Aussagen wie „Beim Wurf der Münze ist Wappen oder Zahl gefallen" können nicht gleichzeitig beide Teilaussagen wahr sein.

ENTWEDER- ODER - Verknüpfung (Alternative) zweier Aussagen A und B

A	B	Entweder A oder B (A ∨̇ B)
6 ist eine gerade Zahl. w	6 ist kleiner als 10. w	Entweder ist 6 eine gerade Zahl oder kleiner als 10. f
15 ist durch 3 teilbar. w	15 ist durch 4 teilbar. f	Entweder ist 15 durch 3 oder durch 4 teilbar. w
7 ist kleiner als 3. f	7 ist kleiner als 8. w	Entweder ist 7 kleiner als 3 oder kleiner als 8. w
16 ist eine Primzahl. f	16 ist Teiler von 20. f	Entweder ist 16 eine Primzahl oder Teiler von 20. f

▶ Die Alternative wird auch als Antivalenz bezeichnet.

> **Definition** Die Aussage „entweder A oder B" (A ∨̇ B) ist genau dann wahr, wenn eine der beiden Teilaussagen wahr und zugleich die andere falsch ist.

▶ Damit „entweder A oder B" wahr ist, müssen die Aussagen A und B verschiedene Wahrheitswerte haben.

In dieser Weise wird meist umgangssprachlich das „oder" benutzt. Verknüpfungen mit „oder", „und" sowie „und nicht" spielen im Zeitalter des Internets eine wichtige Rolle, weil der Nutzer so mit einer Suchmaschine effektiv umgehen und von vornherein die Suche eingrenzen kann.

■ Wer nach einer originellen Bauanleitung für einen Drachen sucht, findet unter „Drachen" bei Google sehr viele Links, darunter auch zu Drachensagen und Drachenfliegern. Sucht man dagegen nach „Drachen und Bauanleitung", findet man weniger Links.

> **Bastelanleitung für einen klassischen Drachen**
>
> Hier stellen wir eine Selbermacher-Anleitung vor für alle Mütter und Väter: Es geht um den Bau eines schönen „klassischen" Drachens aus Holzleisten. Denn nichts verachtet der wahre Selbermacher mehr, als High Tech-Produkte aus Fiberglas. Frühjahr und Herbst sind die idealen Monate, um bunt bemalte Drachen aufsteigen zu lassen, denn dann weht der Wind richtig kräftig.
>
> *Leisten sägen – Befestigungslöcher bohren*
> Und so gehen wir vor: Die Leisten aus Fichtenholz sägen wir auf die exakte Länge von 83 bzw. 100 mm. In den Enden der Holzleisten feilen wir eine etwa 2 mm tiefe Nut. Außerdem bohren wir in die längere Leiste im Abstand von 15 cm von oben und 15 cm von unten Löcher mit 2 mm ⌀ – das sind die „Waagepunkte". Ein weiteres Loch wird etwa 1,5 cm vom unteren Ende in die Längsleiste gebohrt. Hier wird später die Schwanzschnur verknotet.

WENN-DANN-Verknüpfung (Implikation) zweier Aussagen A und B

▶ implicare (lat.) – verknüpfen

Andere Redeweisen für die Implikation sind
„wenn …, so …",
„aus … folgt … "
oder „unter (dieser Voraussetzung) … gilt …".

A	B	Wenn A, dann B (A → B)
81 ist durch 9 teilbar. w	81 ist durch 3 teilbar. w	Wenn 81 durch 9 teilbar ist, dann ist 81 durch 3 teilbar. w
15 ist durch 3 teilbar. w	15 ist durch 4 teilbar. f	Wenn 15 durch 3 teilbar ist, dann ist 15 durch 4 teilbar. f
15 ist durch 4 teilbar. f	15 ist durch 3 teilbar. w	Wenn 15 durch 4 teilbar ist, dann ist 15 durch 3 teilbar. w
16 ist eine Primzahl. f	16 ist Teiler von 20. f	Wenn 16 eine Primzahl ist, dann ist 16 Teiler von 20. w

▶ Wenn aus einer wahren Aussage eine falsche Aussage gefolgert wird, so wird dieser Schluss verständlicherweise als falsch bewertet.

Definition Die Aussage **„wenn A, dann B"** (A → B) ist genau dann falsch, wenn A (Voraussetzung oder auch **Prämisse** genannt) wahr und *gleichzeitig* B (Schlussfolgerung oder auch **Konklusion** genannt) falsch ist.
In allen anderen Fällen ist die Aussage „wenn A, dann B" wahr.

Die Festlegungen zu Schlüssen aus falschen Aussagen sind auf den ersten Blick nicht sofort einzusehen: Hier ist zu bedenken, dass von einer falschen Aussage ausgehend durch logisch korrektes Schließen sowohl wahre als auch falsche Aussagen gewonnen werden können. Deshalb ist die Aussage „wenn A, dann B" immer wahr, wenn A falsch ist.

GENAU-DANN-WENN-Verknüpfung (Äquivalenz) zweier Aussagen A und B

A	B	A genau dann, wenn B (A ↔ B)
81 ist durch 9 teilbar. w	Die Quersumme von 81 ist durch 9 teilbar. w	81 ist durch 9 teilbar genau dann, wenn die Quersumme von 81 durch 9 teilbar ist. w
15 ist durch 3 teilbar. w	15 ist durch 4 teilbar. f	15 ist durch 3 teilbar genau dann, wenn 15 durch 4 teilbar ist. f
7 ist kleiner als 3. f	7 ist größer als 4. w	7 ist kleiner als 3 genau dann, wenn 7 größer als 4 ist. f
16 ist eine Primzahl. f	16 ist nur durch 1 und sich selbst teilbar. f	16 ist eine Primzahl genau dann, wenn 16 nur durch 1 und sich selbst teilbar ist. w

▶ aequus (lat.) – gleich
valere (lat.) – wert sein

Andere Redeweisen für die Äquivalenz sind „dann und nur dann, wenn" oder „aus … folgt … und umgekehrt".

> **Definition** Die Aussage **„A genau dann, wenn B"** (A ↔ B) ist genau dann wahr, wenn beide Aussagen den gleichen Wahrheitswert haben.

Wahrheitswerteverlauf zusammengesetzter Aussageformen

Wie Aussagen können auch Aussageformen verknüpft werden. Da Aussageformen freie Variable enthalten, ist ihnen kein Wahrheitswert zuzuordnen. Erst nach einer Variablenbelegung entstehen wahre oder falsche Aussagen.
Die Tabelle zeigt den **Wahrheitswerteverlauf** zusammengesetzter Aussageformen je nachdem, ob die Aussageformen p und q zu wahren oder falschen Aussagen werden.

p	q	Negation		Konjunktion	Disjunktion	Alternative	Implikation	Äquivalenz
		$\neg p$	$\neg q$	$p \wedge q$	$p \vee q$	$p \dot\vee q$	$p \rightarrow q$	$p \leftrightarrow q$
w	w	f	f	w	w	f	w	w
w	f	f	w	f	w	w	f	f
f	w	w	f	f	w	w	w	f
f	f	w	w	f	f	f	w	w

In der Tabelle ist beim Vergleich insbesondere der Zeilen, in denen p und q verschiedene Wahrheitswerte haben, die Kommutativität der *Konjunktion,* der *Disjunktion,* der *Alternative* und der *Äquivalenz* ersichtlich.
Mit den Wahrheitswertetabellen kann man überprüfen, ob anscheinend gleiche Formulierungen wirklich logisch gleichwertig sind.
Sind die Formulierungen logisch gleichwertig, erscheinen Zeile für Zeile die gleichen Wahrheitswerte. Die Ausdrücke sind **wahrheitswerteverlaufsgleich.**

▶ commutare (lat.) – vertauschen

Ein Beispiel zeigt, dass es nicht immer zu einer wahren Aussage führt, wenn man eine WENN-DANN-Aussage umkehrt.

- **p:** Eine Zahl ist kleiner als 20.
  q: Eine Zahl ist kleiner als 100.
  p $\rightarrow$ q: Wenn eine Zahl kleiner als 20 ist, dann ist sie kleiner als 100.
  q $\rightarrow$ p: Wenn eine Zahl kleiner als 100 ist, dann ist sie kleiner als 20.

Am Beispiel wird klar, dass **q $\rightarrow$ p** in diesem Fall nicht zu **p $\rightarrow$ q** gleichwertig ist. Hingegen erscheint die Formulierung „Wenn eine Zahl nicht kleiner als 100 ist, so ist sie auch nicht kleiner als 20" sinnvoll ($\neg$q $\rightarrow$ $\neg$p). Die Untersuchung der Wahrheitswerteverläufe bestätigt diese Annahme.

p	q	p $\rightarrow$ q	q $\rightarrow$ p	$\neg$p	$\neg$q	$\neg$q $\rightarrow$ $\neg$p
w	w	w	w	f	f	w
w	f	f	w	f	w	f
f	w	w	f	w	f	w
f	f	w	w	w	w	w

„Wenn p, dann q" und „wenn q, dann p" haben nicht den gleichen Wahrheitswerteverlauf. Die Umkehrung einer Implikation ist also nicht zur Implikation gleichwertig. Weil die Umkehrung einer Implikation nicht zur Implikation äquivalent ist, können in Form von Implikationen gegebene mathematische Sätze nicht ohne Weiteres umgekehrt werden.
Die Aussageformen **p $\rightarrow$ q** und **$\neg$q $\rightarrow$ $\neg$p** sind wahrheitswerteverlaufsgleich, also zueinander äquivalent.
Jede Implikation kann folglich umgekehrt werden, wenn man ihre Glieder dabei zugleich negiert.

> **Definition** Der Ausdruck **$\neg$q $\rightarrow$ $\neg$p** heißt **Kontraposition** der Implikation **p $\rightarrow$ q**

- **p:** Eine natürliche Zahl ist durch 25 teilbar.
  q: Eine natürliche Zahl ist durch 5 teilbar.
  p $\rightarrow$ q: Wenn eine natürliche Zahl durch 25 teilbar ist, so ist sie durch 5 teilbar. Die Aussageform ist allgemeingültig.
  $\neg$q $\rightarrow$ $\neg$p: Wenn eine natürliche Zahl nicht durch 5 teilbar ist, so ist sie auch nicht durch 25 teilbar.
  Diese Aussageform ist ebenfalls allgemeingültig.

Die Äquivalenz von Implikation und ihrer Kontraposition wird beim Beweisen ($\nearrow$ S. 36; Sätze und Beweise) von Sätzen genutzt.
Wenn der Beweis der Kontraposition einer Aussage leichter ist als der Beweis der Aussage selbst, beweist man die Kontraposition und hat so auch die Aussage bewiesen.

2.1.5 Definitionen

Unter einer **Definition** versteht man
- eine Festlegung, was ein Objekt ist, wie es entsteht, anhand welcher Merkmale man es feststellen kann, oder
- eine Festlegung über die Bedeutung und Verwendung eines Zeichens.

① Eine gerade Zahl ist eine durch 2 teilbare natürliche Zahl.
② Wenn man eine natürliche Zahl verdoppelt, so erhält man eine *gerade Zahl*.
③ Eine natürliche Zahl mit der Endziffer 0; 2; 4; 6 oder 8 heißt *gerade Zahl*.

Die Formulierungen ①, ② und ③ sind drei mögliche Definitionen des Begriffs **gerade Zahl**. Die Formulierung ① beschreibt das Wesen gerader Zahlen, die Formulierung ② erklärt, wie gerade Zahlen gewonnen werden können, und die Formulierung ③ nennt ein äußeres Erscheinungsmerkmal zur Feststellung gerader Zahlen.

Definitionsarten

Sachdefinition	Genetische Definition	Rekursive Definition	Nominaldefinition
Ein Begriff wird durch einen *Oberbegriff* und besondere, sogenannte *artbildende Merkmale* erklärt.	Es wird erklärt, wie ein *Objekt entsteht*, wie es erzeugt werden kann.	Durch eine Vorschrift wird eine Klasse von Objekten ausgehend von einem Anfangselement schrittweise und systematisch aufgebaut.	Es wird die Bedeutung eines Zeichens festgelegt bzw. angegeben, wie es zu verwenden ist.
Beispiel: Das *Quadrat* ist ein *Rechteck* mit *vier gleich langen Seiten.* Das *Trapez* ist ein *Viereck* mit (mindestens) *zwei parallelen Seiten.*	Beispiel: Zeichnet man alle Punkte einer Ebene, die von einem Punkt den gleichen Abstand haben, so entsteht ein *Kreis*.	Beispiel: Für alle $k \in \mathbb{N}$ ist k! (gesprochen: k Fakultät) wie folgt definiert: (1) $0! = 1$ und (2) für alle $n \in \mathbb{N}$ ist $(n + 1)! = n! \cdot (n + 1)$ Also ist $4! = 3! \cdot 4$ $\quad = 2! \cdot 3 \cdot 4$ $\quad = 1! \cdot 2 \cdot 3 \cdot 4$ $\quad = 0! \cdot 1 \cdot 2 \cdot 3 \cdot 4$ $\quad = 1 \cdot 1 \cdot 2 \cdot 3 \cdot 4$ $4! = 24$	Beispiel: $\lvert a \rvert$ bedeutet der Betrag der Zahl a. $\lvert a \rvert = \begin{cases} -a \text{ für } a < 0 \\ a \text{ für } a \geq 0 \end{cases}$ $\lvert -a \rvert = \lvert a \rvert$

Die Sachdefinition nennt man auch **klassische Realdefinition**.

Definitionen und Grundbegriffe

> **EUKLID VON ALEXANDRIA** (etwa 365 bis etwa 300 v. Chr.) gab im ersten Buch seiner Elemente eine **Definition** des Punktbegriffs an: „Ein Punkt ist, was keine Teile hat."

Durch Definitionen werden **Begriffe** und **Relationen** mithilfe anderer Begriffe und Relationen erklärt. Auch die in einer Definition zur Erklärung benutzten Begriffe und Relationen müssen selbst wieder definiert werden. Geht man diesen Weg immer weiter, kommt man zu einfachsten Begriffen und Relationen, die sich nicht weiter auf andere Begriffe und Relationen zurückführen lassen.
Sie werden **Grundbegriffe** bzw. **Grundrelationen** genannt.

- Ein Punkt kann das Modell z. B. für eine Ecke, einen Schnittpunkt, eine Straßenkreuzung oder eine Stadt sein.
  Alle Menschen haben ähnliche *Vorstellungen* vom Begriff Punkt. Zugleich ist es nicht sinnvoll, ihn mit anderen Begriffen zu erklären. Er wird deshalb als Grundbegriff benutzt.
  Punkte werden meistens mit einem Kreuz markiert und mit großen Buchstaben bezeichnet.

2.1.6 Sätze und Beweise

> **Definition** Ein mathematischer **Satz** ist eine Aussage, deren Wahrheit mit anderen Aussagen bewiesen werden kann.

Bei einem mathematischen Satz unterscheidet man zwischen **Voraussetzung**(en) und **Behauptung**.
Beim **Beweis** eines Satzes zeigt man, dass die Behauptung aus der Voraussetzung folgt, aus ihr ableitbar ist. Sätze werden oft in Form von Wenn- dann- Aussagen formuliert, weil so die Voraussetzung (Wenn …) und Behauptung (dann …) klarer ersichtlich sind.

Die Notwendigkeit von Axiomen

> axioma (griech.) – Grundwahrheit

Wird ein Satz mit anderen Sätzen bewiesen, d. h. auf sie zurückgeführt, müssen diese Sätze wiederum auch bewiesen werden, also selbst wieder auf andere Sätze zurückgeführt werden.
Wird dieser Weg fortgesetzt, gelangt man schließlich zu einfachsten Aussagen, die in der Regel anschaulich klar sind und die nicht weiter auf andere Aussagen zurückgeführt werden können. Diese „am Anfang stehenden" und als wahr angesehenen Aussagen heißen **Axiome**.

2.1 Aussagen

- Zu zwei Punkten gibt es stets genau eine Verbindungsgerade.
  Zu jeder Geraden gibt es noch einen Punkt, der außerhalb dieser Geraden liegt.

▶ Beide Aussagen werden beim Aufbau der **euklidischen Geometrie** (Schulgeometrie) als wahr angesehen und nicht bewiesen.

Beweismöglichkeiten

Für den Beweis eines Satzes ist es wichtig, zunächst seinen Aufbau genau zu kennen. Da Sätze Aussagen sind, ist die für Aussagen angegebene Unterteilung hilfreich.

Einzelaussage	Existenzaussage	Allaussage
am konkreten Objekt prüfen	ein Beispiel angeben	für beliebige Elemente beweisen
Behauptung: 7|189 *Beweis:* $7 \cdot 27 = 189$; also 7|189	*Behauptung:* Es gibt eine gerade Primzahl. *Beweis:* Die Zahl 2 ist eine gerade Primzahl, denn $1 \cdot 2 = 2$.	*Behauptung:* Die Summe dreier aufeinanderfolgender Zahlen ist stets durch 3 teilbar. *Beweis:* a; $a + 1$; $a + 2$ sind natürliche Zahlen $s = a + a + 1 + a + 2 = 3a + 3$ $s = 3(a + 1)$ $3\|3(a + 1)$ ist eine wahre Aussage und gilt für alle natürlichen Zahlen a.

Lässt sich eine Allaussage nicht für alle Elemente einer Menge gleichzeitig beweisen, ist häufig eine vollständige **Fallunterscheidung** hilfreich.

- Dividiert man das Quadrat einer ungeraden natürlichen Zahl durch 8, so erhält man den Rest 1.
  Voraussetzung:
  ungerade natürliche Zahl: $2n + 1$
  Quadrat einer ungeraden natürlichen Zahl:
  $(2n + 1)^2 = 4n^2 + 4n + 1 = 4n(n + 1) + 1$
  Behauptung:
  $(2n + 1)^2$ ergibt bei Division durch 8 den Rest 1.
  Beweis:

1. Fall: n ungerade	**2. Fall: n gerade**
$4n(n + 1) + 1$	$4n(n + 1) + 1$
· $n + 1$ ist gerade	· n ist durch 2 teilbar
· $4n(n + 1)$ ist gerade	· $4n$ ist durch 8 teilbar
· $4n(n + 1)$ ist durch 8 teilbar	· $4n(n + 1)$ ist durch 8 teilbar
· $+1$ bleibt als Rest	· $+1$ bleibt als Rest

(w. z. b. w.)

▶ Mit w. z. b. w. (was zu beweisen war) wird das Ende eines Beweises gekennzeichnet.

Um eine Allaussage zu widerlegen, reicht ein Gegenbeispiel.

- *Behauptung:*
  Jede natürliche Zahl, die durch 5 teilbar ist, ist auch durch 10 teilbar.
  Beweis:
  Die Zahl 15 ist zwar durch 5 teilbar, aber nicht durch 10.

Beweis einer WENN-DANN-Aussage

2. Strahlensatz:
Werden Strahlen eines Büschels von Parallelen geschnitten, so verhalten sich die zwischen denselben Strahlen liegenden Parallelenabschnitte zueinander wie die vom Scheitelpunkt aus gemessenen zugehörigen Strahlenabschnitte des Büschels.

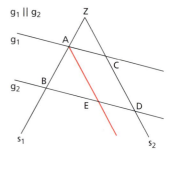

Beweis des 2. Strahlensatzes
Voraussetzung:
AC∥BD
Behauptung:
$\overline{AC} : \overline{BD} = \overline{ZA} : \overline{ZB}$
Beweis:
Durch A wird eine Parallele zu CD gezeichnet. Der Schnittpunkt mit BD ist E.
B ist der gemeinsame Anfangspunkt der Strahlen $\overline{BA}$ und $\overline{BE}$.
Diese werden von den Parallelen AE und CD geschnitten.
Es gilt:
① $\overline{ED} = \overline{AC}$ (Gegenseiten im Parallelogramm sind gleich lang.)
② $\overline{ED} : \overline{BD} = \overline{ZA} : \overline{ZB}$ (1. Strahlensatz)
Aus ① und ② folgt: $\overline{AC} : \overline{BD} = \overline{ZA} : \overline{ZB}$ (w. z. b. w.)
Der 2. Strahlensatz ist nicht umkehrbar.

Beweis einer GENAU-DANN-WENN-Aussage

1. Strahlensatz:
Werden Strahlen eines Büschels von Parallelen geschnitten, so verhalten sich die Abschnitte auf einem Strahl zueinander wie die gleich liegenden Abschnitte auf einem anderen Strahl des Büschels.

Beweis des 1. Strahlensatzes
Es wird nur ein Fall betrachtet.
Voraussetzung:
AC∥BD
Behauptung:
$\overline{ZA} : \overline{AB} = \overline{ZC} : \overline{CD}$
Beweis:
Für den Flächeninhalt des Dreiecks ZAC gilt:
$A_{\triangle ZAC} = \dfrac{\overline{ZA} \cdot h_1}{2} = \dfrac{\overline{ZC} \cdot h_2}{2}$
Daraus folgt: $\overline{ZA} \cdot h_1 = \overline{ZC} \cdot h_2$ ①
Die Dreiecke ABC und ADC haben gleich große Flächeninhalte, denn sie haben die Seite AC gemeinsam und h_3 und h_4 sind gleich lang, da diese Höhe dem Abstand der Parallelen entspricht.

Es gilt: $A_{\triangle ABC} = \frac{\overline{AB} \cdot h_1}{2}$ und $A_{\triangle ADC} = \frac{\overline{CD} \cdot h_2}{2}$
Daraus folgt: $\overline{AB} \cdot h_1 = \overline{CD} \cdot h_2$ ②

Aus ① und ② ergibt sich:
$\frac{\overline{ZA} \cdot h_1}{\overline{AB} \cdot h_1} = \frac{\overline{ZC} \cdot h_2}{\overline{CD} \cdot h_2}$ nach Kürzen folgt: $\frac{\overline{ZA}}{\overline{AB}} = \frac{\overline{ZC}}{\overline{CD}}$ (w. z. b. w.)

Umkehrung des 1. Strahlensatzes
Werden zwei Strahlen von Geraden geschnitten und verhalten sich die Strecken auf dem einen Strahl zueinander wie die gleich liegenden Strecken auf dem anderen Strahl, so sind die beiden Geraden zueinander parallel.
Den Beweis der Umkehrung des 1. Strahlensatzes könnte man so führen, dass man zeigt, dass $g_1 \not\parallel g_2$ zu einem Widerspruch führt.

Indirekter Beweis

Im Gegensatz zum direkten Beweis wird beim **indirekten Beweis** zunächst angenommen, dass die Behauptung nicht gilt. Im Verlauf des Beweises ergibt sich ein Widerspruch, der nur dadurch erklärt werden kann, dass diese Annahme falsch ist. Damit ist die Behauptung (indirekt) bewiesen (↗ S. 34; Kontraposition der Implikation).
Behauptung:
$\sqrt{2}$ ist eine irrationale Zahl.
Beweis (indirekt):
Annahme:
$\sqrt{2}$ ist rational und lässt sich demzufolge als Bruch $\frac{p}{q}$ schreiben, wobei p und q keinen gemeinsamen Teiler haben.

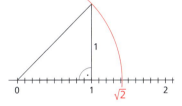

Widerspruch:
Aus $\sqrt{2} = \frac{p}{q}$ folgt $2 = \frac{p \cdot p}{q \cdot q}$, d.h., der Bruch müsste kürzbar sein. Dann müssten aber p und q mindestens einen gemeinsamen Teiler haben, was der Annahme widerspricht.
Schlussfolgerung:
Die Annahme ist falsch, $\sqrt{2}$ ist eine irrationale Zahl.

Ein besonderes Beweisverfahren in der Mathematik ist der Beweis mittels **vollständiger Induktion.**
Ist eine Aussage für alle natürlichen Zahlen oder für alle Elemente einer zu ℕ gleichmächtigen Menge (↗ S. 42; Mächtigkeit von Mengen) zu beweisen, wird oft folgendes Prinzip genutzt:

Induktionsanfang:
Es gilt eine Eigenschaft für eine erste natürliche Zahl.
Induktionsschritt:
Folgt aus der Gültigkeit dieser Eigenschaft für eine beliebige natürliche Zahl die Gültigkeit für den Nachfolger dieser Zahl, so gilt diese Eigenschaft für alle natürlichen Zahlen von dieser ersten Zahl an.

2.2 Mengen

2.2.1 Mengenbegriff

▶ Der Begriff **Menge** wurde 1895 in ähnlicher Weise erstmals von dem deutschen Mathematiker GEORG CANTOR (1845 bis 1918) verwendet.

Der Mengenbegriff wird in der Mathematik als Grundbegriff verwendet, also nicht mit anderen Begriffen definiert.

> Zusammenfassungen von beliebigen wirklich existierenden oder gedachten Objekten zu einem Ganzen werden als **Mengen** bezeichnet. Die zusammengefassten Objekte werden **Elemente** der Menge genannt.

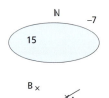

Allgemeine Beschreibung	Kurzform	Beispiele	Kurzform
Das Objekt x gehört zur Menge M. x ist Element von M.	$x \in M$	15 ist eine natürliche Zahl. Punkt A liegt auf der Geraden g.	$15 \in \mathbb{N}$ $A \in g$
Das Objekt y gehört nicht zur Menge M. y ist nicht Element von M.	$y \notin M$	−7 ist keine natürliche Zahl. Punkt B liegt nicht auf der Geraden g.	$-7 \notin \mathbb{N}$ $B \notin g$

Die Zusammenfassung von Elementen zu einer Menge erfolgt meist nach bestimmten Eigenschaften, die die Elemente haben.
Zur Bildung von Mengen sind nur solche Eigenschaften zugelassen, bei denen entscheidbar ist, welche Objekte zur Menge gehören.

① Die Menge aller Schüler einer Klasse, die im Mai geboren sind.
② Die Menge aller Lehrer einer Schule.
③ Die Menge aller blonden Mädchen einer Stadt.
④ Die Menge aller Häuser in der Nähe einer Schule.

In den Beispielen ① und ② kann die Menge sofort elementweise angegeben werden. In den Beispielen ③ und ④ sind die Eigenschaften nicht so klar festgelegt. Welche Haarfarbe ist noch blond? Wann ist ein Haus noch in der Nähe der Schule?

▶ Widersprüche dieser Art werden nach dem englischen Mathematiker und Philosophen BERTRAND RUSSELL (1872 bis 1970) russellsche **Antinomien** genannt.

Werden alle nur denkbaren Zusammenfassungen gestattet, ist auch folgendes Beispiel möglich:

In einem Dorf wohnt ein Mann und arbeitet als Friseur. Der Friseur soll alle die Männer des Dorfes rasieren, die sich nicht selbst rasieren. Die Männer, die sich selbst rasieren, darf der Friseur nicht rasieren.
R ist die Menge aller Dorfbewohner, die der Friseur rasiert. Die Bildung dieser Menge zeigt den Widerspruch: Wenn der Friseur sich selbst rasiert, gehört er zu R. Weil er aber alle „Selbstrasierer" nicht rasieren darf, darf er sich nicht rasieren, gehört also doch nicht zu R.

Eine Menge wird aus allen Elementen des Grundbereichs gebildet, die die mengenbildende Eigenschaft haben.

Es gibt hier drei Möglichkeiten:

Kein Element des Grundbereichs hat die mengenbildende Eigenschaft	Mindestens ein Element, aber nicht alle Elemente des Grundbereichs haben die mengenbildende Eigenschaft	Alle Elemente des Grundbereichs haben die mengenbildende Eigenschaft
$x < 0$; ($x \in \mathbb{N}$) *Keine* natürliche Zahl x hat die Eigenschaft $x < 0$.	$x\|12$; ($x \in \mathbb{N}$) *Mindestens eine,* aber nicht jede natürliche Zahl x hat die Eigenschaft, 12 zu teilen.	$x \geq 0$; ($x \in \mathbb{N}$) *Alle* natürlichen Zahlen x haben die Eigenschaft $x \geq 0$.
$A = \{x \in \mathbb{N}: x < 0\}$ A enthält *kein* Element. A ist die **leere Menge**. $A = \emptyset = \{\}$	$B = \{x \in \mathbb{N}: x\|12\}$ B enthält *einige,* aber nicht *alle* Elemente von $\mathbb{N}$. $B = \{1; 2; 3; 4; 6; 12\}$	$C = \{x \in \mathbb{N}: x \geq 0\}$ C enthält *alle* Elemente des Grundbereichs $\mathbb{N}$. C ist die **Allmenge** über $\mathbb{N}$. $C = \mathbb{N}$

2.2.2 Darstellung von Mengen

Möglichkeit der Angabe von Mengen	Beispiel
Alle Elemente der Menge werden angegeben, z. B. in geschweiften Klammern aufgeschrieben.	$M = \{0; 5; 10; 15\}$
Alle Elemente der Menge werden in ein Diagramm eingetragen.	(Diagramm mit 10, 5, 15, 0 in M)
Der Grundbereich und die mengenbildende Eigenschaft werden in Worten beschrieben.	M ist die Menge aller natürlichen Zahlen, die kleiner als 20 und durch 5 teilbar sind.
Der Grundbereich und die mengenbildende Eigenschaft (die eine Aussageform ist) werden als Zeichenreihe in einer geschweiften Klammer angegeben.	$M = \{x \in \mathbb{N}: x < 20 \wedge 5\|x\}$ (gesprochen: M ist die Menge aller Elemente x aus $\mathbb{N}$, für die gilt: x ist kleiner als 20 und 5 teilt x.)

▶ Solche Diagramme werden nach dem englischen Logiker **JOHN VENN** (1834 bis 1923) **Venn-Diagramme** genannt.

Neben der elementweisen Darstellung ist insbesondere die Darstellung einer Menge mittels Grundbereich und mengenbildender Aussageform wesentlich.
Ist die mengenbildende Aussageform eine Gleichung oder Ungleichung, so wird die von der Aussageform bestimmte Menge als **Lösungsmenge** bezeichnet.

Darstellung von Mengen mit Grundbereich und Aussageform	Elementweise Darstellung von Mengen
A = {y∈ℕ: y∣6} B = {y∈ℤ: y∣6}	A = {1; 2; 3; 6} B = {− 6; −3; −2; −1; 1; 2; 3; 6}
C = {x∈ℤ: 0 < x < 4} D = {x∈ℕ: 0 < x < 4}	C = {1; 2; 3} D = {1; 2; 3}
E = {x∈ℝ: $x^3 + 7 = 15$}	E = {2}
F = $\{x\in\mathbb{R}: \frac{x}{3} + \frac{x}{4} = \frac{7}{6}\}$	F = {2}

Die Mengen A und B werden mit der gleichen Aussageform, aber verschiedenen Grundbereichen gebildet. Dadurch sind sie verschieden.
Der Vergleich der Mengen C und D zeigt, dass hier gleiche Aussageformen und verschiedene Grundbereiche vorliegen, dennoch ist C = D.
In den Beispielen E und F bestimmen zwei *verschiedene Aussageformen* mit dem *gleichen Grundbereich* die gleiche Menge. Solche Aussageformen werden als **zueinander äquivalent** (gleichwertig) bezeichnet.

▶ Äquivalent wird in der Mathematik in verschiedenen Bedeutungen verwendet. Aussageformen mit dem gleichen Grundbereich sind äquivalent, wenn sie die gleiche **Lösungsmenge** besitzen.

2.2.3 Mächtigkeit von Mengen

Definition Zwei Mengen A und B sind zueinander **gleichmächtig** (A ~ B), wenn es eine eineindeutige Abbildung *von A auf B* gibt. Jedem Element von A kann also genau ein Element von B und zugleich jedem Element von B genau ein Element von A zugeordnet werden.

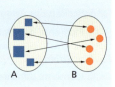

Zwei endliche Mengen sind zueinander gleichmächtig, wenn sie die gleiche Anzahl von Elementen besitzen.
Durch paarweise Zuordnung der Elemente können auch Mengen mit unendlich vielen Elementen nach ihrer Mächtigkeit verglichen werden.

Definition Ist eine unendliche Menge zur Menge der natürlichen Zahlen gleichmächtig, so ist sie eine **abzählbar unendliche Menge**. Anderenfalls ist die Menge **überabzählbar unendlich**.

■ Jeder ganzen Zahl kann eineindeutig genau eine natürliche Zahl zugeordnet werden. Die Menge ℤ wird dabei „abgezählt" (durchnummeriert). ℤ ist deshalb eine abzählbar unendliche Menge.

ℕ = {0; 1; 2; 3; 4; 5; 6; 7; 8; 9; 10; 11; 12 …}
ℤ = {0; 1; −1; 2; −2; 3; −3; 4; −4; 5; −5; 6; −6 …}

ℕ ~ ℤ

Auch die Menge der nichtnegativen rationalen Zahlen $\mathbb{Q}_+$ ist abzählbar unendlich. Dazu werden alle Brüche in dieses – nach rechts und unten offene – quadratische Schema eingetragen.

$\frac{0}{1}$	$\frac{0}{1}$	$\frac{0}{1}$	$\frac{0}{1}$	$\frac{0}{1}$	0	...
$\frac{1}{1}$	$\frac{2}{1}$	$\frac{3}{1}$	$\frac{4}{1}$	$\frac{5}{1}$	$\frac{6}{1}$	...
$\frac{1}{2}$	$\frac{2}{2}$	$\frac{3}{2}$	$\frac{4}{2}$	$\frac{5}{2}$	$\frac{6}{2}$	...
$\frac{1}{3}$	$\frac{2}{3}$	$\frac{3}{3}$	$\frac{4}{3}$	$\frac{5}{3}$	$\frac{6}{3}$	...
$\frac{1}{4}$	$\frac{2}{4}$	$\frac{3}{4}$	$\frac{4}{4}$	$\frac{5}{4}$	$\frac{6}{4}$	...
...	...	...	...	...	...	

$\frac{0}{1} \leftrightarrow 0;$ $\quad \frac{3}{1} \leftrightarrow 5;$

$\frac{1}{1} \leftrightarrow 1;$ $\quad \frac{4}{1} \leftrightarrow 6;$

$\frac{2}{1} \leftrightarrow 2;$ $\quad \frac{3}{2} \leftrightarrow 7;$

$\frac{1}{2} \leftrightarrow 3;$ $\quad \frac{2}{3} \leftrightarrow 8;$

$\frac{1}{3} \leftrightarrow 4;$ $\quad \frac{1}{4} \leftrightarrow 9$

▶ Dieses Verfahren heißt **Diagonalverfahren** und geht auf **GEORG CANTOR** zurück.

Ein und dieselbe gebrochene Zahl kann durch beliebig viele Brüche ausgedrückt werden, von denen immer nur der gezählt wird, welcher nicht weiter gekürzt werden kann.
In den markierten Feldern stehen die kürzbaren Brüche, die deshalb beim Zählen übersprungen werden. In der Reihenfolge der Pfeile und dann so immer weiter kann jeder gebrochenen Zahl eineindeutig genau eine natürliche Zahl zugeordnet werden. $\mathbb{Q}$ ist damit eine abzählbar unendliche Menge: $\mathbb{Q}_+ \sim \mathbb{N}$

Mithilfe entsprechender Zuordnungen kann gezeigt werden, dass auch die Menge der rationalen Zahlen $\mathbb{Q}$ und die Menge der geraden Zahlen abzählbar unendliche Mengen sind. Dagegen gibt es keine eineindeutige Abbildung der Menge der reellen Zahlen $\mathbb{R}$ auf die Menge der natürlichen Zahlen $\mathbb{N}$. Die Menge der reellen Zahlen ist *überabzählbar unendlich*. Ihre Mächtigkeit wird auch als das **Kontinuum** bezeichnet. Bereits Teilmengen von $\mathbb{R}$, etwa Intervalle (↗ S. 131; Lösungsmenge) auf der Zahlengeraden wie zum Beispiel M = {$x \in \mathbb{R}$: 3 < x < 4}, sind überabzählbar unendlich.

2.2.4 Relationen zwischen zwei Mengen

Gleichheit von Mengen

Zwei Mengen sind **gleich**, wenn sie dieselben Elemente besitzen.

■ A = {$x \in \mathbb{R}$: x(x − 1) = 0} $\qquad$ A = {0; 1}
B = {$y \in \mathbb{N}$: y < 2} $\qquad\qquad$ B = {0; 1}
$\qquad\qquad\qquad\qquad\qquad\qquad$ A = B = {0; 1}

Gleichmächtigkeit von Mengen

Die Gleichmächtigkeit von zwei Mengen (↗ S. 42; Mächtigkeit von Mengen) lässt sich am folgenden Beispiel veranschaulichen:

■ Menge A: fünf ausgewählte Länder der Bundesrepublik Deutschland
Menge B: fünf ausgewählte Landeswappen

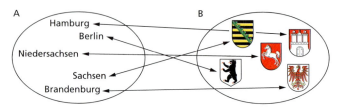

Teilmenge

> **Definition** Die Menge A ist **Teilmenge** der Menge B, wenn jedes Element von A zugleich in B enthalten ist (A ⊆ B). B heißt dann **Obermenge** von A.

Jede Menge ist auch Teilmenge von sich selbst (A ⊆ A). Die leere Menge ist Teilmenge jeder Menge. Für alle Mengen A gilt: ∅ ⊆ A

■ S ist die Menge aller Schüler der neunten Klassen.
G ist die Menge aller Schüler der Schule.
S ⊆ G, denn jeder Schüler der neunten Klassen ist Schüler der Schule.

■ Q ist die Menge aller Quadrate.
P die Menge aller Parallelogramme.
Q ⊆ P, denn jedes Quadrat ist ein
(spezielles) Parallelogramm.

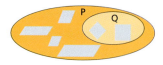

Echte Teilmenge

> **Definition** Ist jedes Element von A zugleich in B enthalten (A ⊆ B) und gibt es in B *mindestens* ein Element, welches nicht in A enthalten ist, dann ist A **echte Teilmenge** von B (A ⊂ B).

■ Weil jedes Quadrat ein Parallelogramm ist, gilt Q ⊆ P. Weil es zugleich auch (mindestens) ein Parallelogramm gibt, welches kein Quadrat ist, gilt sogar Q ⊂ P.

Elementfremde (disjunkte) Mengen

> **Definition** Zwei Mengen A und B sind **elementfremd (disjunkt)**, wenn sie kein gemeinsames Element besitzen.

① A ist die Menge der schwarzen Buben eines Skatspiels.
B ist die Menge der roten Buben eines Skatspiels.

② A = {x ∈ ℕ: 5|x}
B = {x ∈ ℕ: 5|x + 1}

Überschnittene Mengen

> **Definition** Zwei Mengen A und B sind **überschnitten,** wenn (jeweils mindestens)
> – ein Element von A nicht in B ist,
> – ein Element von B nicht in A ist und
> – ein Element in A und B zugleich ist.

① A ist die Menge der Buben eines Skatspiels.
B ist die Menge der roten Karten eines Skatspiels.

② A = {x ∈ ℕ: 2|x}
B = {y ∈ ℕ: 3|y}

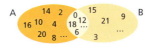

2.2.5 Mengenoperationen

Die Verknüpfung zweier Mengen wird als **Mengenoperation** bezeichnet. Aus den Elementen der Ausgangsmengen wird dabei eine neue Menge gebildet.

Vereinigungsmenge

> **Definition** Die **Vereinigungsmenge** von A und B (A ∪ B) ist die Menge aller Elemente, die in A oder in B (oder in beiden Mengen) enthalten sind: A ∪ B = {x: x ∈ A ∨ x ∈ B}

▶ Wegen der Kommutativität der ODER-Verknüpfung gilt für alle Mengen A und B:
A ∪ B = B ∪ A

2 Grundbegriffe der Mathematik

Es gibt drei Fälle:

Elementfremde (disjunkte) Mengen A und B	Überschnittene Mengen A und B	B Teilmenge von A
A ∪ B = B ∪ A	A ∪ B = B ∪ A	A ∪ B = B ∪ A = A
A = {3; 4; 5}; B = {6; 7; 8}	A = {3; 4; 5}; B = {5; 6; 7; 8}	A = {3; 4; 5; 6; 7; 8}; B = {7; 8}
A ∪ B = {3; 4; 5; 6; 7; 8}	A ∪ B = {3; 4; 5; 6; 7; 8}	A ∪ B = {3; 4; 5; 6; 7; 8}

Durchschnittsmenge

▶ Wegen der Kommutativität der UND-Verknüpfung gilt für alle Mengen A und B:
A ∩ B = B ∩ A

Definition Die **Durchschnittsmenge** von A und B (A ∩ B) ist die Menge aller Elemente, die in A *und* zugleich in B enthalten sind:
A ∩ B = {x: x ∈ A ∧ x ∈ B}

Es gibt drei Fälle:

Elementfremde (disjunkte) Mengen A und B	Überschnittene Mengen A und B	B Teilmenge von A
A ∩ B = B ∩ A = ∅	A ∩ B = B ∩ A	A ∩ B = B ∩ A = B
A = {3; 4; 5}; B = {6; 7; 8}	A = {3; 4; 5}; B = {5; 6; 7; 8}	A = {3; 4; 5; 6; 7; 8}; B = {7; 8}
A ∩ B = { } = ∅	A ∩ B = {5}	A ∩ B = {7; 8}

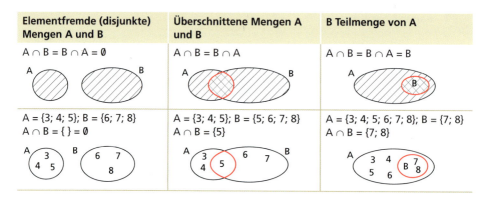

In einer Reisegruppe aus Engländern und Franzosen sprechen sieben Personen Englisch, neun Französisch und sechs Personen beherrschen beide Sprachen. Wie viele Personen gehören zur Reisegruppe?
E ist die Menge der Reisenden, die Englisch sprechen.
F ist die Menge der Reisenden, die Französisch sprechen.
Dann gehören sechs Personen zu E ∩ F.
Also sprechen 9 – 6 = 3 Personen nur Französisch und 7 – 6 = 1 Person nur Englisch. Zur Reisegruppe gehören insgesamt zehn Personen.

Komplementärmenge

Definition Das **Komplement** $\overline{A}$ (gesprochen: A quer) zu einer Menge A bezüglich des Grundbereichs G ist die Menge aller Elemente aus G, die nicht in A enthalten sind.
A und $\overline{A}$ sind Komplementärmengen bezüglich G.

▶ $\overline{A} \cup A = G$
$\overline{A} \cap A = \emptyset$

■ Die Menge der geraden Zahlen und die Menge der ungeraden Zahlen sind Komplementärmengen bezüglich $\mathbb{N}$:
$A = \{x \in \mathbb{N}: 2|x\} = \{0; 2; 4; 6 \ldots\}$
$\overline{A} = \{x \in \mathbb{N}: 2 \nmid x\} = \{1; 3; 5; 7 \ldots\}$
$A \cup \overline{A} = \mathbb{N}; A \cap = \overline{A} = \emptyset$

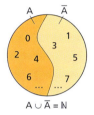

$A \cup \overline{A} = \mathbb{N}$

Differenzmenge

Definition Die **Differenzmenge** A\B (gesprochen: A ohne B) ist die Menge aller Elemente, die in A und nicht in B enthalten sind:
$A \setminus B = \{x: x \in A \wedge x \notin B\}$

▶ Die **Differenzmengenbildung** ist nicht kommutativ.

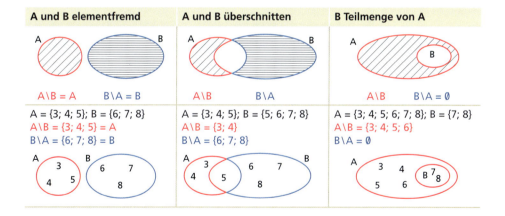

Geordnetes Paar, geordnetes Tripel

Definition Ein **geordnetes Paar** (a; b) entsteht durch Zusammenfassen zweier Elemente a und b in einer festen Reihenfolge. Sind a und b Zahlen, ist das geordnete Paar ein **Zahlenpaar**.

▶ Geordnete Zahlenpaare (a; b) werden auch in der Form (a|b) dargestellt.

Geordnete Zahlenpaare werden z. B. zur Angabe der Position eines Punkts im Koordinatensystem genutzt.

$P(x; y) \neq P(y; x)$

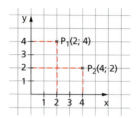
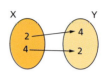

▶ Zahlentripel treten auch als ganzzahlige Lösungen der Gleichung $a^2 + b^2 = c^2$ auf. Sie werden **pythagoreische Zahlentripel** genannt.

Definition Ein **geordnetes Tripel** (a; b; c) entsteht durch Zusammenfassen dreier Elemente a, b und c in einer festen Reihenfolge. Sind a, b, c Zahlen, so ist es ein **geordnetes Zahlentripel**.

Geordnete Zahlentripel werden z. B. zur Angabe der Position eines Punkts in einem räumlichen Koordinatensystem genutzt.

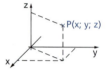

Produktmenge

▶ Die **Produktmengenbildung** ist nicht kommutativ.

Definition Die **Produktmenge** A×B (gesprochen: A kreuz B) ist die Menge aller geordneten Paare, deren erstes Element aus A und deren zweites Element aus B ist: A×B = {(x; y): x∈A ∧ y∈B}

■ A = {2; 3; 4}; B = {7; 8}
A×B = {(2; 7); (2; 8); (3; 7); (3; 8); (4; 7); (4; 8)}
B×A = {(7; 2); (8; 2); (7; 3); (8; 3); (7; 4); (8; 4)}

Potenzmenge

Definition Die **Potenzmenge** P(M) von einer Menge M ist die Menge aller Teilmengen von M. Sie enthält immer die leere Menge und die Menge M selbst.

■ M = {3; 4; 5; 6}
P(M) =
{0,
{3}, {4}, {5}, {6},
{3; 4}, {3; 5}, {3; 6}, {4; 5}, {4; 6}, {5; 6},
{3; 4; 5}, {3; 4; 6}, {3; 5; 6}, {4; 5; 6};
{3; 4; 5; 6}}

Die Potenzmenge von M enthält:
– die leere Menge,
– vier Einermengen,
– sechs Zweiermengen,
– vier Dreiermengen,
– die Menge M selbst,
also insgesamt 16 Teilmengen.

Zahlen und Rechnen | 3

3.1 Natürliche Zahlen

3.1.1 Zahlbegriff; Zahldarstellungen

▶ Die Menge der natürlichen Zahlen ohne die **Null** wird oftmals mit ℕ* bezeichnet.

Die Zahlen 0; 1; 2; 3; usw. bilden die **Menge der natürlichen Zahlen** ℕ. Manchmal wird die Zahl 0 ausgeschlossen.
Die natürliche Zahl n ist eine Abstraktion von konkreten, endlichen Mengen mit n Elementen.

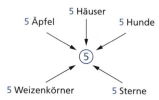

▶ **Natürliche Zahlen** werden z. B. beim Abzählen, beim Ordnen, beim Messen, beim Nummerieren und als Operator verwendet.

Damit steht jede natürliche Zahl für eine Klasse gleichmächtiger Mengen.
Die so gewonnene Zahl heißt **Kardinalzahl**.
Natürliche Zahlen dienen aber auch der Beschreibung von Stellen in Anordnungen.
Die so verwendeten natürlichen Zahlen heißen **Ordinalzahlen.**
Man schreibt sie im Unterschied zu den Kardinalzahlen meist mit einem Punkt.

Der August ist der *achte Monat* des Jahres.	8. Monat
Eisen ist das *sechsundzwanzigste Element* im Periodensystem.	26. Element
JOHN F. KENNEDY war der *fünfunddreißigste Präsident* der USA.	35. Präsident

Man erhält die natürlichen Zahlen, indem man mit 0 beginnt und immer um 1 weiterzählt. Somit erhält man zu jeder natürlichen Zahl eine unmittelbar darauf folgende Zahl.
Zur natürlichen Zahl n erhält man n + 1. Diese Zahl n + 1 heißt **Nachfolger** von n.
Mit Ausnahme von 0 hat auch jede natürliche Zahl n einen **Vorgänger**, n − 1.

Vorgänger n − 1	Natürliche Zahl n	Nachfolger n + 1
−	0	1
178	179	180
2 999	3 000	3 001

Die natürlichen Zahlen werden veranschaulicht, indem der Ausgangspunkt eines Strahls mit 0 bezeichnet und der Strahl in jeweils gleiche Abstände unterteilt wird. Dieser Strahl heißt **Zahlenstrahl**.

3.1 Natürliche Zahlen

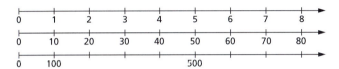

Auf diese Weise sind die natürlichen Zahlen der Größe nach geordnet.
Von zwei natürlichen Zahlen ist diejenige größer, deren Darstellung auf dem Zahlenstrahl weiter von 0 entfernt ist.
Man kann Zahlen auch vergleichen, indem die Mengen oder die Stellenzahl verglichen werden oder indem gerechnet wird.
Wenn a größer als b ist, schreibt man a > b. Dann ist auch b kleiner als a, man schreibt b < a.

> **Satz** Zwischen zwei natürlichen Zahlen a und b gilt eine (und nur eine) der folgenden Beziehungen:
> a < b;   a = b;   a > b

Da jede natürliche Zahl einen Nachfolger hat, gibt es keine größte natürliche Zahl.
Zum Darstellen natürlicher Zahlen verwendet man Ziffern.

▶ Die Menge der natürlichen Zahlen ℕ hat also **unendlich** viele Elemente.

■ Die Zahl Zwölf kann unterschiedlich dargestellt werden:
  – vor 5 000 Jahren in Ägypten   ∩II
  – vor 3 500 Jahren in China   –II
  – vor 2 000 Jahren im Römischen Reich XII
  – mit arabischen Ziffern   12
  – im Dualsystem   1100

Heute ist meist eine Darstellung mit den zehn Ziffern 0; 1; 2; 3; 4; 5; 6; 7; 8 und 9 (auch *Grundziffern* genannt) gebräuchlich.
Dabei kommt auch der Stelle, an der eine Ziffer steht, Bedeutung zu.

▶ Man spricht in diesem Fall vom **Stellenwertsystem.**

Stellenwert	...	100 000	10 000	1 000	100	10	1
Wort	...	Hunderttausender	Zehntausender	Tausender	Hunderter	Zehner	Einer
Abkürzung	...	HT	ZT	T	H	Z	E

■ Darstellung der Zahl
  Achtundzwanzigtausendvierunddreißig
  im Zehnersystem:

HT	ZT	T	H	Z	E
	2	8	0	3	4

Eine solche Darstellung erfordert unbedingt eine Kennzeichnung leerer Stellen (hier durch die Ziffer 0).
Das Beispiel zeigt, dass bei der Darstellung der natürlichen Zahlen die Zahl 10 und deren Potenzen die Grundlage bilden. Man spricht deshalb vom **dekadischen Positionssystem** oder vom **Dezimalsystem**.

▶ deka (griech.) – zehn;
decimus (lat.) – zehnter

3 Zahlen und Rechnen

In diesem dekadischen Positionssystem lässt sich jede natürliche Zahl eindeutig (d.h. auf eine und nur eine Weise) als Folge von Grundziffern darstellen. Die Stelle, an der eine Grundziffer steht, gibt an, mit welcher Potenz von 10 sie zu multiplizieren ist. Die (von rechts) erste Stelle mit 10^0, die zweite mit 10^1, die dritte mit 10^2 usw.

■ Darstellung der Zahl 28 034:

HT	ZT	T	H	Z	E
10^5	10^4	10^3	10^2	10^1	$10^0 = 1$
	2	8	0	3	4

$$28\,034 = 2 \cdot 10^4 + 8 \cdot 10^3 + 0 \cdot 10^2 + 3 \cdot 10^1 + 4 \cdot 10^0$$
$$= 2 \cdot 10\,000 + 8 \cdot 1000 + 0 \cdot 100 + 3 \cdot 10 + 4 \cdot 1$$

> **Allgemein gilt:**
> $a_m a_{m-1} a_{m-2} \cdots a_2 a_1 a_0 =$
> $a_m \cdot 10^m + a_{m-1} \cdot 10^{m-1} + \ldots + a_2 \cdot 10^2 + a_1 \cdot 10^1 + a_0 \cdot 10^0$

Anstelle der 10 kann man auch jede andere Zahl als Basis eines solchen Positionssystems wählen.

▶ duo (lat.) – zwei

Wählt man 2 als Basis, erhält man das **Dualsystem** mit den beiden Ziffern O und I (O steht für 0, I steht für 1).

■ $12 = 1 \cdot 2^3 + 1 \cdot 2^2 + 0 \cdot 2^1 + 0 \cdot 2^0 = IIOO$
$13 = 1 \cdot 2^3 + 1 \cdot 2^2 + 0 \cdot 2^1 + 1 \cdot 2^0 = IIOI$
$15 = 1 \cdot 2^3 + 1 \cdot 2^2 + 1 \cdot 2^1 + 1 \cdot 2^0 = IIII$

▶ Mit 16 als Basis erhält man das **Hexadezimalsystem.** Wesentliche Rechengesetze und Verfahren (z.B. die für das schriftliche Rechnen) gelten in allen **Positionssystemen.**

Eine andere Art der Darstellung natürlicher Zahlen sind **Additionssysteme,** zum Beispiel die Darstellung natürlicher Zahlen mit **römischen Zahlzeichen** (↗ S. 384).
Aus den Zahlzeichen (I; V; X; L; C; D; M) werden alle Zahlen durch Addition und Subtraktion zusammengesetzt. Die einzelnen Zahlzeichen werden addiert, wenn auf größere Ziffern kleinere Ziffern folgen. Steht eine kleinere Ziffer vor einer größeren Ziffer, wird sie von dieser subtrahiert.

▶ centum (lat.) – hundert; mille (lat.) – tausend

Zahldarstellung							
im Dezimalsystem:	1	5	10	50	100	500	1000
mit römischen Zahlzeichen:	I	V	X	L	C	D	M

▶ Die Zeichen I, X, C und M dürfen höchstens dreimal hintereinanderstehen; V, L und D werden nicht mehrfach hintereinandergestellt.

■ VII $= V + I + I = 7$
$ 5 + 1 + 1$
CXI $= C + X + I = 111$
$ 100 + 10 + 1$
XCV $= C - X + V = 95$
$ 100 - 10 + 5$
MCMLXXIX $= 1000 + 1000 - 100 + 50 + 10 + 10 + 10 - 1 = 1979$
MMCMXLIII $= 1000 + 1000 + 1000 - 100 + 50 - 10 + 1 + 1 + 1 = 2943$

IX $= X - I = 9$
$ 10 - 1$
XL $= L - X = 40$
$ 50 - 10$

3.1.2 Rechnen mit natürlichen Zahlen

Addition

Natürliche Zahlen kann man addieren. Addieren ist z. B. Zusammenfassen, Dazugeben, Hinzufügen, Vermehren und Verlängern.
Geht man auf die Mengenvorstellung der Kardinalzahl zurück, so bedeutet Addieren das Vereinigen von entsprechenden Mengen.

▶ addere (lat.) – hinzufügen

> **Definition** Eine Menge A vereinigt mit einer (zu A elementfremden) Menge B ergibt eine Menge S.
> A hat a Elemente, B hat b Elemente und S hat s = a + b Elemente.
>
> | | | Summe | | |
> |---|---|---|---|---|
> | Addition | s = | a | + | b |
> | | \| | \| | | \| |
> | | Summe | Summand | | Summand |

■ 3 Äpfel plus 4 Äpfel ergeben zusammen 7 Äpfel.

Die Addition ist im Bereich der natürlichen Zahlen immer ausführbar und eindeutig. Zu zwei Zahlen a und b gibt es eine und nur eine Zahl s mit s = a + b.

> **Satz** Die Zahl 0 ist das **neutrale Element der Addition.**
> Es gilt: a + 0 = 0 + a = a

Man kann die Addition am Zahlenstrahl durch Pfeile veranschaulichen. Um die Summe s = a + b zu erhalten, setzt man den Anfang des Pfeils b an das Ende (die Spitze) des Pfeils a. Der Summenpfeil s beginnt am Anfang des Pfeils a und endet an der Spitze des Pfeils b.

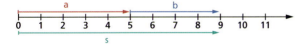

▶ Für a = 5 und b = 4 beträgt s = 5 + 4 = 9.

> **Satz** Eine Summe natürlicher Zahlen ist nie kleiner als ein einzelner Summand. Für s = a + b gilt stets: s ≥ a und s ≥ b

■ 17 = 8 + 9; also 17 > 8 und 17 > 9
18 = 0 + 18; also 18 > 0 und 18 = 18

▶ monotonos (griech.) – eintönig; relatio (lat.) – Beziehung, Verhältnis

> **Satz** Die Addition ist **monoton** bezüglich der Kleiner-Relation.
> Aus a < b folgt stets: a + c < b + c

Aus 3 < 7 folgt 3 + 5 < 7 + 5 und damit 8 < 12.

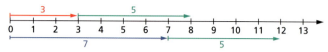

▶ commutare (lat.)
– vertauschen

Satz Für die Addition gilt das **Kommutativgesetz**.
Summanden darf man vertauschen, dabei bleibt die Summe gleich:
a + b = b + a

248 + 627 = 627 + 248 = 875

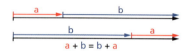

▶ associare (lat.) –
verbinden

Satz Für die Addition gilt das **Assoziativgesetz**.
Summanden darf man beliebig zusammenfassen, dabei bleibt die
Summe gleich: a + (b + c) = (a + b) + c

3 + (7 + 4) = (3 + 7) + 4
3 + 11 = 10 + 4
14 = 14

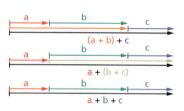

▶ Die Gesetze kann man beim Kopfrechnen nutzen, indem man die Zahlen so zusammenfasst, dass volle Zehner entstehen.

Also ist beim Addieren die Reihenfolge der Summanden beliebig.

3 + 8 = 3 + 7 + 1 = 10 + 1 = 11
3 + 8 + 7 = 3 + 7 + 8 = 10 + 8 = 18
31 + 48 + 69 + 52 = 31 + 69 + 48 + 52 = 100 + 100 = 200

Trotz der Existenz leistungsfähiger Taschenrechner bleibt Kopfrechnen weiterhin wichtig, z. B. beim Kontrollieren durch Überschlagen.
Es gibt auch ein **schriftliches Verfahren der Addition**.

Die Zahlen 38 251; 7 430; 27 und 5 638 sollen addiert werden.
Die Zahlen werden stellengerecht untereinander geschrieben.
Man beginnt mit der Addition der Einer.

	ZT	T	H	Z	E	
	3	8	2	5	1	8 + 7 + 0 + 1 = 16; schreibe 6, merke 1.
		7	4	3	0	1 + 3 + 2 + 3 + 5 = 14; schreibe 4, merke 1.
				2	7	1 + 6 + 4 + 2 = 13; schreibe 3, merke 1.
+		5	6	3	8	1 + 5 + 7 + 8 = 21; schreibe 1, merke 2.
	2	1	1	1		2 + 3 = 5; schreibe 5.
	5	1	3	4	6	

Subtraktion

Die Frage, welche Zahl d man zu einer Zahl a addieren muss, um eine vorgegebene Zahl c zu erhalten, führt zur Umkehrung der Addition, zur Subtraktion.
Subtrahieren ist z. B. Wegnehmen, Vermindern, Abziehen, Verringern, Verkleinern und Ausgeben.

▶ subtrahere (lat.) – abziehen

- Welche natürliche Zahl muss man zu 5 addieren, um 12 zu erhalten?
  Man rechnet 12 – 5 = 7. Antwort: 7, denn 5 + 7 = 12.

> **Definition** Die Subtraktion ist die Umkehrung der Addition.
> a + d = c ist gleichwertig mit d = c – a.
>
>   Differenz
> **Subtraktion** d = c – a
> | | |
>   **Differenz** **Minuend** **Subtrahend**

▶ minuere (lat.) – verkleinern; differentia (lat.) – Unterschied

Die Subtraktion kann man auf dem Zahlenstrahl veranschaulichen.
Um die Differenz d = c – a zu erhalten, setzt man die Spitze des zweiten Pfeils a an die Spitze des ersten Pfeils c. Der Differenzpfeil d verläuft vom Anfang des Pfeils c zum Anfang des Pfeils a.

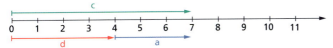

Für a = 3 und c = 7 beträgt d = 7 – 3 = 4.
Eine natürliche Zahl d existiert nur, wenn c ≥ a gilt.
Im Bereich der natürlichen Zahlen ist die Subtraktion nicht uneingeschränkt ausführbar. Sie ist ausführbar, wenn der Subtrahend nicht größer als der Minuend ist.
Für die Subtraktion natürlicher Zahlen gilt Folgendes:

> **Satz** a – 0 = a und a – a = 0, weil a + 0 = a
> c – (a + b) = c – a – b
> c – (a + b) = c – (b + a) und somit c – a – b = c – b – a

Diese Gesetzmäßigkeiten kann man beim Rechnen nutzen.

- 127 – (27 + 64) = 127 – 27 – 64 = 100 – 64 = 36
  218 – 55 – 18 = (218 – 18) – 55 = 200 – 55 = 145

Bei der **schriftlichen Subtraktion** werden die Zahlen wie bei der schriftlichen Addition untereinander geschrieben (↗ S. 54; schriftliche Addition).
Die Subtraktion ist *nicht* kommutativ. c – a = a – c gilt nur für c = a.

Multiplikation

multiplicare (lat.)
– vervielfachen;
factor (lat.) – Macher

Definition Die Multiplikation ist die mehrfache Addition gleicher Summanden.

$$\underset{\text{Produkt}}{\text{Multiplikation}\ p} = \underset{\text{Faktor}}{a} \cdot \underset{\text{Faktor}}{b}\ \text{Produkt}$$

■ 13 + 13 + 13 + 13 = 4 · 13 = 52

Die Multiplikation ist im Bereich der natürlichen Zahlen immer ausführbar und eindeutig. Zu zwei Zahlen a und b gibt es daher eine und nur eine Zahl p mit p = a · b.

> Die Zahl 1 ist das **neutrale Element der Multiplikation**.
> Es gilt: a · 1 = 1 · a = a

Für die Multiplikation natürlicher Zahlen gilt Folgendes:

> **Satz** Ein Produkt ist 0, genau dann, wenn (mindestens) ein Faktor 0 ist: 0 = a · 0 = 0 · a
> Für p = a · b mit a, b ∈ ℕ und a ≠ 0, b ≠ 0 gilt stets p ≥ a und p ≥ b.
> Ein Produkt natürlicher Zahlen, in dem kein Faktor 0 ist, ist nie kleiner als ein einzelner Faktor.

■ 42 = 7 · 6, also 42 > 7 und 42 > 6; 42 = 1 · 42, also 42 > 1 und 42 = 42

monotonos
(griech.) – eintönig

> **Satz** Die Multiplikation ist **monoton** bezüglich der Kleiner-Relation.
> Aus a < b folgt stets: a · c < b · c (c ≠ 0)

■ Aus 2 < 4 folgt 2 · 5 < 4 · 5 und damit 10 < 20.

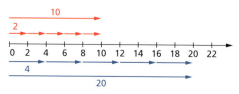

commutare (lat.)
– vertauschen

> **Satz** Für die Multiplikation gilt das **Kommutativgesetz**.
> Faktoren darf man vertauschen, dabei bleibt das Produkt gleich:
> a · b = b · a

3.1 Natürliche Zahlen

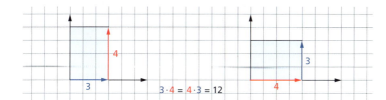

> **Satz** Für die Multiplikation gilt das **Assoziativgesetz**.
> Faktoren darf man beliebig zusammenfassen, dabei bleibt das
> Produkt gleich: $a \cdot (b \cdot c) = (a \cdot b) \cdot c$

▶ associare (lat.) – verbinden

■ Der nebenstehende Quader kann in vier Scheiben zu je sechs Steinen, in drei Scheiben zu je acht Steinen oder in zwei Scheiben zu je zwölf Steinen zerlegt werden.
$4 \cdot (2 \cdot 3) = 3 \cdot (4 \cdot 2) = 2 \cdot (4 \cdot 3) = 24$

Aus beiden Gesetzen folgt, dass beim Multiplizieren die Reihenfolge der Faktoren beliebig ist. Diese Gesetzmäßigkeiten lassen sich beim vorteilhaften Rechnen benutzen.

■ $4 \cdot 18 \cdot 25 =$ $5 \cdot 3 \cdot 14 =$
$(4 \cdot 25) \cdot 18 =$ $(5 \cdot 14) \cdot 3 =$
$\quad 100 \cdot 18 = 1\,800$ $70 \cdot 3 = 210$

> **Satz** Für die Multiplikation gilt bezüglich der Addition (Subtraktion) das **Distributivgesetz**.
> $a \cdot (b \pm c) = a \cdot b \pm a \cdot c$ oder $(b \pm c) \cdot a = b \cdot a \pm c \cdot a$

▶ distribuere (lat.) – verteilen

■ $7 \cdot 22 + 7 \cdot 8 = 7 \cdot (22 + 8) = 7 \cdot 30 = 210$
$4 \cdot 99 = 4 \cdot (100 - 1) = 400 - 4 = 396$

Die Multiplikation hat Vorrang vor der der Addition bzw. vor der Subtraktion (↗ S. 59; Vorrangregeln).

> **Satz** Eine Summe (Differenz) wird mit einem Faktor multipliziert, indem man jede Zahl mit diesem Faktor multipliziert und die entstehenden Produkte addiert (subtrahiert).
> $(a \pm b \pm c \pm \ldots \pm n) \cdot d = a \cdot d \pm b \cdot d \pm c \cdot d \pm \ldots \pm n \cdot d$

▶ Hier wurde das **Distributivgesetz** angewandt.

Dies kann man beim Kopfrechnen ausnutzen, indem man die zu multiplizierenden Zahlen so zerlegt, dass Grundaufgaben (kleines Einmaleins) mit natürlichen Zahlen oder mit gleichen Zehnerpotenzen entstehen. So lässt sich der Rechenweg bei vielen Aufgaben vereinfachen.

24 · 13 = 24 · (10 + 3) = 24 · 10 + 24 · 3 = 240 + 72 = 312
746 · 3 = (700 + 40 + 6) · 3 = 700 · 3 + 40 · 3 + 6 · 3
       = 2100 + 120 + 18 = 2238

Beim Verfahren der **schriftlichen Multiplikation** wird das Distributivgesetz angewandt.

① Die Zahlen 3216 und 7 sind miteinander zu multiplizieren.

3216 · 7	Rechne:	Schreibe:	Merke:
22512	6 · 7 = 42	2	4
	1 · 7 + 4 = 11	1	1
	2 · 7 + 1 = 15	5	1
	3 · 7 + 1 = 22	22	

② Die Zahlen 378 und 85 sind miteinander zu multiplizieren.

378 · 85
─────────
  3024
  1890
─────────
 32130

Es wird 378 · 8 gerechnet.
Es wird 378 · 5 gerechnet. Das Ergebnis wird um eine Stelle nach rechts verschoben eine Zeile tiefer eingetragen. Die Ergebnisse beider Zeilen werden addiert.

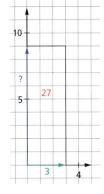

Division

Die Frage, mit welcher Zahl q man eine Zahl a multiplizieren muss, um eine vorgegebene Zahl c zu erhalten, führt zur Umkehrung der Multiplikation, zur Division.

■ Welche Zahl muss man mit 3 multiplizieren, um 27 zu erhalten?
Man rechnet 27 : 3 = 9. Antwort: 9, denn 9 · 3 = 27.

Definition   a · q = c ist gleichwertig mit q = c : a (a ≠ 0).

                           Quotient
Division   q   =   c   :   a
                  | | |
              Quotient Dividend Divisor

▶ dividere (lat.) – teilen;
quotiens (lat.) – wie oft

Für c : a schreibt man auch $\frac{c}{a}$ und symbolisiert die Division durch den Bruchstrich.
Im Bereich der natürlichen Zahlen ist die Division nicht uneingeschränkt ausführbar. Nur wenn der Dividend ein Vielfaches des Divisors ist, ist sie ausführbar. Es gelten folgende Gesetzmäßigkeiten:

a : 1 = a und a : a = 1, weil a · 1 = a
Die Division durch 0 ist nicht erklärt (nicht definiert).

3.1 Natürliche Zahlen

Satz Für die Division gilt bezüglich der Addition (Subtraktion) das **Distributivgesetz**. Eine Summe (Differenz) kann gliedweise dividiert werden: $(a \pm b) : c = a : c \pm b : c$

▶ distribuere (lat.) – verteilen

- $324 : 3 = (300 + 24) : 3 = 300 : 3 + 24 : 3 = 100 + 8 = 108$
- $133 : 7 = (140 - 7) : 7 = 140 : 7 - 7 : 7 = 20 - 1 = 19$

Beim Kopfrechnen nutzt man aus, dass die Division die Umkehrung der Multiplikation ist.

▶ Beim **schriftlichen Dividieren** nutzt man wieder das Distributivgesetz.

- $147 : 7 = 21$, denn $140 : 7 = 20$ und $7 : 7 = 1$, damit $20 + 1 = 21$
- $228 : 6 = 38$, denn $240 : 6 = 40$ und $12 : 6 = 2$, damit $40 - 2 = 38$

Vorrangregeln (Prioritäten)

Die Addition und ihre Umkehrung, die Subtraktion, sowie die Multiplikation und ihre Umkehrung, die Division, sind die sogenannten vier **Grundrechenarten**. Dabei sind Addition und Subtraktion die Rechenarten erster Stufe. Multiplikation und Division sind die Rechenarten zweiter Stufe. Beim Rechnen haben die Operationen höherer Stufe **Vorrang (Priorität)**.

▶ prior (lat.) – vorderer, erster

▶ **Punktrechnung** geht vor Strichrechnung!

- $2 + 4 \cdot 5 = 2 + 20 = 22$ Multiplikation hat Vorrang vor Addition.
- $10 - 6 : 2 = 10 - 3 = 7$ Division hat Vorrang vor Subtraktion.

Mit Klammern kann man die von den Vorrangregeln geforderte Reihenfolge der Rechnungen verändern.

- $(2 + 4) \cdot 5 = 6 \cdot 5 = 30$ Der Wert in der Klammer ist zuerst zu berechnen.
- $(10 - 6) : 2 = 4 : 2 = 2$

▶ Beim Verwenden von Taschenrechnern muss man darauf achten, ob das benutzte Gerät über eine Vorrangautomatik (Hierarchie) verfügt (↗ S. 366).

3.1.3 Vielfache und Teiler

Vielfache

Definition Eine Zahl v heißt **Vielfaches** einer Zahl a, wenn es eine natürliche Zahl b gibt mit $v = a \cdot b$.

- 584 ist ein Vielfaches von 8,   denn es gilt $8 \cdot 73 = 584$.
- 584 ist ein Vielfaches von 73,   denn es gilt $73 \cdot 8 = 584$.
- 584 ist kein Vielfaches von 7,   denn es gilt $7 \cdot 83 = 581$ und $7 \cdot 84 = 588$, d. h., es gibt keine natürliche Zahl b mit $7 \cdot b = 584$.

60   3 Zahlen und Rechnen

Alle Vielfachen von 2 heißen **gerade Zahlen,** alle anderen natürlichen Zahlen heißen **ungerade Zahlen.**

Satz   Wenn n die Folge der natürlichen Zahlen (0; 1; 2; 3…) durch-läuft, so durchlaufen

$$g = 2n \qquad \text{und} \qquad u = 2n + 1$$

die Folge der geraden Zahlen   die Folge der ungeraden Zahlen
(0; 2; 4; 6…).   (1; 3; 5; 7…).

Teiler

Definition   Eine Zahl a heißt **Teiler** einer Zahl c, wenn es eine natürliche Zahl n gibt mit $a \cdot n = c$.
Man schreibt dies als a|c (gesprochen: a ist Teiler von c oder c ist durch a teilbar). Es gilt dann auch n|c, wegen $n \cdot a = c$.
Ist eine Zahl b *nicht* Teiler von c, schreibt man $b \nmid c$.

■ 4 ist Teiler von 12, da $4 \cdot 3 = 12$.
   12 hat die Teiler 1, 2, 3, 4, 6, 12, denn $1 \cdot 12 = 2 \cdot 6 = 3 \cdot 4 = 12$.
   5 ist nicht Teiler von 12, denn es gibt kein n ($n \in \mathbb{N}$) mit $5 \cdot n = 12$.

▶ trivialis (lat.) – einfach

Eine Zahl, die gleich der Summe ihrer echten Teiler ist, heißt **vollkommene Zahl.** 6 ist eine vollkommene Zahl, weil 1; 2 und 3 die echten **Teiler** sind und $1 + 2 + 3 = 6$ gilt.

Satz   Jede Zahl n hat die **trivialen** Teiler 1 und n.
Es gilt 1|n und n|n, weil $n \cdot 1 = n$.
Ein Teiler von n heißt **echt** (eigentlich), wenn er kleiner als n ist.
0 ist durch jede Zahl n (n ≠ 0) teilbar (jedes n ist Teiler von 0), weil $n \cdot 0 = 0$. 0 kann nie Teiler einer Zahl c (c ≠ 0) sein, weil $0 \cdot q$ stets 0 und nie c ist.

Für die Teiler von Zahlen gelten folgende Sätze:

Satz   Wenn eine Zahl t Teiler einer Zahl a ist, so ist sie auch Teiler aller Vielfachen von a. Aus t|a folgt $t|a \cdot b$ ($b \in \mathbb{N}$).

■ 3 ist Teiler von 6, damit ist 3 auch Teiler von 12, von 18, von 24 usw.

▶ Dieser Satz ist nicht umkehrbar.

Satz   Wenn eine Zahl t Teiler *aller* Summanden einer Summe ist, so ist sie auch Teiler der Summe. Aus t|a und t|b folgt t|(a + b). Entsprechendes gilt auch für Differenzen.

■ Aus 4|36 und 4|28 folgt 4|(36 + 28) bzw. 4|64.
   3|36 bzw. 3|(11 + 25), aber $3 \nmid 11$ und $3 \nmid 25$.

3.1 Natürliche Zahlen

Die **Teilbarkeitsregeln** können zur Ermittlung von Teilern großer Zahlen verwendet werden.

Teiler t	Bedingung für die Zahl a (im Dezimalsystem dargestellt)	Beispiel
2	wenn ihre Endziffer durch 2 teilbar ist	73 568 ist durch 2 teilbar, weil 2|8.
4	wenn ihre letzten beiden Ziffern eine durch 4 teilbare Zahl darstellen	3 258 936 ist durch 4 teilbar, weil 4|36. 4∤24 568 914, weil 4∤14.
8	wenn ihre letzten drei Ziffern eine durch 8 teilbare Zahl darstellen	769 832 ist durch 8 teilbar, weil 8|832. 8∤2 359 058, weil 8∤58
5	wenn sie auf 0 oder 5 endet	235 und 3 870 sind durch 5 teilbar.
10	wenn ihre letzte Ziffer eine 0 ist	3 680 und 245 100 sind durch 10 teilbar.
3	wenn ihre **Quersumme** (die Summe ihrer Ziffern) durch 3 teilbar ist	3|345 672, weil die Quersumme $3 + 4 + 5 + 6 + 7 + 2 = 27$ und 3|27.
6	wenn sie durch 2 und durch 3 teilbar ist	258 ist durch 6 teilbar (Quersumme 15, also durch 3 teilbar, und gerade).
9	wenn ihre Quersumme durch 9 teilbar ist	9|75 402, weil die Quersumme 18 durch 9 teilbar ist.

Es gibt auch Teilbarkeitsregeln für andere Zahlen.

▶ Bei der Division einer natürlichen Zahl durch die Zahl n sind n verschiedene Reste möglich. Zahlen, die den gleichen Rest lassen, bezeichnet man als zueinander kongruent bezüglich n. Damit kann man bezüglich der Zahl n alle natürlichen Zahlen in **Restklassen** einteilen. **Zahlenkongruenzen** kann man zum **Lösen diophantischer Gleichungen** oder zur **Neunerprobe** verwenden.

Primzahlen

> **Definition** Eine Zahl p, die außer den (trivialen) Teilern 1 und p (sich selbst) keinen weiteren Teiler hat, heißt **Primzahl**.
> Die Zahl 1 wird nicht zu den Primzahlen gerechnet.

▶ primus (lat.) – erster

Die roten Zahlen sind Primzahlen. Die Zahl 2 ist die kleinste Primzahl und die einzige gerade Primzahl. Eine größte Primzahl gibt es nicht.

▶ Mathematiker aller Epochen haben sich für **Primzahlen** interessiert.

1	2	3	4	5	6	7	8	9	10	11	12	13	14	15	16	17	18	19	20
21	22	23	24	25	26	27	28	29	30	31	32	33	34	35	36	37	38	39	40
41	42	43	44	45	46	47	48	49	50	51	52	53	54	55	56	57	58	59	60
61	62	63	64	65	66	67	68	69	70	71	72	73	74	75	76	77	78	79	80
81	82	83	84	85	86	87	88	89	90	91	92	93	94	95	96	97	98	99	100

Satz Alle Primzahlen sind **zueinander teilerfremd.**

Jede natürliche Zahl n (n > 1), die nicht Primzahl ist, kann als Produkt von Primzahlen (Primfaktoren) geschrieben werden.

Satz Die Zerlegung einer natürlichen Zahl in **Primfaktoren** ist eindeutig.

Dieser für die Mathematik fundamentale Satz besagt, dass es (von der Reihenfolge abgesehen) nur auf eine einzige Art und Weise möglich ist, eine natürliche Zahl als Produkt von Primfaktoren darzustellen.

■ $12 = 2 \cdot 2 \cdot 3 = 2^2 \cdot 3$ $\qquad\qquad 60 = 2 \cdot 2 \cdot 3 \cdot 5 = 2^2 \cdot 3 \cdot 5$

Gemeinsamer Teiler

▶ Zur Ermittlung des ggT zweier Zahlen a und b kann auch der **euklidische Algorithmus** verwendet werden.

Definition Ist eine Zahl g Teiler einer Zahl a und Teiler einer Zahl b, so heißt g **gemeinsamer Teiler** von a und b.
Der **größte gemeinsame Teiler** wird mit ggT bezeichnet.

Den ggT zweier Zahlen erhält man aus deren Primfaktorzerlegung, wenn man die *höchsten Potenzen* aller Primfaktoren multipliziert, die in *beiden* Zerlegungen *gemeinsam* vorkommen.

■
$$20 = 2 \cdot 2 \cdot 5$$
$$18 = 2 \cdot \qquad 3 \cdot 3$$
$$\overline{\text{ggT} = 2 \qquad\qquad\quad = 2}$$

$$216 = 2 \cdot 2 \cdot 2 \cdot 3 \cdot 3 \cdot 3$$
$$126 = 2 \cdot \qquad 3 \cdot 3 \cdot \quad 7$$
$$\overline{\text{ggT} = 2 \cdot \qquad 3 \cdot 3 \qquad = 18}$$

Gemeinsame Vielfache

Definition Ist eine Zahl v Vielfaches einer Zahl a und Vielfaches einer Zahl b, so heißt v **gemeinsames Vielfaches** von a und b.
Das **kleinste gemeinsame Vielfache** wird mit kgV bezeichnet.

▶ Das Produkt zweier Zahlen ist immer gemeinsames **Vielfaches** von ihnen.

Das kgV zweier Zahlen erhält man aus deren Primfaktorzerlegung, wenn man die *höchsten Potenzen aller vorkommenden Primfaktoren* multipliziert.

■
$$60 = 2^2 \cdot 3 \cdot 5$$
$$18 = 2 \cdot 3^2$$
$$\overline{\text{kgV} = 2^2 \cdot 3^2 \cdot 5 = 180}$$

$$48 = 2^4 \cdot 3$$
$$16 = 2^4$$
$$\overline{\text{kgV} = 2^4 \cdot 3 = 48}$$

3.2 Ganze Zahlen

3.2.1 Zahlbegriff; Zahldarstellungen

Im Bereich der natürlichen Zahlen ist die Subtraktion nur ausführbar, wenn der Subtrahend nicht größer als der Minuend ist (↗ S. 55; Subtraktion).

 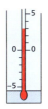 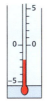 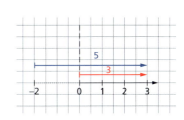

Bei einem Guthaben von 3 € und einer Abbuchung von 5 € beträgt der neue Kontostand −2 €.

Sinkt die Temperatur von 3 °C um 5 Grad, so beträgt die Temperatur −2 °C.

Die Rechenaufgabe 3 − 5 führt zum Ergebnis −2.

Um einen Zahlbereich zu erhalten, in dem man uneingeschränkt subtrahieren kann, setzt man die Folge der natürlichen Zahlen nach links fort. Jede Zahl hat dann genau einen Vorgänger.
Der Vorgänger von 0 wird als −1 bezeichnet, der Vorgänger von −1 mit −2, der von −2 mit −3 usw.
Man kann die ganzen Zahlen veranschaulichen, indem man den Zahlenstrahl nach links zur *Zahlengeraden* erweitert.
Jeder ganzen Zahl wird genau ein Punkt auf der Zahlengeraden zugeordnet.

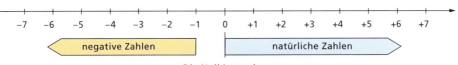

Die Null ist weder positiv noch negativ.

Die so erhaltenen Zahlen (links von 0) heißen **negative Zahlen**. Sie werden mit dem Vorzeichen „−" (negatives Vorzeichen) gekennzeichnet.
Im Gegensatz dazu kann man die natürlichen Zahlen (außer 0) auch als **positive Zahlen** bezeichnen und durch „+" (positives Vorzeichen) kennzeichnen. Die Gesamtheit der natürlichen Zahlen und der zugeordneten negativen Zahlen bildet die **Menge der ganzen Zahlen** $\mathbb{Z}$.

Die Menge der ganzen Zahlen ist also die Vereinigung der Menge der natürlichen Zahlen mit der Menge der zugeordneten negativen Zahlen. Zu jeder ganzen Zahl außer 0 gibt es eine **entgegengesetzte Zahl** (Gegenzahl).

> **Definition** Zwei ganze Zahlen heißen **zueinander entgegengesetzt,** wenn sie von 0 den gleichen Abstand haben. Eine Zahl und ihre entgegengesetzte Zahl besitzen verschiedene Vorzeichen.

■ Die entgegengesetzte Zahl von +3 ist −3.
Die entgegengesetzte Zahl von −3 ist +3.

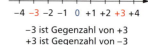

−3 ist Gegenzahl von +3
+3 ist Gegenzahl von −3

> **Definition** Der Abstand, den eine ganze Zahl g vom Nullpunkt hat, ist ihr **absoluter Betrag** |g|. Oftmals sagt man statt „absoluter Betrag von g" auch einfach nur „Betrag von g".
>
> $|g| = \begin{cases} g, \text{ wenn } g \text{ positiv oder } 0 \text{ ist.} \\ -g, \text{ wenn } g \text{ negativ ist.} \end{cases}$

Der (absolute) Betrag einer Zahl kann also niemals negativ sein.

−5 und 5 sind zueinander entgegengesetzte Zahlen:
|−5| = |+5| = 5

Aus der Definition des absoluten Betrages folgt:

> Zueinander entgegengesetzte Zahlen haben den gleichen absoluten Betrag (|a| = |−a|).
> Der Betrag von 0 ist 0 (|0| = 0).
> Die Gleichung |x| = a hat für
>
> | a > 0 | a = 0 | a < 0 |
> |---|---|---|
> | die Lösungen a und −a | die Lösung 0 | keine Lösung |
> | (|a| = |−a| = a). | (|0| = 0). | (Betrag immer positiv oder null). |

■ |x| = 2 hat die beiden Lösungen $x_1 = −2$; $x_2 = +2$, denn |−2| = |+2| = 2.
|x| = −2 hat keine Lösung, da der Betrag niemals negativ ist.

3.2 Ganze Zahlen

Man versucht, die Relationen und Operationen in der Menge der ganzen Zahlen so festzulegen, dass die für die Teilmenge der natürlichen Zahlen geltenden Gesetzmäßigkeiten nach Möglichkeit auf den gesamten Bereich ausgedehnt werden **(Permanenzprinzip).**
So erklärt man die Ordnungsrelation „ist größer als" wie folgt:

▶ permanere (lat.) – fortdauern
HERMANN HANKEL hat dieses Leitprinzip für Zahlenbereichserweiterungen erstmals 1867 formuliert.

> **Definition** Von zwei ganzen Zahlen ist diejenige größer, deren Darstellung auf der Zahlengeraden weiter rechts liegt.

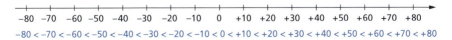

$-80 < -70 < -60 < -50 < -40 < -30 < -20 < -10 < 0 < +10 < +20 < +30 < +40 < +50 < +60 < +70 < +80$

Aus der obigen Definition folgt:
– Eine ganze Zahl g ist genau dann positiv, wenn g > 0 ist.
– Eine ganze Zahl g ist genau dann negativ, wenn g < 0 gilt.
– Jede positive Zahl ist größer als jede negative Zahl.
– Von zwei positiven Zahlen ist diejenige größer, die den größeren Betrag hat.
– Von zwei negativen Zahlen ist diejenige größer, die den kleineren Betrag hat.

HERMANN HANKEL
(1839 bis 1873)

3.2.2 Rechnen mit ganzen Zahlen

Addition

> Die **Addition ganzer Zahlen** kann auf die Addition natürlicher Zahlen zurückgeführt werden. Außerdem gilt: a + 0 = a

Positive Zahlen werden durch Pfeile dargestellt, die nach rechts gerichtet sind. Negative Zahlen werden durch Pfeile dargestellt, die nach links gerichtet sind. Die Veranschaulichung der Addition ganzer Zahlen erfolgt durch Pfeile analog zur Addition natürlicher Zahlen (↗ S. 53; Addition).

▶ addere (lat.) – hinzufügen

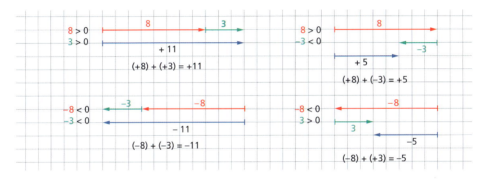

Die Addition ist im Bereich der ganzen Zahlen eindeutig und stets ausführbar.

> **Satz** Positive ganze Zahlen und die Zahl 0 sind gleichzeitig auch natürliche Zahlen. Für diese ist die Addition erklärt.
> Die Summe zweier zueinander entgegengesetzten Zahlen ist 0:
> $a + (-a) = a - a = 0$

▶ Beim Rechnen mit **ganzen Zahlen** kann man die Verfahren des Rechnens mit natürlichen Zahlen anwenden; es sind dann immer nur gesonderte Überlegungen zur Ermittlung des Vorzeichens im Ergebnis nötig.

■ $(+3) + (+4) = 3 + 4 = 7$ $\qquad$ $(-117) + (+117) = 0$

Zwei ganze Zahlen mit *gleichen* Vorzeichen werden wie folgt addiert:
1. Man bildet die Beträge und *addiert* sie.
2. Man gibt der Summe das Vorzeichen der Ausgangswerte.

Zwei ganze Zahlen mit *unterschiedlichen* Vorzeichen werden wie folgt addiert:
1. Man bildet die Beträge und *subtrahiert* den kleineren vom größeren Betrag.
2. Man gibt der Summe das Vorzeichen, das die Zahl mit dem größeren Betrag hat.

$$(-4) \quad + \quad (-7) \quad = \quad -11$$
$$4 \quad + \quad 7 \quad = \quad 11$$

$$(+3) \quad + \quad (-8) \quad = \quad -5$$
$$8 \quad - \quad 3 \quad = \quad 5$$

$(-17) + (-53) = -(|-17| + |-53|)$
$\qquad\qquad\quad = -70$

$35 + (-24) = + (|35| - |-24|)$
$\qquad\qquad\quad = + (35 - 24)$
$\qquad\qquad\quad = 11$

$(+68) + (+45) = +(|68| + |45|)$
$\qquad\qquad\quad = 113$

$35 + (-44) = -(|-44| - |35|)$
$\qquad\qquad\quad = -(44 - 35)$
$\qquad\qquad\quad = -9$

Für die Addition ganzer Zahlen gelten folgende Gesetzmäßigkeiten:

> **Satz** Für $s = a + b$ gilt $s \geq a$ und $s \geq b$ nur dann, wenn $a \geq 0$ und $b \geq 0$ ist.
> Eine Summe zweier ganzer Zahlen kann durchaus kleiner als ein einzelner Summand sein. Dies ist dann der Fall, wenn (mindestens) ein Summand negativ ist.

■ $17 = 8 + 9$; $17 > 8$ und $17 > 9$, da $8 > 0$ und $9 > 0$.
$13 = 15 + (-2)$; $13 < 15$ und $13 > -2$, da $-2 < 0$.

3.2 Ganze Zahlen

Satz Die Addition ist **monoton** bezüglich der Kleiner-Relation.
Aus a < b folgt stets: a + c < b + c

▶ monotonos (griech.) – eintönig

■ Aus –7 < 3 folgt –7 + (–9) < 3 + (–9), also –16 < –6.

Satz Für die Addition gilt das **Kommutativgesetz**.
Summanden darf man vertauschen, dabei bleibt die Summe gleich: a + b = b + a

▶ commutare (lat.) – vertauschen

■ –348 + 627 = 627 + (–348) = 279

Satz Für die Addition gilt das **Assoziativgesetz**.
Summanden darf man beliebig zusammenfassen, dabei bleibt die Summe gleich: a + (b + c) = (a + b) + c

▶ associare (lat.) – verbinden

■ –3 + [7 + (–6)] = [(–3) + 7] + (–6)
    –3 + 1 = 4 + (–6)
      –2 = –2

Also ist beim Addieren die Reihenfolge der Summanden beliebig.

Subtraktion

Die **Subtraktion ganzer Zahlen** wird auf die Addition ganzer Zahlen zurückgeführt.

▶ subtrahere (lat.) – abziehen

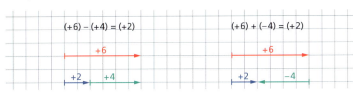

Eine ganze Zahl wird subtrahiert, indem man die zu ihr entgegengesetzte Zahl addiert: a – b = a + (–b)

■ 5 – 3 = 5 + (–3) = 2   5 – 8 = 5 + (–8) = –3
  5 – (–3) = 5 + 3 = 8   (–5) – 3 = (–5) + (–3) = –8

Da zu jeder ganzen Zahl eine entgegengesetzte Zahl existiert und die Addition im Bereich der ganzen Zahlen stets ausführbar ist, ist auch die Subtraktion stets ausführbar. Die Gleichung a + x = c hat in der Menge $\mathbb{Z}$ stets genau eine Lösung: x = c – a

Die Zeichen „+" und „–" haben folgende Bedeutung:
Rechenzeichen, Vorzeichen, Gegenzahlzeichen

Rechenzeichen	Vorzeichen	Gegenzahlzeichen
$3 + 8$ drei plus acht	$(+3)$ positive Zahl 3	$-(+5) = -5$ Die Gegenzahl von $+5$ ist -5.
$3 - 8$ drei minus acht	(-3) negative Zahl 3	$-(-5) = +5$ Die Gegenzahl von -5 ist $+5$.

Die Relationen und Operationen in der Menge der ganzen Zahlen $\mathbb{Z}$ sind so definiert, dass es keine Probleme mit diesen unterschiedlichen Bedeutungen gibt.
Man kann insbesondere auch anstelle der negativen Zahl $(-n)$ einfach $-n$ $(n \in \mathbb{N})$ schreiben.

■ $5 - 7$ kann man als Subtraktion $(+5) - (+7)$ oder als Addition $(+5) + (-7)$ auffassen.
$-9 - 3$ kann man als Subtraktion $(-9) - (+3)$ oder als Addition $(-9) + (-3)$ auffassen.
Die Ergebnisse sind jeweils dieselben.

Multiplikation

▶ multiplicare (lat.) – vervielfältigen

Auch die **Multiplikation ganzer Zahlen** wird so erklärt, dass die Gesetzmäßigkeiten der Multiplikation natürlicher Zahlen möglichst auch für den Gesamtbereich der ganzen Zahlen Gültigkeit behalten.

▶ Es gilt für die Vorzeichen:
$+ \cdot + = +$
$- \cdot - = +$
$- \cdot + = -$
$+ \cdot - = -$

Zwei ganze Zahlen werden multipliziert, indem man ihre Beträge multipliziert und das Vorzeichen des Produkts bestimmt.
Das Produkt ist
– *positiv,* wenn beide Faktoren *gleiche* Vorzeichen haben,
– *negativ,* wenn beide Faktoren *unterschiedliche* Vorzeichen haben.

■ $3 \cdot 7 = 21$ $3 \cdot (-7) = -21$ $(-3) \cdot 7 = -21$ $(-3) \cdot (-7) = 21$

Damit ist die Multiplikation ganzer Zahlen auf die Multiplikation natürlicher Zahlen zurückgeführt.

Satz   Für alle ganzen Zahlen g gilt: $g \cdot 1 = g$ und $(-g) \cdot 1 = -g$
Die Zahl 1 ist das **neutrale Element der Multiplikation.**

■ $3 \cdot 1 = 3$ $(-3) \cdot 1 = -3$

3.2 Ganze Zahlen · 69

Außerdem gelten folgende Gesetzmäßigkeiten:

> **Satz** Ein Produkt ist genau dann 0, wenn (mindestens) ein Faktor
> 0 ist; $a \cdot 0 = 0 \cdot a = 0$

■ $(-14) \cdot 0 = 0$ $\qquad\qquad$ $0 \cdot (-18) = 0$

> **Satz** Für die Multiplikation gilt das **Kommutativgesetz.**
> Faktoren darf man vertauschen, dabei bleibt das Produkt gleich:
> $a \cdot b = b \cdot a$

▶ commutare (lat.)
– vertauschen

■ $48 \cdot (-27) = (-27) \cdot 48 = -1296$ $\qquad$ $(-19) \cdot 34 = 34 \cdot (-19) = -646$

> **Satz** Für die Multiplikation gilt das **Assoziativgesetz.**
> Faktoren darf man beliebig zusammenfassen, dabei bleibt das
> Produkt gleich: $a \cdot (b \cdot c) = (a \cdot b) \cdot c$

▶ associare (lat.) –
verbinden

■ $3 \cdot [7 \cdot (-6)] = (3 \cdot 7) \cdot (-6)$
$\quad 3 \cdot (-42) = 21 \cdot (-6)$
$\qquad -126 = -126$

Also ist beim Multiplizieren die Reihenfolge der Faktoren beliebig.

■ $5 \cdot (-7) \cdot 8 = 5 \cdot 8 \cdot (-7) = 40 \cdot (-7) = -280$
$(-4) \cdot 18 \cdot (-25) = (-4) \cdot (-25) \cdot 18 = 100 \cdot 18 = 1\,800$

> **Satz** Ein Produkt aus mehreren ganzen Zahlen ist
>
> | positiv, | null, | negativ, |
> |---|---|---|
> | wenn die Anzahl der negativen Faktoren gerade ist. | wenn (mindestens) ein Faktor null ist. | wenn die Anzahl der negativen Faktoren ungerade ist. |

■ $(-3) \cdot (-5) \cdot (-4) \cdot (-1) = 60$ $\quad$ (4 negative Faktoren; gerade Anzahl)
$(-4) \cdot 8 \cdot 0 \cdot (-2) = 0$ $\qquad\quad$ (ein Faktor 0)
$(-2) \cdot 4 \cdot (-3) \cdot (-5) = -120$ $\quad$ (3 negative Faktoren; ungerade Anzahl)

> **Satz** Für die Multiplikation gilt bezüglich der Addition (Subtraktion) das **Distributivgesetz:**
> $a \cdot (b \pm c) = a \cdot b \pm a \cdot c$ $\quad$ oder $\quad$ $(b \pm c) \cdot a = b \cdot a \pm c \cdot a$

▶ distribuere (lat.) –
verteilen

■ $-3 \cdot (14 - 2) = -3 \cdot 14 - (-3) \cdot 2 = -42 - (-6) = -42 + 6 = -36$
$7 \cdot 22 + 7 \cdot 8 = 7 \cdot (22 + 8) = 7 \cdot 30 = 210$

Durch Anwenden des Distributivgesetzes erhält man
$(a + b + c) \cdot d = a \cdot d + b \cdot d + c \cdot d$.

■ $(100 + 40 - 2) \cdot (-2) = -200 - 80 + 4 = -276$
$192 \cdot (-4) = (200 - 8) \cdot (-4) = -800 + 32 = -768$

> **Satz** Die Multiplikation ist nur *eingeschränkt* **monoton** bezüglich der Kleiner-Relation.
> Wenn $a < b$ und $c > 0$, dann $a \cdot c < b \cdot c$.
> Wenn $a < b$ und $c < 0$, dann $a \cdot c > b \cdot c$.
> Wenn $a < b$ und $c = 0$, dann $a \cdot c = b \cdot c = 0$.

> Multipliziert man beide Seiten einer Ungleichung mit einer negativen Zahl, kehrt sich das Ungleichheitszeichen um.

■ Aus $-3 < 7$ folgt $-3 \cdot 5 < 7 \cdot 5$, also $-15 < 35$, da $5 > 0$.
Aus $-3 < 7$ folgt $-3 \cdot (-2) > 7 \cdot (-2)$, also $6 > -14$, da $-2 < 0$.
Aus $-3 < 7$ folgt $-3 \cdot 0 = 7 \cdot 0$, also $0 = 0$.

Division

Bei der Erklärung der **Division** im Bereich der ganzen Zahlen geht man analog zur Erklärung der Multiplikation vor.

> Es gilt für die Vorzeichen:
> $+ : + = +$
> $- : - = +$
> $- : + = -$
> $+ : - = -$

> Eine ganze Zahl a wird durch eine ganze Zahl b dividiert, indem man den Betrag von a durch den Betrag von b dividiert und das Vorzeichen des Quotienten bestimmt.
> Der Quotient ist
> – *positiv*, wenn der Dividend a und der Divisor b das *gleiche* Vorzeichen haben,
> – *negativ*, wenn der Dividend a und der Divisor b *unterschiedliche* Vorzeichen haben.

■ $28 : 7 = 4$ $28 : (-7) = -4$ $(-28) : 7 = -4$ $(-28) : (-7) = 4$

Damit ist die Division ganzer Zahlen auf die Division natürlicher Zahlen zurückgeführt.

Wenn man den Begriff „Vielfaches" so erweitert, dass man in $v = a \cdot b$ für a und b auch negative Zahlen zulässt, kann man auf die Beträge verzichten und Teilbarkeitsbeziehungen in der Menge $\mathbb{Z}$ definieren.
Es gilt daher:
Die Division $q = a : b$ ist im Bereich der ganzen Zahlen $\mathbb{Z}$ nur ausführbar, wenn der Betrag des Dividenden a ein Vielfaches vom Betrag des Divisors b ist, also wenn gilt:
$a = m \cdot b$ oder $|b|$ ist ein Teiler von $|a|$.

■ $-144 : 12 = -12$, da $|12|$ Teiler von $|-144|$ ist.
$108 : (-22)$ ist in $\mathbb{Z}$ nicht ausführbar, da $|-22|$ nicht Teiler von $|108|$ ist.

3.3 Gebrochene Zahlen

3.3.1 Zahlbegriff; Zahldarstellungen

Im Bereich der natürlichen Zahlen $\mathbb{N}$ ist die Division nur ausführbar, wenn der Dividend ein Vielfaches vom Divisor ist (↗ S. 58; Division natürlicher Zahlen).

▶ Mithilfe von **Brüchen** kann man Anteile eines Ganzen, einer Anzahl oder einer Größe angeben.

- 1 : 2 ist in $\mathbb{N}$ nicht lösbar.
  Aus praktischen Beispielen des Teilens oder Verteilens kennt man aber als Resultat $\frac{1}{2}$ = 0,5. Dies ist keine ganze Zahl, sondern ein Bruch.

Um den Bereich zu erhalten, in dem man uneingeschränkt (außer durch 0) dividieren kann, ergänzt man die natürlichen Zahlen durch **Brüche**.

> **Definition** Ein **Bruch** q ist eine Zahl, die aus zwei natürlichen Zahlen z und n (n ≠ 0) in der Form q = $\frac{z}{n}$ gebildet wird.
> Dabei heißt z der **Zähler** und n der **Nenner** des Bruches q.

Ein Bruch besteht aus: Zähler
Bruchstrich $\frac{3}{4}$
Nenner

Beispiele:
$\frac{1}{2}$; $\frac{2}{3}$; $\frac{5}{4}$; $\frac{2}{10}$

Diese Brüche werden im Unterschied zu den Dezimalbrüchen (↗ S. 79) gewöhnliche oder **gemeine Brüche** genannt.

> **Definition** Brüche mit dem Zähler 1 heißen **Stammbrüche**.

$\frac{1}{2}$

$\frac{1}{3}$

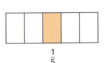
$\frac{1}{5}$

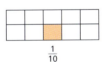
$\frac{1}{10}$

Ein Bruch mit dem Nenner 1 ist identisch mit der natürlichen Zahl im Zähler: $\frac{a}{1}$ = a (a ∈ $\mathbb{N}$)

▶ $\frac{2}{1}$ = 2; $\frac{5}{1}$ = 5; $\frac{100}{1}$ = 100

Wie die natürlichen Zahlen können auch Brüche auf dem Zahlenstrahl veranschaulicht werden:

q = $\frac{3}{5}$
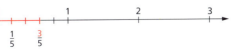

Der Nenner gibt an, in wie viele gleich lange Teile die Strecke von 0 bis 1 zerlegt werden soll.
Der Zähler gibt an, wie viele dieser Teile genommen werden sollen.

Jedem Bruch ist ein Punkt des Zahlenstrahls zugeordnet. Dabei gibt der Abstand vom Nullpunkt den Wert des Bruches an. Jedem Punkt des Zahlenstrahls können unendlich viele Brüche zugeordnet werden:

> **Definition** Ein Bruch $q = \frac{z}{n}$ heißt
>
> **echter Bruch,** wenn $z < n$ gilt, also der Zähler kleiner als der Nenner ist.
>
> **unechter Bruch,** wenn $z \geq n$ gilt, also der Zähler größer als der Nenner ist oder Zähler und Nenner gleich sind.

■ echter Bruch: $\frac{2}{3}$; $\frac{4}{5}$; $\frac{9}{10}$; $\frac{99}{100}$ unechter Bruch: $\frac{3}{2}$; $\frac{4}{4}$; $\frac{17}{16}$; $\frac{101}{100}$

▶ Eine gemischte Zahl besteht aus einer natürlichen Zahl und einem echten Bruch.

Der Wert eines unechten Bruches ist größer oder gleich 1.
Wenn bei einem Bruch Zähler und Nenner gleich sind, hat er den Wert 1.
Unechte Brüche können auch als **gemischte Zahlen** geschrieben werden.

■ $\frac{3}{2} = 1\frac{1}{2}$; $\frac{17}{16} = 1\frac{1}{16}$; $\frac{27}{8} = 3\frac{3}{8}$

> **Definition** Brüche heißen
>
> **gleichnamig,** wenn ihre Nenner gleich sind.
>
> **ungleichnamig,** wenn ihre Nenner nicht gleich sind.

■ gleichnamige Brüche: $\frac{2}{3}$; $\frac{5}{3}$; $\frac{3}{3}$ ungleichnamige Brüche: $\frac{2}{3}$; $\frac{3}{5}$; $\frac{3}{2}$

Erweitern

> **Definition** **Erweitern** eines Bruches heißt, Zähler und Nenner mit der gleichen, von 0 verschiedenen Zahl multiplizieren.
> $\frac{z}{n} \stackrel{\cdot g}{=} \frac{z \cdot g}{n \cdot g}$ ($z, n, g \in \mathbb{N}$; $n \neq 0$; $g \neq 0$)

■ $\frac{17}{19} \stackrel{\cdot 3}{=} \frac{17 \cdot 3}{19 \cdot 3} = \frac{51}{57}$ $\frac{25}{28} \stackrel{\cdot 7}{=} \frac{25 \cdot 7}{28 \cdot 7} = \frac{175}{196}$

3.3 Gebrochene Zahlen

Kürzen

> **Definition** **Kürzen** eines Bruches heißt, Zähler und Nenner durch die gleiche, von 0 verschiedene Zahl dividieren.
> $$\frac{z}{n} \stackrel{:g}{=} \frac{z:g}{n:g} \quad (z, n, g \in \mathbb{N};\ n \neq 0;\ g \neq 0)$$

$\frac{51}{57} \stackrel{:3}{=} \frac{51:3}{57:3} = \frac{17}{19}$; $\frac{27}{36} \stackrel{:9}{=} \frac{27:9}{36:9} = \frac{3}{4}$

> Zwei Brüche, die durch Erweitern oder Kürzen auseinander hervorgehen, werden demselben Punkt auf dem Zahlenstrahl zugeordnet. Sie stellen dieselbe gebrochene Zahl dar.

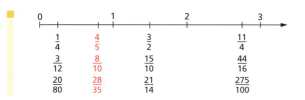

▶ $\frac{4}{5}$, $\frac{8}{10}$ und $\frac{28}{35}$ stellen dieselbe gebrochene Zahl dar.

Die Menge der gebrochenen Zahlen (mit 0) wird mit $\mathbb{Q}_+$ bezeichnet. Sie enthält die Menge der natürlichen Zahlen $\mathbb{N}$ als Teilmenge.
Es gilt $\mathbb{N} \subset \mathbb{Q}_+$, weil $\frac{a}{1} = a$.
Die Menge der gebrochene Zahlen $\mathbb{Q}_+$ hat unendlich viele Elemente.

> **Definition** Vertauscht man bei einem Bruch $\frac{a}{b}$ ($a, b \in \mathbb{N}$; $a \neq 0$, $b \neq 0$) Zähler und Nenner, so erhält man den Bruch $\frac{b}{a}$.
> $\frac{b}{a}$ ist der **Kehrwert** von $\frac{a}{b}$ bzw. $\frac{a}{b}$ der Kehrwert von $\frac{b}{a}$.
> Die beiden Brüche $\frac{a}{b}$ und $\frac{b}{a}$ heißen **zueinander reziprok**.

▶ reciprocus (lat.) – umgekehrt

$\frac{2}{3}$ ist der Kehrwert von $\frac{3}{2}$ und $\frac{3}{2}$ ist der Kehrwert von $\frac{2}{3}$.

▶ Die Zahl 1 ist zu sich selbst reziprok. Zur Zahl 0 gibt es keine reziproke Zahl.

Wie bei den natürlichen Zahlen kann in der Menge der gebrochenen Zahlen $\mathbb{Q}_+$ eine Ordnungsrelation erklärt werden.

> **Definition** Von zwei Brüchen ist derjenige größer, dessen Darstellung auf dem Zahlenstrahl weiter rechts liegt.

$0 < \frac{1}{12} < \frac{1}{4} < \frac{1}{3} < \frac{1}{2} < \frac{2}{3} < \frac{5}{6} < 1$

Ein Bruch $\frac{a}{b}$ ist genau dann größer als ein Bruch $\frac{c}{d}$, wenn $a \cdot d > b \cdot c$ gilt.

$\frac{a}{b} > \frac{c}{d}$, wenn $a \cdot d > b \cdot c$.

Dieses Verfahren zum Vergleichen von gebrochenen Zahlen wird auch Kreuztest genannt.

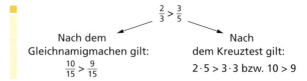

Nach dem Gleichnamigmachen gilt:
$\frac{10}{15} > \frac{9}{15}$

Nach dem Kreuztest gilt:
$2 \cdot 5 > 3 \cdot 3$ bzw. $10 > 9$

Zwischen zwei gebrochenen Zahlen liegt immer noch (mindestens) eine weitere.

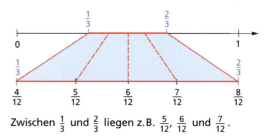

Zwischen $\frac{1}{3}$ und $\frac{2}{3}$ liegen z. B. $\frac{5}{12}$, $\frac{6}{12}$ und $\frac{7}{12}$.

Hieraus folgt, dass zwischen zwei gebrochenen Zahlen noch unendlich viele weitere gebrochene Zahlen liegen. Man sagt:

▶ Die Menge $\mathbb{Q}_+$ ist abzählbar. Dies kann man mithilfe des **Diagonalverfahrens** (↗ S. 43) zeigen.

Die Menge der gebrochene Zahlen $\mathbb{Q}_+$ ist überall dicht.

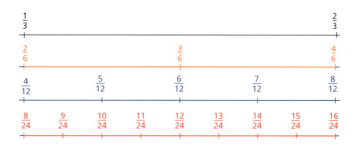

Es gibt für eine gebrochene Zahl weder einen unmittelbaren Nachfolger noch einen unmittelbaren Vorgänger.
Mit gebrochenen Zahlen wird gerechnet, indem man geeignete Brüche als Repräsentanten auswählt und mit diesen rechnet. Wie dies geschieht, zeigen die folgenden Abschnitte.

3.3.2 Rechnen mit gemeinen Brüchen

Addition

> Gleichnamige Brüche werden addiert, indem man die Zähler addiert und den Nenner beibehält:
>
> $$\frac{a}{n} + \frac{b}{n} = \frac{a+b}{n} \quad (a, b, n \in \mathbb{N}; n \neq 0)$$

▶ addere (lat.) – hinzufügen

3

$$\frac{1}{3} + \frac{2}{3} = \frac{1+2}{3} = \frac{3}{3} = 1 \qquad\qquad \frac{4}{5} + \frac{7}{5} = \frac{4+7}{5} = \frac{11}{5} = 2\frac{1}{5}$$

> Ungleichnamige Brüche werden addiert, indem man die Brüche gleichnamig macht und diese gleichnamigen Brüche dann addiert.

Sind $\frac{a}{b}$ und $\frac{c}{d}$ jeweils schon gekürzt, so nennt man das kleinste gemeinsame Vielfache ($\nearrow$ S. 62; kgV) von b und d den **Hauptnenner** der beiden Brüche.

$$\frac{5}{6} + \frac{1}{8} = \frac{20}{24} + \frac{3}{24} = \frac{23}{24}$$

▶ Man findet den Hauptnenner 24 durch Vergleichen der Vielfachen von 6 und 8.

Man kann den Hauptnenner auch mithilfe der Primfaktorzerlegung der Nenner bestimmen.

$$\frac{7}{18} + \frac{5}{12} = \frac{14}{36} + \frac{15}{36} = \frac{29}{36}$$

$$18 = 2 \cdot 3^2$$
$$12 = 2^2 \cdot 3 \;\rightarrow\; 2^2 \cdot 3^2 = 36$$

Sind bei den Brüchen $\frac{a}{b}$ und $\frac{c}{d}$ die Nenner b und d teilerfremd, so ist der Hauptnenner das Produkt aus b und d.

$$\frac{1}{3} + \frac{1}{4} = \frac{1 \cdot 4}{3 \cdot 4} + \frac{1 \cdot 3}{4 \cdot 3} = \frac{4}{12} + \frac{3}{12} = \frac{7}{12}$$

Für die **Addition von Brüchen** gelten wie für die Addition natürlicher Zahlen die folgenden Gesetzmäßigkeiten:

> **Satz** Die Addition ist im Bereich der Brüche eindeutig und stets ausführbar. Die Zahl 0 ist das **neutrale Element der Addition.**
> Es gilt: $q + 0 = 0 + q = q$

$$\frac{4}{7} + 0 = \frac{4}{7} \qquad\qquad 0 + \frac{2}{3} = \frac{2}{3}$$

> **Satz** Eine Summe zweier Brüche ist nie kleiner als ein einzelner Summand. Für s = a + b gilt stets: $s \geq a$ und $s \geq b$

3 Zahlen und Rechnen

■ $\frac{1}{3} + \frac{1}{5} = \frac{8}{15}$; also $\frac{8}{15} > \frac{1}{3}$ und $\frac{8}{15} > \frac{1}{5}$.

▶ monotonos (griech.) – eintönig; relatio (lat.) – Beziehung, Verhältnis

Satz Die Addition ist **monoton** bezüglich der Kleiner-Relation.
Aus a < b folgt stets: a + c < b + c

■ Aus $\frac{1}{3} < \frac{1}{2}$ folgt $\frac{1}{3} + \frac{1}{4} < \frac{1}{2} + \frac{1}{4}$, denn $\frac{7}{12} < \frac{9}{12}$.

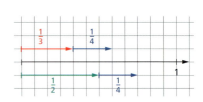

▶ commutare (lat.) – vertauschen

Satz Für die Addition gilt das **Kommutativgesetz**.
Summanden darf man vertauschen, dabei bleibt die Summe gleich: a + b = b + a

■ $\frac{3}{5} + \frac{7}{4} = \frac{7}{4} + \frac{3}{5} = \frac{47}{20}$ $\frac{5}{8} + \frac{3}{7} = \frac{3}{7} + \frac{5}{8} = \frac{59}{56}$

▶ associare (lat.) – verbinden

Satz Für die Addition gilt das **Assoziativgesetz**.
Summanden darf man beliebig zusammenfassen, dabei bleibt die Summe gleich: a + (b + c) = (a + b) + c

▶ Durch vorteilhaftes Zusammenfassen lässt sich der Rechenweg verkürzen.

■ $\left(\frac{3}{5} + \frac{4}{7}\right) + \frac{3}{7} = \frac{3}{5} + \left(\frac{4}{7} + \frac{3}{7}\right)$ $\frac{2}{3} + \left(\frac{1}{4} + \frac{5}{8}\right) = \left(\frac{2}{3} + \frac{1}{4}\right) + \frac{5}{8}$

$\left(\frac{21}{35} + \frac{20}{35}\right) + \frac{3}{7} = \frac{3}{5} + \frac{7}{7}$ $\frac{2}{3} + \left(\frac{2}{8} + \frac{5}{8}\right) = \left(\frac{8}{12} + \frac{3}{12}\right) + \frac{5}{8}$

$\frac{41}{35} + \frac{15}{35} = \frac{3}{5} + 1$ $\frac{2}{3} + \frac{7}{8} = \frac{11}{12} + \frac{5}{8}$

$\frac{56}{35} = \frac{8}{5}$ $\frac{16}{24} + \frac{21}{24} = \frac{22}{24} + \frac{15}{24}$

$\frac{8}{5} = \frac{8}{5}$ $\frac{37}{24} = \frac{37}{24}$

Also ist beim Addieren die Reihenfolge der Summanden beliebig.

Subtraktion

▶ subtrahere (lat.) – abziehen

Gleichnamige Brüche werden subtrahiert, indem man die Zähler subtrahiert und den Nenner beibehält:
$\frac{a}{n} - \frac{b}{n} = \frac{a-b}{n}$ (a, b, n $\in \mathbb{N}$; n ≠ 0; a ≥ b)

■ $\frac{7}{3} - \frac{2}{3} = \frac{7-2}{3} = \frac{5}{3}$ $\frac{8}{15} - \frac{3}{15} = \frac{8-3}{15} = \frac{5}{15} = \frac{1}{3}$

3.3 Gebrochene Zahlen

Ungleichnamige Brüche werden subtrahiert, indem man die Brüche gleichnamig macht und diese Brüche dann subtrahiert.

■ $\frac{7}{4} - \frac{1}{3} = \frac{21}{12} - \frac{4}{12} = \frac{17}{12}$ $\quad\quad\quad$ $\frac{5}{6} - \frac{1}{8} = \frac{20}{24} - \frac{3}{24} = \frac{17}{24}$

Damit ist die **Subtraktion von Brüchen** auf die Subtraktion natürlicher Zahlen zurückgeführt. Die Subtraktion von Brüchen ist nur ausführbar, wenn der Subtrahend nicht größer als der Minuend ist.

■ $\frac{2}{4} - \frac{3}{4}$
ist nicht lösbar in $\mathbb{Q}_+$.

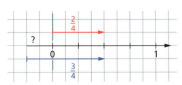

Multiplikation

Brüche werden miteinander multipliziert, indem man sowohl die Zähler als auch die Nenner miteinander multipliziert:
$\frac{a}{b} \cdot \frac{c}{d} = \frac{a \cdot c}{b \cdot d}$

▶ multiplicare (lat.) – vervielfachen

■ $\frac{2}{3} \cdot \frac{5}{7} = \frac{2 \cdot 5}{3 \cdot 7} = \frac{10}{21}$ $\quad\quad$ $\frac{4}{6} \cdot \frac{12}{23} = \frac{4 \cdot \overset{2}{\cancel{12}}}{\underset{1}{\cancel{6}} \cdot 23} = \frac{4 \cdot 2}{1 \cdot 23} = \frac{8}{23}$

▶ Zur Vereinfachung sollte man vor dem Multiplizieren kürzen.

Damit ist die **Multiplikation von Brüchen** auf die Multiplikation natürlicher Zahlen zurückgeführt.

Ein Bruch wird mit einer ganzen Zahl multipliziert, indem der Zähler mit dieser Zahl multipliziert und der Nenner beibehalten wird.

■ $\frac{2}{9} \cdot 8 = \frac{2 \cdot 8}{9} = \frac{16}{9}$ $\quad\quad$ $\frac{14}{15} \cdot 20 = \frac{14 \cdot \overset{4}{\cancel{20}}}{\underset{3}{\cancel{15}}} = \frac{14 \cdot 4}{3} = \frac{56}{3}$

Satz 1 ist das **neutrale Element der Multiplikation:** $q \cdot 1 = 1 \cdot q = q$
Ein Produkt ist genau dann 0, wenn (mindestens) ein Faktor 0 ist:
$q \cdot 0 = 0 \cdot q = 0$

Satz Die Multiplikation ist **monoton** bezüglich der Kleiner-Relation. Aus $q < p$ folgt stets: $q \cdot r < p \cdot r$

▶ monotonos (griech.) – eintönig; relatio (lat.) – Beziehung, Verhältnis

■ Aus $\frac{1}{7} < \frac{1}{3}$ folgt $\frac{1}{7} \cdot \frac{1}{5} < \frac{1}{3} \cdot \frac{1}{5}$ und damit $\frac{1}{35} < \frac{1}{15}$, denn $\frac{3}{105} < \frac{7}{105}$.

Im Unterschied zur Multiplikation natürlicher Zahlen kann bei Brüchen ein Produkt kleiner als ein einzelner Faktor sein.

■ $\frac{1}{5} \cdot \frac{1}{3} = \frac{1}{15}$; $\frac{1}{15} < \frac{1}{5}$ und $\frac{1}{15} < \frac{1}{3}$.
$\frac{1}{5} \cdot \frac{4}{3} = \frac{4}{15}$; $\frac{4}{15} > \frac{1}{5}$, aber $\frac{4}{15} < \frac{4}{3}$.

▶ commutare (lat.) – vertauschen

Satz Für die Multiplikation gilt das **Kommutativgesetz**.
Faktoren darf man vertauschen, dabei bleibt das Produkt gleich:
q · p = p · q

■ $\frac{3}{5} \cdot \frac{4}{5} = \frac{4}{5} \cdot \frac{3}{5} = \frac{12}{25}$

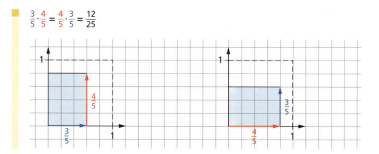

▶ associare (lat.) – verbinden

Satz Für die Multiplikation gilt das **Assoziativgesetz**.
Faktoren darf man beliebig zusammenfassen, dabei bleibt das Produkt gleich: q · (p · r) = (q · p) · r

■ $\frac{3}{5} \cdot \left(\frac{7}{2} \cdot \frac{6}{9}\right) = \left(\frac{3}{5} \cdot \frac{7}{2}\right) \cdot \frac{6}{9}$ $\quad\quad$ $\frac{8}{7} \cdot \left(\frac{5}{3} \cdot \frac{21}{20}\right) = \left(\frac{8}{7} \cdot \frac{5}{3}\right) \cdot \frac{21}{20}$

$\frac{3}{5} \cdot \frac{7 \cdot \overset{3}{6}}{\underset{1}{2} \cdot 9} = \frac{3 \cdot 7}{5 \cdot 2} \cdot \frac{6}{9}$ $\quad\quad$ $\frac{8}{7} \cdot \frac{\overset{1}{5} \cdot \overset{7}{21}}{\underset{1}{3} \cdot \underset{4}{20}} = \frac{8 \cdot 5}{7 \cdot 3} \cdot \frac{21}{20}$

$\frac{\overset{1}{3} \cdot \overset{7}{21}}{5 \cdot \underset{1}{9}} = \frac{\overset{7}{21} \cdot \overset{31}{6}}{\underset{5}{10} \cdot \underset{31}{9}}$ $\quad\quad$ $\frac{\overset{2}{8} \cdot \overset{1}{7}}{\underset{1}{7} \cdot \underset{1}{4}} = \frac{\overset{2}{40} \cdot \overset{1}{21}}{\underset{1}{21} \cdot \underset{1}{20}}$

$\frac{7}{5} = \frac{7}{5}$ $\quad\quad\quad\quad$ 2 = 2

Also ist beim Multiplizieren die Reihenfolge der Faktoren beliebig.

▶ distribuere (lat.) – verteilen

Satz Für die Multiplikation gilt bezüglich der Addition (Subtraktion) das **Distributivgesetz**:
q · (p ± r) = q · p ± q · r $\quad$ oder $\quad$ (p ± r) · q = p · q ± r · q

■ $\frac{7}{2} \cdot \frac{22}{5} + \frac{7}{2} \cdot \frac{8}{5} = \frac{7}{2} \cdot \left(\frac{22}{5} + \frac{8}{5}\right) = \frac{7}{2} \cdot \frac{30}{5} = \frac{7}{2} \cdot 6 = 21$

$12 \cdot \left(\frac{1}{4} + \frac{1}{3}\right) = 12 \cdot \frac{1}{4} + 12 \cdot \frac{1}{3} = 3 + 4 = 7$

3.3 Gebrochene Zahlen

Division

> **Definition** Man dividiert durch einen Bruch, indem man mit dem Kehrwert dieses Bruches multipliziert: $\frac{a}{b} : \frac{c}{d} = \frac{a}{b} \cdot \frac{d}{c} = \frac{a \cdot d}{b \cdot c}$

▶ dividere (lat.) – teilen

$$\frac{1}{3} : \frac{1}{2} = \frac{1}{3} \cdot \frac{2}{1} = \frac{2}{3} \qquad \frac{8}{3} : \frac{2}{9} = \frac{\overset{4}{8} \cdot \overset{3}{9}}{\underset{1}{3} \cdot \underset{1}{2}} = 12$$

Da zu jedem Bruch (außer 0) ein reziproker Bruch existiert, ist die Division von Brüchen (außer durch 0) uneingeschränkt ausführbar.

▶ Wenn man einen Bruch durch einen echten Bruch dividiert, ist der Quotient größer als der Dividend.

> **Satz** Ein Bruch $\frac{z}{n}$ wird durch eine ganze Zahl dividiert, indem man den Zähler durch diese Zahl dividiert oder den Nenner mit dieser Zahl multipliziert.

$$\frac{9}{7} : 3 = \frac{9 : 3}{7} = \frac{3}{7} \qquad \frac{2}{3} : 5 = \frac{2}{3 \cdot 5} = \frac{2}{15}$$

Damit ist die **Division von Brüchen** auf die Multiplikation von Brüchen zurückgeführt.

3.3.3 Rechnen mit Zehnerbrüchen (Dezimalbrüchen)

Gebrochene Zahlen kann man nicht nur als gemeine Brüche bzw. gemischte Zahlen, sondern auch als **Zehnerbrüche** bzw. **Dezimalbrüche (Dezimalzahlen)** darstellen.

> **Definition** Brüche, die im Nenner eine Potenz von 10 haben, heißen **Zehnerbrüche**: $\frac{z}{10^n}$ (z, n $\in$ ℕ)

▶ decimus (lat.) – zehnter

Jeden Zehnerbruch kann man in Dezimalschreibweise darstellen:

① Zehnerbrüche mit dem Zähler 1: $\frac{1}{10} = \frac{1}{10^1} = 0,1$; $\frac{1}{100} = \frac{1}{10^2} = 0,01$; $\frac{1}{1000} = \frac{1}{10^3} = 0,001$

allgemein: $\frac{1}{10^n} = 0,00...01$ (mit insgesamt n Nullen).

② Beliebige Zehnerbrüche $\frac{z}{10^n}$: Man schreibt den Zähler z und setzt das Komma vor die n-te Stelle von rechts. Gegebenenfalls müssen Nullen ergänzt werden.

$$\frac{23}{10} = \frac{23}{10^1} = 2,3 \qquad \frac{23}{100} = \frac{23}{10^2} = 0,23 \qquad \frac{23}{10000} = \frac{23}{10^4} = 0,0023$$

80 3 Zahlen und Rechnen

Definition   Ein **Dezimalbruch** heißt

echter Dezimalbruch,   **unechter Dezimalbruch,**
wenn vor dem Komma eine   wenn vor dem Komma eine
0 steht.   von 0 verschiedene natürliche
   Zahl steht.

■ echter Dezimalbruch: 0,23   unechter Dezimalbruch: 2,3

Alle Brüche $\frac{p}{q}$ lassen sich in Dezimalbrüche umwandeln, indem man
den Zähler p durch den Nenner q dividiert.

Ist die Division $p:q$

ohne Rest ausführbar, entsteht   mit Rest ausführbar, entsteht ein
ein **endlicher Dezimalbruch.**   **unendlicher Dezimalbruch.**

▶ periodos (griech.)
– Wiederkehr

■ $13:4 = 3,25$
$\underline{12}$
10
$\underline{8}$
20
$\underline{20}$
0

$1:3 = 0,33\dots$
$\underline{10}$
$\underline{9}$
10
$\underline{9}$
1

Unendliche Dezimalbrüche mit wiederholender Ziffernfolge heißen
periodische Dezimalbrüche. Sie werden geschrieben, indem die **Periode,**
d. h. die sich wiederholende Ziffernfolge, überstrichen wird.

▶ Die Periode
im **periodischen
Dezimalbruch** kann
unterschiedlich lang
sein.

■ $\frac{1}{3} = 0,333\dots = 0,\overline{3}$ $\frac{1}{7} = 0,142857142857\dots = 0,\overline{142857}$

Addition und Subtraktion

Wenn an einen Dezimalbruch nach dem Komma am Ende Nullen
angehängt werden, ändert sich der Wert des Dezimalbruchs nicht.

■ $2,35 = 2,350$, denn $\frac{235}{100} \stackrel{\cdot 10}{=} \frac{2\,350}{1\,000}$.

▶ addere (lat.) –
hinzufügen;
subtrahere (lat.) –
abziehen

Dezimalbrüche werden schriftlich addiert (subtrahiert), indem sie so
untereinandergeschrieben werden, dass die Kommas (die gleichen
Stellenwerte) untereinander stehen. Es wird wie mit natürlichen
Zahlen addiert (subtrahiert). Im Ergebnis setzt man das Komma
genau unter die Kommas der anderen Zahlen.

3.3 Gebrochene Zahlen

■ Die Dezimalbrüche 0,3; 0,756;   0,3**00**   2,407
  1,42 und 10,007 werden   0,756   − 1,47**0**
  addiert.   1,42**0**   − 0,1**00**
  Die Dezimalbrüche 1,47; 0,1   + 10,007   − 0,0**10**
  und 0,01 werden von 2,407   12,483   0,827
  subtrahiert.

Die Subtraktion von Dezimalbrüchen ist ausführbar, wenn der Subtrahend nicht größer als der Minuend ist.

Multiplikation

Dezimalbrüche werden miteinander multipliziert, indem man zunächst ohne Berücksichtigung des Kommas wie mit natürlichen Zahlen multipliziert und im Produkt von rechts beginnend so viele Dezimalstellen abzählt, wie beide Faktoren zusammen besitzen, und dort das Komma setzt.

▶ multiplicare (lat.) – vervielfachen

■ $0{,}3 \cdot 0{,}5$ $3 \cdot 5 = 15$
  $0{,}3 \cdot 0{,}5$ $= 0{,}15$
  $\underset{1+1}{\;}$ 2

  $1{,}2 \cdot 0{,}03$ $12 \cdot 3 = 36$
  $1{,}2 \cdot 0{,}03$ $= 0{,}036$
  $\underset{1+2}{\;}$ 3

  $5{,}32 \cdot 1{,}6$
     532
    3192
    8,512
       3

Division

Ein Dezimalbruch (Dividend) wird durch einen zweiten Dezimalbruch (Divisor) dividiert, indem Dividend und Divisor so mit einer Potenz von 10 multipliziert werden, dass der Divisor eine ganze Zahl ist. Die Division erfolgt wie bei den natürlichen Zahlen. Im Quotient wird das Komma entsprechend dem Komma im Dividenden gesetzt.

▶ dividere (lat.) – teilen

■ In beiden Dezimalbrüchen muss man das Komma um so viele Stellen nach rechts verschieben, wie der Divisor Dezimalstellen hat.

▶ Die **Division von Dezimalbrüchen** ist ebenfalls auf die Division natürlicher Zahlen zurückführbar.

  $1{,}44 : 0{,}12 = \;\;144 : 12 = 12$
     2   2

  $48 : 0{,}8 = \;\;\;\;\;480 : 8 = 60$
    1   1

  $11{,}55 : 0{,}5 = \;\;115{,}5 : 5 = 23{,}1$
      1   1

  $2{,}829 : 0{,}3 =$
       1   1

  $28{,}29 : 3 = 9{,}43$
  $\underline{27}$
    12
    $\underline{12}$
     09
      $\underline{9}$
      0

3.4 Rationale Zahlen

3.4.1 Zahlbegriff; Zahldarstellungen

Rechenoperation	Ganze Zahlen $\mathbb{Z}$	Brüche $\mathbb{Q}_+$
Addition	Jede Additionsaufgabe ist lösbar.	Jede Additionsaufgabe ist lösbar.
Subtraktion	Jede Subtraktionsaufgabe ist lösbar.	Nicht jede Subtraktionsaufgabe ist lösbar. Beispiel: $\frac{5}{3} - \frac{8}{3}$ ist nicht lösbar.
Multiplikation	Jede Multiplikationsaufgabe ist lösbar.	Jede Multiplikationsaufgabe ist lösbar.
Division	Nicht jede Divisionsaufgabe ist lösbar. Beispiel: $(-7):2$ ist nicht lösbar.	Jede Divisionsaufgabe ist lösbar. Die Division durch 0 ist nicht definiert.

Sowohl von $\mathbb{Z}$ als auch von $\mathbb{Q}_+$ kann man zu einem Bereich gelangen, in dem man alle vier Grundrechenoperationen (außer Division durch 0) uneingeschränkt ausführen kann. Dieser Bereich ist die Menge der rationalen Zahlen $\mathbb{Q}$.
Ein Weg, diese Menge $\mathbb{Q}$ zu erhalten, ist, bei Brüchen auch negative Zahlen als Zähler zuzulassen.

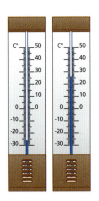

Definition Zwei Zahlen heißen **zueinander entgegengesetzt**, wenn ihre Darstellung auf der Zahlengeraden den gleichen Abstand vom Nullpunkt hat.
Zwei zueinander entgegengesetzte Zahlen haben verschiedene Vorzeichen.

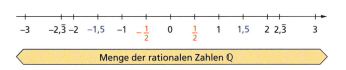

Menge der rationalen Zahlen $\mathbb{Q}$

① Jeweils zueinander entgegengesetzt sind:
$-\frac{1}{2}$ und $\frac{1}{2}$; 1,5 und −1,5.

② Zwei Kräfte wirken in entgegengesetzter Richtung.

3.4 Rationale Zahlen

> **Definition** Die **Menge der rationalen Zahlen** ℚ ergibt sich aus den gebrochenen Zahlen, den zu diesen entgegengesetzten Zahlen und der Zahl 0.
> Die Menge ℚ enthält als Teilmengen die Mengen ℕ, ℤ und ℚ₊.

▶ ratio (lat.) – Rechnung, Methode

Man versucht, die Relationen und Operationen in der Menge der rationalen Zahlen so festzulegen, dass die für die Teilmengen ℕ, ℤ und ℚ₊ geltenden Gesetzmäßigkeiten nach Möglichkeit auf den gesamten Bereich ausgedehnt werden.

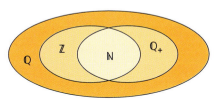

Analog zu dem Vorgehen bei den ganzen Zahlen können in der Menge der rationalen Zahlen ℚ der Begriff „absoluter Betrag" und eine Ordnungsrelation erklärt werden.

> Den Abstand, den eine rationale Zahl r vom Nullpunkt hat, ist ihr **absoluter Betrag** |r|.
>
> $|r| = \begin{cases} r, \text{ wenn r positiv oder 0 ist.} \\ -r, \text{ wenn r negativ ist.} \end{cases}$

> **Definition** Eine rationale Zahl ist
> – *positiv,* wenn ihre Darstellung auf der Zahlengeraden *rechts* vom Nullpunkt liegt,
> – *negativ,* wenn ihre Darstellung auf der Zahlengeraden *links* vom Nullpunkt liegt.
> Die Zahl Null ist weder positiv noch negativ.

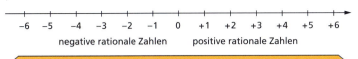

> **Definition** Von zwei rationalen Zahlen ist diejenige größer, deren Darstellung auf der Zahlengeraden weiter rechts liegt.

$-\frac{5}{2} < -2 \; < \; -1 \; < \; 0 \; < \; 1 < 1{,}5 < 2 \; < \; 3$

Analog zu den ganzen Zahlen gilt für die rationalen Zahlen:
- Eine Zahl q ist genau dann positiv, wenn q > 0 ist.
- Eine Zahl q ist genau dann negativ, wenn q < 0 ist.
- Jede positive Zahl ist größer als jede negative Zahl.
- Von zwei positiven Zahlen ist diejenige größer, die den größeren Betrag hat.
- Von zwei negativen Zahlen ist diejenige größer, die den kleineren Betrag hat.

Zwischen zwei rationalen Zahlen liegt stets noch eine weitere rationale Zahl.

Genau wie die Menge der gebrochenen Zahlen $\mathbb{Q}_+$ ist die Menge der rationalen Zahlen $\mathbb{Q}$ überall dicht.

▶ reciprocus (lat.) – umgekehrt

Definition Zwei rationale Zahlen $\frac{a}{b}$ und $\frac{b}{a}$ (a, b ≠ 0) heißen **zueinander reziprok**.

■ $\frac{3}{4}$ und $\frac{4}{3}$ sind zueinander reziprok.

3.4.2 Rechnen mit rationalen Zahlen

▶ addere (lat.) – hinzufügen

Die **Addition rationaler Zahlen** wird auf die Addition von ganzen und gebrochenen Zahlen zurückgeführt.

Zwei rationale Zahlen mit *gleichen* Vorzeichen werden wie folgt addiert:
1. Man bildet die Beträge und *addiert* sie.
2. Man gibt der Summe das Vorzeichen der Ausgangswerte.

Zwei rationale Zahlen mit *unterschiedlichen* Vorzeichen werden wie folgt addiert:
1. Man bildet die Beträge und *subtrahiert* den kleineren vom größeren Betrag.
2. Man gibt der Summe das Vorzeichen, das die Zahl mit dem größeren Betrag hat.

■ $\frac{2}{7} + \frac{3}{7} = \frac{5}{7}$; $-0{,}42 + 0{,}8 = 0{,}38$; $-2{,}1 + (-4{,}9) = -7$; $\frac{4}{9} + \left(-\frac{7}{9}\right) = -\frac{3}{9} = -\frac{1}{3}$

Für zwei rationale Zahlen a und b gilt a < b genau dann, wenn es eine rationale Zahl x mit x > 0 gibt, sodass a + x = b gilt.

■ $-\frac{2}{3} < -\frac{1}{2}$, weil $-\frac{2}{3} + \frac{1}{6} = -\frac{1}{2}$. $-\frac{2}{3} < -\frac{5}{8}$, weil $-\frac{2}{3} + \frac{1}{24} = -\frac{5}{8}$.

Satz Für die Addition gilt das **Kommutativgesetz.**
Summanden darf man vertauschen, dabei bleibt die Summe gleich: a + b = b + a

▶ commutare (lat.) – vertauschen

■ $-7{,}2 + 6{,}8 = 6{,}8 - 7{,}2 = -0{,}4$ $\frac{4}{3} - \frac{11}{6} = -\frac{11}{6} + \frac{8}{6} = -\frac{3}{6} = -\frac{1}{2}$

Satz Für die Addition gilt das **Assoziativgesetz.**
Summanden darf man beliebig zusammenfassen, dabei bleibt die Summe gleich: a + (b + c) = (a + b) + c

▶ associare (lat.) – verbinden

■ $-4{,}8 + [7{,}2 + (-5{,}2)] = [(-4{,}8) + 7{,}2] + (-5{,}2)$
$\qquad -4{,}8 + 2 = 2{,}4 - 5{,}2$
$\qquad -2{,}8 = -2{,}8$

Von einer rationalen Zahl a wird eine rationale Zahl b subtrahiert, indem man zu a die zu b entgegengesetzte Zahl –b addiert: a – b = a + (–b)

▶ subtrahere (lat.) – abziehen

■ $\frac{7}{4} - \frac{2}{3} = \frac{21}{12} + \left(-\frac{8}{12}\right) = \frac{13}{12}$

Da zu jeder rationalen Zahl eine entgegengesetzte rationale Zahl existiert, ist die Subtraktion stets ausführbar.

Zwei rationale Zahlen werden multipliziert, indem man ihre Beträge multipliziert und das Vorzeichen des Produkts bestimmt.
Das Produkt ist
– *positiv,* wenn die Faktoren *gleiche* Vorzeichen haben,
– *negativ,* wenn die Faktoren *unterschiedliche* Vorzeichen haben.

▶ multiplicare (lat.) – vervielfachen

■ $\frac{1}{2} \cdot \frac{3}{4} = \frac{3}{8}$; $(-3{,}2) \cdot (-0{,}5) = 1{,}6$; $\frac{2}{7} \cdot (-7) = -2$; $-0{,}8 \cdot 1{,}2 = -0{,}96$

Satz Für die Multiplikation gilt das **Kommutativgesetz.**
Faktoren darf man vertauschen, dabei bleibt das Produkt gleich: a · b = b · a

■ $4{,}8 \cdot (-27) = (-27) \cdot 4{,}8 = -129{,}6$

▶ associare (lat.) – verbinden

Satz Für die Multiplikation gilt das **Assoziativgesetz**.
Faktoren darf man beliebig zusammenfassen, dabei bleibt das Produkt gleich: $a \cdot (b \cdot c) = (a \cdot b) \cdot c$

■ $\frac{4}{5} \cdot \left[\frac{3}{2} \cdot \left(-\frac{5}{6}\right)\right] = \left[\frac{4}{5} \cdot \frac{3}{2}\right] \cdot \left(-\frac{5}{6}\right)$
$\frac{4}{5} \cdot \left(-\frac{5}{4}\right) = \frac{6}{5} \cdot \left(-\frac{5}{6}\right)$
$-1 = -1$

■

$3 \cdot (2 \cdot 4) = 24$ $\qquad\qquad (3 \cdot 2) \cdot 4 = 24$

Ein Produkt aus mehreren rationalen Zahlen ist

positiv,	null,	negativ,
wenn die Anzahl der negativen Faktoren gerade ist.	wenn (mindestens) ein Faktor null ist.	wenn die Anzahl der negativen Faktoren ungerade ist.

■ $(-1,2) \cdot (-2) \cdot (-4) \cdot (-1) = 9,6;\ (-4,8) \cdot 0 \cdot 0,7 = 0;\ (-1,4) \cdot (-1) \cdot (-3) = -4,2$

▶ distribuere (lat.) – verteilen

Satz Für die Multiplikation gilt bezüglich der Addition (Subtraktion) das **Distributivgesetz**: $a \cdot (b \pm c) = a \cdot b \pm a \cdot c$

■ $(-1,2) \cdot (6 - 1,2) = (-1,2) \cdot 6 - (-1,2) \cdot 1,2 = -7,2 + 1,44 = -5,76$

▶ Es gilt für die Vorzeichen:
$+ : + = +$
$- : - = +$
$- : + = -$
$+ : - = -$

Eine rationale Zahl a wird durch eine rationale Zahl b dividiert, indem man den Betrag von a durch den Betrag von b dividiert und das Vorzeichen des Quotienten bestimmt. Der Quotient ist
– *positiv*, wenn der Dividend a und der Divisor b das *gleiche* Vorzeichen haben,
– *negativ*, wenn der Dividend a und der Divisor b *unterschiedliche* Vorzeichen haben.

■ $1,44 : 1,2 = 1,2$ $\qquad\qquad (-2,8) : 0,7 = -4$
$(-1,44) : (-1,2) = 1,2$ $\qquad\quad 2,8 : (-0,7) = -4$

3.5 Reelle Zahlen

3.5.1 Zahlbegriff

Obwohl die rationalen Zahlen überall dicht liegen (↗ S. 82; Zahlbegriff), gibt es auf der Zahlengeraden noch Punkte, denen keine rationale Zahl zugeordnet werden kann.

■ Einen solchen Punkt erhält man z.B. dadurch, dass man im Punkt 1 der Zahlengeraden eine Senkrechte der Länge 1 errichtet und deren Endpunkt mit dem Nullpunkt verbindet.
Die Verbindungsstrecke, die nach dem Satz des Pythagoras die Länge $\sqrt{2}$ hat, kann man einfach abtragen. Der Beweis, dass $\sqrt{2}$ keine rationale Zahl ist, wird indirekt geführt (↗ S. 39).

PHYTAGORAS VON SAMOS (um 580 bis um 500 v. Chr.)

Feststellung:
$\sqrt{2}$ ist keine rationale Zahl.
Annahme:
$\sqrt{2}$ ist rational und lässt sich demzufolge als Bruch $\frac{p}{q}$ schreiben.
p und q haben keinen gemeinsamen Teiler.
Beweis:
Aus $\sqrt{2} = \frac{p}{q}$ folgt $2 = \frac{p \cdot p}{q \cdot q}$, d.h., der Bruch $\frac{p \cdot p}{q \cdot q}$ müsste kürzbar sein.
Dann müssten aber p und q mindestens einen gemeinsamen Teiler haben, was der Annahme widerspricht.
Schlussfolgerung:
Die Annahme ist falsch, also ist $\sqrt{2}$ keine rationale Zahl. (w.z.b.w.)

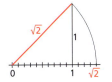

> Zahlen, die nicht in der Form $\frac{a}{b}$ (a, b ∈ ℤ; b ≠ 0) dargestellt werden können, heißen **irrationale Zahlen**. In der Darstellung als Dezimalbruch sind irrationale Zahlen unendlich und nicht periodisch.

▶ irrationalis (lat.) – unvernünftig

■ $\pi = 3{,}141592\ldots$ $e = 2{,}718281\ldots$ $\sqrt{3} = 1{,}73205\ldots$

> **Satz** Die Quadratwurzel aus einer natürlichen Zahl ist entweder selbst eine natürliche Zahl oder sie ist irrational.

■ $\sqrt{16} = 4$ $\sqrt{121} = 11$ $\sqrt{5} = 2{,}236067\ldots$

> **Definition** Die Gesamtheit der rationalen und der irrationalen Zahlen bildet die **Menge der reellen Zahlen** ℝ.

▶ Bei den **irrationalen Zahlen** kann man noch zwischen **algebraisch irrationalen** und **transzendenten Zahlen** unterscheiden.

Für die reellen Zahlen gilt:
Jedem Punkt der Zahlengeraden kann umkehrbar eindeutig eine reelle Zahl zugeordnet werden, d.h., zu jeder reellen Zahl gibt es genau einen Punkt und umgekehrt.
Man sagt: Die Menge der reellen Zahlen ist abgeschlossen.

88   3 Zahlen und Rechnen

Da die rationalen Zahlen *überall dicht* liegen, kann man jede irrationale
Zahl beliebig genau durch eine Folge rationaler Zahlen annähern.

Es gilt für $\sqrt{2}$:

$1{,}4$	$< \sqrt{2} <$	$1{,}5$	weil	$1{,}4^2 =$	$1{,}96$	$<$ 2 $<$	$2{,}25 = 1{,}5^2$	
$1{,}41$	$< \sqrt{2} <$	$1{,}42$	weil	$1{,}41^2 =$	$1{,}9881$	$<$ 2 $<$	$2{,}0164 = 1{,}42^2$	
$1{,}414$	$< \sqrt{2} <$	$1{,}415$	weil	$1{,}414^2 =$	$1{,}999396$	$<$ 2 $<$	$2{,}002225 = 1{,}415^2$	
$1{,}4142$	$< \sqrt{2} <$	$1{,}4143$	weil	$1{,}4142^2 =$	$1{,}99996164$	$<$ 2 $<$	$2{,}00024449 = 1{,}4143^2$	

▶ intervallum (lat.)
– Zwischenraum

Man kann durch eine **Intervallschachtelung** jede irrationale Zahl beliebig
genau annähern. In der Praxis können bei Anwendungsaufgaben reelle
Zahlen näherungsweise durch rationale Zahlen ersetzt werden.

3.5.2 Rechnen mit reellen Zahlen

Im Bereich der reellen Zahlen sind die Addition, die Subtraktion, die Multiplikation und die Division (außer durch 0) uneingeschränkt ausführbar.

> **Definition**   0 ist das **neutrale Element der Addition.**
> Es gilt: $r + 0 = 0 + r = r$
> 1 ist das **neutrale Element der Multiplikation.** Es gilt: $1 \cdot r = r \cdot 1 = r$

Es gelten die gleichen Regeln und Gesetze wie im Bereich der rationalen
Zahlen.

> **Satz**   Für die Addition und die Multiplikation gilt jeweils das
> **Kommutativgesetz:** $a + b = b + a;\ a \cdot b = b \cdot a$
> Für die Addition und die Multiplikation gilt jeweils das
> **Assoziativgesetz:** $(a + b) + c = a + (b + c);\ (a \cdot b) \cdot c = a \cdot (b \cdot c)$
> Für die Addition gilt bezüglich der Multiplikation das
> **Distributivgesetz:** $a \cdot (b + c) = a \cdot b + a \cdot c$ bzw. $(b + c) \cdot a = b \cdot a + c \cdot a$

> **Satz**   Addition und Multiplikation sind **monoton** bezüglich der
> Kleiner-Relation. Aus $a < b$ folgt $a + c < b + c$ und $a \cdot c < b \cdot c$ für $c > 0$.

■ Aus $\sqrt{2} < \sqrt{3}$ folgt $\sqrt{2} + 4 < \sqrt{3} + 4$.

Beim Rechnen mit reellen Zahlen gibt es folgende Möglichkeiten:
① Alle vorkommenden Zahlen sind rational. Dann kommen die Regeln
und Verfahren des Rechnens mit rationalen Zahlen zur Anwendung.
② Mindestens eine vorkommende Zahl ist irrational. Dann gilt:
– Rechnen mit Wurzeln, Logarithmen (↗ S. 95), Winkelfunktions-
werten u. Ä.
– Rechnen mit rationalen Näherungswerten (↗ S. 102).

3.6 Rechnen mit Potenzen, Wurzeln und Logarithmen

3.6.1 Potenzbegriff; Potenzgesetze; Rechnen mit Potenzen

Begriffe

Produkte aus gleichen Faktoren lassen sich als **Potenzen** schreiben.

- $2 \cdot 2 \cdot 2 \cdot 2 \cdot 2 = 2^5 = 32$ $\quad\quad (-6) \cdot (-6) \cdot (-6) = (-6)^3 = -216$
- $\frac{7}{5} \cdot \frac{7}{5} \cdot \frac{7}{5} \cdot \frac{7}{5} = \left(\frac{7}{5}\right)^4 = \frac{2401}{625}$ $\quad (-1{,}5) \cdot (-1{,}5) = (-1{,}5)^2 = 2{,}25$

▶ potentia (lat.) – Kraft, Macht;
exponere (lat.) – offen hinstellen;
basis (griech.) – Grundlage

> **Definition** In der Potenz $c = a^n = a \cdot a \cdot a \cdot \ldots \cdot a$ (n-mal Faktor a) heißen a ($a \in \mathbb{R}$) **Basis**, n ($n \in \mathbb{N}$; n > 1) **Exponent** und c **Potenzwert**.

$$\underset{\text{Basis}}{a}{\overset{\text{Exponent}}{^n}} = \underset{\text{Potenzwert}}{c}$$

- $-2^4 = -(2 \cdot 2 \cdot 2 \cdot 2) = -16$, aber $(-2)^4 = (-2) \cdot (-2) \cdot (-2) \cdot (-2) = 16$
- $\frac{3^2}{4} = \frac{3 \cdot 3}{4} = \frac{9}{4}$, aber $\left(\frac{3}{4}\right)^2 = \frac{3}{4} \cdot \frac{3}{4} = \frac{3 \cdot 3}{4 \cdot 4} = \frac{9}{16}$

In einer Folge von Potenzen steigen die Potenzwerte sehr rasch an.

- $11^2 = 121 \quad\quad 11^3 = 1331 \quad\quad 11^4 = 14641 \quad\quad 11^5 = 161051$

▶ $9^9 = 387\,420\,489$ ist die größte Zahl, die man mit zwei Ziffern schreiben kann.

Das Potenzieren ist nicht kommutativ. Die Beziehung $a^b = b^a$ ($a \neq b$) gilt nicht allgemein.

- $2^4 = 4^2$, weil $2^4 = 4^2 = 16$, aber
  $2^3 \neq 3^2$, weil $2^3 = 8$ und $3^2 = 9$ und $8 \neq 9$

> **Definition** Jede Potenz a^2 ($a \in \mathbb{N}$) heißt **Quadratzahl**.
> Es gilt: $a^2 = a \cdot a$
> Jede Potenz a^3 ($a \in \mathbb{N}$) heißt **Kubikzahl**. Es gilt: $a^3 = a \cdot a \cdot a$

▶ quadratum (lat.) – Viereck;
kybos (griech.) – **Würfel**

Quadratzahl   Kubikzahl

Quadrat- und Kubikzahlen der natürlichen Zahlen von 1 bis 13:

n	1	2	3	4	5	6	7	8	9	10	11	12	13
n²	1	4	9	16	25	36	49	64	81	100	121	144	169
n³	1	8	27	64	125	216	343	512	729	1000	1331	1728	2197

Quadratzahlen enden immer auf eine der Ziffern 0; 1; 4; 5; 6 oder 9, niemals also auf 2; 3; 7 oder 8.

Potenzen sind zunächst nur erklärt, wenn die Exponenten natürliche Zahlen größer 1 sind.

Betrachtet man die Folge a^6; a^5; a^4; a^3; a^2 ($a > 0$), so ist festzustellen, dass sich das folgende Glied ergibt, indem man das vorhergehende durch a dividiert (was den Exponenten jeweils um 1 verkleinert). Es gilt:

> **Definition** $a^1 = a$ $(a \in \mathbb{R})$; $a^0 = 1$; $a^{-1} = \frac{1}{a}$; $a^{-2} = \frac{1}{a^2}$; $a^{-n} = \frac{1}{a^n}$
> $(a \in \mathbb{R}; a \neq 0)$
> Damit lässt sich die Potenz a^n auch rekursiv definieren durch:
> $a^0 = 1$ und $a^n = a^{n-1} \cdot a$
> Es gilt für alle n: $1^n = 1$ und für $n \neq 0$: $0^n = 0$ (0^0 ist nicht definiert.)

■ $4^1 = 4$ $\qquad$ $8^0 = 1$ $\qquad$ $12^{-1} = \frac{1}{12}$ $\qquad$ $3^{-2} = \frac{1}{3^2} = \frac{1}{9}$

So kann man zusammengesetzte Einheiten ohne Bruchstrich schreiben.

Einheiten		
Geschwindigkeit	Beschleunigung	Dichte
$\frac{m}{s} = m \cdot s^{-1}$	$\frac{m}{s^2} = m \cdot s^{-2}$	$\frac{g}{cm^3} = g \cdot cm^{-3}$

> **Satz** Der Wert einer Potenz mit einer negativen Basis ist
> – *positiv*, wenn der Betrag des Exponenten eine *gerade* Zahl ist,
> – *negativ*, wenn der Betrag des Exponenten eine *ungerade* Zahl ist.

■ $(-2)^2 = 4$; $(-2)^3 = -8$; $(-2)^{-4} = \frac{1}{16}$; $(-1)^{1999} = -1$; $(-1)^{2000} = 1$

▶ potentia (lat.) – Kraft, Macht

Potenzgesetze; Rechnen mit Potenzen

Für das Rechnen mit Potenzen ($a, b \in \mathbb{R}$; $a \neq 0$; $b \neq 0$; $m, n \in \mathbb{Z}$) gelten folgende Gesetze:

▶ exponere (lat.) – offen hinstellen; basis (giech.) – Grundlage

> **Satz** Potenzen mit *gleicher Basis* werden multipliziert, indem man die Exponenten addiert und die Basis beibehält: $a^n \cdot a^m = a^{n+m}$

■ $2^5 \cdot 2^3 = 2^{5+3} = 2^8$ $\quad = 256$ $\qquad$ $(-2)^3 \cdot (-2)^4 = (-2)^{3+4} = (-2)^7 = -128$
$2^5 \cdot 2^3 = 32 \cdot 8$ $\qquad = 256$ $\qquad$ $(-2)^3 \cdot (-2)^4 = (-8) \cdot 16$ $\qquad = -128$

> **Satz** Potenzen mit *gleicher Basis* werden dividiert, indem man die Exponenten subtrahiert und die Basis beibehält: $a^n : a^m = a^{n-m}$

3.6 Rechnen mit Potenzen, Wurzeln und Logarithmen

$2^5 : 2^3 = 2^{5-3} = 2^2 \quad = 4$ $\qquad (-2)^3 : (-2)^4 = (-2)^{3-4} = (-2)^{-1} = -\frac{1}{2}$

$2^5 : 2^3 = 32 : 8 \quad\quad\ = 4$ $\qquad (-2)^3 : (-2)^4 = (-8) : 16 \quad\quad = -\frac{1}{2}$

> **Satz** Potenzen mit *gleichem Exponenten* werden multipliziert, indem man die Basen multipliziert und den Exponenten beibehält:
> $a^n \cdot b^n = (a \cdot b)^n$

$2^3 \cdot 3^3 = (2 \cdot 3)^3 = 6^3 = 216$ $\qquad (-3)^3 \cdot 2^3 = (-3 \cdot 2)^3 = (-6)^3 = -216$

$2^3 \cdot 3^3 = 8 \cdot 27 \quad\quad = 216$ $\qquad (-3)^3 \cdot 2^3 = -27 \cdot 8 \quad\quad\quad = -216$

> **Satz** Potenzen mit *gleichem Exponenten* werden dividiert, indem man die Basen dividiert und den Exponenten beibehält:
> $a^n : b^n = (a : b)^n$ oder $= \dfrac{a^n}{b^n} = \left(\dfrac{a}{b}\right)^n$

$8^2 : 4^2 = \left(\dfrac{8}{4}\right)^2 = 2^2 = 4$ $\qquad (-4)^3 : 2^3 = \left(\dfrac{-4}{2}\right)^3 = (-2)^3 = -8$

$8^2 : 4^2 = 64 : 16 \quad = 4$ $\qquad (-4)^3 : 2^3 = -64 : 8 \quad\quad = -8$

> **Satz** Eine Potenz wird potenziert, indem man die Exponenten multipliziert und die Basis beibehält: $(a^n)^m = a^{n \cdot m}$

$(2^2)^3 = 2^{2 \cdot 3} = 2^6 \ = 64$, aber $2^{(2^3)} = 2^8 = 256$

$[(-2)^{-3}]^2 = (-2)^{-6} = \dfrac{1}{64}$, aber $(-2)^{-3^2} = (-2)^{-9} = -\dfrac{1}{512}$

> **Satz** Die Potenz eines Bruches mit dem Exponenten n ist gleich der Potenz des Kehrwerts dieses Bruches mit dem Exponenten (−n):
> $\left(\dfrac{a}{b}\right)^n = \left(\dfrac{b}{a}\right)^{-n}$

$\left(\dfrac{2}{3}\right)^2 = \dfrac{2^2}{3^2} = \dfrac{3^{-2}}{2^{-2}} = \left(\dfrac{3}{2}\right)^{-2}$ $\qquad \left(\dfrac{1}{2}\right)^{-3} = \dfrac{1^{-3}}{2^{-3}} = \dfrac{2^3}{1^3} = \left(\dfrac{2}{1}\right)^3 = 2^3$

Prioritätsregeln (Vorrangregeln)

▶ prior (lat.) – vorderer, erster

1. Potenzieren geht vor Punktrechnung (Multiplikation, Division).
2. Punktrechnung geht vor Strichrechnung (Addition, Subtraktion).
3. Sonst wird von links nach rechts gerechnet, sofern Klammern nicht eine andere Reihenfolge vorschreiben.

$(2 + 3)^2 = 5^2 = 25$ $\qquad 2 \cdot 3^2 = 2 \cdot 9 = 18$

$22 + 2 \cdot (3^2 + 1)^2 = 22 + 2 \cdot 10^2 = 22 + 200 = 222$

3 Zahlen und Rechnen

Abgetrennte Zehnerpotenzen

Die Potenzgesetze kann man verwenden, um sehr große oder sehr kleine Zahlen übersichtlich darzustellen. Man wählt dazu eine **Darstellung von Zahlen mit abgetrennten Zehnerpotenzen.**

- $1\,000 = 10^3;\ 5\,000 = 5 \cdot 10^3;\ 18\,000 = 18 \cdot 10^3 = 1{,}8 \cdot 10^4$
  $0{,}1 = 10^{-1};\ 0{,}0003 = 3 \cdot 10^{-4};\ 0{,}0018 = 1{,}8 \cdot 10^{-3}$

```
        n
negativ  |  positiv
  ←―――――|―――――→
       Komma
  links    nach  rechts
```

Bei der Darstellung mit abgetrennten Zehnerpotenzen wird die Zahl in der Form $a{,}bcd\ldots \cdot 10^n$ dargestellt, wobei gilt: $1 \leq |a| < 10$ und $a \in \mathbb{Z}$; $bcd\ldots$ natürliche Zahlen von 0 bis 9; $n \in \mathbb{Z}$.
Man kommt von dieser Darstellung zu einer Darstellung ohne abgetrennte Zehnerpotenzen, indem man das Komma um n Stellen verschiebt: nach rechts, wenn n positiv ist, und nach links, wenn n negativ ist. Gegebenenfalls sind entsprechend viele Nullen zu ergänzen.

Beispiel	Anweisung
$5{,}287463 \cdot 10^5 = 528\,746{,}3$	Komma um 5 Stellen nach rechts rücken.
$-5{,}28 \cdot 10^{-4} = -0{,}000528$	Komma um 4 Stellen nach links rücken.

So lassen sich z. B. Naturkonstanten übersichtlicher angeben.

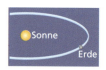

- Die mittlere Entfernung Sonne–Erde beträgt $1{,}496 \cdot 10^8$ km.
  Die Lichtgeschwindigkeit im Vakuum ist $2{,}997\,924\,58 \cdot 10^8$ m·s^{-1}.
  Die Gravitationskonstante hat den Wert $6{,}672\,59 \cdot 10^{-11}$ m^3·kg^{-1}·s^{-2}.

1   10 10^2 10^3

10^4 10^5 10^6

Beim Rechnen mit abgetrennten Zehnerpotenzen wendet man die Potenzgesetze und die in $\mathbb{R}$ geltenden Gesetzmäßigkeiten an. Das Distributivgesetz wird beim Addieren und Subtrahieren angewendet.

- $2{,}8 \cdot 10^3 + 1{,}3 \cdot 10^3 = (2{,}8 + 1{,}3) \cdot 10^3 = 4{,}1 \cdot 10^3$
  $5{,}62 \cdot 10^{-4} - 8{,}03 \cdot 10^{-4} = (5{,}62 - 8{,}03) \cdot 10^{-4} = -2{,}41 \cdot 10^{-4}$

Sind beim Addieren und Subtrahieren die Exponenten der abgetrennten Zehnerpotenzen nicht gleich, müssen sie angeglichen werden.

- $2{,}8 \cdot 10^3 + 1{,}3 \cdot 10^2 = 2{,}8 \cdot 10^3 + 0{,}13 \cdot 10^3 = (2{,}8 + 0{,}13) \cdot 10^3 = 2{,}93 \cdot 10^3$
  $5{,}62 \cdot 10^{-4} - 8{,}03 \cdot 10^{-5} = 5{,}62 \cdot 10^{-4} - 0{,}803 \cdot 10^{-4} = 4{,}817 \cdot 10^{-4}$

Auch beim Multiplizieren bzw. Dividieren werden die Potenzgesetze angewendet.

- $2{,}8 \cdot 10^3 \cdot 1{,}3 \cdot 10^2 = 2{,}8 \cdot 1{,}3 \cdot 10^3 \cdot 10^2 = 3{,}64 \cdot 10^5 = 364\,000$
  $2{,}8 \cdot 10^3 \cdot 1{,}3 \cdot 10^{-2} = 2{,}8 \cdot 1{,}3 \cdot 10^3 \cdot 10^{-2} = 3{,}64 \cdot 10^1 = 36{,}4$
  $2{,}8 \cdot 10^3 \cdot 1{,}3 \cdot 10^{-8} = 2{,}8 \cdot 1{,}3 \cdot 10^3 \cdot 10^{-8} = 3{,}64 \cdot 10^{-5} = 0{,}0\,000\,364$

Zur Abkürzung der positiven und negativen Zehnerpotenzen gibt es **Vorsätze** („Vorsilben") wie z. B. Kilo, Milli, Mikro, die bei vielen Einheiten benutzt werden (↗ S. 96; Größen).

▶ Die **Vorsätze** sind durch internationale Verträge vereinbart und in allen Ländern gleich.

3.6   Rechnen mit Potenzen, Wurzeln und Logarithmen

3.6.2 Wurzelbegriff; Wurzelgesetze; Rechnen mit Wurzeln

Die Frage, welche Zahl a man mit einem vorgegebenen Exponenten n potenzieren muss, um eine vorgegebene Zahl c zu erhalten, führt zu *einer Umkehrung* des Potenzierens, zum Radizieren (Wurzelziehen).

> **Definition** $a^n = c$ ($a \in \mathbb{R}$; $a \geq 0$; $n \in \mathbb{N}$; $n \neq 0$, $n \neq 1$; $c \geq 0$) ist gleichbedeutend mit $a = \sqrt[n]{c}$ (gesprochen: a ist gleich n-te Wurzel aus c). Dabei heißen n **Wurzelexponent,** c **Radikand** und a **Wurzelwert.**

Wurzelexponent
$$a = \sqrt[n]{c}$$
Wurzelwert
Radikand

$2^2 = 4$,   also $= \sqrt[2]{4} = 2$ $\qquad\qquad$ $3^4 = 81$,   also $\sqrt[4]{81} = 3$

Wurzeln mit dem Wurzelexponenten 2 nennt man **Quadratwurzeln** und vereinbart, dass der Wurzelexponent nicht geschrieben werden muss.

▶ **LEONARDO FIBONACCI** (1180 bis um 1250), **MICHAEL STIFEL** (1487 bis 1567) und **RENÉ DESCARTES** (1596 bis 1650) trugen zur Entwicklung des Wurzelbegriffs bei.

> **Definition** $\sqrt[2]{a} = \sqrt{a}$ heißt **Quadratwurzel**. Es gilt: $\sqrt{a^2} = |a|$

Im Bereich der reellen Zahlen existiert die n-te Wurzel aus c stets, wenn c eine nichtnegative reelle Zahl und n eine natürliche Zahl (n > 1) ist:

$a = \sqrt[n]{c}$ ist eine reelle Zahl, wenn $c \in \mathbb{R}$, $n \in \mathbb{N}$, $c \geq 0$ und $n \geq 2$.
Wurzeln aus negativen Zahlen existieren in $\mathbb{R}$ nicht.

Die folgende Definition erlaubt es, Wurzeln als Potenzen zu schreiben:

> **Definition** $\sqrt[n]{a^m} = a^{\frac{m}{n}}$ ($a > 0$; $m, n \in \mathbb{N}$; $m \geq 1$, $n \geq 2$)

$\sqrt[3]{2^2} = 2^{\frac{2}{3}}$ $\qquad\qquad\qquad$ $\sqrt[3]{2^6} = 2^{\frac{6}{3}} = 2^2$

Potenzgesetz	Wurzelgesetz	Beispiel	
$a^{\frac{1}{n}} \cdot b^{\frac{1}{n}} = (a \cdot b)^{\frac{1}{n}}$	$\sqrt[n]{a} \cdot \sqrt[n]{b} = \sqrt[n]{a \cdot b}$	$8^{\frac{1}{2}} \cdot 2^{\frac{1}{2}} = 16^{\frac{1}{2}} = \sqrt{16} = 4$	$\sqrt{8} \cdot \sqrt{2} = \sqrt{16} = 4$
$a^{\frac{1}{n}} : b^{\frac{1}{n}} = \left(\frac{a}{b}\right)^{\frac{1}{n}}$	$\sqrt[n]{a} : \sqrt[n]{b} = \sqrt[n]{\frac{a}{b}}$	$81^{\frac{1}{3}} : 3^{\frac{1}{3}} = 27^{\frac{1}{3}} = \sqrt[3]{27} = 3$	$\sqrt[3]{81} : \sqrt[3]{3} = \sqrt[3]{27} = 3$
$\left(a^{\frac{1}{n}}\right)^m = a^{\frac{m}{n}} = (a^m)^{\frac{1}{n}}$	$\left(\sqrt[n]{a}\right)^m = \sqrt[n]{a^m}$	$\left(8^{\frac{1}{3}}\right)^2 = 8^{\frac{2}{3}} = \sqrt[3]{64} = 4$	$\left(\sqrt[3]{8}\right)^2 = \sqrt[3]{8^2} = \sqrt[3]{64} = 4$
$\left(a^{\frac{1}{n}}\right)^{\frac{1}{m}} = a^{\frac{1}{m \cdot n}} = \left(a^{\frac{1}{m}}\right)^{\frac{1}{n}}$	$\sqrt[m]{\sqrt[n]{a}} = \sqrt[m \cdot n]{a} = \sqrt[n]{\sqrt[m]{a}}$	$\left(64^{\frac{1}{3}}\right)^{\frac{1}{2}} = 64^{\frac{1}{6}} = \sqrt[6]{64} = 2$	$\sqrt[2]{\sqrt[3]{64}} = \sqrt[6]{64} = 2$

> **Ferner gilt:** $\sqrt[n]{1} = 1$ $\qquad$ $\sqrt[n]{0} = 0$ $\qquad$ $\sqrt[n]{a^n} = a$ ($a > 0$)

Partielles Wurzelziehen

Häufig lässt sich der Radikand der Wurzel vereinfachen, indem man die Wurzel teilweise zieht. Dieses Verfahren nennt man **partielles Wurzelziehen.**

> **Satz** Sind a und b beliebige positive reelle Zahlen, so gilt:
> $$\sqrt{a^2 \cdot b} = \sqrt{a^2} \cdot \sqrt{b} = a\sqrt{b}$$

Das partielle Wurzelziehen kann man immer dann anwenden, wenn man den Radikanden so in Produkte zerlegen kann, dass mindestens ein Faktor eine Quadratzahl ist.

$$\sqrt{18} = \sqrt{9 \cdot 2} = \sqrt{9} \cdot \sqrt{2} = 3 \cdot \sqrt{2} \qquad \sqrt{175} = \sqrt{25 \cdot 7} = \sqrt{25} \cdot \sqrt{7} = 5 \cdot \sqrt{7}$$

$$\sqrt{108} = \sqrt{36 \cdot 3} = \sqrt{36} \cdot \sqrt{3} = 6 \cdot \sqrt{3} \qquad \sqrt{320} = \sqrt{64 \cdot 5} = \sqrt{64} \cdot \sqrt{5} = 8 \cdot \sqrt{5}$$

Umgekehrt lassen sich Produkte, die sich aus einer rationalen Zahl und einer Wurzel zusammensetzen, als Wurzel schreiben.

$$3\sqrt{2} = \sqrt{3^2} \cdot \sqrt{2} = \sqrt{9} \cdot \sqrt{2} = \sqrt{9 \cdot 2} = \sqrt{18}$$

$$7\sqrt{5} = \sqrt{7^2} \cdot \sqrt{5} = \sqrt{49} \cdot \sqrt{5} = \sqrt{245}$$

Rationalmachen eines Nenners

In der Mathematik ist es üblich, Terme so umzuformen, dass keine Wurzel im Nenner steht.
Das Beseitigen der Wurzel im Nenner durch Erweitern oder Kürzen wird als **Rationalmachen des Nenners** bezeichnet.

> **Satz** Für Quadratwurzeln gilt:
> $$\frac{1}{\sqrt{a}} = \frac{\sqrt{a}}{\sqrt{a} \cdot \sqrt{a}} = \frac{\sqrt{a}}{(\sqrt{a})^2} = \frac{\sqrt{a}}{a} \qquad (a > 0;\ a \in \mathbb{R})$$

$$\frac{8}{\sqrt{2}} = \frac{8 \cdot \sqrt{2}}{\sqrt{2} \cdot \sqrt{2}} = \frac{8 \cdot \sqrt{2}}{2} = 4\sqrt{2} \qquad \frac{5}{\sqrt{5}} = \frac{5 \cdot \sqrt{5}}{\sqrt{5} \cdot \sqrt{5}} = \frac{5 \cdot \sqrt{5}}{5} = \sqrt{5}$$

$$\frac{16}{\sqrt{12}} = \frac{16}{\sqrt{4 \cdot 3}} = \frac{16 \cdot \sqrt{3}}{\sqrt{4} \cdot \sqrt{3} \cdot \sqrt{3}} = \frac{16 \cdot \sqrt{3}}{2 \cdot 3} = \frac{8}{3}\sqrt{3} \qquad \frac{12}{\sqrt{18}} = \frac{12}{\sqrt{9} \cdot \sqrt{2}} = \frac{12\sqrt{2}}{\sqrt{9} \cdot \sqrt{2} \cdot \sqrt{2}} = 2\sqrt{2}$$

Das Rationalmachen des Nenners kann auch auf Terme mit anderen Wurzeln angewendet werden.

$$\frac{3}{\sqrt[3]{3}} = \frac{3 \cdot (\sqrt[3]{3})^2}{\sqrt[3]{3} \cdot (\sqrt[3]{3})^2} = \frac{3 \cdot (\sqrt[3]{3})^2}{3} = (\sqrt[3]{3})^2$$

$$\frac{4}{\sqrt[3]{24}} = \frac{4}{\sqrt[3]{8 \cdot 3}} = \frac{4}{\sqrt[3]{8} \cdot \sqrt[3]{3}} = \frac{4}{2 \cdot \sqrt[3]{3}} = \frac{2}{\sqrt[3]{3}} = \frac{2 \cdot (\sqrt[3]{3})^2}{\sqrt[3]{3} \cdot (\sqrt[3]{3})^2} = \frac{2}{3}(\sqrt[3]{3})^2$$

2.6.3 Logarithmen; Logarithmengesetze

Ist in der Gleichung $a^n = c$ der Exponent unbekannt, führt die Frage, mit welchem Exponenten n man eine vorgegebene Zahl a potenzieren muss, um eine vorgegebene Zahl c zu erhalten, zur *zweiten Umkehrung* des Potenzierens, dem **Logarithmieren.**

▶ Es gibt zwei Umkehrungen zum Potenzieren. Die erste Umkehrung ist das Radizieren.

> **Definition** $a^n = c$ ($a \in \mathbb{R}$; $a > 0$; $n \in \mathbb{N}$; $n \neq 0$, $n \neq 1$; $c \geq 0$) ist gleichbedeutend mit $n = \log_a c$
> (gesprochen: n = Logarithmus von c zur Basis a).

Der **Logarithmus** von c zur Basis a ist diejenige Zahl, mit der man a potenzieren muss, um c zu erhalten. Der Logarithmus ist also ein Exponent.

▶ logos (griech.) – Wort;
arithmos (griech.) – Zahl

- $2^5 = 32$, also $\log_2 32 = 5$; $\qquad 3^4 = 81$, also $\log_3 81 = 4$
- $5^3 = 125$, also $\log_5 125 = 3$; $\qquad 10^2 = 100$, also $\log_{10} 100 = 2$

> **Satz** Für $a > 0$ gilt:
> $\log_a 1 = 0$ (weil $a^0 = 1$) und $\log_a a = 1$ (weil $a^1 = a$)

Für das Rechnen haben früher Logarithmen eine große Rolle gespielt. Dabei waren Logarithmen zur Basis 10, die sogenannten **dekadischen Logarithmen,** bedeutsam. Man schreibt deshalb für $\log_{10} a$ einfach lg a. Im Bereich der natürlichen Zahlen $\mathbb{N}$ existiert $n = \log_a b$ nur, wenn b eine n-te Potenz von a ist. Hingegen existiert im Bereich der reellen Zahlen der Logarithmus von b zur Basis a stets, wenn a und b positive reelle Zahlen sind ($a \neq 1$). Logarithmen negativer Zahlen existieren im Bereich der reellen Zahlen nicht.

▶ Neben den **dekadischen Logarithmen** gibt es auch **natürliche Logarithmen.**

> **Satz** $n = \log_a b$ ist eine reelle Zahl, wenn a, $b \in \mathbb{R}$; $a > 0$; $b > 0$;
> $a \neq 1$.

Aus den Potenzgesetzen lassen sich die **Logarithmengesetze** ableiten:

Potenzgesetz	Logarithmengesetz	Beispiel
$a^u \cdot a^v = a^{u+v}$	$\log_a(u \cdot v) = \log_a u + \log_a v$	$\log_2(4 \cdot 8) = \log_2 4 + \log_2 8 = 2 + 3 = 5$
$a^u : a^v = a^{u-v}$	$\log_a\left(\frac{u}{v}\right) = \log_a u - \log_a v$	$\log_3\left(\frac{27}{9}\right) = \log_3 27 - \log_3 9 = 3 - 2 = 1$
$(a^u)^v = a^{u \cdot v}$	$\log_a(u^v) = v \log_a u$	$\log_5(25^4) = 4\log_5 25 = 4 \cdot 2 = 8$
$a^{\frac{u}{n}} = \sqrt[n]{a^u}$	$\log_a \sqrt[n]{u} = \frac{1}{n} \cdot \log_a u$	$\log_2 \sqrt[4]{8} = \frac{1}{4} \cdot \log_2 8 = \frac{1}{4} \cdot 3 = \frac{3}{4}$

Aus der Definition des Logarithmus und aus $\log_a(u^v) = v\log_a u$ ergeben sich folgende Beziehungen: $a^{\log_a x} = x$; $\log_a a^x = x$

3.7 Größen

▶ In der Physik versteht man unter einer **Größe** eine messbare Eigenschaft von Objekten.

3.7.1 Größenbereiche

Definition **Größen** sind Angaben, die sich als Produkt einer Maßzahl (dem Zahlenwert) und einer Maßeinheit (Einheit) darstellen lassen.

■ Größen:
4,28 m	(Meter)	3 200 kg	(Kilogramm)	20 ha	(Hektar)
5 min	(Minute)	9,78 €	(Euro)	1,04 l	(Liter)

Definition Eine Menge gleichartiger Größen, die man addieren, mit positiven Faktoren vervielfachen und dem Betrag nach vergleichen kann, heißt **Größenbereich**.

■ Wichtige Größenbereiche sind
Längen-, Flächen-, Raummaße; Währungen; Masse; Zeit.

Größen innerhalb eines Größenbereichs kann man umrechnen (↗ S. 385).

Dezimale Einheiten	Nichtdezimale Einheiten
Umrechnungszahlen sind Potenzen von 10	Umrechnungszahlen sind keine Potenzen von 10
Beispiele: 1 km = 10^3 m 1 ha = 10^4 m^2 1 l = 10^3 ml	Beispiele: 1 d = 24 h 1 min = 60 s 1 kg = 2 Pfd.

Vorsatz	Bedeutung	Kurzzeichen	Zehnerpotenzen
Giga	Milliarde	G	10^9 = 1 000 000 000
Mega	Million	M	10^6 = 1 000 000
Kilo	Tausend	k	10^3 = 1 000
Hekto	Hundert	h	10^2 = 100
Deka	Zehn	da	10^1 = 10
Dezi	Zehntel	d	10^{-1} = 0,1
Zenti	Hundertstel	c	10^{-2} = 0,01
Milli	Tausendstel	m	10^{-3} = 0,001
Mikro	Millionstel	µ	10^{-6} = 0,000 001

3.7.2 Längen-, Flächen- und Volumeneinheiten

Längeneinheiten

Einheiten: Kilometer (km); Meter (m); Dezimeter (dm); Zentimeter (cm); Millimeter (mm)

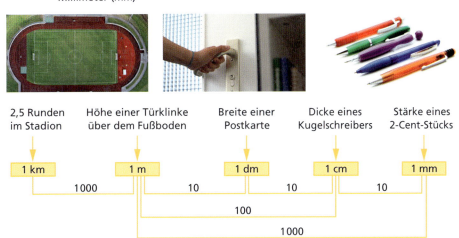

- 0,2 km = 200 m   4,25 dm = 0,425 m   4 600 m = 4,6 km

In anderen Ländern noch gebräuchliche Einheiten:
1 mile (mi) = 1 760 yards = 1,609 km   1 yard (yd) = 3 feet = 0,914 m
1 foot (ft) = 12 inches = 30,48 cm   1 inch (in) = 12 lines = 2,54 cm
1 Zoll (") = 25,4 mm   1 Seemeile (sm) = 1,852 km

- 4,6 sm = 8 519,2 m   4,5 " = 114,3 mm
  3 ft = 91,4 cm   2,8 mi = 4,505 km

Weitere Längeneinheiten sind Lichtjahr und Angström.

Für die Längenmessung gibt es eine Vielzahl von Messwerkzeugen mit unterschiedlicher Messgenauigkeit z. B.: Lineal (Messgenauigkeit 1 mm), Gliedermaßstab (Zollstock), Bandmaß (Messgenauigkeit 1 cm), Messschieber (Messgenauigkeit 0,1 mm), Mikrometerschraube (Messschraube; Messgenauigkeit 0,01 mm)

Flächeneinheiten

Einheiten: Quadratkilometer (km^2); Hektar (ha); Ar (a);
Quadratmeter (m^2); Quadratdezimeter (dm^2);
Quadratzentimeter (cm^2); Quadratmillimeter (mm^2)

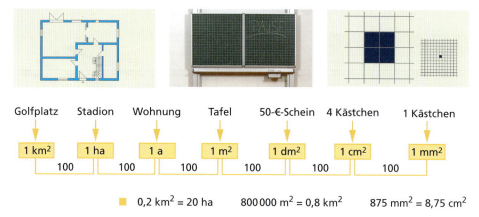

- $0,2\ km^2 = 20\ ha$ $800\,000\ m^2 = 0,8\ km^2$ $875\ mm^2 = 8,75\ cm^2$

Weitere Einheit: 1 Morgen = 0,25 ha = 25 a = 2500 m^2

▶ Weitere Einheiten:
1 gallon (gal) = 3,785 *l*;
1 barrel = 158,758 *l*

Volumeneinheiten

Einheiten: Kubikkilometer (km^3); Kubikmeter (m^3); Kubikdezimeter (dm^3);
Kubikzentimeter (cm^3); Kubikmillimeter (mm^3);
Hektoliter (hl); Liter (*l*); Zentiliter (cl); Milliliter (ml)

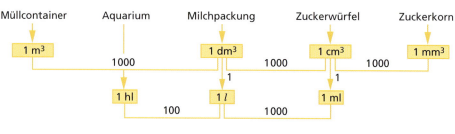

- $0,2\ km^3 = 200\,000\,000\ m^3$ $875\ mm^3 = 0,875\ cm^3$

3.7.3 Masseeinheiten

Einheiten: Tonne (t); Dezitonne (dt); Kilogramm (kg); Gramm (g); Milligramm (mg)

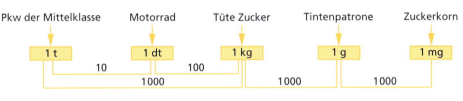

- 0,2 t = 200 kg   800 000 g = 8 dt   5 g = 0,005 kg = 5 000 mg

Weitere Einheiten: 1 Pfund (Pfd.) = 500 g; 1 Zentner (Ztr.) = 50 kg
1 Karat = 200 mg; 1 Unze (oz) = 28,35 g;

3.7.4 Zeiteinheiten

Einheiten: Jahr; Monat; Woche; Tag (d); Stunde (h); Minute (min); Sekunde (s); Millisekunde (ms)

▶ dies (lat.) – Tag (d);
hora (lat.) – Stunde (h)

- Zeitpunkt: 12.00 Uhr   3 h = 180 min = 10 800 s
  Zeitdauer: 12 Stunden   2 d = 48 h

3.7.5 Währungseinheiten

Einheiten: 1 Euro (€); 1 Cent (ct); 1 Schweizer Franken (sfr);
1 Rappen (Rp); 1 US-Dollar ($); 1 Cent (c);
1 japanischer Yen (¥); 1 Sen;
1 russischer Rubel (Rbl); 1 Kopeke (Kop)

Umrechnungen

Ab 1. Januar 1999 wurde der Euro als gesetzliches Zahlungsmittel für die Mitgliedsländer der Europäischen Währungsunion eingeführt und die Wechselkurse untereinander festgelegt.
Die folgende Tabelle zeigt einige Umrechnungsbeispiele:

Land	Währung	Kurs für 1 €
Deutschland	Deutsche Mark	1,95583 DM
Belgien	Belgischer Franc	40,3399 bfr
Finnland	Finnmark	5,94573 Fmk
Frankreich	Französischer Franc	6,55957 FF
Irland	Irisches Pfund	0,787564 Ir£
Italien	Italienische Lire	1 936,27 Lit
Luxemburg	Luxemburgischer Franc	40,3399 lfr
Niederlande	Niederländischer Gulden	2,20371 hfl
Österreich	Österreichischer Schilling	13,7603 ÖS
Portugal	Portugisischer Escudo	200,482 Esc
Spanien	Spanische Peseta	166,386 Pta

Bis zum 1. Januar 2009 führten weitere Länder den Euro als Währung ein: Griechenland, Slowenien, Malta, Zypern und Slowakei.

Will man Währungen anderer (nicht zur Europäischen Währungsunion gehörender) Länder umrechnen, muss man den jeweiligen Umrechnungskurs kennen. Der Umrechnungskurs ist veränderlich.

■ Für den Schweizer Franken (sfr) sei der Kurs 152,32, d. h. 100 € = 152,32 sfr. Wie viel Euro kosten 40 sfr?

$40 \text{ sfr} = \frac{40 \cdot 100}{152,32} \text{ €} = 26,26 \text{ €}.$

Für 40 sfr muss man 26,26 € bezahlen.

■ Für den japanischen Yen (¥) sei der Kurs 10 692, d. h. 100 € = 10 692 ¥. Wie viel Euro erhält man für 500 ¥?

$500 \text{ ¥} = \frac{100 \cdot 500}{10 692} \text{ €} = 4,68 \text{ €}$

Für 500 ¥ erhält man 4,68 €.

3.8 Rechnen mit Näherungswerten

3.8.1 Grundbegriffe

Oft ist es nicht möglich oder nicht zweckmäßig, für eine Größe einen genauen Wert anzugeben. Man arbeitet dann mit **Näherungswerten**.

Näherungswerte kommen vor

- als Ergebnisse von Schätzungen
- als Maßzahlen gemessener Größen
- als Resultate von Rundungen
- als Angaben für irrationale Zahl

▶ irrationalis (lat.) – unvernünftig

Irrationale Zahlen sind z. B.
$\sqrt{2} = 1{,}41421356...$
$\pi = 3{,}14159265...$

> **Definition** Die Abweichung zwischen einem genauen Wert x und seinem Näherungswert $\bar{x}$ heißt **absoluter Fehler** von x.
> Man bezeichnet ihn mit Δx. Es gilt: $\Delta x = |x - \bar{x}|$

Bei Rundungen lässt sich der absolute Fehler genau angeben.

- Rundet man $\frac{1}{3}$ auf 0,3, so ist der absolute Fehler $\frac{1}{3} - \frac{3}{10} = \frac{1}{30}$.

Bei Messwerten kann der absolute Fehler geschätzt werden, indem man sich überlegt, welche Genauigkeit die Messmittel und die subjektive Beobachtungsgabe zulassen.

- Misst man die Länge einer Strecke s mit dem Lineal zu 19,7 cm, so kann man als absoluten Fehler $\Delta s = \pm 0{,}1$ cm angeben. Das bedeutet: Der genaue Wert für s liegt zwischen 19,6 cm und 19,8 cm. Misst man die Länge einer Strecke a mit dem Bandmaß zu 30,52 m, so kann man $\Delta a = \pm 1$ cm angeben.

Der absolute Fehler sagt nur bedingt etwas über die Genauigkeit eines Wertes aus. Eine bessere Vergleichsmöglichkeit erhält man erst durch die Berechnung des relativen Fehlers.

> **Definition** Der **relative Fehler** ist das Verhältnis von absolutem Fehler zum genauen Wert: $\delta x = \left|\frac{\Delta x}{x}\right|$
> Den relativen Fehler kann man auch in Prozent angeben.
> Man spricht dann vom **prozentualen Fehler**.

Gemessener Wert	Absoluter Fehler	Relativer Fehler	Prozentualer Fehler
19,7 cm	0,1 cm	$\frac{0{,}1}{19{,}7} = 0{,}005$	0,5 %
30,52 m	0,01 m	$\frac{0{,}01}{30{,}25} = 0{,}0003$	0,03 %

▶ Die zweite Messung ist genauer, obwohl der absolute Fehler größer ist.

102   3 Zahlen und Rechnen

Oft ist es wichtig, dass man den absoluten Fehler einer Größe kennt. Deshalb wird bei vielen Messwerten der Fehler (oder eine Schranke für den Fehler) angegeben. Dies ist bei physikalischen Konstanten der Fall.

■ BERGSTRAND hat 1950 die Lichtgeschwindigkeit im Vakuum gemessen und dabei den Wert c = (299793,0 ± 0,3) km·s^{-1} ermittelt.

Bei einem Näherungswert heißen alle Ziffern, die mit denen des genauen Wertes übereinstimmen, **zuverlässige Ziffern.** Eine letzte Ziffer gilt auch dann als zuverlässig, wenn sie durch eine Rundung des genauen Wertes auf diese Stelle bestätigt würde, d.h., wenn sie nicht mehr als 0,5 Einheiten von der entsprechenden Ziffer des genauen Wertes abweicht.

▶ Durch Anwendung der Rundungsregeln erhält man **Näherungswerte,** in denen alle Ziffern zuverlässig sind.

■ Gibt man für einen Wert x = 3,448 den Näherungswert x_1 = 3,45 an, so sind in diesem alle Ziffern zuverlässig, hingegen ist in einem Näherungswert x_2 = 3,4 nur die 3, nicht aber die 4 eine zuverlässige Ziffer.

Wenn bei einem Näherungswert kein Fehler angegeben ist, geht man davon aus, dass er nur zuverlässige Ziffern enthält, die Abweichung also nicht größer als 0,5 Einheiten der als letzte angegebenen Stelle ist.

■ Es hat demnach
a = 20,35 cm   den maximalen absoluten Fehler Δa = ± 0,005 cm
und
m = 205,0 g   den maximalen absoluten Fehler Δm = ± 0,05 g.

In diesem Zusammenhang ist die Darstellung mit abgetrennten Zehnerpotenzen (↗ S. 92) bedeutsam, weil damit die Genauigkeit eines Wertes angegeben werden kann.

Masse m	$1,4 \cdot 10^2$ kg	$1,40 \cdot 10^2$ kg
Δm (max.)	$\pm 0,05 \cdot 10^2$ kg = ±5 kg	$\pm 0,005 \cdot 10^2$ kg = ±0,5 kg

3.8.2 Rechnen mit Näherungswerten

▶ Es gibt Verfahren zum Berechnen von Fehlerfortpflanzungen bzw. zum Abschätzen entstehender Fehler.

Satz   Wenn in eine Rechnung (mindestens) ein Näherungswert eingeht, so ist auch das Ergebnis ein Näherungswert.

Die Frage, in welchem Maße sich bei einer Rechnung die Genauigkeit der Eingangswerte auf die Genauigkeit des Ergebnisses auswirkt, kann nicht allgemein beantwortet werden. Die Genauigkeit hängt ab
– von der Art der Aufgabe sowie den darin enthaltenen Werten,
– von den auszuführenden Operationen,
– von zu verwendenden Funktionswerten und
– auch vom eingeschlagenen Lösungsweg.

3.8 Rechnen mit Näherungswerten

> Bei der Addition und Subtraktion von Näherungswerten sucht man denjenigen Näherungswert, bei dem die letzte zuverlässige Ziffer am weitesten links steht, und rundet das Ergebnis auf diese Stelle.

■
```
    26 ??              50,0?
    12,7?          −   17,46
 +   3,89          −    3,8?
   ─────              ──────
   42,59 ≈ 43         28,74 ≈ 28,7
```

> Bei der Multiplikation und Division von Näherungswerten sucht man den Wert mit der geringsten Anzahl von zuverlässigen Ziffern und rundet das Ergebnis auf diese Anzahl von Ziffern.

■ $3,8 \text{ m} \cdot 5,42 \text{ m} = 20,596 \text{ m}^2 \approx 21 \text{ m}^2$

Eine gute Methode, sich einen Überblick über die Genauigkeit eines Rechenergebnisses zu verschaffen, ist die **Berechnung von Wertschranken**. Um eine **obere Wertschranke** für ein Rechenergebnis zu ermitteln, in das Näherungswerte eingegangen sind, wählt man von jedem Eingangswert den größt- oder kleinstmöglichen aus, je nachdem wie er in die Rechnung eingeht. Positive Werte vorausgesetzt, muss z. B. für Summanden bzw. Faktoren der größtmögliche, für Subtrahenden bzw. Divisoren hingegen der kleinstmögliche Wert eingesetzt werden.

Analog wählt man zum Ermitteln einer **unteren Wertschranke** von jedem Eingangswert den kleinst- oder größtmöglichen aus, je nachdem wie er in die Rechnung eingeht. Positive Werte vorausgesetzt, muss z. B. für Summanden bzw. Faktoren der kleinstmögliche, für Subtrahenden bzw. Divisoren hingegen der größtmögliche Wert eingesetzt werden.

▶ Eine zulässige Abweichung vom vorgegebenen Maß nennt man in der Technik **Toleranz**.

■ Das Volumen eines Rohres ist zu berechnen, von dem der Außendurchmesser $d_1 = 45$ mm, der Innendurchmesser $d_2 = 25$ mm und die Länge $l = 750$ mm bekannt sind. Für die Maßzahlen gilt also:
$44,5 \leq d_1 \leq 45,5$; $24,5 \leq d_2 \leq 25,5$ und $749,5 \leq l \leq 750,5$

Untere Schranke	Gemessene/ berechnete Werte	Obere Schranke
44,5 mm	$d_1 = 45$ mm	45,5 mm
25,5 mm	$d_2 = 25$ mm	24,5 mm
749,5 mm	$l = 750$ mm	750,5 mm
$V = 782\,912,4 \text{ mm}^3$	$V = 824\,668,07 \text{ mm}^3$	$V = 866\,478,7 \text{ mm}^3$

Man erkennt, dass eine Angabe $V = 824\,668,07 \text{ mm}^3$, die einen absoluten Fehler von $\pm 0,005 \text{ mm}^3$ signalisiert, eine sinnlose Genauigkeit vortäuschen würde.
Richtig ist eine Rundung auf $V = 820 \text{ cm}^3$, wobei die 2 schon nicht mehr zuverlässig ist.

Zahlenbereiche

Natürliche Zahlen $\mathbb{N}$
Immer ausführbare Rechenoperationen: Addition, Multiplikation
$3 + 15 = 18$ $\quad\quad\quad$ $3 - 15$ n. l. $\quad\quad\quad$ $3 \cdot 15 = 45$ $\quad\quad\quad$ $3 : 15$ n. l.

Gebrochene Zahlen $\mathbb{Q}_+$
Immer ausführbare Rechenoperationen: Addition, Multiplikation, Division (außer durch 0)
$\frac{2}{7} + \frac{3}{7} = \frac{5}{7}$ $\quad\quad$ $\frac{2}{7} - \frac{3}{7}$ n. l. $\quad\quad$ $\frac{2}{7} \cdot \frac{3}{7} = \frac{6}{49}$ $\quad\quad$ $\frac{2}{7} : \frac{3}{7} = \frac{2}{3}$

Ganze Zahlen $\mathbb{Z}$
Immer ausführbare Rechenoperationen: Addition, Subtraktion, Multiplikation
$-3 + 15 = 12$ $\quad\quad$ $-3 - 15 = -18$ $\quad\quad$ $-3 \cdot 15 = -45$ $\quad\quad$ $-3 : 15$ n. l.

Rationale Zahlen $\mathbb{Q}$
Immer ausführbare Rechenoperationen: Addition, Subtraktion, Multiplikation, Division (außer durch 0)
$-3 + \frac{2}{7} = \frac{19}{7}$ $\quad\quad$ $-3 - \frac{2}{7} = \frac{23}{7}$ $\quad\quad$ $-3 \cdot \frac{2}{7} = -\frac{6}{7}$ $\quad\quad$ $-3 : \frac{2}{7} = -\frac{21}{2}$

Reelle Zahlen $\mathbb{R}$
Ausführbar sind die vier Grundrechenoperationen. Das Wurzelziehen ist nur für positive Radikanden definiert.

$5\sqrt{3} + 7\sqrt{3} = 12\sqrt{3}$ $\quad\quad\quad\quad\quad\quad$ $12\sqrt{10} - 5\sqrt{10} = 7\sqrt{10}$
$\sqrt{3} \cdot \sqrt{12} = \sqrt{36} = 6$ $\quad\quad\quad\quad\quad\quad$ $\sqrt{75} : \sqrt{3} = \sqrt{\frac{75}{3}} = \sqrt{25} = 5$

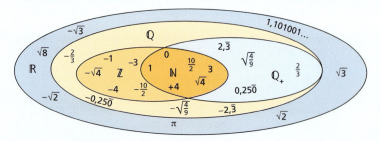

Zahlen, die sich nur als unendliche nichtperiodische Dezimalbrüche darstellen lassen, nennt man **irrationale Zahlen**. Sie lassen sich nicht als Bruch darstellen.
Die rationalen Zahlen und die irrationalen Zahlen zusammen bilden die Menge der reellen Zahlen.
Bei Anwendungsaufgaben können reelle Zahlen näherungsweise durch rationale Zahlen ersetzt werden.

Wissenstest 1 $\quad\quad$ abrufbar auf www.lernhelfer.de oder mit der Lernhelfer-App

Prozent- und Zinsrechnung | 4

4.1 Prozentrechnung

4.1.1 Grundbegriffe

▶ pro (lat.) – für; centum (lat.) – hundert

Zum Vergleichen und Veranschaulichen von Größen oder Zahlenangaben werden häufig Prozentangaben verwendet. Dabei werden die Angaben auf die Vergleichszahl 100 bezogen. Prozentangaben sind nur in Verbindung mit einer Bezugsgröße G sinnvoll.

> **Definition** Ein **Prozent** von G ist ein Hundertstel von G.
> 1 % von G = $\frac{1}{100} \cdot G = \frac{G}{100}$

Ein Prozent von 200 € ist ein Hundertstel von 200 €, also 2 €.
$\frac{1}{100} \cdot 200\ € = \frac{200\ €}{100} = 2\ €$

▶ Bei Wahlprognosen sind **Prozentpunkte** gebräuchlich.

> **Definition** Die Bezugsgröße G heißt **Grundwert,** die Angabe p % heißt **Prozentsatz** und die Zahl p vor dem Prozentzeichen heißt **Prozentzahl** (Prozentpunkt). Der Wert, der dem Prozentsatz entspricht, heißt **Prozentwert** W.

20 % von 400 € sind $\frac{20}{100} \cdot 400\ €$, also 80 €.

Prozentsatz (p %)   Grundwert (G)   Prozentwert (W)

4.1.2 Bequeme Prozentsätze

Bei einigen Prozentsätzen kann man bei gegebenen Grundwerten die zugehörigen Prozentwerte sehr leicht (bequem) im Kopf berechnen, weil man einfache Brüche benutzen kann.

Bequeme Prozentsätze	1 %	5 %	10 %	25 %	$33\frac{1}{3}$ %	50 %	75 %
Bruchdarstellung	$\frac{1}{100}$	$\frac{1}{20}$	$\frac{1}{10}$	$\frac{1}{4}$	$\frac{1}{3}$	$\frac{1}{2}$	$\frac{3}{4}$
Dezimalbruchdarstellung	0,01	0,05	0,1	0,25	$0,\overline{3}$	0,5	0,75
Zeichnerische Darstellung							

4.1 Prozentrechnung   **107**

Weitere bequeme Prozentsätze sind:

$20\% = \frac{1}{5} = 0{,}2;$ $66\frac{2}{3}\% = \frac{2}{3} = 0{,}\overline{6};$ $80\% = \frac{4}{5} = 0{,}8;$ $100\% = 1;$

$150\% = \frac{3}{2} = 1{,}5;$ $200\% = \frac{2}{1} = 2;$ $1\,000\% = \frac{10}{1} = 10$

■ 50 % von 34 kg sind 17 kg,   denn 50 % $= \frac{1}{2}$ und $\frac{1}{2} \cdot 34$ kg = 17 kg.

  20 % von 20 km sind 4 km,   denn 20 % $= \frac{1}{5}$ und $\frac{1}{5} \cdot 20$ km = 4 km.

4.1.3 Berechnen von Prozentwerten, Prozentsätzen und Grundwerten

> **Satz** Für die Beziehung zwischen dem Grundwert G, dem Prozentsatz p % und dem Prozentwert W gilt folgende **Grundgleichung der Prozentrechnung:**
>
> $p\,\% = \frac{W}{G}$ bzw. $\frac{p}{100} = \frac{W}{G}$

Prozentwert, Grundwert und Prozentsatz hängen voneinander ab.
Bei Prozentsätzen unter 100 % ist der Prozentwert kleiner als der Grundwert.
Beim Prozentsatz 100 % ist der Prozentwert gleich dem Grundwert.
Bei Prozentsätzen über 100 % ist der Prozentwert größer als der Grundwert.

▶ Die voneinander abhängigen Größen sind proportional zueinander.

Berechnen von Prozentwerten

> **Satz** **Prozentwerte** werden berechnet mithilfe der Gleichung
> $W = p\,\% \cdot G$ bzw. $W = \frac{p \cdot G}{100}$ oder mit dem Dreisatz.

▶ Dreisatz ↗ S. 141

■ Für die Klassenfahrt im Sommer haben von den 25 Schülerinnen und Schülern bereits 48 % die Fahrt bezahlt.
Wie viele Schülerinnen und Schüler haben bereits bezahlt?
Gegeben: G = 25 Schüler   Gesucht: W
        p % = 48 %; p = 48
Lösung: mit der Gleichung   mit dem Dreisatz
        $W = \frac{p \cdot G}{100}$ 100 % $\cong$ 25 Schüler

                         1 % $\cong$ $\frac{25}{100}$ Schüler

        $W = \frac{48 \cdot 25 \text{ Schüler}}{100}$ 48 % $\cong$ $\frac{25 \cdot 48}{100}$ Schüler
        W = 12 Schüler   48 % $\cong$ 12 Schüler

Antwort: Zwölf Schülerinnen und Schüler haben bereits die Fahrt bezahlt.

4 Prozent- und Zinsrechnung

Berechnen von Prozentsätzen

> **Satz** **Prozentsätze** werden berechnet mithilfe der Gleichung
> $p\% = \frac{W}{G}$ bzw. $p = \frac{W \cdot 100}{G}$ oder mit dem Dreisatz.

▶ **Prozentwert** und **Grundwert** müssen in der gleichen Einheit eingesetzt werden. Ein Überschlag mit **bequemen Prozentsätzen** ergibt:
$\frac{29}{120} \approx \frac{30}{120} = \frac{1}{4} = 25\%$

Bei einer Verkehrskontrolle wurden 120 Kraftfahrzeuge (Kfz) überprüft. 29 Kraftfahrzeuge fuhren zu schnell.
Wie viel Prozent der kontrollierten Kraftfahrzeuge fuhren zu schnell?

Gegeben: G = 120 Kfz   Gesucht: p %
          W = 29 Kfz

Lösung: mit der Gleichung   mit dem Dreisatz

$$p = \frac{W \cdot 100}{G}$$ 120 Kfz $\cong$ 100 %

                           1 Kfz $\cong \frac{100\%}{120}$

$$p = \frac{29\,\text{Kfz} \cdot 100}{120\,\text{Kfz}}$$ 29 Kfz $\cong \frac{100\% \cdot 29}{120}$

$$p = 24{,}17$$ 29 Kfz $\cong 24{,}17\%$

Antwort: Etwa 24 % der überprüften Kraftfahrzeuge fuhren zu schnell.

Für das Vergleichen von Anteilen sind Prozentsätze besser geeignet als die reinen Zahlenangaben. Zur Berechnung und Darstellung von Prozentsätzen kann man auch Tabellenkalkulationsprogramme nutzen.

Berechnen von Grundwerten

> **Satz** **Grundwerte** werden berechnet mithilfe der Gleichung
> $G = \frac{W}{p\%}$ bzw. $G = \frac{W \cdot 100}{p}$ oder mit dem Dreisatz.

Ein Buchhändler erhält beim Verkauf eines Buches 25 % vom Ladenpreis.
Zu welchem Preis wurde das Buch verkauft, wenn der Buchhändler daran 4,70 € verdient?

Gegeben: p % = 25 %; p = 25   Gesucht: G
          W = 4,70 €

Lösung: mit der Gleichung   mit dem Dreisatz

$$G = \frac{W \cdot 100}{p}$$ 25 % $\cong$ 4,70 €

                           1 % $\cong \frac{4{,}70}{25}$ €

$$G = \frac{4{,}70\,\text{€} \cdot 100}{25}$$ 100 % $\cong \frac{4{,}70 \cdot 100}{25}$ €

$$G = 18{,}80\,\text{€}$$ 100 % $\cong$ 18,80 €

Antwort: Das Buch wurde zum Preis von 18,80 € verkauft.

4.1 Prozentrechnung

Prozentuale Veränderungen

Veränderungen von Größen werden oft in Prozent ausgedrückt. Dabei treten Formulierungen wie „vermehrt um", „vermehrt auf", „vermindert um", „vermindert auf" und ähnliche auf.
Entsprechende Aufgaben lassen sich auf die Grundgleichung der Prozentrechnung zurückführen.

> **Definition** Verringert sich der Grundwert um einen bestimmten Prozentsatz, so spricht man von einem **prozentualen Abschlag** bzw. einem **verminderten Grundwert.**
> $G_- = G \cdot (100\,\% - p\,\%)$ bzw. $G_- = G \cdot \left(1 - \frac{p}{100}\right)$

> **Definition** Vermehrt sich der Grundwert um einen bestimmten Prozentsatz, so spricht man von einem **prozentualen Zuschlag** bzw. einem **vermehrten Grundwert.**
> $G_+ = G \cdot (100\,\% + p\,\%)$ bzw. $G_+ = G \cdot \left(1 + \frac{p}{100}\right)$

▶ Verändert sich der Grundwert z. B. um 10 %, so kann man beim prozentualen Abschlag bzw. Zuschlag den Grundwert mit dem Faktor 0,9 bzw. 1,1 multiplizieren.

Da häufig nach dem ursprünglichen Grundwert gefragt wird, rechnet man in diesen Fällen mit den Formeln

$$G = \frac{G_-}{100\,\% - p\,\%} \quad \text{bzw.} \quad G = \frac{G_+}{100\,\% + p\,\%}$$

◾ Für eine Rechnung werden nach Abzug von 3 % Skonto 165,70 € bezahlt. Welcher Betrag stand auf der Rechnung?

Gegeben: $G_- = 165{,}70\ €$ Gesucht: G
 $p\,\% = 3\,\%$

Lösung: $G = \dfrac{G_-}{100\,\% - p\,\%}$

 $G = \dfrac{165{,}70\ €}{97\,\%}$

 $G = \dfrac{165{,}70\ € \cdot 100}{97}$

 $G = 170{,}82\ €$

Antwort: Die ursprüngliche Rechnung betrug 170,82 €.

▶ Ein Preisnachlass bei sofortiger Barzahlung heißt **Skonto.**
Ein Preisnachlass unter bestimmten Bedingungen (z. B. Sommerschlussverkauf) wird als **Rabatt** bezeichnet.

◾ Im Verkaufspreis eines Buches von 28,60 € sind 7 % Mehrwertsteuer enthalten. Wie viel Euro beträgt der Nettopreis?

Gegeben: $G_+ = 28{,}60\ €$ Gesucht: G
 $p\,\% = 7\,\%$

Lösung: $G = \dfrac{G_+}{100\,\% + p\,\%}$

 $G = \dfrac{28{,}60\ €}{107\,\%}$

 $G = \dfrac{28{,}60\ € \cdot 100}{107}$

 $G = 26{,}73\ €$

Antwort: Der Nettopreis des Buches beträgt 26,73 €.

▶ Die **Mehrwertsteuer** muss der Händler an das Finanzamt abführen.

netto (ital.) – gereinigt; netto bedeutet: „nach Abzug der Verpackung, der Unkosten, der Steuern u. Ä."

4.1.4 Grafische Darstellungen von Prozentsätzen

Prozentsätze lassen sich grafisch durch **Kreisdiagramme, Streifendiagramme, Säulendiagramme** oder **Liniendiagramme** veranschaulichen. Welche Art der Darstellung günstig ist, hängt vom Sachverhalt ab.
Zur Erstellung von Diagrammen kann man Tabellenkalkulationsprogramme nutzen (↗ S. 373)
Kreisdiagramme und Streifendiagramme eignen sich zur Darstellung von Größenverhältnissen und Anteilen.

▪ Beim Sportfest einer Schule mit 340 Schülerinnen und Schülern betätigt sich jede Schülerin und jeder Schüler in einer Ballsportart. So entscheiden sich 85 Schülerinnen und Schüler für Volleyball, 136 für Basketball, 68 für Tischtennis und 51 für Fußball. Als Anteil vom Kreis ergeben sich:
Volleyball 90°, Basketball 144°, Tischtennis 72°, Fußball 54°

▶ Kreisdiagramm heißt auch **Prozentkreis**.
Streifendiagramm heißt auch **Prozentstreifen**.

Kreisdiagramm
100 % ≙ 360°, 1 % ≙ 3,6°

- Tischtennis (20,0 %)
- Volleyball (25,0 %)
- Fußball (15,0 %)
- Basketball (40,0 %)

Streifendiagramm

- Basketball (40,0 %)
- Volleyball (25,0 %)
- Tischtennis (20,0 %)
- Fußball (15,0 %)

▶ Säulendiagramm heißt auch **Stabdiagramm**.

Wenn z. B. zeitliche Abläufe und Entwicklungstendenzen darzustellen sind, ist ein Liniendiagramm (für mehrere Sachverhalte) oder ein Säulendiagramm (für einen Sachverhalt) sinnvoll.

▪ Um besser auf die Kundenwünsche reagieren zu können, führt die Autoindustrie regelmäßig Kundenbefragungen durch. Dabei wird unter anderem die bevorzugte Autofarbe bei der Bestellung erfasst.

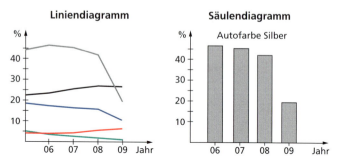

4.2 Promillerechnung

Bei der **Promillerechnung** werden die Angaben auf die Vergleichszahl 1000 bezogen. Auch Promilleangaben sind nur in Verbindung mit einer Bezugsgröße G sinnvoll.

▶ pro (lat.) – für; mille (lat.) tausend

> **Definition** Ein **Promille** von G ist ein Tausendstel von G.
>
> $1 ‰$ von $G = \frac{1}{1\,000} \cdot G = \frac{G}{1\,000}$
>
> Damit gilt: $1 ‰ = 0,1\,\%$, da $\frac{1}{1\,000} = \frac{0,1}{100}$

> **Satz** Zwischen dem **Grundwert** G, dem **Promillesatz** p_M, dem **Promillewert** W_M gilt die folgende Beziehung:
>
> $\frac{p_M}{1\,000} = \frac{W_M}{G}$

Ein Erwachsener besitzt im Durchschnitt etwa fünf Liter Blut in seinem Körper. Ein Bußgeld wird fällig, wenn ein Autofahrer mit einem Blutalkoholgehalt von 0,5 ‰ „erwischt" wird.
Wie viel Milliliter Alkohol enthält dann sein Blut?

Gegeben: $G = 5\,l$ Gesucht: W_M

$\qquad\qquad p_M\,‰ = 0,5\,‰;\ p_M = 0,5$

Lösung: $W_M = \frac{G \cdot p_M}{1\,000}$

$\qquad\qquad W_M = \frac{5\,l \cdot 0,5}{1\,000}$

$\qquad\qquad W_M = 0,0025\,l = 2,5\,ml$

Antwort: Ein Autofahrer hat dann 2,5 ml reinen Alkohols in seinem Blut.

▶ 2,5 ml reinen Alkohols im Blut kann bereits durch den Genuss von zwei Glas Bier oder Wein erreicht oder überschritten werden.

Promilleangaben sind häufig im Bank- und Versicherungswesen zu finden. In der Schweiz werden Steigungen/Gefälle von Eisenbahnstrecken in Promille angegeben.
Wenn die Anteile sehr klein sind, ist eine Angabe in Promille unzweckmäßig. Dann gibt man Anteile in ppm oder in ppb an.
Die Angaben ppm und ppb haben an Bedeutung gewonnen, da man heute durch bessere Verfahren in der Lage ist, kleinste Anteile zu bestimmen.

▶ ppm für parts per million (engl.) – Teile zu einer Million; ppb für parts per billion (engl.) – Teile zu einer Milliarde

Name	Bezugszahl	Definition	Bezeichnung
Promille	1 000	$p‰ = \frac{p}{1\,000}$	Promillesatz
parts per million	1 000 000	$p_{ppm} = \frac{p}{10^6}$	ppm-Satz
parts per billion	1 000 000 000	$p_{ppb} = \frac{p}{10^9}$	ppb-Satz

4.3 Zinsrechnung

4.3.1 Grundbegriffe

Eine der wichtigsten Anwendungen der Prozentrechnung ist die **Zinsrechnung.** Hierbei entsprechen die Grundbegriffe und die Grundgleichung der Zinsrechnung auch denen der Prozentrechnung.

Prozentrechnung:	Grundwert G	Prozentsatz p %	Prozentwert W	$\frac{p}{100} = \frac{W}{G}$
Zinsrechnung:	Kapital K	Zinssatz p %	Zinsen Z	$\frac{p}{100} = \frac{Z}{K}$

Für Guthaben auf einem Konto zahlt die Bank Zinsen. Wenn jemand sich von der Bank Geld leiht, muss er Zinsen an die Bank zahlen.

▶ p. a. für per annum (lat.) – pro Jahr

Bei der Zinsrechnung spielt außerdem die Zeit eine Rolle. So bezieht sich der Zinssatz im Allgemeinen auf ein Jahr, abgekürzt p. a.
Für die Anzahl der Jahre wird n, für die Anzahl der Monate m und für die Anzahl der Tage t benutzt. Im (deutschen) Bankwesen wird das Jahr mit 360 Tagen und der Monat mit 30 Tagen angesetzt.
Verzinst werden nur ganze Eurobeträge.

4.3.2 Berechnen von Zinsen, Zinssatz, Kapital und Zeitspannen

Berechnen von Zinsen

> **Satz** Die nach einem Jahr anfallenden **Zinsen** werden nach der (aus der Grundgleichung folgenden) Formel berechnet:
> $Z = \frac{p}{100} \cdot K = \frac{K \cdot p}{100}$

Monique bekam zu ihrem Geburtstag von der Familie Geld geschenkt. Jetzt hat sie 800 € auf ihrem Sparbuch. Sie möchte diese Summe für ein Jahr fest anlegen. Dadurch wird ein höherer Zinssatz zugrunde gelegt.
Wie viel Euro Zinsen erhält sie bei einem Zinssatz von 4 % p. a.?
Gegeben: p % = 4 %; p = 4   Gesucht: Z
K = 800 €

Lösung: $Z = \frac{p}{100} \cdot K$

$Z = \frac{4}{100} \cdot 800 \text{ €}$

$Z = 32 \text{ €}$

Antwort: Die Zinsen betragen 32 €.

4.3 Zinsrechnung

Wird für weniger als ein Jahr ein Sparbetrag bei einer Bank angelegt oder ein Darlehen gewährt, so werden **Monats- und Tageszinsen** berechnet. Die **Jahreszinsen** werden mit den entsprechenden Anteilen eines Jahres (der Laufzeit) multipliziert, z.B. sind fünf Monate $\frac{5}{12}$ eines Jahres. Zinsen bei Guthaben werden auf volle Cent abgerundet. Bei Darlehen werden Zinsen auf volle Cent aufgerundet.

▶ **Zinsen** kann man auch mit dem Dreisatz berechnen.

Monatszinsen: $Z_m = \frac{p}{100} \cdot K \cdot \frac{m}{12} = \frac{K \cdot p \cdot m}{100 \cdot 12}$

■ Eine Bank gewährt für den Kauf eines Mittelklassewagens einen Kredit von 8700 € zu einem Zinssatz von 11,3 % p.a. für elf Monate. Wie hoch ist der Rückzahlungsbetrag nach elf Monaten, wenn keine weiteren Kosten entstehen?

Gegeben: K = 8700 €   Gesucht: Z_m
           p % = 11,3 %; p = 11,3   Rückzahlungsbetrag
           m = 11

Lösung: $Z_m = \frac{K \cdot p \cdot m}{100 \cdot 12}$

           $Z_m = \frac{8700\ € \cdot 11,3 \cdot 11}{100 \cdot 12}$

           $Z_m = 901,18\ €$

Antwort: Es sind 9601,18 € (8700 € + 901,18 €) zurückzuzahlen.

Tageszinsen: $Z_t = \frac{p}{100} \cdot K \cdot \frac{t}{360} = \frac{K \cdot p \cdot t}{100 \cdot 360}$

■ Ein Guthaben von 7250 € wird bei einem Zinssatz von 2,7 % p.a. für 130 Tage verzinst.
Wie viel Euro Zinsen fallen an?

Gegeben: K = 7250 €   Gesucht: Z_t
           p % = 2,7 %; p = 2,7
           t = 130

Lösung: $Z_t = \frac{K \cdot p \cdot t}{100 \cdot 360}$

           $Z_t = \frac{7250\ € \cdot 2,7 \cdot 130}{100 \cdot 360}$

           $Z_t = 70,69\ €$

Antwort: Die Zinsen betragen 70,69 €.

Manchmal muss man die Anzahl der Zinstage aus den Datumsangaben berechnen.

■ Eine am 31.12. fällige Rechnung wird erst am 1.3. des Folgejahres beglichen.
Für wie viele Tage fallen Verzugszinsen an?

Lösung: 31.12. bis 1.3. sind 2 Monate zu 30 Tagen + 1 Tag (31.12.)
           t = 61 Tage

Antwort: Für 61 Tage müssen Verzugszinsen gezahlt werden.

4 Prozent- und Zinsrechnung

Berechnen von Zinssätzen

Kennt man das Kapital und die anfallenden Zinsen, kann man den **Zinssatz** p.a. nach folgenden Formeln berechnen:

Zinssatz für ein Jahr: $p = \frac{Z \cdot 100}{K}$

■ Für ein Guthaben von 2800 € erhält man nach einem Jahr 95,20 € Zinsen.
Wie hoch ist der Zinssatz?

Gegeben: K = 2800 €   Gesucht: p %
             Z = 95,20 €

Lösung: $p = \frac{Z \cdot 100}{K}$

$p = \frac{95{,}20 \, € \cdot 100}{2800 \, €}$

$p = 3{,}4$

Antwort: Der Zinssatz beträgt 3,4 % p.a.

Zinssatz für m Monate: $p = \frac{Z_m \cdot 100 \cdot 12}{K \cdot m}$

■ Für ein Guthaben von 800 € erhält man nach vier Monaten 10,40 € Zinsen.
Wie hoch ist der Zinssatz?

Gegeben: K = 800 €   Gesucht: p %
             Z_m = 10,40 €
             m = 4

Lösung: $p = \frac{Z_m \cdot 100 \cdot 12}{K \cdot m}$

$p = \frac{10{,}40 \, € \cdot 100 \cdot 12}{800 \, € \cdot 4}$

$p = 3{,}9$

Antwort: Der Zinssatz beträgt 3,9 % p.a.

Zinssatz für t Tage: $p = \frac{Z_t \cdot 100 \cdot 360}{K \cdot t}$

Berechnen von Kapital

Kennt man den Zinssatz p.a. und die anfallenden Zinsen, kann man das **Kapital** nach folgenden Formeln berechnen:

Kapital nach einem Jahr: $K = \frac{Z \cdot 100}{p}$

4.3 Zinsrechnung

■ Herr Reichenbach erhielt am Jahresende für seine Fondsanteile 12,60 €. Wie viel Euro hatte er angelegt, wenn der Zinssatz 4,2 % p. a. betrug?

Gegeben: $Z = 12,60 €$ Gesucht: K

$p \% = 4,2 \%; p = 4,2$

Lösung: $K = \dfrac{Z \cdot 100}{p}$

$K = \dfrac{12,60 € \cdot 100}{4,2}$

$K = 300 €$

Antwort: Herr Reichenbach hatte 300 € angelegt.

Kapital nach m Monaten: $K = \dfrac{Z_m \cdot 100 \cdot 12}{p \cdot m}$

■ Welchen Betrag hat Max auf seinem Sparbuch, wenn er bei einem Zinssatz von 4,2 % nach drei Monaten 5,25 € Zinsen erhält?

Gegeben: $Z_m = 5,25 €$ Gesucht: K

$p \% = 4,2 \%; p = 4,2$

$m = 3$

Lösung: $K = \dfrac{Z_m \cdot 100 \cdot 12}{p \cdot m}$

$K = \dfrac{5,25 € \cdot 100 \cdot 12}{4,2 \cdot 3}$

$K = 500 €$

Antwort: Max hat auf seinem Sparbuch einen Betrag von 500 €.

Kapital nach t Tagen: $K = \dfrac{Z_t \cdot 100 \cdot 360}{p \cdot t}$

Berechnen von Zeitspannen

Kennt man den Zinssatz p. a., das Kapital und die anfallenden Zinsen, kann man die jeweilige Zeitspanne, die kleiner als ein Jahr sein muss, nach folgenden Formeln berechnen:

Verzinsungsdauer in Monaten: $m = \dfrac{Z_m \cdot 100 \cdot 12}{K \cdot p}$

Verzinsungsdauer in Tagen: $t = \dfrac{Z_t \cdot 100 \cdot 360}{K \cdot p}$

Einzahlungen werden erst vom darauffolgenden Tag an verzinst, Abhebungen dagegen werden bereits am gleichen Tag berücksichtigt. Im Bankwesen bezeichnet man das Datum, an dem eine Gutschrift oder Abbuchung zinswirksam wird, als *Wertstellung*.

4 Prozent- und Zinsrechnung

■ Herr Schröder hat die Zahlungsfrist für die Rechnung einer Versandhausbestellung überschritten. Daher wurden ihm für die Rechnung in Höhe von 600 € 8,10 € Verzugszinsen von 9 % p. a. in Rechnung gestellt.
Um wie viel Tage hat er die Zahlungsfrist überschritten?

Gegeben: K = 600 €   Gesucht: t
Z_t = 8,10 €
p % = 9 %; p = 9

Lösung: $t = \dfrac{Z_t \cdot 100 \cdot 360}{K \cdot p}$

$t = \dfrac{8{,}10\ € \cdot 100 \cdot 360}{600\ € \cdot 9}$

$t = 54$

Antwort: Um 54 Tage wurde die Zahlungsfrist überzogen.

4.3.3 Zinseszins

Wenn ein Kapital länger als ein Jahr verzinst wird, werden im Allgemeinen jeweils am Jahresende die Zinsen berechnet, dem Kapital zugeschlagen und dann im folgenden Jahr mit verzinst. Das Anfangskapital wächst um einen bestimmten Faktor. Zinsen von Zinsen nennt man **Zinseszins**. Die entsprechende Rechnung heißt **Zinseszinsrechnung**.

> **Satz** Für die Beziehung zwischen dem **Anfangskapital** K_0, dem Zinssatz p %, der Anzahl von Jahren n und dem **Endkapital** K_n gilt folgende Formel:
>
> $K_n = K_0 \cdot \left(\dfrac{100 + p}{100}\right)^n$ bzw. $K_n = K_0 \cdot \left(1 + \dfrac{p}{100}\right)^n$
>
> Man setzt $\dfrac{100 + p}{100} = 1 + \dfrac{p}{100} = q$ und nennt q den **Zinsfaktor**.
>
> Dann gilt: $K_n = K_0 \cdot q^n$

▶ Bei einer Bank erhält man nur 339,04 €, weil **Zinsen** jährlich verrechnet und nur ganze Euro-Beträge verzinst werden.

■ Ein Betrag von 250 € wird auf acht Jahre fest angelegt. Der Zinssatz beträgt 4 % p. a.
Wie hoch ist das Guthaben nach acht Jahren?

Gegeben: K_0 = 250 €   Gesucht: K_8
n = 8
p % = 4 %; p = 4

Lösung: $K_n = K_0 \cdot q^n$

$K_8 = 250\ € \cdot 1{,}04^8$

$K_8 = 342{,}14\ €$

Antwort: Das Guthaben beträgt nach acht Jahren 342,14 €.

Durch Zinseszinsen steigen Vermögen/Schulden exponentiell, da der Zuwachs pro Jahr immer größer wird.

4.3 Zinsrechnung

Kennt man in der Formel $K_n = K_0 \cdot q^n$ drei Größen, kann man die vierte Größe berechnen:

$$K_0 = \frac{K_n}{q^n} \qquad q = \sqrt[n]{\frac{K_n}{K_0}} \qquad n = \frac{\lg\left(\frac{K_n}{K_0}\right)}{\lg q} \qquad p = (q-1) \cdot 100$$

Für jeden der noch nicht behandelten Fälle wird nachfolgend ein Beispiel angegeben.

■ Welchen Geldbetrag muss man anlegen, wenn man bei einem Zinssatz von 5 % p. a. nach zehn Jahren eine Summe von 20 000 € haben will?

Gegeben: $K_{10} = 20\,000$ €   Gesucht: K_0
           $n = 10$
           $p\,\% = 5\,\%;\ p = 5$

Lösung: $K_0 = \dfrac{K_n}{q^n}$

             $K_0 = \dfrac{20\,000}{1,05^{10}}$

             $K_0 = 12\,278,27$ €

Antwort: Das Anfangskapital müsste 12 278,27 € betragen.

■ Wie hoch war der Zinssatz, wenn aus 100,00 € Guthaben nach fünf Jahren 140,00 € Guthaben geworden sind?

Gegeben: $K_0 = 100,00$ €   Gesucht: $p\,\%$
           $K_5 = 140,00$ €
           $n = 5$

Lösung: $q = \sqrt[n]{\dfrac{K_n}{K_0}}$

             $q = \sqrt[5]{\dfrac{140\ \text{€}}{100\ \text{€}}}$

             $q = 1,0696$

             $p = (q-1) \cdot 100$

             $p = (1,0696 - 1) \cdot 100 = 6,96 \approx 7$

Antwort: Der Zinssatz betrug 7 %.

■ Nach welcher Zeit hat sich ein Kapital bei einem Zinssatz von 5 % verdoppelt?

Gegeben: K_0 Gesucht: $p\,\%$
           $K_n = 2K_0$
           $p\,\% = 5\,\%;\ p = 5$

Lösung: $n = \dfrac{\lg\left(\frac{K_n}{K_0}\right)}{\lg q}$

             $n = \dfrac{\lg\left(\frac{2K_0}{K_0}\right)}{\lg q}$

             $n = \dfrac{\lg 2}{\lg 1,05}$

             $n = 14,21 \approx 15$

Antwort: Das Kapital hat sich nach 15 Jahren (genau 14 Jahre und 76 Tage) verdoppelt.

	Überblick

Berechnungen von Jahres-, Monats-, Tageszinsen

Zinsen für ein Jahr

Ein Kapital von 20 000 € wird ein Jahr lang mit einem Zinssatz von 4,3 % p. a. angelegt.

Gegeben: K = 20 000 €; p % = 4,3 %　　　　　　　　　　　Gesucht: Z

Lösung:　① Gleichung　　　　　② Dreisatz (Tabelle)

$$Z = \frac{K \cdot p}{100}$$

$$Z = \frac{20\,000\,€ \cdot 4{,}3}{100}$$

$$Z = 860\,€$$

Prozent	Euro
100	20 000
1	200
4,3	860

:100　　　　:100

·4,3　　　　·4,3

Antwort: Das Kapital bringt 860 € Zinsen.

Zinsen für m Monate

Ein Kapital von 1 680 € wird für fünf Monate mit 2,5 % p. a. verzinst.

Gegeben: K = 1 680 €; p % = 2,5 %; m = 5　　　　　　　　Gesucht: Z

Lösung:　$Z_m = \frac{K \cdot p \cdot m}{100 \cdot 12}$

$$Z_m = \frac{1\,680\,€ \cdot 2{,}5 \cdot 5}{100 \cdot 12}$$

$$Z_m = 17{,}50\,€$$

Antwort: Die Zinsen betragen 17,50 €.

Zinsen für t Tage

Ein Kapital von 21 600 € wird für 80 Tage mit 2,5 % p. a. verzinst.

Gegeben: K = 21 600 €; p % = 2,5 %; t = 80　　　　　　　Gesucht: Z

Lösung:　$Z_t = \frac{K \cdot p \cdot t}{100 \cdot 360}$

$$Z_t = \frac{21\,600\,€ \cdot 2{,}5 \cdot 80}{100 \cdot 360}$$

$$Z_t = 120\,€$$

Antwort: Die Zinsen betragen 120 €.

Weil auf Konten innerhalb eines Jahres häufig Ein- und Auszahlungen vorgenommen werden, tragen ganz unterschiedliche Beträge mit verschieden langen Zeitspannen zu den Zinsen am Jahresende bei. Verzinst werden nur ganze Eurobeträge.

Wissenstest 2　　abrufbar auf **www.lernhelfer.de** oder mit der Lernhelfer-App

4.4 Rentenrechnung

4.4.1 Ratenzahlungen

Ansparen eines Kapitals durch Raten (vorschüssig)

> **Definition** Wird am *Jahresanfang* regelmäßig der gleiche Betrag R **(Rate)** eingezahlt und mit p % p. a. verzinst, beträgt das Kapital nach n Jahren:
>
> $K_n = \frac{R(q^n - 1)}{q - 1} \cdot q$ mit $q = 1 + \frac{p}{100}$
>
> Man nennt K_n den **vorschüssigen Zahlungsendwert.**

■ Ein Sparvertrag über 15 Jahre sieht eine Verzinsung von 4 % p. a. vor. Wie viel Euro erhält man nach 15 Jahren, wenn zu Beginn jedes Jahres 100 € eingezahlt werden?

Gegeben: R = 100,00 €; n = 15   Gesucht: K_n
          p % = 4 %; p = 4

Lösung: $K_n = \frac{R(q^n - 1)}{q - 1} \cdot q$

          $K_n = \frac{100\ €(1{,}04^{15} - 1)}{1{,}04 - 1} \cdot 1{,}04$

          $K_n = 2\,082{,}45\ €$

Antwort: Man erhält nach 15 Jahren 2 082,45 €.

Vermehrung (Verminderung) eines Kapitals durch Raten (vorschüssig)

> **Definition** Wird ein Anfangskapital K_0 zum *Jahresanfang* regelmäßig um den gleichen Betrag R **(Rate)** erhöht bzw. vermindert und mit p % p. a. verzinst, beträgt das Kapital nach n Jahren:
>
> $K_n = K_0 \cdot q^n + \frac{R(q^n - 1)}{q - 1} \cdot q$ bzw. $K_n = K_0 \cdot q^n - \frac{R(q^n - 1)}{q - 1} \cdot q$ $\left(q = 1 + \frac{p}{100}\right)$

▶ Man nennt auch hier K_n den vorschüssigen Zahlungsendwert.

■ Zu einem Anfangskapital von 1 000 € werden jeweils am Jahresanfang 100 € eingezahlt. Der Zinssatz beträgt 4 % p. a. Wie hoch ist das Guthaben nach zehn Jahren?

Gegeben: K_0 = 1 000,00 €   Gesucht: K_n
          p % = 4 %; p = 4
          R = 100,00 €; n = 10

Lösung: $K_n = K_0 \cdot q^n + \frac{R(q^n - 1)}{q - 1} \cdot q$

          $K_n = 1\,000\ € \cdot 1{,}04^{10} + \frac{100\ €\ (1{,}04^{10} - 1)}{1{,}04 - 1} \cdot 1{,}04$

          $K_n = 2\,728{,}88\ €$

Antwort: Das Guthaben beträgt nach zehn Jahren 2 728,88 €.

Ansparen eines Kapitals durch Raten (nachschüssig)

> **Definition** Wird am *Jahresende* regelmäßig der gleiche Betrag R **(Rate)** eingezahlt und mit p % p.a. verzinst, beträgt das Kapital nach n Jahren:
>
> $$K_n = \frac{R(q^n - 1)}{q - 1} \quad \text{mit } q = 1 + \frac{p}{100}$$
>
> Man nennt K_n den **nachschüssigen Zahlungsendwert.**

◼ Ein Sparvertrag über 15 Jahre sieht eine Verzinsung von 4 % p.a. vor. Wie viel Euro erhält man nach 15 Jahren, wenn am Ende jedes Jahres 100 € eingezahlt werden?

Gegeben: R = 100,00 €; n = 15   Gesucht: K_n
p % = 4 %; p = 4

Lösung: $K_n = \dfrac{R(q^n - 1)}{q - 1}$

$K_n = \dfrac{100 \, €(1{,}04^{15} - 1)}{1{,}04 - 1}$

$K_n = 2\,002{,}36 \, €$

Antwort: Man erhält nach 15 Jahren 2 002,36 €.

Das Ansparen von Kapital durch Ratenzahlung wird in Deutschland oft für die private Altersvorsorge genutzt.

Vermehrung (Verminderung) eines Kapitals durch Raten (nachschüssig)

▶ Man nennt auch hier K_n den nachschüssigen Zahlungsendwert.

> **Definition** Wird ein Anfangskapital K_0 zum *Jahresende* regelmäßig um den gleichen Betrag R **(Rate)** erhöht bzw. vermindert und mit p % p. a. verzinst, beträgt das Kapital nach n Jahren:
>
> $$K_n = K_0 \cdot q^n + \frac{R(q^n - 1)}{q - 1} \quad \text{bzw.} \quad K_n = K_0 \cdot q^n - \frac{R(q^n - 1)}{q - 1} \quad \left(q = 1 + \frac{p}{100}\right)$$

◼ Von einem Anfangskapital von 1000 € werden jeweils am Jahresende 100 € abgehoben. Der Zinssatz beträgt 4 % p.a.
Wie hoch ist das Guthaben nach zehn Jahren noch?

Gegeben: K_0 = 1 000,00 €   Gesucht: K_n
p % = 4 %; p = 4
R = 100,00 €; n = 10

Lösung: $K_n = K_0 \cdot q^n + \dfrac{R(q^n - 1)}{q - 1}$

$K_n = 1\,000 \, € \cdot 1{,}04^{10} - \dfrac{100 \, €(1{,}04^{10} - 1)}{1{,}04 - 1}$

$K_n = 279{,}63 \, €$

Antwort: Bei einer Abhebung von 100 € jeweils am Jahresende beträgt das Guthaben nach zehn Jahren noch 279,63 €.

4.4 Rentenrechnung

4.4.2 Schuldentilgung

Satz Wird eine Schuld S bei einem Zinssatz von p % p. a. durch regelmäßige Ratenzahlung R am Jahresende in n Jahren vollständig getilgt, so beträgt die zu zahlende Rate:

$$R = \frac{S \cdot q^n(q-1)}{q^n - 1} \quad \text{mit } q = 1 + \frac{p}{100}$$

■ Eine Hypothek (im Grundbuch eingetragene Schuld) beträgt 150 000 €. Der Zinssatz ist 8,5 % p. a. Die Hypothek soll in zwölf Jahren getilgt sein.
Wie viel Euro beträgt die jährliche Ratenzahlung?
Gegeben: S = 150 000,00 €; n = 12   Gesucht: R
          p % = 8,5 %; p = 8,5

Lösung: $R = \frac{S \cdot q^n(q-1)}{q^n - 1}$

           $R = \frac{150\,000\,€ \cdot 1,085^{12} \cdot (1,085 - 1)}{1,085^{12} - 1}$

           $R = 20\,422,92\,€$

Antwort: Es sind jährlich 20 422,92 € zu zahlen.

Satz Wird eine Schuld S bei einem Zinssatz von p % p. a. durch regelmäßige Ratenzahlung R am Jahresende vollständig getilgt, so beträgt die Tilgungsdauer in Jahren:

$$n = \frac{\lg R - \lg[R - S(q-1)]}{\lg q} \quad \text{mit } q = 1 + \frac{p}{100}$$

■ Ein Darlehen von 150 000 € wird zu 8 % verzinst und am Ende jedes Jahres mit 13 500 € getilgt.
Nach wie vielen Jahren ist es getilgt?
Gegeben: S = 150 000,00 €   Gesucht: n
          R = 13 500 €
          p % = 8; p = 8

Lösung: $n = \frac{\lg R - \lg[R - S(q-1)]}{\lg q}$

           $n = \frac{\lg 13\,500 - \lg[13\,500 - 150\,000 \cdot (1,08 - 1)]}{\lg 1,08}$

           $n = 28,5 \approx 29$

Antwort: Das Darlehen ist nach rund 29 Jahren getilgt.

Die Tilgung von Schulden kann auch in unterschiedlichen Raten oder in einem einzigen Betrag (einschließlich Zinsen) erfolgen. Die Tilgung in Raten wird meist nach einem vorher festgelegten Tilgungsplan durchgeführt. Ist der Schuldner nicht in der Lage, aus eigenem Kapital ausstehende Rechnungen zu begleichen, dann ist er zahlungsunfähig; er ist „insolvent". Früher sagte man, er ist „bankrott".

▶ banca rotta (ital.) – zerbrochene bzw. leere Bank
Der Ausdruck „bankrott" stammt von den Geldwechslern im Mittelalter.

Prozentrechnung

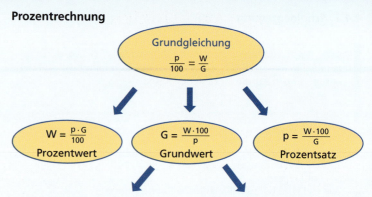

Verringert sich der Grundwert um einen bestimmten Prozentsatz, so spricht man von einem **verminderten Grundwert**.

Vermehrt sich der Grundwert um einen bestimmten Prozentsatz, so spricht man von einem **vermehrten Grundwert**.

Zinsrechnung

Die Zinsrechnung ist eine Anwendung der Prozentrechnung. Der Grundwert wird Kapital genannt und mit K abgekürzt. Der Prozentsatz wird Zinssatz genannt und mit p % abgekürzt. Die Zinsen sind die dem Zinssatz entsprechenden Prozentwerte und werden mit Z abgekürzt.

Zinsen für ein Jahr

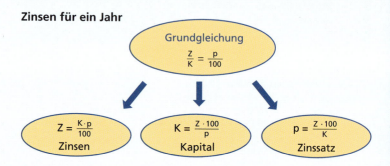

Zinsen für m Monate

Zinsen = $\frac{\text{Kapital} \cdot \text{Zinssatz} \cdot \text{Anzahl der Monate}}{12}$ $\qquad Z_m = \frac{K \cdot p \cdot m}{100 \cdot 12}$

Zinsen für t Tage

Zinsen = $\frac{\text{Kapital} \cdot \text{Zinssatz} \cdot \text{Anzahl der Tage}}{360}$ $\qquad Z_t = \frac{K \cdot p \cdot t}{100 \cdot 360}$

Wissenstest 3 abrufbar auf **www.lernhelfer.de** oder mit der Lernhelfer-App

Gleichungen und Ungleichungen | 5

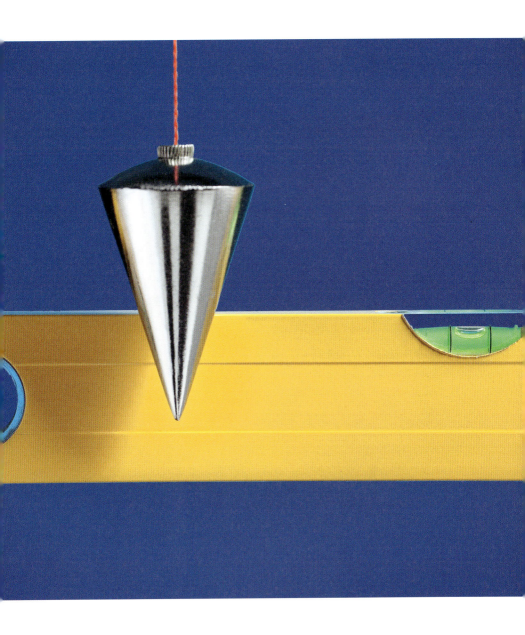

5.1 Variable und Terme

5.1.1 Grundbegriffe

▶ varius (lat.) – verschieden, wechselnd

Zum Beschreiben allgemeiner Zusammenhänge benötigt man Zeichen, die für ein Objekt aus einer bestimmten Menge stehen. Solche Zeichen heißen Variable oder Unbekannte.

▶ Im Zusammenhang mit Gleichungen wird für Variablen oft auch der Begriff „Unbekannte" verwendet.

> **Definition** Eine **Variable** ist ein Zeichen für ein Objekt aus einer Menge gleichartiger Objekte. Diese Menge heißt der Grundbereich G oder Variablengrundbereich.

Variablen werden meist durch Buchstaben (x, y, t, a, b, A) dargestellt.

■ $n \in \mathbb{N}$ Die Variable n stellt eine beliebige Zahl aus dem Grundbereich $\mathbb{N}$, der Menge der natürlichen Zahlen, dar.

▶ Genauer müsste man sagen: „Eine **Variable** ist ein Zeichen für alle Namen eines Objekts ..." – doch auf diese Unterscheidung soll nachfolgend nicht weiter eingegangen werden.

Variablen werden nicht nur für Zahlen, sondern auch für andere mathematische Objekte verwendet.

■ Die Geraden g und h sind zueinander parallel: g∥h

> **Definition** Ein **Term** ist eine sinnvolle mathematische Zeichenreihe ohne Relationszeichen.

▶ Relationszeichen sind z. B. <, >, ≤, ≥, =, ≠.

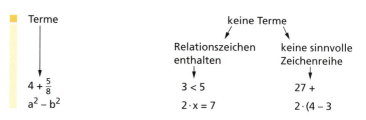

> **Definition** Terme, die den gleichen Wert haben, heißen **gleichwertig**. Dies ist vom jeweiligen Grundbereich abhängig.

■ Gleichwertig sind:
225 : 5 und 5 · 9, denn der Termwert ist 45.
$a^2 - b^2$ und $(a + b)(a - b)$, denn es ist die 3. binomische Formel.
$x - 2$ und $\frac{x^2 - 4}{x + 2}$ für $G = \mathbb{N}$, jedoch nicht für $G = \mathbb{Z}$.

5.1 Variable und Terme

5.1.2 Rechnen mit Variablen; Termumformungen

Zusammenfassen

> Kommen in Termen, die in Form von algebraischen Summen vorliegen, die gleichen Variablen mehrfach vor, so kann man sie zusammenfassen und als Produkt aus Zahl und Variable schreiben.

■ $a + a + a = 3 \cdot a = 3a$ 　　　　$ab + ab + ab + ab = 4 \cdot ab = 4ab$

Die Zahl, die vor einer Variablen steht, heißt **Koeffizient**.
Der Koeffizient 1 wird nicht geschrieben.

▶ cum (lat.) – mit; efficiens (lat.) – bewirkend

> **Satz** Treten in algebraischen Summen gleiche Variablen mit unterschiedlichen Koeffizienten auf, so werden sie zusammengefasst, indem die Koeffizienten addiert (subtrahiert) werden.

Im Ergebnis schreibt man die Variablen in lexikografischer Reihenfolge.

■ $3a + 2b + a - 4b = 3a + a + 2b - 4b = (3 + 1)a + (2 - 4)b = 4a - 2b$
$3x^2 + x + 2x^2 - 4x + x^3 = x^3 + (3 + 2)x^2 + (1 - 4)x = x^3 + 5x^2 - 3x$

▶ Es dürfen nur gleiche **Potenzen** (also mit gleicher Basis und gleichem Exponenten) zusammengefasst werden.

Addition und Subtraktion von Termen; Verwenden von Klammern

Sollen zwei Summen (Differenzen) addiert (subtrahiert) werden, so setzt man jeden Term in Klammern und zwischen beide Klammern das entsprechende Operationszeichen.

■ $T_1 = 2x + 3y; \ T_2 = 4x - 2y$
$T_1 + T_2 = (2x + 3y) + (4x - 2y)$ 　　　$T_1 - T_2 = (2x + 3y) - (4x - 2y)$

> **Satz** Kommen in einer algebraischen Summe Klammern vor, so kann man diese auflösen:
> 1. Steht vor der Klammer „+", lässt man die Klammer weg.
> 2. Steht vor der Klammer „–", lässt man die Klammer sowie das Zeichen vor der Klammer weg und kehrt „+" bzw. „–" bei allen Gliedern in der Klammer um.

■ $(2x + 3y) + (4x - 2y) = 2x + 3y + 4x - 2y = 6x + y$
$(2x + 3y) - (4x - 2y) = 2x + 3y - 4x + 2y = -2x + 5y$
$(2a + 3b - 4) - (-a + 2b + 6) + (4a - 5b + d)$
$= 2a + 3b - 4 + a - 2b - 6 + 4a - 5b + d = 7a - 4b + d - 10$

▶ Die Addition von Termen kann analog zur Addition reeller Zahlen auf mehr als zwei Terme erweitert werden.

Multiplikation eines Polynoms mit einer Variablen

▶ bis (lat.) – zwei-
mal;
tres (lat.) – drei;
poly (griech.) – viel;
nomen (lat.) – Name

> **Definition** Ein zweigliedriger Term heißt auch **Binom,** ein drei-
> gliedriger Term **Trinom,** ein mehrgliedriger Term **Polynom.**

Binome: $a + b$; $7x^2 - 8y$; $\frac{3}{6}a + \frac{1}{d}$ Trinome: $a^2 + b - c$; $4x^2 - y + z^3$

> **Satz** Ein Polynom wird mit einer Variablen (einer Zahl) multipli-
> ziert, indem jedes Glied des Polynoms in der Klammer mit dieser Va-
> riablen (Zahl) multipliziert wird. Man nennt dies **Ausmultiplizieren.**

$a(b + c - d) = ab + ac - ad$ $2(x^2 + 3ax - 7) = 2x^2 + 6ax - 14$

Die Umkehrung des Ausmultiplizierens ist das **Ausklammern.**

▶ Die auszuklam-
mernde **Variable** darf
nicht den Wert 0
annehmen.

> **Satz** Aus einem Polynom kann man eine Variable (Zahl) ausklam-
> mern, indem man die Variable (Zahl) als Faktor vor das Polynom
> setzt und jedes Glied des Polynoms durch diese Variable (Zahl) divi-
> diert bzw. mit dem Reziproken der Variable (Zahl) multipliziert.

$2x + 4y - 8z = 2 \cdot x + 2 \cdot 2y - 2 \cdot 4z = 2(x + 2y - 4z)$
$3ax - 4bx + 6a - 8b = x(3a - 4b) + 2(3a - 4b) = (3a - 4b)(x + 2)$

▶ Als **Probe** emp-
fiehlt es sich, mit den
ausgeklammerten
Faktoren zu multipli-
zieren.
Dadurch muss der
ursprüngliche Term
entstehen.

Beim Ausklammern ist es meist nur sinnvoll, solche Faktoren auszu-
klammern, durch die alle Glieder des Polynoms teilbar sind.

Multiplikation und Division von Polynomen

> **Satz** Zwei Polynome werden multipliziert, indem man jedes Glied
> des einen Polynoms mit jedem Glied des anderen Polynoms multi-
> pliziert und die so entstehenden Produkte addiert.

Hat das erste Polynom m Glieder und das zweite Polynom n Glieder, entstehen $m \cdot n$ Produkte, die man manchmal zusammenfassen kann.

$(2a - 3b)(5a + 3b + 2c - 7)$

$= 10a^2 + 6ab + 4ac - 14a - 15ab - 9b^2 - 6bc + 21b$
$= 10a^2 - 9b^2 - 14a + 21b - 9ab + 4ac - 6bc$

5.1 Variable und Terme

Analog zur Multiplikation von Zahlen und Variablen kann auch die Multiplikation von Polynomen auf mehrere Faktoren ausgedehnt werden. Dabei gelten das Kommutativ- und das Assoziativgesetz.

$(2x - 3y)(x + y)(4a - 3b) = (2x^2 + 2xy - 3xy - 3y^2)(4a - 3b)$

$= (2x^2 - xy - 3y^2)(4a - 3b) = 8ax^2 - 4axy - 12ay^2 - 6bx^2 + 3bxy + 9by^2$

Bei der Division von Polynomen kann man häufig kürzen; dazu müssen die Summen in Produkte umgewandelt werden.

▶ Man kann nur Faktoren kürzen.

$\dfrac{10ab - 5b}{15bc} = \dfrac{5b^1 \cdot (2a - 1)}{{}_1 5b \cdot 3c} = \dfrac{2a - 1}{3c}$ (b, c ≠ 0)

$\dfrac{4xy}{a + b} : \dfrac{8xz}{2a + 2b} = \dfrac{4xy}{a + b} \cdot \dfrac{2(a + b)}{8xz} = \dfrac{{}^1 4xy \cdot {}^1 2(a+b)^1}{{}_1(a+b) \cdot {}_1{}_2 8xz} = \dfrac{y}{z}$ (x, z ≠ 0; a ≠ −b)

Binomische Formeln

Aus der Multiplikation von Polynomen folgen die nachstehenden Formeln für Binome, die wegen ihres häufigen Auftretens eine Sonderstellung einnehmen.

> **Satz** Es gilt:
> $(a + b)^2 = a^2 + 2ab + b^2$
> $(a - b)^2 = a^2 - 2ab + b^2$
> $(a + b)(a - b) = a^2 - b^2$

1. binomische Formel: $(a + b)^2 = a^2 + 2ab + b^2$
$(4x + 3y)^2 = 16x^2 + 24xy + 9y^2$

2. binomische Formel: $(a - b)^2 = a^2 - 2ab + b^2$
$(4x - 3y)^2 = 16x^2 - 24xy + 9y^2$

3. binomische Formel: $(a + b) \cdot (a - b) = a^2 - b^2$
$(4x + 3y)(4x - 3y) = 16x^2 - 9y^2$

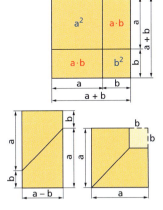

Vielfach ist es notwendig bzw. zweckmäßig, Summen in Produkte umzuformen.

$36s^2 + 60st + 25t^2 = (6s + 5t)^2;$ $a \cong 6s; b \cong 5t;$ 1. binomische Formel
$49x^2 - 14xy + y^2 = (7x - y)^2;$ $a \cong 7x; b \cong y;$ 2. binomische Formel
$4z^2 - \dfrac{1}{9} = \left(2z + \dfrac{1}{3}\right) \cdot \left(2z - \dfrac{1}{3}\right);$ $a \cong 2z; b \cong \dfrac{1}{3};$ 3. binomische Formel

Höhere Potenzen von Binomen; pascalsches Dreieck

Satz Es gilt: $(a + b)^3 = a^3 + 3a^2b + 3ab^2 + b^3$
$(a + b)^4 = a^4 + 4a^3b + 6a^2b^2 + 4ab^3 + b^4$
$(a + b)^5 = a^5 + 5a^4b + 10a^3b^2 + 10a^2b^3 + 5ab^4 + b^5$

▶ Der französische Mathematiker, Naturforscher und Theologe BLAISE PASCAL ist jedoch nicht der „Erfinder" dieser Anordnung. Der chinesische Mathematiker CHU SHIH-CHIEM beschrieb 1303 in seinem Buch „Kostbarer Spiegel der vier Elemente" eine solche pyramidenartige Anordnung von Zahlen.

Durch Anwenden der Polynommultiplikation kann man die Beziehungen für höhere Exponenten herleiten. Es gilt:
$(a + b)^n = a^n + x_1 a^{n-1} b + x_2 a^{n-2} b^2 + \ldots + x_{n-1} ab^{n-1} + b^n$
Das erste Glied heißt a^n, dann nehmen die Exponenten von a um 1 ab und die von b um 1 zu, bis das letzte Glied b^n erscheint. Das Koeffizientenschema ist symmetrisch angeordnet:
An der Spitze (0. Zeile) steht eine 1, die erste Zeile heißt „1 1", in jeder neuen Zeile beginnt und endet man mit 1 und schreibt in die Lücken die Summe der beiden darüberstehenden Zahlen. Diese Anordnung heißt nach BLAISE PASCAL **pascalsches Dreieck.**
Für jede Zeile n gilt:
Die Summe der Zahlen ergibt 2^n.

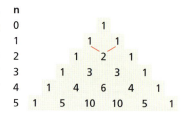

BLAISE PASCAL
(1623 bis 1662)

Verwenden von Variablen in der Mathematik

– *Verwenden von Variablen zur mathematischen Modellierung*
Viele Sachverhalte lassen sich durch Gleichungen darstellen.

■ Die Kosten für einen Mietwagen betragen pro Tag 30,00 € und 0,29 € für jeden gefahrenen Kilometer.
Durch Verwenden von Variablen (K für Kosten, d für die Anzahl der Tage und m für die Anzahl der Kilometer) erhält man die Gleichung
K = 30,00 € · d + 0,29 € · m zur Berechnung der Kosten.

– *Verwenden von Variablen zum Formulieren allgemeiner Aussagen*
Zusammenhänge lassen sich so in Kurzform darstellen.

■ Das Kommutativgesetz für die Addition natürlicher Zahlen besagt, dass man Summanden vertauschen darf: a + b = b + a mit a, b ∈ ℕ

– *Verwenden von Variablen zum Führen und Aufschreiben von Beweisen*
Zum Aufschreiben von Beweisschritten sind Variablen zweckmäßig.

■ Es ist zu beweisen, dass die Summe dreier aufeinanderfolgender natürlicher Zahlen stets durch 3 teilbar ist.
Ansatz: Die mittlere Zahl sei n (n ≥ 1). Dann heißen die Zahlen n – 1; n; n + 1 und ihre Summe ist s = (n – 1) + n + (n + 1) = 3n.
Da 3n durch 3 teilbar ist, gilt dies auch für s.

5.2 Grundlagen der Gleichungslehre

5.2.1 Grundbegriffe

Definition Eine **Gleichung** ist ein mathematischer Ausdruck, der aus zwei Termen besteht, die durch das Relationszeichen „=" verbunden sind.
Eine **Ungleichung** ist ein mathematischer Ausdruck, der aus zwei Termen besteht, die durch eines der Relationszeicheneichen „≠", „<" „>"; „≤", „≥" verbunden sind.
Die beiden Terme heißen rechte Seite bzw. linke Seite der Gleichung bzw. Ungleichung.

▶ Der Begriff **Gleichung** geht auf LEONARDO FIBONACCI zurück.

LEONARDO FIBONACCI
(1180 bis 1250)

Gleichungen		Ungleichungen	
$3x - 6 = 25$	$19 - 7 = 12$	$18 < 17 + 2$	$4x - 5 > 12$
$a + a = 2a$	$3x - 4y = 5z$	$3a + 5a \neq 3a$	$17 \leq 23$
$14 - 8 = -6$	$0{,}8a - 2 = -1{,}2a$	$21 - 2^2 > 18$	$4x^2 + 2 > 4x^4$

Definition Gleichungen und Ungleichungen, in denen keine Variablen auftreten, sind wahre oder falsche **Aussagen**.

Gleichung		Ungleichung	
$19 - 7 = 12$	$14 - 8 = -6$	$18 < 17 + 2$	$21 - 2^2 > 18$
w. A.	f. A.	w. A.	f. A.

▶ w. A. → wahre Aussage
f. A. → falsche Aussage

Definition Gleichungen und Ungleichungen, in denen Variablen (mindestens eine) auftreten, werden zu Aussagen, wenn für *alle* Variablen Werte aus dem jeweiligen Grundbereich eingesetzt werden.

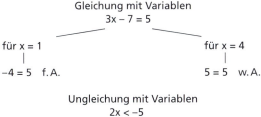

Gleichung mit Variablen
$3x - 7 = 5$

für $x = 1$
$-4 = 5$ f. A.

für $x = 4$
$5 = 5$ w. A.

Ungleichung mit Variablen
$2x < -5$

für $x = -2$
$-4 < -5$ f. A.

für $x = -3$
$-6 < -5$ w. A.

Bei Gleichungen bzw. Ungleichungen, in denen (mindestens) eine Variable auftritt, sollen einzelne (oder alle) Werte gefunden werden, für die die Gleichung bzw. Ungleichung zu einer wahren Aussage wird.
Man spricht in diesem Fall von einer **Bestimmungsgleichung**.

Unterteilungsmöglichkeiten für Gleichungen:

Kriterium	Beispiel	
Anzahl der Variablen	Gleichung mit einer Variablen	$3x + 4 = 7$
Grad der Gleichung	quadratische Gleichung	$x^2 + 4x = 36$
Funktionsart	trigonometrische Gleichung	$2 \cdot \sin x = 0{,}5$

▶ parametrein (griech.) – etwas messen, vergleichen

Definition Gleichungen, in denen mehrere Variablen vorkommen, von denen eine oder mehrere Variablen für bekannte Größen (Parameter) und eine oder mehrere andere Variablen für gesuchte Größen stehen, heißen **Parametergleichungen**.

Gleichungen mit Parametern treten auch auf, wenn man mehrere einzelne Gleichungen gleicher Struktur, aber mit verschiedenen Zahlen gewissermaßen auf „einen Schlag" lösen will.
Wenn man in die nach x umgestellte Gleichung für a nacheinander spezielle Werte einsetzt, erhält man das jeweilige Ergebnis.

$\frac{x+2}{x \cdot 2} = 2$

$\frac{x+5}{x \cdot 5} = 5$ Parametergleichung $\boxed{\frac{x+a}{x \cdot a} = a}$ ⟶ $x = \frac{a}{a^2 - 1}$

$\frac{x+100}{x \cdot 100} = 100$

für $a = 2$: $x = \frac{2}{3}$

für $a = 5$: $x = \frac{5}{24}$

für $a = 100$: $x = \frac{100}{9999}$

■ Rechteck
Gegeben: a, b   a, u
Gesucht: u   b
Lösung: $u = 2(a + b)$ $b = \frac{u}{2} - a$

$u = 2(a + b)$

5.2.2 Lösen einer Gleichung bzw. Ungleichung; Lösungsmenge

Definition Eine Gleichung bzw. Ungleichung *lösen* heißt, *alle* Zahlen oder Größen eines vorgegebenen Grundbereichs zu finden, die beim Einsetzen in die Variablen eine wahre Aussage erzeugen.

Man sagt auch, diese Zahlen oder Größen erfüllen die Gleichung bzw. Ungleichung.

5.2 Grundlagen der Gleichungslehre 131

> **Definition** Jede Zahl oder Größe aus dem Grundbereich, die die Gleichung bzw. Ungleichung erfüllt, heißt Lösung dieser Gleichung bzw. Ungleichung. Alle Lösungen zusammen bilden die **Lösungsmenge.**

Die Lösungsmenge L kann bestehen aus

| keinem Element. | genau einem Element. | endlich vielen Elementen. | unendlich vielen Elementen. |

▶ Enthält die Lösungsmenge kein Element, so spricht man von einer **leeren Menge:** L { } bzw. L = ∅

■ Gegeben ist die Gleichung $3x - 16 = 2$; $G = \mathbb{N}$.

x	Aussage		Wahrheitswert
0	$3 \cdot 0 - 16 = 2$	$-16 = 2$	falsch
4	$3 \cdot 4 - 16 = 2$	$-4 = 2$	falsch
6	$3 \cdot 6 - 16 = 2$	$2 = 2$	wahr
10	$3 \cdot 10 - 16 = 2$	$14 = 2$	falsch

Die Zahl 6 erfüllt die Gleichung als einzige, $L = \{6\}$.

■ Gegeben ist die Ungleichung $x - 7 < 3$; $G = \mathbb{N}$.

x	Aussage		Wahrheitswert
2	$2 - 7 < 3$	$-5 < 3$	wahr
8	$8 - 7 < 3$	$1 < 3$	wahr
10	$10 - 7 < 3$	$3 < 3$	falsch
13	$13 - 7 < 3$	$6 < 3$	falsch

Die Zahlen 2 und 8 (und viele andere auch) erfüllen die Ungleichung, $L = \{x \in \mathbb{N}: x < 10\}$.

Bei linearen Gleichungen mit einer Variablen besteht die Lösungsmenge entweder aus
- genau einer Zahl,
- aus allen Zahlen des Grundbereichs G oder
- sie ist leer.

Eine Lösung	Unendlich viele Lösung	Keine Lösung
Beispiel: $7x - 5 = 6x - 3$; $G = \mathbb{N}$ $L = \{2\}$	Beispiel: $7x - 5 = 7x - 5$; $G = \mathbb{N}$ $L = G$	Beispiel: $7x - 5 = 7x + 3$; $G = \mathbb{N}$ $L = \{ \}$

> **Definition** Gleichungen, bei denen die Lösungsmenge aus allen Zahlen des Grundbereichs besteht, heißen **Identitäten.**

Bei Gleichungen mit mehreren Variablen kann die Lösungsmenge auch aus Zahlenpaaren oder Zahlentripeln usw. bestehen.

- Gegeben ist die Gleichung $x - y = 5$; $G = \mathbb{Q}$.
  $L = \{(5; 0), (8; 3), (1; -4), (10,5; 5,5), ...\}$

Die Lösungsmenge einer Gleichung bzw. Ungleichung ist abhängig vom gewählten Grundbereich.

- $3x + 8 \leq 17$

$G = \mathbb{N}$; $L = \{3; 2; 1; 0\}$

$G = \mathbb{Z}$; $L = \{3; 2; 1; 0; -1; ...\}$

$G = \mathbb{R}$; $L = \{x \in \mathbb{R} : x \leq 3\}$

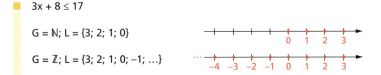

▶ [─] ist eine Darstellung für ein abgeschlossenes Intervall, wobei die Intervallgrenzen zum **Intervall** gehören.

Bei Textaufgaben ergibt sich der Grundbereich aus dem Sachverhalt.

- In einer Reisegruppe, die aus 31 Personen besteht, ist die Anzahl der Erwachsenen um 6 größer als die Anzahl der Kinder.
  Wie viele Kinder sind in der Gruppe?
  Anzahl der Kinder: x ($x \in \mathbb{N}$)
  Anzahl der Erwachsenen: $x + 6$ ($x \in \mathbb{N}$)

$$x + (x + 6) = 31 \quad | \text{Klammer auflösen}$$
$$2x + 6 = 31 \quad | -6$$
$$2x = 25 \quad | :2$$
$$x = 12,5$$

Im Bereich $\mathbb{N}$ hat die Gleichung keine Lösung.
Die Angaben über die Reisegruppe können also nicht stimmen.

5.2.3 Proben bei Gleichungen und Ungleichungen

Nach der Ermittlung einer Lösung überzeugt man sich von ihrer Richtigkeit, indem man die Lösung in die Ausgangsgleichung einsetzt und feststellt, ob eine wahre Aussage entsteht. Diesen Vorgang nennt man **Probe**.

▶ Stellt sich bei der **Probe** heraus, dass der gefundene Wert nicht zu einer wahren Aussage führt, so sind Lösung und Probe zu überprüfen. Man kann den Fehler lokalisieren, indem man die einzelnen Zeilen der Lösung mit eingesetztem Wert in umgekehrter Richtung durchgeht (Rückwärtsarbeiten).

- $15x + 26 = 18x + 41 \quad | -15x$
  $26 = 3x + 41 \quad | -41$
  $-15 = 3x \quad | :3$
  $x = -5$
  $L = \{-5\}$

Probe: linke Seite: $15 \cdot (-5) + 26 = -75 + 26 = -49$
rechte Seite: $18 \cdot (-5) + 41 = -90 + 41 = -49$
Vergleich: $-49 = -49$

5.2 Grundlagen der Gleichungslehre

5.2.4 Inhaltliches Lösen von Gleichungen bzw. Ungleichungen

Das Lösen von Gleichungen (Ungleichungen) gelingt oftmals durch einfache Überlegungen ohne Anwendung formaler Regeln. Man spricht vom inhaltlichen Lösen einer Gleichung (Ungleichung) im Unterschied zum kalkülmäßigen Lösen (Anwenden von Lösungsverfahren).

Einsetzen; systematisches Probieren

Man setzt nacheinander verschiedene Zahlen aus dem Grundbereich in die Gleichung (Ungleichung) ein und prüft, ob man eine wahre Aussage erhält.

① Gegeben ist die Gleichung $9x - 10 = 7x + 4$ $(x \in \mathbb{N})$.

x	Aussage	Wahrheitswert
1	$-1 = 11$	falsch
3	$17 = 25$	falsch
7	$53 = 53$	wahr

Die Zahl 7 erfüllt die Gleichung, $L = \{7\}$.

② Gegeben ist die Ungleichung $4x - 6 < 18$ $(x \in \mathbb{N})$.

x	Aussage	Wahrheitswert
0	$-6 < 18$	wahr
1	$-2 < 18$	wahr
...	...	...
4	$10 < 18$	wahr
5	$14 < 18$	wahr
6	$18 < 18$	falsch

Daraus folgt, dass die natürlichen Zahlen bis 5 die Ungleichung erfüllen, $L \{0; 1; 2; 3; 4; 5\}$.

Mia und Pia haben im Lotto 540 € gewonnen. Pia hat doppelt so viel bezahlt wie Mia. Welchen Anteil erhält jeder aus dem Gewinn?

Mia x	Pia 2x	Summe 540	Bemerkung
150	300	450	zu wenig
170	340	510	zu wenig
180	360	540	stimmt

Gleichung: $x + 2x = 540$
$$3x = 540 \qquad |:3$$
$$x = 180$$
Mia: $x = 180\ €$; Pia: $2x = 2 \cdot 180\ € = 360\ €$

Antwort: Vom Lottogewinn erhält Mia 180 € und Pia 360 €.

Rückwärtsschließen

Oft ist ein Vorgehen günstiger, bei dem man die Gleichung gewissermaßen von rückwärts her betrachtet. Dabei werden, beginnend mit dem Ergebnis, die Umkehroperationen schrittweise rückwärts angewendet.

- Gegeben ist die Gleichung 12x + 6 = 30.
  Wenn man das Zwölffache einer Zahl um 6 vermehrt, erhält man 30. Ohne die Vermehrung um 6 muss man demnach 24 erhalten, d. h., das Zwölffache einer Zahl ist 24. Dann kann es sich nur um die Zahl 2 handeln.

$$\begin{array}{ccccc} 12x & + & 6 & = & 30 \\ 2 & \longleftarrow & 24 & \longleftarrow & \\ :12 & & -6 & & \end{array}$$ Rückwärtsschließen

Die Gleichung 12x + 6 = 30 hat als Lösungsmenge L = {2}.

Schließen unter Benutzung von Veranschaulichungen

Viele mathematische Sachverhalte lassen sich zeichnerisch darstellen. Mithilfe von Skizzen, Fließschemata oder einfachen symbolhaften Darstellungen lassen sich Lösungen finden. Die Überprüfung der Richtigkeit erfolgt an der jeweiligen Gleichung.

- Gegeben ist die Gleichung 5x + 1 = 3x + 5; x ∈ ℕ.
  Man setzt in Gedanken für die Variable x eine „x-Dose" mit je gleichem, aber unbekanntem Gewicht und für die Zahlen Holzwürfel zu je 1 g ein. Auf einer Waage, die im Gleichgewicht ist, sähe das folgendermaßen aus:

Nun würde sich an der Gleichheit (dem Gleichgewicht) auf beiden Seiten nichts ändern, wenn man auf beiden Seiten je drei „x-Dosen" und je 1 g herunternähme. Dann entstünde folgendes Bild:

Da die zwei „x-Dosen" dem Gewicht von 4 g entsprechen, lässt sich schließen, dass eine „x-Dose" 2 g wiegt.
Die Gleichung 5x + 1 = 3x + 5 hat als Lösungsmenge L = {2}.

5.3 Äquivalentes Umformen von Gleichungen und Ungleichungen

5.3.1 Begriff „Äquivalenz"

Die Gleichungen $5x - 3 = x + 7$ ($G = \mathbb{R}$) und $x + 0,5 = 3$ ($G = \mathbb{R}$) haben die gleiche Lösungsmenge, obwohl sie verschieden aussehen.
Sie werden beide nur von $x = 2,5$ erfüllt.

> **Definition** Gleichungen bzw. Ungleichungen mit demselben Grundbereich, die die gleiche Lösungsmenge haben, heißen **zueinander äquivalent.**

▶ aequus (lat.) – gleich;
valere (lat.) – wert sein

$\frac{x}{3} = -2$ ($G = \mathbb{R}$) $\qquad$ $2x - 13 = 5x + 5$ ($G = \mathbb{R}$)
$L = \{-6\}$ $\qquad\qquad\qquad$ $L = \{-6\}$
Beide Gleichungen sind zueinander äquivalent.

$x + 5 < 8$ ($G = \mathbb{N}$) $\qquad$ $7x < 20$ ($G = \mathbb{N}$)
$L = \{0; 1; 2\}$ $\qquad\qquad$ $L = \{0; 1; 2\}$
Beide Ungleichungen sind zueinander äquivalent.

$x^2 = 9$ und $x = 3$

$G = \mathbb{N}$ $\qquad\qquad\qquad\qquad$ $G = \mathbb{Z}$
$L = \{3\}$ und $L = \{3\}$ $\qquad\quad$ $L = \{-3; 3\}$ und $L = \{3\}$
Die Gleichungen sind zueinander äquivalent. $\qquad$ Die Gleichungen sind *nicht* zueinander äquivalent.

▶ Die Äquivalenz zweier Gleichungen/Ungleichungen ist vom jeweiligen Grundbereich abhängig.

$2x < 7$ und $4x < 15$

$G = \mathbb{N}$ $\qquad\qquad\qquad\qquad\qquad$ $G = \mathbb{Q}_+$
$L = \{0; 1; 2; 3\}$ und $L = \{0; 1; 2; 3\}$ $\quad$ $L = \{x | x < 3,5\}$ und $L = \{x | x < 3,75\}$
Die Ungleichungen sind zueinander äquivalent. $\qquad$ Die Ungleichungen sind *nicht* zueinander äquivalent.

5.3.2 Äquivalentes Umformen von Gleichungen

> **Definition** Eine Umformung, mit der man von einer Gleichung zu einer (zu dieser) äquivalenten Gleichung gelangt, heißt **äquivalente Umformung.**

Man versucht, die Ausgangsgleichung durch entsprechende Umformungen so weit zu vereinfachen, dass die gesuchte Variable isoliert auf einer (meist der linken) Seite steht.

5 Gleichungen und Ungleichungen

Regeln, die zu einer (zur vorhergehenden) äquivalenten Gleichung führen, heißen **Umformungsregeln.**
Es ist zu unterscheiden zwischen
– Umformungen, die auf einzelnen Seiten vorgenommen werden können, und
– Umformungen, die auf beiden Seiten vorgenommen werden müssen.

> Auflösen von Klammern, Ausklammern, Kürzen und Erweitern von Brüchen, Ordnen und Zusammenfassen gehören zu den Umformungen, die auch nur auf einer Seite der Gleichung vorgenommen werden können.

▶ Beim Kürzen und Erweitern mit einem Term darf der Term nicht den Wert 0 annehmen.

① $2(x - 3) - 4(2 - x) = 5$ | Klammern auflösen
$$2x - 6 - 8 + 4x = 5 \quad | \text{ordnen}$$
$$2x + 4x - 6 - 8 = 5 \quad | \text{zusammenfassen}$$
$$6x - 14 = 5$$

② $\dfrac{3}{2} - \dfrac{9}{x} = 6$ | auf Hauptnenner erweitern
$$\dfrac{3x}{2x} - \dfrac{18}{2x} = 6 \quad | \text{zusammenfassen}$$
$$\dfrac{3x - 18}{2x} = 6$$

③ $x^2 + 6x + 9 = 2x + 6$ | ausklammern
$$(x + 3)^2 = 2(x + 3)$$

▶ Die Umformungsregeln für Addition und Subtraktion finden sich schon bei dem arabischen Mathematiker MUHAMMAD IBN MUSA AL-CHWARIZMI (780 bis 850).

Die wichtigsten Umformungsregeln, die gleichzeitig auf beiden Seiten der Gleichung vorgenommen werden müssen, sind in der folgenden Tabelle dargestellt:

Umformungen	Beispiel	
Seiten vertauschen	$45 = x$	
	$x = 45$	
Addition bzw. Subtraktion der gleichen Zahl oder des gleichen im Grundbereich definierten Terms auf beiden Seiten	$5x - 2 = 37$	$\| + 2$
	$5x = 39$	
Multiplikation mit der gleichen Zahl (außer 0) oder mit dem gleichen von 0 verschiedenen und im Grundbereich definierten Term auf beiden Seiten	$\dfrac{x}{4} = 1{,}5$	$\| \cdot 4$
	$x = 6$	
Division durch die gleiche Zahl (außer 0) oder durch den gleichen von 0 verschiedenen und im Grundbereich definierten Term auf beiden Seiten	$-x = 15$	$\| : (-1)$
	$x = -15$	

Quadrieren, Potenzieren und Radizieren sind *keine* äquivalenten Umformungen von Gleichungen.

5.3 Äquivalentes Umformen von Gleichungen und Ungleichungen

■ ① $x + 7 = 8$ ist nicht äquivalent zu $(x + 7)^2 = 64$
       $L = \{1\}$ $L = \{1; -15\}$

   ② $x^2 = 9$ ist nicht äquivalent zu $x = \sqrt{9}$
       $L = \{3; -3\}$ $L = \{3\}$

Wenn daher beim Lösen einer Gleichung Quadrieren oder Radizieren notwendig sind, muss stets durch die Probe gesichert werden, dass die gefundenen Werte wirklich Lösungen sind und dass keine weiteren Lösungen existieren.

■ Die Gleichung $\sqrt{x + 42} = x$ wird durch Quadrieren umgeformt zu $x + 42 = x^2$. Die quadratische Gleichung $x^2 - x - 42 = 0$ hat die Lösung 7 und −6, doch nur die Zahl 7 erfüllt, wie die Probe zeigt, die Ausgangsgleichung.
Probe:
$\sqrt{7 + 42} = 7$ w. A.
$\sqrt{-6 + 42} = -6$ f. A.

5.3.3 Äquivalentes Umformen von Ungleichungen

Umformungen, die allein auf einer Seite vorgenommen werden können, sind dieselben wie für Gleichungen. Umformungen, die auf beiden Seiten vorgenommen werden müssen, unterscheiden sich teilweise.

▶ Auch bei Ungleichungen sind Quadrieren, Potenzieren und Radizieren *keine* äquivalenten Umformungen.

Umformungen	Beispiel	
Seiten vertauschen, jeweils mit Umkehrung des Relationszeichens: aus < wird > und umgekehrt, aus ≤ wird ≥ und umgekehrt	$x \geq -5$ $-5 \leq x$	
Addition bzw. Subtraktion der gleichen Zahl oder des gleichen im Grundbereich definierten Terms auf beiden Seiten	$5x - 7 < -1$ $5x < 6$	$\mid + 7$
Multiplikation mit der gleichen positiven Zahl (außer 0) oder mit dem gleichen im Grundbereich definierten positiven Term auf beiden Seiten	$\frac{x}{5} < -4$ $x < -20$	$\mid \cdot 5$
Division durch die gleiche positive Zahl (außer 0) oder durch den gleichen von 0 verschiedenen und im Grundbereich definierten positiven Term auf beiden Seiten	$5x < 20$ $x < 4$	$\mid : 5$
Multiplikation und Division mit der gleichen negativen Zahl oder mit dem gleichen im Grundbereich definierten negativen Term, jeweils mit Umkehrung des Relationszeichens	$\frac{x}{-8} \geq -11$ $x \leq 88$ $-2x > 16$ $x < -8$	$\mid \cdot (-8)$ $\mid : (-2)$

5.4 Lineare Gleichungen

5.4.1 Lineare Gleichungen mit einer Variablen

▶ Der Begriff **Variable** steht im Folgenden für die „gesuchten" Variablen (z. B. x, y, z) im Unterschied zu Parametern (z. B. a, b, c).

> **Definition** Gleichungen der Form $a \cdot x + b = 0$ ($a \neq 0$) oder solche, die durch äquivalentes Umformen in diese Form überführt werden können, heißen **lineare Gleichungen mit einer Variablen.**

Lösen durch Anwenden der Umformungsregeln (kalkülmäßiges Lösen)

Beim kalkülmäßigen Lösen von Gleichungen wird mithilfe äquivalenter Umformungen die Variable isoliert, d. h., die Gleichung so umgeformt, dass die Variable allein auf einer Seite steht.

Dazu sind gegebenenfalls folgende Schritte auszuführen:
– Klammern auflösen
– auf jeder Seite der Gleichung ordnen und zusammenfassen
– Variablen auf eine Seite der Gleichung bringen
– Variable isolieren

① $4x - (2 - 6x) = -2(3x - 5) + 14x$ | Klammern auflösen
$\quad 4x - 2 + 6x = -6x + 10 + 14x$ | ordnen und zusammenfassen
$\quad\quad 10x - 2 = 8x + 10$ | $-8x$; $+2$ (Variable auf eine Seite bringen)
$\quad\quad\quad 2x = 12$ | $:2$ (Variable isolieren)
$\quad\quad\quad\; x = 6$; $L = \{6\}$

Probe: linke Seite: $4 \cdot 6 - (2 - 6 \cdot 6) = 24 - (-34) = 58$
$\quad\quad\;$ rechte Seite: $-2(3 \cdot 6 - 5) + 14 \cdot 6 = -26 + 84 = 58$

② $\quad\quad \frac{x}{4} - \frac{x}{5} + \frac{x}{6} = 26$ | $\cdot 60$ (Hauptnenner)
$\quad 15x - 12x + 10x = 26 \cdot 60$ | zusammenfassen
$\quad\quad\quad\quad 13x = 26 \cdot 60$ | $:13$ (Variable isolieren)
$\quad\quad\quad\quad\; x = \frac{26 \cdot 60}{13}$ | kürzen
$\quad\quad\quad\quad\; x = 120$; $L = \{120\}$

Probe: linke Seite: $\frac{120}{4} - \frac{120}{5} + \frac{120}{6} = 30 - 24 + 20 = 26$
$\quad\quad\;$ rechte Seite: 26

③ $\frac{3,5}{x} - 2 = 3$ | $+ 2$
$\quad\; \frac{3,5}{x} = 5$ | $\cdot x$ ($x \neq 0$)
$\quad\; 3,5 = 5x$ | $:5$ (Variable isolieren)
$\quad\; 0,7 = x$; $L = \{0,7\}$

Probe: linke Seite: $\frac{3,5}{0,7} - 2 = \frac{35}{7} - 2 = 5 - 2 = 3$
$\quad\quad\;$ rechte Seite: 3

5.4 Lineare Gleichungen

Durchführen von Fallunterscheidungen (z.B. bei Gleichungen mit Beträgen)

$$|2x + 3| = 4$$

$2x + 3 = 4$	$\mid -3$	$2x + 3 = -4$	$\mid -3$
$2x = 1$	$\mid :2$	$2x = -7$	$\mid :2$
$x = \frac{1}{2}$		$x = -3{,}5$	

$$L = \{0{,}5; -3{,}5\}$$

▶ Probe:
$|2 \cdot 0{,}5 + 3| = 4$ w. A.
$|2 \cdot (-3{,}5) + 3| = 4$ w. A.

Lösen von Parametergleichungen

$\frac{x + a}{x - a} = a \quad (x \neq a)$

▶ parametrein (griech.) – etwas messen, vergleichen

Der Parameter a steht hier für eine bekannte, im bestimmten Fall durch eine Zahl ersetzbare Größe; x ist die gesuchte Größe.

$\frac{x + a}{x - a} = a$	$\mid \cdot (x - a)$ mit $x \neq a$
$x + a = a(x - a)$	$\mid$ ausmultiplizieren
$x + a = ax - a^2$	$\mid + a^2; - x$
$a^2 + a = ax - x$	$\mid$ ausklammern
$a(a + 1) = x(a - 1)$	

1. Fall: $(a - 1) \neq 0$, also $a \neq 1$

$a(a + 1) = x(a - 1) \quad \mid : (a - 1)$

$x = \frac{a(a + 1)}{(a - 1)}$

Man erhält z.B. für $a = 2$ die Lösung $x = 6$, für $a = 4$ die Lösung $x = \frac{20}{3}$ und kann beispielsweise erkennen, für welche Werte von a die Lösung ganzzahlig ist.

2. Fall: $a = 1$

$a(a + 1) = x(a - 1)$
$1 \cdot 2 = x \cdot 0$
$2 = 0; \quad L = \{\}$

Grafisches Lösen

Man kann jede lineare Gleichung mit einer Variablen der Form $a \cdot x + b = 0$ in eine Funktionsgleichung $y = a \cdot x + b$ umwandeln. Beim Graphen kann die Nullstelle als x-Koordinate des Schnittpunkts mit der x-Achse abgelesen werden.

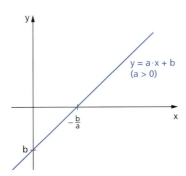

Gleichung: 2x − 3 = 0

Funktionsgleichung:
y = 2x − 3

Der Schnittpunkt des Graphen mit der x-Achse ist S(1,5; 0).

Lösung der Gleichung:
x = 1,5

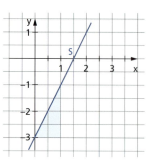

Für lineare Gleichungen a · x + b = 0 für G = ℚ gilt:

Die Gleichung ist **erfüllbar**.

Die Gleichung hat **genau eine Lösung**, falls a ≠ 0 und b ∈ ℚ.

$L = \left\{-\frac{a}{b}\right\}$

Die Gleichung hat **unendlich viele Lösungen**, falls a = 0 und b = 0.

L = ℚ

Die Gleichung ist **unerfüllbar**.

Die Gleichung hat **keine Lösung**, falls a = 0 und b ∈ ℚ.

L = { } bzw. L = ∅

Lösen von Verhältnisgleichungen

Viele Probleme, bei denen mit drei gegebenen Größen eine vierte berechnet wird, führen auf **Verhältnisgleichungen** (Proportionen). Verhältnisgleichungen haben eine große Bedeutung bei der Prozentrechnung (↗ S. 106), aber auch bei den Strahlensätzen (↗ S. 240) und bei linearen Funktionen der Form y = m · x (↗ S. 180).
Verhältnisgleichungen lassen sich mittels Umformungsregeln lösen. Es existieren allerdings auch spezielle Regeln für das Lösen von Verhältnisgleichungen.

▶ proportio (lat.) – Verhältnis

Definition Eine Gleichung der Form $\frac{a}{b} = \frac{c}{d}$ (a, b, c, d ≠ 0) heißt **Verhältnisgleichung** oder **Proportion**.

Eine Verhältnisgleichung lässt sich auch in der Form schreiben:

a : b = c : d

Außenglied — Innenglied — Innenglied — Außenglied
Vorderglied — Hinterglied — Vorderglied — Hinterglied

▶ Die Gleichung a · d = b · c wird **Produktgleichung** genannt.

Die Verhältnisgleichung lässt sich folgendermaßen umformen:
Multiplikation „über Kreuz"

$\frac{a}{b} = \frac{c}{d} \rightarrow a \cdot d = b \cdot c$

5.4 Lineare Gleichungen

> **Satz** In jeder Verhältnisgleichung a : b = c : d ist das Produkt der Innenglieder gleich dem Produkt der Außenglieder: $b \cdot c = a \cdot d$

Es lassen sich also folgende Vertauschungen vornehmen:

– beide Innenglieder   a : b = c : d → a : c = b : d

– beide Außenglieder   a : b = c : d → d : b = c : a

– Innen- gegen Außenglieder   a : b = c : d → b : a = d : c

– beide Seiten   a : b = c : d → c : d = a : b

■ Die Klassen 7a und 7b planen eine gemeinsame Fahrt. Die Klasse 7a muss insgesamt 3 300 € für 30 Schülerinnen und Schüler bezahlen. Berechnet werden sollen die Gesamtkosten für die 25 Schülerinnen und Schüler der Klasse 7b.

Preis pro Klasse in €	3 300	x
Anzahl der Schüler	30	25

$$\frac{x}{25} = \frac{3\,300}{30}$$

$$x = \frac{3\,300 \cdot 25}{30}$$

$$x = 2\,750$$

Antwort: Die Klasse 7b muss insgesamt 2 750 € bezahlen.

Dreisatz

Der **Dreisatz** ist ein Lösungsverfahren für Verhältnisgleichungen, bei dem aus drei gegeben Größen die vierte Größe berechnet wird.
In allen Verhältnisgleichungen sind die Größen direkt oder indirekt proportional.

Schritte	Direkte Proportionalität	Indirekte Proportionalität
	Beispiel: Wie viel Euro bezahlt man für 750 g Tee, wenn 400 g dieser Sorte 12,00 € kosten?	Beispiel: Fünf Kühe kommen mit einer bestimmten Futtermenge 16 Tage aus. Wie viele Tage reicht das Futter für acht Kühe?
① Schluss vom Wert der bekannten Mehrheit	400 g ≙ 12,00 € : 400 : 400	5 Kühe ≙ 16 Tage : 5 · 5
② auf den Wert für eine Mengeneinheit,	1 g ≙ 0,03 €	1 Kuh ≙ 80 Tage
③ von dieser Einheit auf die gesuchte Mehrheit.	· 750 · 750 750 g ≙ 22,50 €	· 8 : 8 8 Kühe ≙ 10 Tage
	Antwort: 750 g Tee kosten 22,50 €.	Antwort: Für acht Kühe reicht das Futter zehn Tage.

5.4.2 Lineare Gleichungen mit zwei Variablen

▶ Derartige Gleichungen mit $x, y \in \mathbb{Z}$ heißen **diophantische Gleichungen**, benannt nach dem griechischen Mathematiker DIOPHANT (um 250).

Satz Gleichungen der Form $a \cdot x + b \cdot y + c = 0$ ($a, b \neq 0$) oder solche, die durch äquivalentes Umformen in diese Form überführt werden können, heißen **lineare Gleichungen mit zwei Variablen**.

Die Lösungsmengen bestehen aus Mengen von Zahlenpaaren.

■ Ein Betrag von 50 ct soll aus Münzen von 2 ct und von 5 ct zusammengesetzt werden. Es sei x die Anzahl der Münzen zu 2 ct und y die Anzahl der Münzen zu 5 ct. Dann ist:
$2x + 5y = 50$ ($x, y \in \mathbb{N}; x, y > 0$)
$y = -0{,}4x + 10$
$L = \{(5; 8), (10; 6), (15; 4), (20; 2)\}$
Die Lösungsmenge ist also endlich.

Man findet die Lösungen einer solchen Gleichung, indem man die Gleichung nach einer Variablen auflöst und Werte für die eine Variable einsetzt. Man erhält die zugehörigen Werte für die andere Variable.

■ $2x + 5y = 50$ $\quad\quad\quad\quad |-2x$ ($x, y \in \mathbb{N}; x, y > 0$)
$5y = 50 - 2x$ $\quad\quad |:5$
$y = -\frac{2}{5}x + 10$

Durch Einsetzen von Zahlen für x erhält man:

x	5	10	15	20
y	8	6	4	2

So aufgelöste Gleichungen kann man auch als Gleichung einer linearen Funktion auffassen. Der Graph einer solchen Funktion ist eine Menge von Punkten, deren Koordinaten die Zahlenpaare der Lösung sind.

Formeln aus der Mathematik und anderen Wissenschaften sind Gleichungen mit meist mehreren Variablen. Sie werden nach einer gesuchten Größe umgestellt.

■ Von einem Rechteck sind der Umfang u und die Seitenlänge a bekannt. Berechne die Seitenlänge b.
Lösung: $u = 2(a + b)$ $\quad |:2$
$\frac{u}{2} = a + b$ $\quad\quad |-a$
$b = \frac{u}{2} - a$

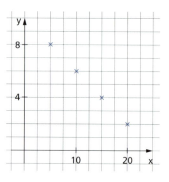

5.5 Lineare Ungleichungen

5.5.1 Lineare Ungleichungen mit einer Variablen

> **Definition** Ungleichungen der Form $a \cdot x + b < 0$ ($a \neq 0$) oder solche, die durch äquivalentes Umformen in diese Form überführt werden können, heißen **lineare Ungleichungen mit einer Variablen**.

■ $12x - 5 < 9x + 7$

Umformung:
$\quad\quad 12x - 5 < 9x + 7 \quad\quad |-9x$
$\quad\quad\quad 3x - 5 < 7 \quad\quad\quad |+5$
$\quad\quad\quad\quad 3x < 12 \quad\quad\quad |:3$
$\quad\quad\quad\quad\quad x < 4$

In Abhängigkeit vom Grundbereich G ist die Lösungsmenge unterschiedlich:

G = $\mathbb{N}$
L = {3; 2; 1; 0}

G = $\mathbb{Z}$
L = {3; 2; 1; 0; –1; …}

G = $\mathbb{R}$
L = {x ∈ $\mathbb{R}$; x < 4}

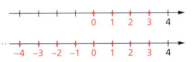

▶)─(ist eine Darstellung für ein offenes Intervall, wobei die Intervallgrenzen *nicht* zum Intervall gehören.

■ $\frac{10}{x} + 3 < 5$ (x ∈ $\mathbb{R}$; x ≠ 0)

1. Fall: Annahme x ist positiv

$\frac{10}{x} + 3 < 5 \quad\quad |-3$
$\quad \frac{10}{x} < 2 \quad\quad\quad |\cdot x$
$\quad 10 < 2x \quad\quad\quad |:2$
$\quad\quad x > 5$

Lösungsmenge: Alle positiven reellen Zahlen, die größer als 5 sind.

▶ Die isolierte Variable steht meist auf der linken Seite der Ungleichung.

2. Fall: Annahme x ist negativ

$\frac{10}{x} + 3 < 5 \quad\quad |-3$
$\quad \frac{10}{x} < 2 \quad\quad\quad |\cdot x$ Relationszeichen ändern!
$\quad 10 > 2x \quad\quad\quad |:2$
$\quad\quad x < 5$

Lösungsmenge: Alle reellen negativen Zahlen.

Die Lösungsmengen des 1. und 2. Falls ergeben zusammen die Lösungsmenge der Ungleichung:

5.5.2 Lineare Ungleichungen mit zwei Variablen

▶ Derartige **Ungleichungen** spielen bei Optimierungsproblemen eine Rolle.

Ungleichungen der Form a·x + b·y + c < 0 (a, b ≠ 0) oder solche, die durch äquivalentes Umformen in diese Form überführt werden können, heißen **lineare Ungleichungen mit zwei Variablen**.

Die Lösungsmengen solcher Ungleichungen bestehen aus einer Menge von Zahlenpaaren.

■ Die Ungleichung 2x + y ≤ 3 (x, y ∈ ℕ) hat als Lösungsmenge
L = {(0; 0), (0; 1), (0; 2), (0; 3), (1; 0), (1; 1)}.

Meist lassen sich die Paare jedoch nicht durch eine Aufzählung angeben. In solchen Fällen löst man die Ungleichung nach einer der beiden Variablen auf und stellt die Lösungsmenge grafisch dar.

▶ Durch Einsetzen von Zahlen für x lassen sich Zahlen für y ermitteln.

■ 4x − 2y < 6 (x, y ∈ ℝ)
Umformung: 4x − 2y < 6 |−4x
            −2y < −4x + 6 |:(−2) Relationszeichen ändern!
            y > 2x − 3

Die Darstellung der Funktion mit y = 2x − 3 im Koordinatensystem ergibt eine Gerade. Die oberhalb dieser Geraden liegenden Punkte haben Koordinaten, die als Paare die Ungleichung y > 2x − 3 erfüllen.
Somit stellt die oberhalb der Geraden liegende Halbebene *ohne* die Punkte der Geraden die Lösungsmenge dar.

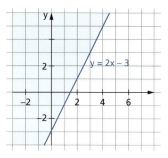

■ 2x + 2y ≤ 6 (x, y ∈ ℝ)
Umformung: 2x + 2y ≤ 6 |:2
            x + y ≤ 3 |− x
            y ≤ −x + 3

Die Darstellung der Funktion mit y = −x + 3 im Koordinatensystem ergibt eine Gerade.
Alle Punkte der Geraden und die unterhalb der Geraden liegenden Punkte haben Koordinaten, die als Paare die Ungleichung 2x + 2y ≤ 6 erfüllen.
Somit stellt die unterhalb der Geraden liegende Halbebene *mit* den Punkten der Geraden die Lösungsmenge dar.

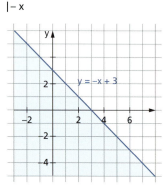

5.6 Lineare Gleichungssysteme

5.6.1 Begriffe

> **Definition** Zwei lineare Gleichungen mit zwei Variablen bilden ein **lineares Gleichungssystem.**
> Lösungen dieses Gleichungssystems sind Zahlenpaare, die jede dieser Gleichungen erfüllen. Die Gesamtheit aller Lösungen bildet die Lösungsmenge dieses Gleichungssystems.

▶ Es gibt auch **Gleichungssysteme,** die aus mehr als zwei Gleichungen mit mehr als zwei Variablen bestehen.

Um die Zugehörigkeit zweier Gleichungen zu einem System zu charakterisieren, werden beide oftmals mit den römischen Ziffern I und II gekennzeichnet.

I $\quad a_1 \cdot x + b_1 \cdot y = c_1$
II $\quad a_2 \cdot x + b_2 \cdot y = c_2$

5.6.2 Lösen linearer Gleichungssysteme

Allen rechnerischen Verfahren ist gemeinsam, durch Beseitigen (Eliminieren) einer der beiden Variablen das System aus *zwei Gleichungen mit zwei Variablen* auf *eine Gleichung mit einer Variablen* zurückzuführen.

Einsetzungsverfahren

> Beim **Einsetzungsverfahren (Substitutionsverfahren)** löst man eine der Gleichungen nach einer der beiden Variablen auf und setzt den so erhaltenen Term für diese Variable in die andere Gleichung ein.

▶ substituere (lat.) – einsetzen, ersetzen

I $\quad y = -x + 2$
II $\quad 4x + 3y = 2$ 　　　　　　　einsetzen
I in II einsetzen: 　　　$4x + 3y = 2$ 　　$y = -x + 2$
　　　　　　　　　　　$4x + 3(-x + 2) = 2$
Probe: 　　　　　　　$4x - 3x + 6 = 2$ 　$y = -(-4) + 2$
I $\quad 6 = -(-4) + 2$ w. A. 　$x = -4$ 　$y = 6$
II $\quad 4 \cdot (-4) + 3 \cdot 6 = 2$ w. A. 　$L = \{(-4; 6)\}$

▶ Das **Einsetzungsverfahren** ist dann vorteilhaft, wenn (wenigstens) eine der beiden Gleichungen nach einer der beiden Variablen aufgelöst ist.

Gleichsetzungsverfahren

> Das **Gleichsetzungsverfahren** ist ein Spezialfall des Einsetzungsverfahrens. Man löst beide Gleichungen nach derselben Variablen auf und setzt die beiden erhaltenen Terme gleich.

Das Gleichsetzungsverfahren ist immer dann sinnvoll, wenn beide Gleichungen nach einer Variablen aufgelöst vorliegen.

| I $3x = 10 - 5y$ |
| II $3x = -2y + 13$ |

I und II gleichsetzen:

$10 - 5y = -2y + 13$ $\quad |+ 2y$
$10 - 3y = 13$ $\quad |- 10$
$-3y = 3$ $\quad |:(-3)$
$y = -1$

$y = -1$ in I einsetzen:
$3x = 10 - 5 \cdot (-1)$
$x = 5$

$L = \{(5; -1)\}$

▶ Probe I:
$3 \cdot 5 = 10 - 5(-1)$ w. A.
Probe II:
$3 \cdot 5 = -2(-1) + 13$
w. A.

Additionsverfahren

> Beim **Additionsverfahren** formt man eine oder beide Gleichungen so um, dass bei der Addition der beiden Gleichungen eine der beiden Variablen wegfällt.

Das Additionsverfahren ist immer dann zweckmäßig, wenn die Koeffizienten einer Variablen in beiden Gleichungen zueinander entgegengesetzte Zahlen sind.

| I $8x + 5y = 51$ |
| II $3x - 5y = 26$ |
| I + II $11x\quad\ \ = 77$ $\quad |:11$ |
| $x\quad\ \ = 7$ |

$x = 7$ in I einsetzen:
$8 \cdot 7 + 5y = 51$
$y = -1$
$L = \{(7; -1)\}$

Probe I: linke Seite: $8 \cdot 7 + 5 \cdot (-1) = 56 - 5 = 51$
          rechte Seite: 51
          Vergleich: $51 = 51$
Probe II: linke Seite: $3 \cdot 7 - 5 \cdot (-1) = 21 + 5 = 26$
          rechte Seite: 26
          Vergleich: $26 = 26$

Grafisches Lösen

> Die Gleichungen des Systems werden als Gleichungen zweier linearer Funktionen aufgefasst. Diese Funktionen werden grafisch dargestellt. Die Koordinaten des Schnittpunkts der Geraden sind die Lösungen des entsprechenden Gleichungssystems.

I $y = 0,5x - 2$
II $y = -x + 1$

Die grafische Darstellung zeigt, dass beide Graphen einander in S(2; –1) schneiden. Dieses Zahlenpaar ist somit Lösung des genannten Gleichungssystems, $L = \{(2; -1)\}$.

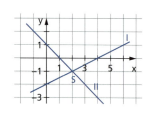

5.6 Lineare Gleichungssysteme

Lösbarkeitsbedingungen für ein Gleichungssystem

Ein lineares Gleichungssystem der Form	I $a_1 \cdot x + b_1 \cdot y = c_1$	
	II $a_2 \cdot x + b_2 \cdot y = c_2$ hat	
genau eine Lösung,	unendlich viele Lösungen,	keine Lösung,
wenn gilt: $\frac{a_1}{a_2} \neq \frac{b_1}{b_2}$.	wenn gilt: $\frac{a_1}{a_2} = \frac{b_1}{b_2} = \frac{c_1}{c_2}$.	wenn gilt: $\frac{a_1}{a_2} = \frac{b_1}{b_2} \neq \frac{c_1}{c_2}$.
Beispiel: I $2x + 4y = 20$ II $3x - 4y = 50$ L = {(14; –2)} Es gilt: $\frac{2}{3} \neq \frac{4}{-4}$	Beispiel: I $2x + 4y = 20$ II $3x + 6y = 30$ L = {(x, y): $y = -\frac{1}{2}x + 5$} Es gilt: $\frac{2}{3} = \frac{4}{6} = \frac{20}{30}$	Beispiel: I $2x + 4y = 20$ II $3x + 6y = 40$ L = { } Es gilt: $\frac{2}{3} = \frac{4}{6} \neq \frac{20}{40}$
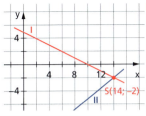	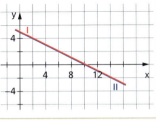	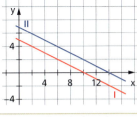
Die Geraden schneiden einander.	Die Geraden sind identisch.	Die Geraden sind zueinander parallel.

Gleichungssysteme können auch aus mehr als zwei Gleichungen mit mehr als zwei Variablen bestehen. Die Anzahl g der Gleichungen und die Anzahl v der Variablen können beliebige natürliche Zahlen sein; g und v müssen nicht gleich sein.
Liegt ein System von n Gleichungen mit n Variablen vor, so führt man es durch Eliminieren einer Variablen in allen Gleichungen auf ein System von (n – 1) Gleichungen mit (n – 1) Variablen usw. zurück. Dazu eignet sich das Additionsverfahren.

▶ Beim Lösen **linearer Gleichungssysteme** mit mehr als zwei Gleichungen und mehr als zwei Variablen wendet man den **gaußschen Algorithmus** an.

Das Vorgehen wird am Beispiel eines **Systems von drei Gleichungen mit drei Variablen** gezeigt:

```
I    2x – 3y + 4z =  20    |·3           I    2x – 3y + 4z =  20
II    x + 4y – 3z = –16    |·4           II    x + 4y – 3z = –16    |·2
III   3x –  y + 2z =  11                 III   3x –  y + 2z =  11    |·3

     I'  6x –  9y +12z =  60                  II'  2x + 8y – 6z = –32
   + II' 4x + 16y –12z = –64                + III' 9x – 3y + 6z =  33
     IV  10x + 7y      = –4   |·(–5)          V    11x + 5y      =   1   |·7

                       IV' –50x – 35y = 20
                     + V'   77x + 35y =  7
                            27x       = 27
```

Das Gleichungssystem hat die Lösungsmenge L = {(1; –2; 3)}.

Überblick

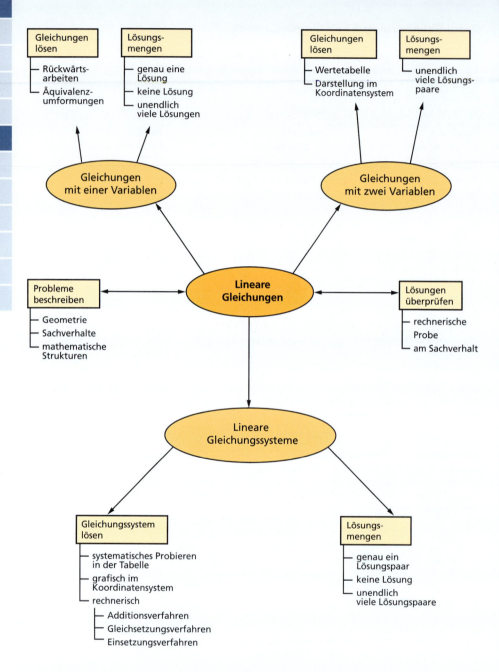

Wissenstest 4 — abrufbar auf **www.lernhelfer.de** oder mit der Lernhelfer-App

5.7 Quadratische Gleichungen

5.7.1 Begriffe

> **Satz** Die Gleichung $a \cdot x^2 + b \cdot x + c = 0$ mit $a \neq 0$ heißt **allgemeine Form der quadratischen Gleichung.**

Weil $a \neq 0$ ist, kann die Gleichung durch a dividiert werden und man erhält:

$$x^2 \quad + \quad \frac{b}{a} \cdot x \quad + \quad \frac{c}{a} \quad = \quad 0$$

quadratisches Glied   lineares Glied   absolutes Glied

Zur Vereinfachung werden die Koeffizienten umbenannt:

$\frac{b}{a} = p$ und $\frac{c}{a} = q$

> **Definition** Die Gleichung $x^2 + p \cdot x + q = 0$ heißt **Normalform der quadratischen Gleichung.**

Allgemeine Form	Normalform
Beispiele:	Beispiele:
$5x^2 + 20x - 15 = 0$	$x^2 + 4x - 3 = 0$
$\frac{x^2}{4} - 2x + 1 = 0$	$x^2 - 8x + 4 = 0$
$(a^2 - 1)x^2 + m \cdot x + (a - 1)^2 = 0$	$x^2 + \frac{m}{a^2 - 1}x + \frac{(a - 1)^2}{a^2 - 1} = 0$
mit $a \neq 1$; $a \neq -1$	mit $a \neq 1$; $a \neq -1$

5.7.2 Lösungsverfahren für spezielle quadratische Gleichungen

Jede quadratische Gleichung kann in ihre Normalform umgeformt werden. So genügt die Untersuchung von Gleichungen der Form $x^2 + p \cdot x + q = 0$.

Bei folgenden Spezialfällen vereinfachen sich die Lösungswege:

1. Fall: p = 0 und q = 0
Die Gleichung hat die Form $x^2 = 0$.
$x^2 = 0$
$x_{1;\,2} = 0$
$\quad L = \{0\}$
Die Gleichung $x^2 = 0$ hat die *Doppellösung* $x_1 = x_2 = 0$.

2. Fall: $p \neq 0$ und $q = 0$

Die Gleichung hat die Form $x^2 + p \cdot x = 0$.

> Ein Produkt ist 0, wenn mindestens ein Faktor 0 ist.

$$x^2 + p \cdot x = 0 \quad | \text{ ausklammern}$$
$$x(x + p) = 0$$

$x = 0$ oder $x + p = 0$
$x_1 = 0$ $\qquad x_2 = -p$
$$L = \{0;\, -p\}$$

Beispiel:
$$x^2 + 6x = 0$$
$$x(x + 6) = 0$$

$x = 0$ oder $x + 6 = 0$
$x_1 = 0$ $\qquad x_2 = -6$
$$L = \{0;\, -6\}$$

3. Fall: $p = 0$ und $q < 0$ (sonst keine reelle Lösung)

Die Gleichung hat die Form $x^2 + q = 0$.

$$x^2 + q = 0 \quad | - q$$
$$x^2 = -q \quad \text{Die rechte Seite der Gleichung ist positiv, da } q < 0,$$
$$x^2 = |q| \quad \text{also } |q|.$$
$$x^2 - |q| = 0 \quad | \text{ 3. binomische Formel}$$
$$(x + \sqrt{|q|})(x - \sqrt{|q|}) = 0$$

$x + \sqrt{|q|} = 0$ oder $x - \sqrt{|q|} = 0$
$x_1 = -\sqrt{|q|}$ $\qquad x_2 = \sqrt{|q|}$
$$L = \{-\sqrt{|q|};\, \sqrt{|q|}\}$$

① $\quad x^2 - 16 = 0$
$\qquad (x + 4)(x - 4) = 0$
$\quad x_1 = -4 \qquad x_2 = 4$
$\qquad L = \{-4;\, 4\}$

② $x^2 + 16 = 0$
Die 3. binomische Formel ist nicht anwendbar. Diese Gleichung hat keine reellen Lösungen.

5.7.3 Lösungsformel für quadratische Gleichungen

> Die **Lösungsformel** für quadratische Gleichungen lässt sich auch mithilfe von **Beträgen** herleiten.

4. Fall: $p \neq 0$ und $q \neq 0$

Die Gleichung hat die Form $x^2 + p \cdot x + q = 0$.

$$x^2 + p \cdot x + q = 0 \quad | - q$$
$$x^2 + p \cdot x = -q \quad | + \left(\tfrac{p}{2}\right)^2 \text{ (quadratische Ergänzung)}$$
$$x^2 + p \cdot x + \left(\tfrac{p}{2}\right)^2 = -q + \left(\tfrac{p}{2}\right)^2 \quad | \text{ 1. binomische Formel}$$
$$\left(x + \tfrac{p}{2}\right)^2 = \left(\tfrac{p}{2}\right)^2 - q \quad \Big| - \left[\left(\tfrac{p}{2}\right)^2 - q\right]$$
$$\left(x + \tfrac{p}{2}\right)^2 - \left[\left(\tfrac{p}{2}\right)^2 - q\right] = 0 \quad | \text{ 3. binomische Formel}$$
$$\left[\left(x + \tfrac{p}{2}\right) + \sqrt{\tfrac{p^2}{2} - q}\right] \cdot \left[\left(x + \tfrac{p}{2}\right) - \sqrt{\tfrac{p^2}{2} - q}\right] = 0$$

$$\left(x + \tfrac{p}{2}\right) + \sqrt{\left(\tfrac{p}{2}\right)^2 - q} = 0 \qquad \text{oder} \qquad \left(x + \tfrac{p}{2}\right) - \sqrt{\tfrac{p^2}{2} - q} = 0$$

$$x_1 + \tfrac{p}{2} = -\sqrt{\left(\tfrac{p}{2}\right)^2 - q} \qquad\qquad x_2 + \tfrac{p}{2} = +\sqrt{\left(\tfrac{p}{2}\right)^2 - q}$$

$$x_1 = -\tfrac{p}{2} - \sqrt{\left(\tfrac{p}{2}\right)^2 - q} \qquad\qquad x_2 = -\tfrac{p}{2} + \sqrt{\left(\tfrac{p}{2}\right)^2 - q}$$

Die beiden Lösungen x_1 und x_2 unterscheiden sich nur im Vorzeichen des „Wurzelsummanden".

> Die **Lösungsformel** für die Normalform der quadratischen Gleichung lautet: $x_{1;2} = -\frac{p}{2} \pm \sqrt{\left(\frac{p}{2}\right)^2 - q}$

① $x^2 + 8x + 15 = 0$

$p = 8$; $q = 15$

$x_{1;2} = -\frac{8}{2} \pm \sqrt{\left(\frac{8}{2}\right)^2 - 15}$

$x_{1;2} = -4 \pm \sqrt{16 - 15}$

$x_{1;2} = -4 \pm \sqrt{1}$

$x_1 = -3 \qquad x_2 = -5$

$L = \{-3; -5\}$

② $x^2 + 2x + 1 = 0$

$p = 2$; $q = 1$

$x_{1;2} = -1 \pm \sqrt{1 - 1}$

$x_{1;2} = -1 \pm 0$

$x_{1;2} = -1$

$L = \{-1\}$

③ $x^2 + 2x + 3 = 0$

$p = 2$; $q = 3$

$x_{1;2} = -1 \pm \sqrt{1 - 3}$

$x_{1;2} = -1 \pm \sqrt{-2}$

$L = \{\,\}$

Die quadratische Gleichung hat keine reellen Lösungen.

Probe zu ①: für x_1

linke Seite: $(-3)^2 + 8 \cdot (-3) + 15 = 9 - 24 + 15 = 0$

rechte Seite: 0

Vergleich: $0 = 0$

für x_2

$(-5)^2 + 8 \cdot (-5) + 15 = 25 - 40 + 15 = 0$

0

$0 = 0$

5.7.4 Diskussion der Lösungen einer quadratischen Gleichung

Die Lösungen einer quadratischen Gleichung hängen von dem **Radikanden** $\left(\frac{p}{2}\right)^2 - q = D$ ab. Deshalb wird dieser Ausdruck **Diskriminante** genannt.

Es sind dabei drei Fälle zu unterscheiden:

▶ radix (lat.) – Wurzel; discriminare (lat.) – unterscheiden

$x_{1;2} = -\frac{p}{2} \pm \sqrt{D}$ mit $x \in \mathbb{R}$	$D = \left(\frac{p}{2}\right)^2 - q$	
D = 0	**D > 0**	**D < 0**
$x_{1;2} = -\frac{p}{2}$	$x_{1;2} = -\frac{p}{2} \pm \sqrt{D}$	$x_{1;2} = -\frac{p}{2} \pm \sqrt{D}$
$L = \left\{-\frac{p}{2}\right\}$	$L = \left\{-\frac{p}{2} + \sqrt{D}\,;\, -\frac{p}{2} - \sqrt{D}\right\}$	$L = \{\,\}$, da $\sqrt{D}$ keine reelle Zahl
eine (doppelte) Lösung	zwei Lösungen	keine reelle Lösung
Beispiel:	Beispiel:	Beispiel:
$x^2 + 12x + 36 = 0$	$x^2 - \frac{9}{2}x + 2 = 0$	$x^2 + 2x + 2 = 0$
$x_{1;2} = -6 \pm \sqrt{36 - 36}$	$x_{1;2} = \frac{9}{4} \pm \sqrt{\frac{81}{16} - \frac{32}{16}}$	$x_{1;2} = -1 \pm \sqrt{1 - 2}$
$x_{1;2} = -6 \pm \sqrt{0}$	$x_{1;2} = \frac{9}{4} \pm \sqrt{\frac{49}{16}}$	$x_{1;2} = -1 \pm \sqrt{-1}$
$x_{1;2} = -6$	$x_1 = 4 \qquad x_2 = \frac{1}{2}$	
$L = \{-6\}$	$L = \left\{4; \frac{1}{2}\right\}$	$L = \{\,\}$

5.7.5 Wurzelsatz von Vieta

> **Der vietasche Wurzelsatz** ist nach dem französischen Mathematiker FRANÇOIS VIÉTE (VIETA ist die lateinische Form des Namens) benannt. Die Beziehungen für quadratische und auch für **kubische Gleichungen** waren schon den italienischen Mathematikern des 16. Jahrhunderts bekannt und wurden u. a. von **GERONIMO CARDANO** (1501 bis 1576) benutzt.

Zwischen den Koeffizienten p und q der quadratischen Gleichung $x^2 + p \cdot x + q = 0$ und den Lösungen x_1 und x_2 dieser Gleichung bestehen folgende Beziehungen:

Wurzelsatz von Vieta
Es gilt: $x_1 + x_2 = -p$ und $x_1 \cdot x_2 = q$

Der Wurzelsatz ist mithilfe der Lösungsformel leicht nachweisbar:
$$x_1 + x_2 = \left(-\frac{p}{2} + \sqrt{D}\right) + \left(-\frac{p}{2} - \sqrt{D}\right) = -p$$
$$x_1 \cdot x_2 = \left(-\frac{p}{2} + \sqrt{D}\right) \cdot \left(-\frac{p}{2} - \sqrt{D}\right) = \frac{p^2}{4} - D = \frac{p^2}{4} - \frac{p^2}{4} + q = q$$

Der vietasche Wurzelsatz lässt sich im Zusammenhang mit quadratischen Gleichungen vielfältig benutzen.

FRANÇOIS VIÉTE
(1540 bis 1603)

Berechnen der zweiten Lösung, wenn eine Lösung bekannt ist

- $x^2 - 12x + 32 = 0$ $\qquad$ $x_1 \cdot x_2 = q$
  $p = -12;\ q = 32;\ x_1 = 4$ $\qquad$ $x_2 = \frac{q}{x_1} = \frac{32}{4}\ \to\ x_2 = 8$

Durchführen der Probe, wenn beide Lösungen bekannt sind

- $x^2 + 16x - 36 = 0$ $\qquad$ Probe:
  $p = 16;\ q = -36$ $\qquad$ $x_1 \cdot x_2 = -36 = q$
  $x_1 = 2 \quad x_2 = -18$ $\qquad$ $x_1 + x_2 = -16 = -p\ \to\ p = 16$

Berechnen von p und q mithilfe der Lösungen, wenn beide Lösungen bekannt sind

- $x_1 = -15 \quad x_2 = 3$ $\qquad$ $x^2 + p \cdot x + q = 0$
  $x_1 \cdot x_2 = (-15) \cdot 3 = -45 = q$ $\qquad$ $x^2 + 12x - 45 = 0$
  $x_1 + x_2 = -15 + 3 = -12 = -p\ \to\ p = 12$

Kürzerer Lösungsweg

- $x^2 - 10x + 21 = 0$
  $x_1 \cdot x_2 = q = 21$ $\qquad$ Durch Probieren erhält man: $3 \cdot 7 = 21$
  $x_1 + x_2 = -p = 10$ $\qquad\qquad\qquad\qquad\qquad\quad 3 + 7 = 10$
  $\qquad\qquad\qquad\qquad\qquad\qquad\qquad\qquad\quad x_1 = 3;\quad x_2 = 7$

Quadratische Gleichungen mit den Lösungen x_1 und x_2 sind auch in der Form $(x - x_1)(x - x_2) = 0$ darstellbar. Man nennt diese Form **Produktdarstellung** oder spricht von der **Zerlegung in Linearfaktoren**.

- $x_1 = -7;\ x_2 = 5$ $\qquad$ $(x - x_1)(x - x_2) = 0\ \to\ (x + 7)(x - 5) = 0$
  $\qquad\qquad\qquad\qquad\qquad\qquad\qquad\qquad\qquad x^2 + 2x - 35 = 0$

5.8 Bruchgleichungen und Bruchungleichungen

> **Definition** Ein Term wird genau dann **Bruchterm** genannt, wenn sein Nenner eine Variable enthält.
> Eine Gleichung bzw. Ungleichung wird genau dann **Bruchgleichung** bzw. **Bruchungleichung** genannt, wenn sie mindestens einen Bruchterm enthält.

Bruchterme:

$$\frac{2}{5-y} ; \quad \frac{3b}{x(x+2)}$$

Bruchgleichungen:

$$\frac{24}{x+5} = 8; \quad \frac{x+5}{2x} = 4$$

Bruchungleichungen:

$$\frac{7}{f+3} > 2; \quad \frac{x+3}{x-2} > 0$$

> **Definition** Bei Bruchtermen dürfen nur solche Zahlen oder Größen für Variablen eingesetzt werden, für die der Wert des Terms im Nenner ungleich 0 ist.
> Diese Einsetzungen bilden die **Definitionsmenge** des Bruchterms.

$\dfrac{2}{5-y}$ $\quad (y \in \mathbb{Q})$

Für $y = 5$ wird der Nenner 0. Die Definitionsmenge umfasst alle rationalen Zahlen außer 5: $D = \mathbb{Q}\backslash\{5\}$

$\dfrac{3b}{x(x+2)}$ $\quad (x \in \mathbb{R})$

Für $x = 0$ und für $x = -2$ wird der Nenner 0. Die Definitionsmenge umfasst alle reellen Zahlen außer 0 und (-2): $D = \mathbb{R}\backslash\{0; -2\}$

Bruchgleichungen werden folgendermaßen gelöst:
1. Beide Seiten der Bruchgleichung werden mit dem Hauptnenner multipliziert.
2. Auf beiden Seiten werden die Brüche gekürzt.
3. Die neue Gleichung wird mit den bekannten Umformungsschritten gelöst.
4. Es muss geprüft werden, ob die Lösung der neuen Gleichung auch zur Definitionsmenge der Bruchgleichung gehört.

▶ Beim **Lösen von Bruchgleichungen** müssen die Brüche zuerst umgeformt werden, um „bruchfreie" Gleichungen zu erhalten.

$$\frac{5}{2x} - \frac{3}{4x} = 1{,}75 \quad D = \mathbb{Q}\backslash\{0\}$$

$$\frac{5}{2x} - \frac{3}{4x} = 1{,}75 \qquad | \cdot 4x \text{ (Hauptnenner)}$$

$$\frac{5 \cdot 4x}{2x} - \frac{3 \cdot 4x}{4x} = 1{,}75 \cdot 4x \qquad | \text{ kürzen}$$

$$10 - 3 = 7x \qquad | \text{ zusammenfassen}$$

$$7 = 7x \qquad | : 7$$

$$x = 1$$

$$L = \{1\}$$

Der Wert für x gehört zur Definitionsmenge.

Probe:

linke Seite: $\frac{5}{2 \cdot 1} - \frac{3}{4 \cdot 1} = \frac{5}{2} - \frac{3}{4} = \frac{10}{4} - \frac{3}{4} = \frac{7}{4} = 1{,}75$

rechte Seite: $1{,}75$

Vergleich: $1{,}75 = 1{,}75$

■
$$\frac{x+2}{x-5} > 0 \quad D = \mathbb{Q}\backslash\{5\}$$

Ein Bruch ist größer 0, wenn gilt

Zähler und Nenner größer 0.

$x + 2 > 0$ und $x - 5 > 0$

$x > -2$ und $x > 5$

$x > 5$

Zähler und Nenner kleiner 0.

$x + 2 < 0$ und $x - 5 < 0$

$x < -2$ und $x < 5$

$x < -2$

Lösungen für die Bruchungleichung sind alle x, für die gilt:

$x > 5$ oder $x < -2$

$L = \{x \in \mathbb{Q}: x < -2 \text{ oder } x > 5\}$

Sind beide Seiten einer Gleichung Bruchterme, heißen die Gleichungen Verhältnisgleichungen. Man kann die Nenner durch **Produktbildung** beseitigen.

▶ Das Produkt der Innenglieder ist gleich dem Produkt der Außenglieder.

■
$\frac{2}{x-4} = \frac{3}{x+2}$ $\qquad D = \mathbb{R}\backslash\{4; -2\}$

$2 : (x - 4) = 3 : (x + 2)$

$2(x + 2) = 3(x - 4)$

$2x + 4 = 3x - 12$

$16 = x; \ L = \{16\}$

■ Die ohmschen Widerstände $R_1 = 800\,\Omega$ und R_2 seien in Reihe geschaltet, parallel zu ihnen der Widerstand $R_3 = 500\,\Omega$. Der Gesamtwiderstand R soll $400\,\Omega$ betragen.

Wie groß muss R_2 sein?

Gegeben: $R = 400\,\Omega$; $R_1 = 800\,\Omega$; $R_3 = 500\,\Omega$ $\qquad$ Gesucht: R_2

Lösung: $\frac{1}{R} = \frac{1}{R_1 + R_2} + \frac{1}{R_3}$

$\frac{1}{400} = \frac{1}{800 + R_2} + \frac{1}{500} \qquad \left| - \frac{1}{500} \right.$

$\frac{1}{400} - \frac{1}{500} = \frac{1}{800 + R_2}$

$\frac{1}{2\,000} = \frac{1}{R_2 + 800}$

$R_2 + 800 = 2\,000$

$R_2 = 1\,200$

Antwort: Der Widerstand R_2 muss $1\,200\,\Omega$ betragen.

Lösen quadratischer Gleichungen

Es wird untersucht, für welche Werte x ein quadratischer Term 0 wird.

Begriff	Zusammenhang
Quadratische Gleichung	Allgemeine Form: $a \cdot x^2 + b \cdot x + c = 0$ Normalform: $x^2 + p \cdot x + q = 0$
Lösungsformel	$$x_{1;2} = -\frac{p}{2} \pm \sqrt{\left(\frac{p}{2}\right)^2 - q} = -\frac{p}{2} \pm \sqrt{D}$$ D – Diskriminante $x_1 = -\frac{p}{2} + \sqrt{\left(\frac{p}{2}\right)^2 - q}$ $x_2 = -\frac{p}{2} - \sqrt{\left(\frac{p}{2}\right)^2 - q}$
Anzahl der Lösungen	$D > 0$: zwei Lösungen $D = 0$: eine Lösung (Doppellösung) $D < 0$: keine Lösung
Satz von Vieta	Für Lösungen der Gleichung $x^2 + p \cdot x + q = 0$ gilt: $x_1 + x_2 = -p$ $x_1 \cdot x_2 = q$ $(x - x_1) \cdot (x - x_2) = x^2 + p \cdot x + q$

Sonderfälle quadratischer Gleichungen	*Hinweis:*
	Ein Produkt ist 0, wenn mindestens ein Faktor 0 ist.
	$x^2 = 0$ $\longrightarrow$ $x \cdot x = 0$
	                                      $x_1 = 0;\ x_2 = 0$
	$x^2 + p \cdot x = 0$ $\longrightarrow$ $x \cdot (x + p) = 0$
	                                      $x_1 = 0;\ x_2 = -p$
	$(x + r)^2 = 0$ $\longrightarrow$ $(x + r) \cdot (x + r) = 0$
	                                      $x_1 = -r;\ x_2 = -r$
	$(x + r) \cdot (x - s) = 0$ $\longrightarrow$ $x + r = 0;\ x - s = 0$
	                                      $x_1 = -r;\ x_2 = s$
	$x^2 + q = 0$
	
	$q > 0$ $q = 0$ $q < 0$
	keine Lösung $x_1 = 0$ $x_1 = \sqrt{\lvert q \rvert}$
	                       $x_2 = 0$ $x_2 = -\sqrt{\lvert q \rvert}$

Quadratische Ergänzung	$x^2 + p \cdot x + q = 0$ $\lvert - q$ $x^2 + p \cdot x = -q$ $\lvert + \left(\frac{p}{2}\right)^2$ $x^2 + p \cdot x + \left(\frac{p}{2}\right)^2 = -q + \left(\frac{p}{2}\right)^2$ $\left(x + \frac{p}{2}\right)^2 = \left(\frac{p}{2}\right)^2 - q$

5.9 Algebraische Gleichungen höheren Grades

5.9.1 Begriff

> Von **ARCHIMEDES, HERON** und **DIOPHANT** sind numerische Lösungsverfahren für **algebraische Gleichungen** überliefert. Während das Lösen quadratischer Gleichungen schon im Altertum gelang, blieben alle Versuche, die Lösungen von Gleichungen 3. und 4. Grades zu bestimmen, bis in die Zeit der Renaissance erfolglos.

Definition   Eine Gleichung der Form
$a_n \cdot x^n + a_{n-1} \cdot x^{n-1} + \ldots + a_1 \cdot x + a_0 = 0$ mit $a_n \neq 0$ heißt **algebraische Gleichung n-ten Grades.**

Der Grad der Gleichung ist gleich dem größten Exponenten der Variablen. Der Summand $a_1 \cdot x$ heißt lineares Glied, der Summand a_0 absolutes Glied (konstantes Glied) der Gleichung.

Quadratische Gleichungen sind ein besonders einfacher Fall der algebraischen Gleichungen. Man kann sie algebraische Gleichungen zweiten Grades nennen. Das Lösen quadratischer Gleichungen und Gleichungen dritten Grades ist eng verbunden mit dem Ziehen von Quadrat- bzw. Kubikwurzeln. Einige Gleichungen höheren Grades können auch durch inhaltliche Überlegungen gelöst werden.

5.9.2 Kubische Gleichungen und Gleichungen höheren Grades

Definition   Eine Gleichung der Form $A \cdot x^3 + B \cdot x^2 + C \cdot x + D = 0$
$(A \neq 0)$ heißt **kubische Gleichung** oder **Gleichung dritten Grades.**

> Bei einem Wettbewerb von Rechenmeistern konnte **NICCOLÒ TARTAGLIA** (1499 bis 1557) Gleichungen dritten Grades lösen. Seine Methode hielt er geheim. Dem Arzt und Mathematiker **GERONIMO CARDANO** (1501 bis 1576) teilte TARTAGLIA die Methode gegen das Versprechen mit, sie nicht zu veröffentlichen. Dessen ungeachtet veröffentlichte CARDANO 1545 das Verfahren.

Nach Division durch A hat sie die Form $x^3 + a \cdot x^2 + b \cdot x + c = 0$.

$$4x^3 - 24x^2 + 12x - 32 = 0 \quad |:4 \qquad \frac{x^3}{3} + 2x^2 - 6x + 10 = 0 \quad |\cdot 3$$
$$x^3 - 6x^2 + 3x - 8 = 0 \qquad\qquad x^3 + 6x^2 - 18x + 30 = 0$$

Nach dem **Fundamentalsatz der Algebra** (↗ S. 158) hat eine kubische Gleichung drei Lösungen. Die Herleitung einer Lösungsformel wird hier nur angedeutet.

Durch die Substitution $x = z - \frac{a}{3}$ erhält man eine kubische Gleichung mit der Variablen z, in der aber das quadratische Glied fehlt.

Die Gleichung $\left(z - \frac{a}{3}\right)^3 + a\left(z - \frac{a}{3}\right)^2 + b\left(z - \frac{a}{3}\right) + c = 0$ ergibt nämlich nach Ausführen der Multiplikationen und Zusammenfassen $z^3 + p \cdot z + q = 0$, wobei $p = b - \frac{1}{3}a^2$ und $q = \frac{ab}{3} - \frac{2}{27}a^3 + c$ sind.

Auf diese Form der kubischen Gleichung bezieht sich die **cardanische Lösungsformel:**

$$z = \sqrt[3]{-\frac{q}{2} + \sqrt{\left(\frac{q}{2}\right)^2 + \frac{p^3}{27}}} + \sqrt[3]{-\frac{q}{2} - \sqrt{\left(\frac{q}{2}\right)^2 + \frac{p^3}{27}}}$$

Der Ausdruck $z - \frac{a}{3}$ liefert dann einen Wert für x.

5.9 Algebraische Gleichungen höheren Grades

■ In der kubischen Gleichung $x^3 - 3x - 2 = 0$ fehlt das quadratische Glied. Es sind p = –3 und q = –2.

$$x = \sqrt[3]{1 + \sqrt{1 + \left(\frac{-3}{3}\right)^3}} + \sqrt[3]{1 - \sqrt{1 + \left(\frac{-3}{3}\right)^3}}$$

$$x = \sqrt[3]{1 + \sqrt{1-1}} + \sqrt[3]{1 - \sqrt{1-1}}$$

x = 2 ist eine Lösung

Mithilfe der Polynomdivision (↗ S. 158) und der vorliegenden Lösung kann man die Gleichung nun als Produkt schreiben:
$x^3 - 3x - 2 = (x - 2)(x^2 + 2x + 1) = 0$

Setzt man nun den zweiten Faktor 0, lassen sich die weiteren Lösungen bestimmen.
$x^2 + 2x + 1 = 0$
$\quad x_{2;3} = -1 \pm \sqrt{1-1}$
$\quad x_{2;3} = -1$

▶ Lösungsformel für quadratische Gleichungen anwenden.

Eine grobe Näherungslösung einer kubischen Gleichung erhält man dadurch, dass man $x^3 + p \cdot x + q = 0$ in der Form $x^3 = -p \cdot x - q$ schreibt und die beiden Seiten dieser Gleichung als Funktionsgleichung auffasst:
$x^3 + p \cdot x + q = 0 \qquad |-p \cdot x; -q$
$\qquad x^3 = -p \cdot x - q$
$y_1 = x^3 \qquad y_2 = -p \cdot x - q$

Die Graphen dieser Funktionen werden in ein Koordinatensystem eingetragen. Die Abszisse des Schnittpunkts ist eine Näherung für eine reelle Lösung. Sie kann – falls erforderlich – durch Näherungsverfahren verbessert werden.

■ $x^3 = 3x + 2$
$y_1 = x^3$
$y_2 = 3x + 2$

▶ Die **cardanische Formel** hat für praktische Anwendungen heute keine Bedeutung, weil die reellen Nullstellen (mindestens eine ist stets vorhanden) durch Näherungsverfahren mit beliebiger Genauigkeit bestimmt und die Gleichung durch **Polynomdivision** auf eine quadratische zurückgeführt werden kann.

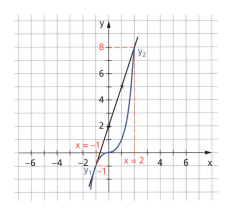

Einen Sonderfall stellt die **biquadratische Gleichung** $x^4 + p \cdot x^2 + q = 0$ dar. Da man für x^4 auch $(x^2)^2$ schreiben kann, lässt sich jede biquadratische Gleichung durch Substitution der Form $x^2 = t$ in eine quadratische Gleichung mit der Variablen t überführen.

Lösungsmethode	Beispiel
$x^4 + p \cdot x^2 + q = 0$	$x^4 - 5x^2 + 4 = 0$
Durch Substitution $x^2 = t$ erhält man eine quadrat. Gleichung.	Substitution $x^2 = t$
$t^2 + p \cdot t + q = 0$	$t^2 - 5t + 4 = 0$
$t_{1;\,2} = -\frac{p}{2} \pm \sqrt{\left(\frac{p}{2}\right)^2 - q}$	$t_{1;\,2} = \frac{5}{2} \pm \sqrt{\left(\frac{5}{2}\right)^2 - 4}$ $t_1 = \frac{5}{2} + \frac{3}{2} = 4$ $t_2 = \frac{5}{2} - \frac{3}{2} = 1$
$x_{1;\,2} = \pm \sqrt{t_1}$ $x_{3;\,4} = \pm \sqrt{t_2}$	$x_{1;\,2} = \pm \sqrt{4}$ $x_1 = 2$ $x_2 = -2$ $x_{3;\,4} = \pm \sqrt{1}$ $x_3 = 1$ $x_4 = -1$

Es können folgende Fälle auftreten:
– alle vier Lösungen reell,
– zwei Lösungen reell, zwei Lösungen nicht reell (komplex),
– alle Lösungen nicht reell.

① Die Gleichung $x^4 - x^2 - 6 = 0$ hat die reellen Lösungen $x_1 = \sqrt{3}$, $x_2 = -\sqrt{3}$, die anderen beiden Lösungen sind nicht reell.

② Die Gleichung $x^4 - 5x^2 + 6 = 0$ hat keine reelle Lösung.

> 1826 konnte der Norweger **NIELS HENRIK ABEL** (1802 bis 1829) beweisen, dass es für Gleichungen fünften Grades keine geschlossene Lösungsformel geben kann. Die theoretischen Grundlagen, die erst Mitte des 19. Jahrhunderts veröffentlicht wurden, formulierte **EVARISTE GALOIS** (1811 bis 1832, Tod im Duell).

Fundamentalsatz der Algebra
Eine Gleichung n-ten Grades hat in der Menge der reellen Zahlen höchstens n Lösungen, in der Menge der komplexen Zahlen genau n Lösungen.

5.9.3 Polynomdivision

Der **Wurzelsatz von Vieta** sagt aus, dass ein quadratisches Polynom der Form $x^2 + p \cdot x + q$ bei Kenntnis der reellen Nullstellen x_1 und x_2 in der Form eines Produkts geschrieben werden kann. Es gilt:

$$x^2 + p \cdot x + q = (x - x_1)(x - x_2)$$

$:(x - x_1)$ $\qquad\qquad$ $:(x - x_2)$
$(x^2 + p \cdot x + q):(x - x_1) = x - x_2$ $\qquad$ $(x^2 + p \cdot x + q):(x - x_2) = x - x_1$

Kennt man von einem quadratischen Polynom eine Nullstelle x_i, so ist das Polynom durch das lineare Polynom $x - x_i$ ohne Rest teilbar.

5.9 Algebraische Gleichungen höheren Grades

Das Ergebnis dieser Division ist ein Polynom ersten Grades. Diese Aussage lässt sich verallgemeinern.

> **Satz** **Ein Polynom n-ten Grades** mit $a_n = 1$, das die Nullstelle x_1 besitzt, lässt sich ohne Rest durch $(x - x_1)$ teilen.
> Der Quotient ist vom Grad $n - 1$.
> $(x^n + a_{n-1} \cdot x^{n-1} + \ldots + a_1 \cdot x + a_0):(x - x_1)$
> $= b_{n-1} \cdot x^{n-1} + b_{n-2} \cdot x^{n-2} + \ldots + b_1 \cdot x + b_0$

Führt man die **Polynomdivision** immer weiter, so stellt man fest, dass sich ein Polynom n-ten Grades als ein Produkt von Linearfaktoren darstellen lässt, wenn das Polynom n reelle Nullstellen besitzt:
$x^n + a_{n-1} \cdot x^{n-1} + \ldots + a_1 \cdot x + a_0 = (x - x_1) \cdot (x - x_2) \cdot \ldots \cdot (x - x_n)$

Man geht beim Dividieren durch Polynome analog zur schriftlichen Division von Zahlen vor.

■ $(77a^2b^2c + 56abc^2d + 49a^2bc^2d):7abc = 11ab + 8cd + 7acd$
$\underline{77a^2b^2c}$
$\quad\quad 0 + 56abc^2d$
$\quad\quad\quad \underline{56abc^2d}$
$\quad\quad\quad\quad\quad 0 + 49\,a^2bc^2d$
$\quad\quad\quad\quad\quad\quad \underline{49\,a^2bc^2d}$
$\quad\quad\quad\quad\quad\quad\quad\quad 0$

■ Anwendung der Polynomdivision zur Nullstellenbestimmung:
$x^3 + 4x^2 - 17x - 60 = 0$
Eine Nullstelle ist $x_1 = -3$.
$\quad (x^3 + 4x^2 - 17x - 60):(x + 3) = x^2 + x - 20$
$\underline{-(x^3 + 3x^2)}$
$\quad\quad\quad x^2 - 17x$
$\quad\quad \underline{-(x^2 + \quad 3x)}$
$\quad\quad\quad\quad\quad -20x - 60$
$\quad\quad\quad\quad \underline{-(-20x - 60)}$
$\quad\quad\quad\quad\quad\quad\quad 0$

▶ Wenn die Koeffizienten der kubischen Gleichung ganzzahlig sind, dann müssen die reellen Lösungen der Gleichung Teiler des absoluten Gliedes sein.

Damit gilt: $x^3 + 4x^2 - 17\,x - 60 = (x + 3)(x^2 + x - 20) = 0$
$x^2 + x - 20 = 0$
$x_{2;3} = -\frac{1}{2} \pm \sqrt{\frac{1}{4} + 20}$
$x_2 = -\frac{1}{2} + \frac{9}{2} = 4$
$x_3 = -\frac{1}{2} - \frac{9}{2} = -5$

Das Polynom $x^3 + 4x^2 - 17x - 60$ hat die Nullstellen
$x_1 = -3$,
$x_2 = 4$ und
$x_3 = -5$.
Es gilt also: $x^3 + 4x^2 - 17\,x - 60 = (x + 3)(x - 4)(x + 5)$

160   5 Gleichungen und Ungleichungen

5.10 Wurzel-, Exponential- und Logarithmengleichungen

Sachverhalte der Flächen- und Körperberechnung sowie physikalische Zusammenhänge lassen sich oftmals nicht mittels linearer Gleichungen beschreiben. Häufig sind zur mathematischen Modellierung Wurzelausdrücke oder Gleichungen mit Variablen im Exponenten notwendig.

5.10.1 Begriffe

▶ radix (lat.) – Wurzel

Definition	Eine Gleichung heißt	
Wurzelgleichung	**Exponentialgleichung**	**Logarithmengleichung,**
	wenn die Variable im	
Radikanden	Exponenten	Argument der Logarithmusfunktion
		auftritt.

$\sqrt{x+8} = 1$ $\qquad$ $2^x = 16$ $\qquad$ $2\lg x = 16$

$\sqrt[3]{x+2} = 2$ $\qquad$ $1{,}1^{\frac{1}{2}\cdot x^2} = 3$ $\qquad$ $\log_5\left(\frac{3}{x}\right) = 5$

$\sqrt{x+\sqrt{x+1}} = 5$ $\qquad$ $1{,}8^x = 2x$

Im Allgemeinen führen Exponentialgleichungen durch Logarithmieren zu Logarithmengleichungen.

5.10.2 Lösen von Wurzelgleichungen

▶ Quadrieren bzw. Potenzieren sind *keine* **äquivalenten Umformungen** einer Gleichung.
Die Lösung muss unbedingt überprüft werden, um sicherzustellen, dass die ursprüngliche **Wurzelgleichung** erfüllt wird.

Rechnerisches Lösen

Bei einfachen Wurzelgleichungen lassen sich die Wurzeln durch Quadrieren bzw. Potenzieren beseitigen.

$2\sqrt{x+4} = x+4$ $\qquad$ | quadrieren
$4(x+4) = (x+4)^2$ $\qquad$ | Klammern auflösen
$4x+16 = x^2+8x+16$ $\qquad$ | $-16; -4x$
$0 = x^2+4x$ $\qquad$ | ausklammern
$0 = x(x+4)$
$x_1 = 0$ oder $x_2+4 = 0$, also $L = \{0; -4\}$

Probe:	für x_1	für x_2
linke Seite:	$2\sqrt{0+4} = 2\sqrt{4} = 4$	$2\sqrt{-4+4} = 2\sqrt{0} = 0$
rechte Seite:	$0+4 = 4$	$-4+4 = 0$
Vergleich:	$4 = 4$ w. A.	$0 = 0$ w. A.

5.10 Wurzel-, Exponential- und Logarithmengleichungen

■ $\sqrt[3]{x+1} = 4$ | potenzieren mit 3
  $x + 1 = 64$ | -1
  $x_1 = 63$

Probe: linke Seite: $\sqrt[3]{63+1} = \sqrt[3]{64} = 4$
rechte Seite: 4
Vergleich: $4 = 4$ w. A.
also $L = \{63\}$

Grafisches Lösen

In einigen Fällen lassen sich Wurzelgleichungen grafisch lösen. Man kann die beiden Seiten der Wurzelgleichung als Funktionsgleichungen y_1 und y_2 schreiben. Die Abszisse des Schnittpunkts der entsprechenden Funktionsgraphen ist dann eine Lösung der Wurzelgleichung und kann nur näherungsweise abgelesen werden.

■ $\sqrt[3]{x-1} + x - 2 = 0$ | $-x; +2$
  $\sqrt[3]{x-1} = -x + 2$
  $y_1 = \sqrt[3]{x-1}$
  $y_2 = -x + 2$

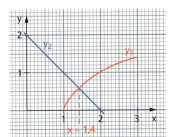

Die Wurzelgleichung hat die Lösung $x \approx 1,4$.

■ Die Gleichung $\sqrt{x+4} - \sqrt{x-1} = 1$ wird umgeformt in $\sqrt{x+4} = \sqrt{x-1} + 1$.

Betrachtet werden nun die beiden Funktionen mit

$y_1 = \sqrt{x+4}$ $(x \geq -4)$ und $y_2 = \sqrt{x-1} + 1$ $(x \geq 1)$.

Die Abszisse des Schnittpunkts der Graphen ist eine Lösung der Gleichung.

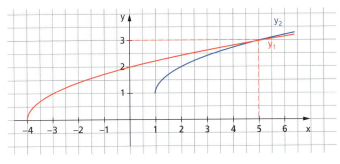

Dem Bild entnimmt man die Koordinaten des Schnittpunkts: $x_s = 5$; $y_s = 3$. Die Wurzelgleichung hat die Lösung $x = 5$.

5.10.3 Lösen von Exponentialgleichungen

Rechnerisches Lösen

Exponentialgleichungen, in denen nur Potenzen mit gleicher Basis auftreten oder unterschiedliche Basen auf die gleiche zurückgeführt werden können, sind mithilfe der Anwendung der **Potenzgesetze** lösbar.

> **Satz** Potenzen mit gleicher Basis a (a ≠ 0; a ≠ 1) sind gleich, wenn die Exponenten gleich sind.

Lösen durch Exponentenvergleich

① $64^x = 4^6$

$(4^3)^x = 4^6$

$4^{3x} = 4^6$

$\rightarrow 3x = 6$

$x = 2$

② $5^x = \sqrt[3]{5^2}$

$5^x = 5^{\frac{2}{3}}$

$\rightarrow x = \frac{2}{3}$

③ $3^{x^2 - 5} = 81^x$

$3^{x^2 - 5} = (3^4)^x = 3^{4x}$

$\rightarrow x^2 - 5 = 4x$

$x^2 - 4x - 5 = 0$

$x_{1;2} = 2 \pm \sqrt{4 + 5} = 2 \pm 3$

$x_1 = 5; x_2 = -1$

Probe zu ③:	für x_1	für x_2
linke Seite:	$3^{5^2 - 5} = 3^{20}$	$3^{(-1)^2 - 5} = 3^{-4}$
rechte Seite:	$81^5 = (3^4)^5 = 3^{20}$	$81^{-1} = (3^4)^{-1} = 3^{-4}$
Vergleich:	$3^{20} = 3^{20}$	$3^{-4} = 3^{-4}$

Lösen durch Logarithmieren

▶ Wenn **Exponentialgleichungen** nicht auf einen Vergleich von Potenzen mit gleicher Basis zurückzuführen sind, so können sie manchmal durch Logarithmieren gelöst werden.

Allgemeine Schrittfolge	Beispiel
$a^x = b$	$2^x = 18$
$\lg a^x = \lg b$	$\lg 2^x = \lg 18$
$x \cdot \lg a = \lg b$	$x \cdot \lg 2 = \lg 18$
$x = \dfrac{\lg b}{\lg a}$	$x = \dfrac{\lg 18}{\lg 2} \approx 4{,}17$

■ Der atmosphärische Luftdruck wird in Abhängigkeit von der Höhe über dem Meeresspiegel näherungsweise durch die Gleichung $p(H) = p_0 \cdot e^{-kH}$ berechnet. Dabei entspricht p_0 dem Luftdruck am Meeresspiegel: $p_0 = 1010$ hPa. k ist eine für den Luftdruckabfall spezifische Konstante von $1{,}25 \cdot 10^{-4} m^{-1}$.
In welcher Höhe befindet sich ein Flugzeug, wenn der äußere Luftdruck 400 hPa beträgt?

Gegeben: $p_0 = 1010$ hPa; $k = 1{,}25 \cdot 10^{-4} \cdot m^{-1}$ Gesucht: Höhe H
Lösung: $p(H) = p_0 e^{-kH}$
$\lg p = \lg p_0 - k \cdot H \cdot \lg e$
$H = \dfrac{k^{-1} \cdot (\lg p_0 - \lg p)}{\lg e}$
$H \approx 7400$ m
Antwort: Das Flugzeug befindet sich in 7 400 m Höhe.

Grafisches Lösen

Exponentialgleichungen lassen sich näherungsweise grafisch lösen, wenn die Variable nicht nur im Exponenten vorkommt.

■ $2^x + x^2 - 2 = 0 \qquad |-x^2; +2$
$\qquad\qquad 2^x = -x^2 + 2$

$y_1 = 2^x \qquad y_2 = -x^2 + 2$
$x_1 \approx -1{,}25 \qquad x_2 \approx 0{,}6$

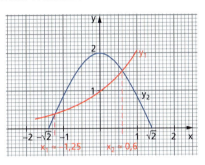

5.10.4 Lösen von Logarithmengleichungen

■ Bei welchem Zinssatz verdoppelt sich ein Kapital in acht Jahren?

▶ **Logarithmengleichungen** erhält man, wenn Exponentialgleichungen durch Logarithmieren gelöst werden sollen.

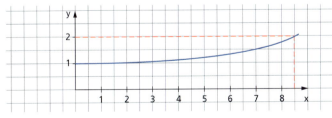

Gegeben: $n = 8$ Gesucht: Zinssatz $p\,\%$
Lösung: $K\left(1 + \dfrac{p}{100}\right)^8 = 2K$
$8\lg\left(1 + \dfrac{p}{100}\right) = \lg 2$
$\lg\left(1 + \dfrac{p}{100}\right) = 0{,}037629$
$1 + \dfrac{p}{100} = 10^{0{,}037629} \approx 1{,}09$, also $\dfrac{p}{100} = 0{,}09$ und $p = 9$

Antwort: Bei einem Zinssatz von 9% p. a. hat sich das Kapital nach acht Jahren verdoppelt.

5.11 Trigonometrische Gleichungen

▶ gonia (griech.) – Winkel

Trigonometrische Gleichungen (goniometrische Gleichungen) sind Gleichungen, in denen die Variable im Argument von Winkelfunktionen vorkommt.

■ $\sin x = 0,5;\quad \tan x = 1,39;\quad 3 \cdot \cos x = 0,7$

Beim Lösen trigonometrischer Gleichungen wird der Winkel x im Grad- oder Bogenmaß bestimmt, der die Gleichung erfüllt.

▶ Es gibt weitere Lösungen, weil die **trigonometrischen Funktionen** periodisch sind.

■ $\sin x = 0,5 \qquad\qquad 0 \leq x \leq 2\pi$
mit $\sin 30° = 0,5$ folgt daraus
$x_1 = 30° \qquad\qquad x_2 = 180° - 30°$
$\qquad\qquad\qquad\qquad x_2 = 150°$
Lösungen im Gradmaß: $\quad x_1 = 30° \qquad x_2 = 150°$
Lösungen im Bogenmaß: $\quad x_1 = \frac{\pi}{6} \approx 0,52 \qquad x_2 = \frac{5\pi}{6} \approx 2,62$

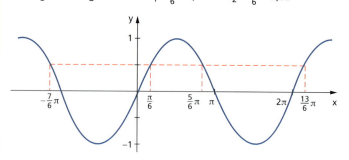

Weil die trigonometrischen Funktionen periodisch sind, ist bei der Lösung von trigonometrischen Gleichungen die Angabe eines Intervalls notwendig.
Kompliziertere trigonometrische Gleichungen lassen sich nur in einigen Spezialfällen nach der Variablen auflösen. Es gibt nur Empfehlungen, wie man vorgehen kann:
1. Trigonometrische Ausdrücke sollte man so umformen, dass nur ein Funktionstyp mit gleichen Argumenten auftritt.
2. Wegen der Vielfachheit von Lösungen beschränke man sich auf ein bestimmtes Intervall, z. B. 0° bis 360° bzw. 0 bis 2π.
3. Beim Quadrieren können Lösungen entstehen, die die ursprüngliche Gleichung nicht erfüllen. Lösungen müssen durch Einsetzen in die Ausgangsgleichung geprüft werden.

■ $3 \cdot \cos x = 0,7 \qquad\quad |:3 \qquad 0 \leq x \leq 2\pi$
$\quad\cos x = 0,2333$
$\qquad x_1 = 76,5°$
$\qquad x_2 = 283,5°$

5.12 Näherungsverfahren zum Lösen von Gleichungen mit einer Variablen

5.12.1 Iterationsverfahren

Näherungsverfahren werden dort benutzt, wo exakte Möglichkeiten zur Lösung eines mathematisch formulierten Problems uneffektiv sind, nicht existieren oder nicht bekannt sind.
Die praktische Mathematik kennt *verschiedene Arten* von Näherungsmethoden.
Ein Grundgedanke der Näherungsverfahren zum Bestimmen der Lösungen von Gleichungen besteht darin, die Gleichung in eine Funktion umzuwandeln, sodass die Variable der Gleichung als Veränderliche der Funktion erscheint, und dann die Nullstellen dieser Funktion zu suchen, also statt der Gleichung p(x) = 0 die Funktion f(x) = p(x) zu betrachten.
Dieses „Suchen" besteht darin, dass man z. B. eine durch Schätzen gefundene Näherungslösung schrittweise verbessert bzw. ein Intervall, in dem die Lösung liegt, systematisch verkleinert.

Bei ständiger Verkleinerung eines eine Nullstelle einschließenden Intervalls, also durch eine **Intervallschachtelung,** ist es letztlich möglich, dass die Nullstelle bestimmt werden kann.
Man nennt ein solches Vorgehen **Iteration.**

▶ intervallum (lat.) – Zwischenraum; iteratio (lat.) – Wiederholung

Man spricht von einem **Iterationsverfahren,** wenn es möglich ist, aus einer Näherungslösung durch Anwenden eines Algorithmus zu einer besseren Näherungslösung zu kommen und die Lösung beliebig gut an die exakte Lösung heranzuführen.
Man sagt dann, dass die Iteration konvergiert.

▶ convergere (lat.) – hinwenden, sich neigen

■ Der Umfang eines Kreises mit dem Durchmesser d ist größer als der Umfang des einbeschriebenen regelmäßigen Sechsecks und kleiner als der Umfang des umbeschriebenen Quadrats.
Mithilfe einer Näherung kann eine Abschätzung für π gefunden werden.

$u_S < u_K < u_Q$
$6r < 2\pi r < 8r$
$6 < 2\pi < 8$
$3 < \pi < 4$

Eine weitere Näherung für π könnte darin bestehen, das umbeschriebene Quadrat in ein 8-Eck, 16-Eck usw. umzuwandeln bzw. das einbeschriebene Sechseck in ein 12-Eck, 24-Eck usw.

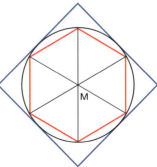

5.12.2 Nullstellenbestimmung durch Intervallschachtelung

Bei der **Nullstellenbestimmung** mittels **Intervallschachtelung** wird das Intervall so verkleinert, dass die Nullstelle in dem verkleinerten Intervall liegt. Dieses Vorgehen wird wiederholt, bis das Intervall so klein ist, dass ein Wert aus diesem Intervall als hinreichend genaue Näherung für die Nullstelle betrachtet werden kann.

Dabei muss die Funktion folgende Bedingungen erfüllen:
1. Der Graph der Funktion kann über dem Intervall in einem Zug gezeichnet werden (stetig).
2. Die Funktionswerte am Anfang und am Ende des Intervalls haben unterschiedliche Vorzeichen.

Die einfachste Art der Intervallschachtelung ist es, das Intervall jedes Mal zu halbieren. Diese Verfahrensweise wird auch **Intervallhalbierungsmethode** (Bisektionsmethode) genannt.

▶ Für die Beendigung dieses Verfahrens muss eine Abbruchbedingung (eine Genauigkeitsforderung) angegeben werden.

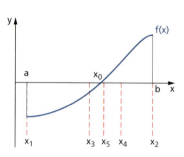

Intervall	Vorzeichenwechsel / Aktion
$[x_1;\ x_2]$	Vorzeichenwechsel — Intervall halbieren
$[x_1;\ x_3]$	kein Vorzeichenwechsel — anderes Teilintervall wählen
$[x_2;\ x_3]$	Vorzeichenwechsel — Intervall halbieren
$[x_3;\ x_4]$	Vorzeichenwechsel — Intervall halbieren

■ Gleichung: $\sqrt[3]{x-1} - x^2 + 8x - 15 = 0$
Für beliebige Funktionswerte gilt: $f(x) = \sqrt[3]{x-1} - x^2 + 8x - 15$
Um ein Anfangsintervall für die Iteration zu finden, berechnet man einige Funktionswerte oder schätzt zumindest ab, ob sie positiv oder negativ sind:

x	1	2	3	4
f(x)	−8	−2	$+\sqrt[3]{2}$	$+\sqrt[3]{3}+1$

Eine Nullstelle liegt zwischen 2 und 3. Die Iteration kann also mit dem Intervall [2; 3] beginnen.

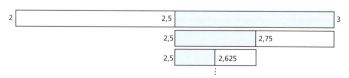

Anfangswerte: 2,0000 und 3,0000

x	f(x)
2,5000000000	−0,1053
2,7500000000	0,6426
2,6250000000	0,2850
2,5625000000	0,0940
2,5312500000	−0,0046
2,5468750000	0,0449
2,5390625000	0,0202
2,5332031250	0,0016
2,5322265625	−0,0015

Nullstelle ≈ 2,5327; Abweichung: 0,000049

5.12.3 Sekantennäherungsverfahren (regula falsi)

Wie beim Verfahren der Intervallschachtelung wird auch beim **Sekantennäherungsverfahren (regula falsi)** vorgegangen.

▶ regula falsi – Regel des falschen Wertes (historische Bezeichnung dieses Verfahrens)

Um die Lösungen der Gleichung $p(x) = 0$ zu bestimmen, wird die Funktion $f(x) = p(x)$ betrachtet. In dem Intervall $[x_0; x_1]$ existiert dann mindestens eine Nullstelle, wenn die Funktion in dem Intervall stetig ist und an den Intervallenden unterschiedliche Vorzeichen hat.

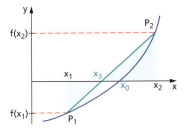

Verbindet man in dem Graphen der Funktion die Punkte $P_1(x_1; f(x_1))$ und $P_2(x_2; f(x_2))$, so erhält man die im obigen Bild hervorgehobene Strahlensatzfigur mit dem Schnittpunkt an der Stelle x_3. Daraus folgt:

$$\frac{x_3 - x_1}{f(x_1)} = -\frac{x_2 - x_3}{f(x_2)},$$

wobei das Minuszeichen den Vorzeichenwechsel von $f(x)$ korrigiert. Die Schnittstelle x_3 der Verbindungsstrecke der Punkte P_1 und P_2 mit der x-Achse ist geeignet, das die Nullstelle einschließende Intervall zu verkleinern. Der Wert von x_3 ergibt sich als:

$$x_3 = x_1 - f(x_1) \cdot \frac{x_2 - x_1}{f(x_2) - f(x_1)}$$

Dieses Vorgehen wird mit dem verkleinerten Intervall wiederholt, bis die geforderte Genauigkeit erreicht ist. Dabei wird derjenige der Punkte P_1 oder P_2 durch den Punkt $P_3(x_3; f(x_3))$ ersetzt, dessen y-Koordinate das Vorzeichen von $f(x_3)$ hat. Die völlig gleichartige Rechnung liefert dann einen Wert x_4. Die iterative Fortsetzung liefert weiter Werte $x_5; \ldots; x_n$.

| | 168 | Überblick |

Gleichungen und Ungleichungen

Begriffe	Beispiele
Ein **Term** ist eine sinnvolle Verknüpfung von Zahlen, Rechenzeichen, Klammern und Variablen.	$2x$ $7(25 - 8)$ $a^2 + 6$
Verbindet man zwei Terme durch ein Gleichheitszeichen (=), so erhält man eine **Gleichung.** Sind zwei Terme durch eines der Zeichen ≤, ≥, <, > oder ≠ miteinander verbunden, so ist es eine **Ungleichung.**	$8(x + 9) = 8x + 72$ $3x + 4x - x \leq 18$
Äquivalenzumformungen sind Termumformungen, bei denen sich die Lösungsmenge einer Gleichung/Ungleichung nicht ändert.	$G = \mathbb{Q}$ $x + 10 = 22 \qquad \mid - 10$ $\qquad x = 12$ $L = \{12\}$

Umformungsregeln für Gleichungen

Addition/Subtraktion desselben Terms auf beiden Seiten der Gleichung	$4x - 1 = 8 \qquad \mid + 1$ $4x = 9$
Multiplikation/Division desselben von 0 verschiedenen Terms (derselben von 0 verschiedenen Zahl) auf beiden Seiten einer Gleichung	$3x = 15 \qquad \mid : 3$ $x = 5$
Vertauschen der Seiten	$5 = 2x - 3$ $2x - 3 = 5$

Umformungsregeln für Ungleichungen

Multiplikation/Division mit der gleichen negativen Zahl führt zur Umkehrung des Relationszeichens. Dies gilt auch für gleiche negative Terme aus der zugehörigen Grundmenge.	$3 - x < -2 \qquad \mid \cdot (-1)$ $-3x + x > 2$
Beim Tausch der Seiten kehrt sich das Relationszeichen ebenfalls um. Sonst gelten die gleichen Regeln wie für Gleichungen.	$-2x \geq 8$ $8 \leq -2$

Wissenstest 6 abrufbar auf **www.lernhelfer.de** oder mit der Lernhelfer-App

Funktionen | 6

6.1 Grundbegriffe und Eigenschaften von Funktionen

6.1.1 Funktionsbegriff

LEONHARD EULER erklärte im Jahre 1749 eine Funktion als veränderliche Größe, die von einer anderen veränderlichen Größe abhängig ist.

▶ functio (lat.) – Geltung; f(x) und y werden häufig gleichwertig nebeneinander benutzt.

> **Definition** Eine **Funktion** f ist eine eindeutige Zuordnung (Abbildung), die jedem Element x aus einer Menge D eindeutig ein Element y aus einer Menge W zuordnet. Es entsteht eine Menge geordneter Paare.
> D heißt **Definitionsbereich**, W **Wertebereich** der Funktion; x nennt man **Argument**, das zugeordnete Element y aus W heißt **Funktionswert** von x und wird auch mit f(x) bezeichnet.

(1; 5), (4; 5)

(4; 3), (3; 3)

(6; 2)

D = {1; 3; 4; 6}
W = {2; 3; 5}

■ Wie viele Schüler die Zensur 1; 2; 3; 4; 5 bzw. 6 erhalten haben, ist aus einem Zensurenspiegel erkennbar:

Zensur	1	2	3	4	5	6
Anzahl	4	7	6	7	0	1

Die Zuordnung der Zensuren zur Anzahl der Schüler mit der jeweiligen Zensur ist eine Funktion.
Es gilt: D = {1; 2; 3; 4; 5; 6}; W = {0; 1; 4; 6; 7}
Die Zuordnungsvorschrift ist der Zensurenspiegel.

Für die Zuordnungsvorschrift benutzt man verschiedene Schreibweisen:
f: x ↦ y; x ∈ D und y ∈ W oder
f: x ↦ f(x); x ∈ D und y ∈ W oder
als Funktionsgleichung y = f(x) oder
{(x; y) : x ∈ D und y ∈ W} (gesprochen: Menge der geordneten Paare x, y mit x aus D und y aus W).
Funktionen können durch eine Zuordnungsvorschrift (meist in Form einer Gleichung) und durch die Angabe des Definitions- bzw. des Wertebereichs beschrieben werden.

■ Jeder reellen Zahl soll ihr Quadrat zugeordnet werden.
Es gilt also: D = ℝ; W = [0; +∞[;
f: x ↦ x^2, also y = x^2.

x	−4	−2	0	2	4
x^2	16	4	0	4	16

Dies ist eine eindeutige Zuordnung (jedem x wird genau das Quadrat von x zugeordnet), also eine Funktion.

6.1.2 Darstellung von Funktionen

Da eine Funktion eine Menge geordneter Paare ist, könnte man alle diese Paare angeben. Bei unendlich vielen geordneten Paaren ist dies allerdings nicht möglich.

Darstellungsmöglichkeiten von Funktionen

Darstellung der Zuordnungsvorschrift	Beispiel Zensurenverteilung	Beispiel Quadrat einer Zahl
Wortvorschrift	Jeder Zensur wird die Anzahl der Schüler zugeordnet, die in der Arbeit diese Zensur erhalten haben.	Jeder Zahl x wird ihr Quadrat zugeordnet.
Funktionsgleichung	hier nicht möglich $D = \{1; 2; 3; 4; 5; 6\}$ $W = \{0; 1; 4; 6; 7\}$	$y = x^2$ $D = \mathbb{R}$ $W = [0; +\infty[$
Wertetabelle	x: 1, 2, 3, 4, 5, 6 / y: 4, 7, 6, 7, 0, 1	x: ..., −2, −1, 0, 1, 2, ... / y: ..., 4, 1, 0, 1, 4, ...
Grafische Darstellung (Graph der Funktion)	(Punktdiagramm Anzahl/Zensuren)	(Parabel $y = x^2$)

Funktionsgraphen werden meist im **kartesischen Koordinatensystem** dargestellt.

Ein Punkt ist durch seine **Koordinaten**, d. h. durch die Abstände zu den Achsen, eindeutig festgelegt. Die Abstände heißen **Abszisse** (x-Wert) und **Ordinate** (y-Wert). Die Achsen bezeichnet man als x-Achse (Abszissenachse bzw. Rechtsachse) und y-Achse (Ordinatenachse, bzw. Hochachse). Die Achsen schneiden einander im **Koordinatenursprung** O mit den Koordinaten (0; 0).

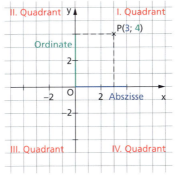

▶ RENÉ DESCARTES (lat. Cartesius, 1596 bis 1650) führte zur Beschreibung von Punkten in der Ebene ein System von zwei rechtwinklig zueinanderliegenden Achsen (Zahlengeraden) und Koordinaten ein.

▶ O ist die Abkürzung für „origo" (lat.) – Ursprung.

Jedem geordneten Paar reeller Zahlen (x; y) wird durch das Koordinatensystem genau ein Punkt der Ebene zugeordnet. Umgekehrt gehört zu jedem Punkt der Ebene genau ein geordnetes Paar reeller Zahlen (x; y). Der Punkt P(3; 4) hat den x-Wert (die Abszisse) 3 und den y-Wert (die Ordinate) 4.

RENÉ DESCARTES
(1596 bis 1650)

6.1.3 Eigenschaften von Funktionen

Monotonie

> **Definition** Eine Funktion heißt in einem Intervall ihres Definitionsbereichs
> – **monoton wachsend (steigend)**, wenn für alle x_1 und x_2 aus dem Intervall gilt: Aus $x_1 < x_2$ folgt immer $f(x_1) \leq f(x_2)$.
> Gilt dabei sogar $f(x_1) < f(x_2)$, so spricht man von **streng monoton wachsend (steigend)**.
> – **monoton fallend**, wenn für alle x_1 und x_2 aus dem Intervall gilt: Aus $x_1 < x_2$ folgt immer $f(x_1) \geq f(x_2)$.
> Gilt dabei sogar $f(x_1) > f(x_2)$, so spricht man von **streng monoton fallend**.

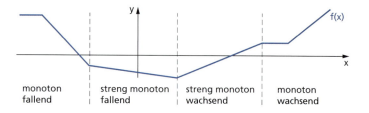

Gerade und ungerade Funktionen

> **Definition** Eine Funktion f heißt **gerade Funktion**, wenn mit x auch (–x) zum Definitionsbereich gehört und für alle Argumente x gilt: $f(-x) = f(x)$

Unterscheiden sich zwei Argumente nur im Vorzeichen, so sind bei geraden Funktionen ihre Funktionswerte gleich.
Die Graphen gerader Funktionen sind achsensymmetrisch zur y-Achse.

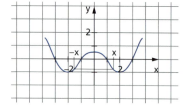

> **Definition** Eine Funktion f heißt **ungerade Funktion,** wenn mit x auch (–x) zum Definitionsbereich gehört und für alle Argumente x gilt: f(–x) = –f(x)

Die Funktionswerte entgegengesetzt liegender Argumente unterscheiden sich nur im Vorzeichen.
Die Graphen ungerader Funktionen sind punktsymmetrisch zum Koordinatenursprung.

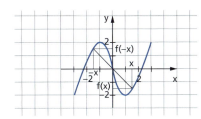

Periodizität

> **Definition** Eine Funktion f heißt **periodische Funktion,** wenn es eine Zahl b > 0 gibt, sodass für jedes x gilt: f(x) = f(x + b)
> Jede solche Zahl b wird **Periode** genannt.

▶ periodos (griech.) – Wiederkehr

Winkelfunktionen sind periodische Funktionen.

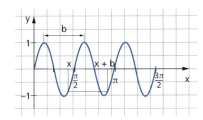

Umkehrbarkeit

> **Definition** Eine Funktion f heißt **umkehrbar eindeutige (eineindeutige) Funktion,** wenn nicht nur jedem Argument eindeutig ein Funktionswert zugeordnet ist, sondern auch umgekehrt zu jedem Funktionswert genau ein Argument gehört.

■ Ein Auto fährt gleichförmig mit einer Geschwindigkeit von 60 $\frac{km}{h}$ eine bestimmte Strecke.
Die Zuordnung „benötigte Zeit ↦ zurückgelegter Weg" ist eindeutig, also eine Funktion.

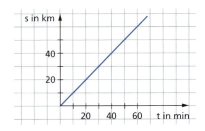

▶ Diese Zuordnung ist sogar umkehrbar eindeutig, weil jeder seit dem Start zurückgelegten Wegstrecke genau eine Zeit zugeordnet werden kann.

■ Die Funktion mit y = f(x) = x² ist nicht umkehrbar eindeutig, denn zu jedem Funktionswert (außer y = 0) gehören zwei Argumente.

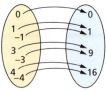

x	0	1	−1	3	−3	4	−4
y	0	1	1	9	9	16	16

▶ inversus (lat.) – umgekehrt

Definition Durch Vertauschen der Elemente in allen Paaren (x; y) einer eineindeutigen Funktion f entsteht wieder eine Funktion. Diese Funktion heißt **Umkehrfunktion (inverse Funktion)** von f und wird mit f^{-1} bezeichnet.

▶ Eine andere Bedeutung von f^{-1} tritt bei den Potenzen auf: $f^{-1} = \frac{1}{f}$

Man erhält die Funktionsgleichung von f^{-1}, indem man y = f(x) nach x auflöst und danach x und y vertauscht; denn es ist üblich, die Elemente des Definitionsbereichs mit x, die Elemente des Wertebereichs mit y zu bezeichnen und die Achsenbenennung beizubehalten.

■ Die Funktion y = x² (D = ℝ; W = [0; +∞[) ist nicht eineindeutig. Verwendet man aber als Definitionsbereich die Menge der nichtnegativen reellen Zahlen (D = [0; +∞[), so hat man eine eineindeutige Funktion.
Bilden der Umkehrfunktion: y = x² wird nach x aufgelöst: $x = \sqrt{y}$
                              x und y werden vertauscht: $y = \sqrt{x}$
$y = \sqrt{x}$ ist also die Umkehrfunktion zu y = x² mit x ≥ 0.

Zeichnet man beide Funktionen in ein Koordinatensystem, so erkennt man, dass die Graphen der beiden Funktionen achsensymmetrisch zur Winkelhalbierenden des I. Quadranten sind. Diese Eigenschaft besitzen alle Graphen von zueinander inversen Funktionen.

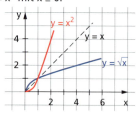

6.1.4 Schnittpunkte von Funktionsgraphen mit den Achsen

Schnittpunkt mit der y-Achse

Definition Die Ordinate des Schnittpunkts eines Funktionsgraphen mit der y-Achse erhält man, indem man für x in der Funktionsgleichung die Zahl 0 einsetzt. Die Ordinate dieses Schnittpunkts mit der y-Achse nennt man auch **y-Achsenabschnitt**.

6.1 Grundbegriffe und Eigenschaften von Funktionen

■ Gegeben ist die Funktion mit der Gleichung y = –3x + 4.
Gesucht ist der Schnittpunkt S ihres Graphen mit der y-Achse.
y = –3x + 4, für x = 0 eingesetzt:
y = –3 · 0 + 4
y = 4
S(0; 4); der y-Achsenabschnitt ist 4.

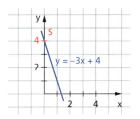

Da Funktionen *eindeutige* Abbildungen sind, existiert für eine Funktion höchstens ein Schnittpunkt ihres Graphen mit der y-Achse.

Schnittpunkte mit der x-Achse; Nullstellen von Funktionen

> **Definition** Die Abszisse des Schnittpunkts eines Funktionsgraphen mit der x-Achse erhält man, indem man für y in der Funktionsgleichung die Zahl 0 einsetzt. Die Abszisse dieses Schnittpunkts mit der x-Achse nennt man auch **Nullstelle** der Funktion.

▶ abscindere (lat.) – trennen

■ Gegeben ist die Funktion mit der Gleichung y = 4x – 2.
Gesucht ist der Schnittpunkt S ihres Graphen mit der x-Achse.
y = 4x – 2, für y = 0 eingesetzt:
0 = 4x – 2 | + 2
2 = 4x | : 4
x = $\frac{1}{2}$
S$\left(\frac{1}{2}; 0\right)$; die Nullstelle ist x = $\frac{1}{2}$.

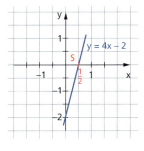

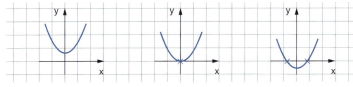

▶ **Funktionsgraphen** haben keinen, einen oder mehrere Schnitt- bzw. Berührungspunkte mit der x-Achse.

■ Gesucht sind die Nullstellen der Funktion mit y = x^2 – x – 6.
0 = x^2 – x – 6
$x_{1;2} = -\frac{p}{2} \pm \sqrt{\left(\frac{p}{2}\right)^2 - q}$
$x_{1;2} = \frac{1}{2} \pm \sqrt{\frac{1}{4} + 6}$
$x_1 = \frac{1}{2} + \frac{5}{2} = 3$; $x_2 = \frac{1}{2} - \frac{5}{2} = -2$

Es gibt zwei Nullstellen x_1 = 3 und x_2 = –2.

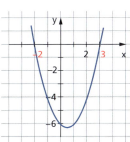

Eigenschaften von Funktionen

Monotonie

monoton fallend: $f(x_1) \geq f(x_4)$ streng monoton fallend: $f(x_2) > f(x_3)$	monoton wachsend: $f(x_1) \leq f(x_3)$ streng monoton wachsend: $f(x_1) < f(x_2)$
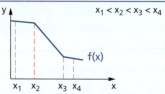	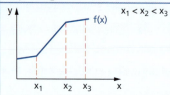

Symmetrie

gerade Funktion: $f(-x) = f(x)$ achsensymmetrisch zur y-Achse	ungerade Funktion: $f(-x) = -f(x)$ punktsymmetrisch zum Koordinatenursprung
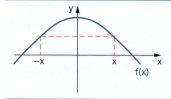	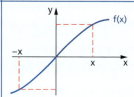

Periodizität

Eine Funktion f heißt periodische Funktion, wenn es eine positive Zahl b gibt, sodass für jedes x gilt: $f(x) = f(x + b)$
Jede Zahl b heißt Periode von f.

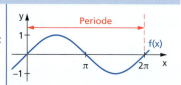

Umkehrbarkeit

Durch Vertauschen der Elemente in allen Paaren (x; y) einer eineindeutigen Funktion f entsteht die Umkehrfunktion (inverse Funktion) von f und wird mit f^{-1} bezeichnet.

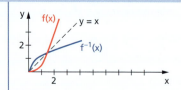

Wissenstest 7 — abrufbar auf www.lernhelfer.de oder mit der Lernhelfer-App

6.2 Proportionalität

> proportio (lat.) – Verhältnis, Ebenmaß

6.2.1 Direkte Proportionalität

> **Definition** Eine **Zuordnung** heißt **direkte Proportionalität,** wenn zwei veränderliche Größen x und y immer den gleichen Quotienten k haben, also gilt: $\frac{y}{x} = k$, d.h. $y = k \cdot x$
>
> y ~ x (gesprochen: y ist proportional zu x)

> Die **direkte Proportionalität** wird oftmals auch nur kurz Proportionalität genannt.

Ein undichter Wasserhahn tropft gleichmäßig. Die Tropfen werden in einem Messbecher aufgefangen und der Wasserverlust wird sechs Stunden lang jede Stunde abgelesen.

Zeit x in h	1	2	3	4	5	6
Wasserverlust y in ml	250	500	750	1 000	1 250	1 500

Zwischen den beiden Größen *Wasserverlust* und *Zeit* besteht eine direkte Proportionalität. Der Wasserverlust ist direkt proportional zur Zeit. Pro Stunde tropfen immer 250 ml Wasser aus dem Hahn.

Direkte Proportionalität zwischen zwei Größen

> Jedes einzelne Merkmal genügt zur Feststellung der direkten Proportionalität.

Merkmale	Beispiel
Je *größer* die eine Größe, desto *größer* die andere Größe. Wird die eine Größe *verdoppelt* (verdreifacht usw.), *verdoppelt* (verdreifacht usw.) sich auch die andere Größe.	Je mehr Zeit vergeht, desto mehr Wasser ist herausgetropft. In der doppelten (dreifachen) Zeit verdoppelt (verdreifacht) sich der Wasserverlust.
Alle Quotienten einander zugeordneter Werte sind gleich **(Quotientengleichheit).** $\frac{y}{x} = k$	$\frac{250\text{ ml}}{1\text{ h}} = \frac{500\text{ ml}}{2\text{ h}} = \frac{750\text{ ml}}{3\text{ h}} = \frac{1\,000\text{ ml}}{4\text{ h}}$ $= \frac{1\,250\text{ ml}}{5\text{ h}} = \frac{1\,500\text{ ml}}{6\text{ h}} = 250\,\frac{\text{ml}}{\text{h}}$
Man kann alle Werte der einen Größe mit dem gleichen Faktor **(Proportionalitätsfaktor k)** multiplizieren und erhält die zugeordneten Werte der anderen Größe.	$250\,\frac{\text{ml}}{\text{h}} \cdot 1\text{ h} = 250\text{ ml}$ $250\,\frac{\text{ml}}{\text{h}} \cdot 2\text{ h} = 500\text{ ml}$ ... $250\,\frac{\text{ml}}{\text{h}} \cdot 6\text{ h} = 1\,500\text{ ml}$ $k = 250\,\frac{\text{ml}}{\text{h}}$
Für die direkte Proportionalität gilt: $y = k \cdot x$	$y = 250\,\frac{\text{ml}}{\text{h}} \cdot x$

Merkmale	Beispiel
Wird der Zusammenhang zwischen den Größen grafisch dargestellt, so liegen alle Punkte auf einer Geraden, die durch den Koordinatenursprung verläuft und nicht mit den Achsen zusammenfällt.	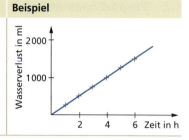

Auf dem Markt kosten 3 kg Äpfel 1,50 €. Wie viel Euro kosten 4 kg Äpfel der gleichen Sorte?

$\frac{1{,}50\ €}{3} = \frac{2{,}00\ €}{4} = 0{,}5$

k = 0,5
y = 0,5 · x

Antwort: 4 kg Äpfel kosten 2,00 €.

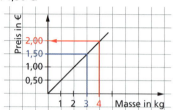

6.2.2 Indirekte Proportionalität

▶ Die **indirekte Proportionalität** wird auch **umgekehrte Proportionalität** oder **Antiproportionalität** genannt.

Definition Eine **Zuordnung** heißt **indirekte Proportionalität**, wenn zwei veränderliche Größen x und y immer das gleiche Produkt k haben, also gilt: y · x = k, d. h. y = k · $\frac{1}{x}$

y ~ $\frac{1}{x}$ (gesprochen: y ist indirekt proportional zu x)

Schließen sich mehrere Lottospieler zu einer Tippgemeinschaft zusammen, so wird bei gleichen Einsätzen der einzelnen Spieler der Gewinn gleichmäßig auf alle Mitglieder verteilt. Die Tabelle zeigt, wie ein Gewinn von 24 000 € auf die Mitglieder einer Tippgemeinschaft in Abhängigkeit von ihrer Anzahl verteilt werden muss.

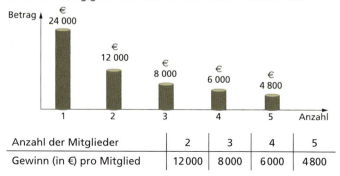

Anzahl der Mitglieder	2	3	4	5
Gewinn (in €) pro Mitglied	12 000	8 000	6 000	4 800

Indirekte Proportionalität zwischen zwei Größen

Merkmale	Beispiel
Je *größer* die eine Größe, desto *kleiner* die andere Größe. Wird die eine Größe *verdoppelt* (verdreifacht usw.), so wird die andere Größe *halbiert* (gedrittelt usw.).	Je mehr Mitglieder die Tippgemeinschaft hat, desto weniger erhält jeder vom Gewinn. Verdoppelt sich die Anzahl der Mitglieder, dann halbiert sich der Gewinn pro Mitglied.
Alle Produkte einander zugeordneter Werte sind gleich **(Produktgleichheit).** $y \cdot x = k$	$2 \cdot 12000\ € = 3 \cdot 8000\ € =$ $4 \cdot 6000\ € = 5 \cdot 4800\ € =$ $6 \cdot 4000\ € = 8 \cdot 3000\ € =$ $10 \cdot 2400\ € = 24000\ €$
Für die indirekte Proportionalität gilt: $y = k \cdot \frac{1}{x} = \frac{k}{x}$	$y = 24000\ € \cdot \frac{1}{x} = \frac{24000\ €}{x}$
Wird der Zusammenhang zwischen den Größen grafisch dargestellt, so liegen alle Punkte auf einer gekrümmten Linie, einem Hyperbelast.	

▶ Jedes einzelne Merkmal genügt zur Feststellung der indirekten Proportionalität.

Bei einer indirekten Proportionalität ändern sich die beiden einander zugeordneten Größen im umgekehrten Verhältnis. Die Produktgleichheit kann zur Berechnung der fehlenden vierten Größe benutzt werden.

■ Sechs Schüler der Klasse 7c wollen ihren Klassenraum neu gestalten. Sie planen dafür vier Stunden ein.
Wie lange dauert die Ausgestaltung, wenn nur drei Schüler die Arbeit ausführen?

Schüleranzahl	Arbeitszeit in h
6	4
3	8

:2 links, ·2 rechts

$6 \cdot 4 = 3 \cdot 8 = 24$
Produktgleichheit ist gegeben:
$y = 24 \cdot \frac{1}{x}$

Antwort:
Wenn drei Schüler den Raum renovieren, dauert es acht Stunden.

6.3 Lineare Funktionen

> **Definition** Eine Funktion mit einer Gleichung der Form
> $y = m \cdot x + n$ (m; n ∈ ℝ) oder einer solchen, die durch äquivalentes Umformen in diese Form überführt werden kann, heißt **lineare Funktion**.

Für lineare Funktionen ist der Definitionsbereich im Allgemeinen die Menge der reellen Zahlen, was auch für den Wertebereich (für m ≠ 0) gilt. Die Zahlen m und n sind **Parameter**.

■ Eine Telefongesellschaft wirbt mit folgendem Angebot:
Monatsgrundpreis: 10 €   Kosten für eine Gesprächsminute: 0,05 €
Sachverhalt mit Gleichung darstellen: $y = 0{,}05\ € \cdot x + 10\ €$

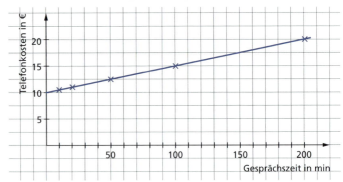

Eine Funktion der Form $y = n$, d. h. $y = m \cdot x + n$ mit m = 0, heißt **konstante Funktion**. Der Graph einer konstanten Funktion mit $y = n$ ist eine Parallele zur x-Achse im Abstand n.

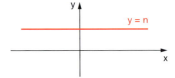

6.3.1 Funktionen mit der Gleichung $y = m \cdot x$

Für Funktionen mit der Gleichung $y = m \cdot x$ (m ≠ 0) gilt:
– Die Graphen bestehen aus Punkten, die auf einer Geraden liegen, die durch den Koordinatenursprung geht.
– m gibt den **Anstieg** (die **Steigung**) der Funktion an.

■ Eine Schnecke benötigt für einen Weg von 12 cm eine Zeit von etwa 1 min. Weg und Zeit sind direkt proportional zueinander.
Welchen Weg legt die Schnecke in 5 min zurück?

6.3 Lineare Funktionen

Zeit t in min	0	1	1,5	2	4	5
Weg s in cm	0	12	18	24	48	60

Funktionsgleichung: y = 12x
Antwort: Die Schnecke legt in fünf Minuten 60 cm zurück.

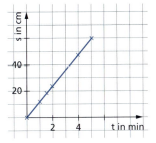

Zeichnen von Funktionsgraphen

Um den Graphen einer linearen Funktion mit y = m·x zu zeichnen, werden nur zwei Punkte benötigt. Als ein Punkt kann immer der Koordinatenursprung gewählt werden.
Einen zweiten Punkt erhält man, indem man
① die Koordinaten dieses Punkts mithilfe der Funktionsgleichung berechnet oder
② den Anstieg m benutzt.

①   y = 1,5x
Für x = 2:   y = 1,5·2
           y = 3
           P(2; 3)

② $y = \frac{3}{4}x$
$m = \frac{3}{4}$: Wenn x um 4 wächst, wächst y um 3.
P(4; 3)

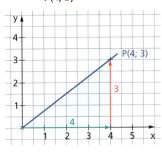

Das eingezeichnete rechtwinklige Dreieck nennt man **Anstiegsdreieck (Steigungsdreieck).**

▶ Anstiegsdreiecke kann man in beliebiger Größe und an beliebiger Stelle des Graphen zeichnen sowie entlang dem Graphen verschieben.

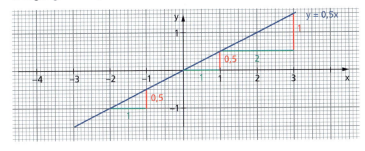

Wenn x um 1 vergrößert wird, verändert sich y um m.

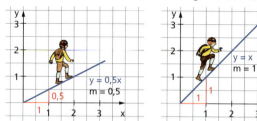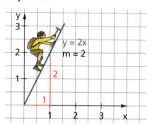

Hinter der Gleichung y = m·x verbirgt sich eine ganze Schar von Funktionsgraphen, die sich nur im Anstieg m unterscheiden.
Für m > 0 steigt die Gerade, für m < 0 fällt die Gerade.

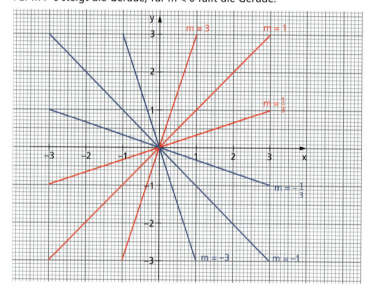

6.3.2 Funktionen mit der Gleichung y = m·x + n

Für Funktionen mit der Gleichung y = m·x + n (m ≠ 0) gilt:
- Die Graphen bestehen aus Punkten, die auf einer Geraden liegen.
- n heißt **absolutes Glied** und gibt an, wo die Gerade die y-Achse schneidet.
- Bei gleichem Anstieg m und unterschiedlichen n sind die Graphen zueinander parallele Geraden.

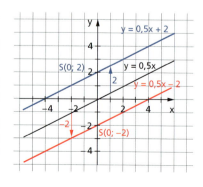

6.3 Lineare Funktionen

In einem Aquarium befinden sich noch 2 l Wasser. Es wird gleichmäßig mit einem Schlauch gefüllt. Pro Minute laufen 1,5 l Wasser hinein. Das Volumen V des Wassers im Aquarium ist eine Funktion der Zeit t mit der Gleichung:

$V = 1{,}5 \frac{l}{min} \cdot t + 2\, l$

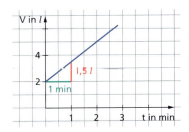

Zeichnen von Funktionsgraphen

Am einfachsten ist das Erstellen einer Wertetabelle.

■ Gleichung: $y = \frac{1}{2}x + 1$

Wertetabelle:

x	–2	0	2	4
y	0	1	2	3

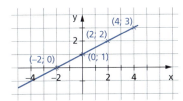

▶ Die Werte in der Tabelle sollen einfach zu bestimmen sein.

■ Gleichung: $y = -\frac{3}{2}x - 1$.

Der Punkt (0; –1) ist der Schnittpunkt mit der y-Achse. Von diesem Punkt aus wird das Steigungsdreieck (um 2 Einheiten nach rechts und um 3 Einheiten nach unten) angetragen.

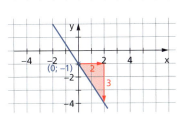

▶ Man kann auch ein Steigungsdreieck und den Schnittpunkt mit der y-Achse (0; n) nutzen.

Nullstellenermittlung

Um die **Nullstelle** einer linearen Funktion (↗ S. 175) zu ermitteln, wird y = 0 gesetzt und die Gleichung nach x aufgelöst.

■ Gesucht ist die Nullstelle der Funktion mit $y = \frac{3}{2}x - 4$.

$0 = \frac{3}{2}x - 4 \qquad |+4$

$4 = \frac{3}{2}x \qquad |:\frac{3}{2}$

$x = \frac{8}{3}$ ist die Nullstelle der Funktion.

Ermitteln der Funktionsgleichung aus zwei Punkten des Graphen

Eine lineare Funktion ist durch zwei Punkte ihres Graphen eindeutig bestimmt. Die Funktionsgleichung lässt sich mithilfe der Lösung eines **Gleichungssystems** bestimmen.

■ Gegeben: $P_1(2; 5)$; $P_2(-2; -1)$ als Punkte des Graphen einer Funktion mit $y = m \cdot x + n$
Gesucht: Funktionsgleichung
Lösung: $P_1(2; 5)$ in $y = m \cdot x + n$ eingesetzt: I $5 = 2m + n$
$P_2(-2; -1)$ eingesetzt:
II $-1 = -2m + n$

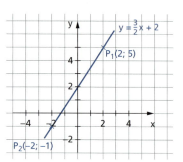

Man erhält ein Gleichungssystem, das hier z. B. durch das Additionsverfahren (↗ S. 146) gelöst werden kann.

I	$5 = 2m + n$		
II	$-1 = -2m + n$		
I + II	$4 = 2n$	in I $5 = 2m + 2$	$\vert -2$
	$n = 2$	$3 = 2m$	$\vert :2$
		$m = \frac{3}{2}$	

Antwort: $y = \frac{3}{2}x + 2$ ist die Funktionsgleichung.

Das dargestellte Verfahren, allgemein auf zwei Punkte $P_1(x_1; y_1)$ und $P_2(x_2; y_2)$ angewandt, liefert die beiden Gleichungen I $y_1 = m \cdot x_1 + n$ und II $y_2 = m \cdot x_2 + n$. Subtrahiert man die zweite Gleichung von der ersten, um n zu eliminieren, erhält man $y_1 - y_2 = m \cdot x_1 - m \cdot x_2 = m \cdot (x_1 - x_2)$.

Satz Ist f eine lineare Funktion mit dem Anstieg m, so gilt für $x_1 < x_2$: $m = \frac{y_2 - y_1}{x_2 - x_1} = \frac{f(x_2) - f(x_1)}{x_2 - x_1}$

Mit diesem Satz kann der Anstieg einer Funktion sofort ermittelt werden und es lässt sich anschließend n berechnen.

■ Gegeben: $P_1(3; 5)$; $P_2(6; 7)$ als Punkte des Graphen einer linearen Funktion mit $y = m \cdot x + n$
Gesucht: Funktionsgleichung
Lösung: $m = \frac{5-7}{3-6} = \frac{-2}{-3} = \frac{2}{3}$
→ $y = \frac{2}{3}x + n$
Werte z. B. von $P_1(3; 5)$ eingesetzt:
$5 = \frac{2}{3} \cdot 3 + n$
$5 = 2 + n$
$n = 3$

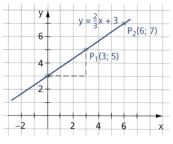

Antwort: $y = \frac{2}{3}x + 3$ ist die Funktionsgleichung.

Lineare Funktionen

$y = m \cdot x$	$y = m \cdot x + n$
Gleichung: $y = 2x$ $\rightarrow m = 2$	Gleichung: $y = 2x - 1$ $\rightarrow m = 2; n = -1$

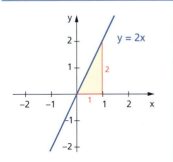 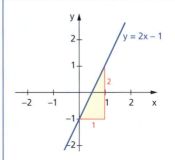

Schnittpunkt mit y-Achse: (0; 0)	Schnittpunkt mit y-Achse: (0; n)
Schnittpunkt mit x-Achse: (0; 0)	Schnittpunkt mit x-Achse: $\left(-\frac{n}{m}; 0\right)$
Nullstelle: $x_0 = 0$	Nullstelle: $x_0 = -\frac{n}{m}$

Konstante Funktion: $y = n$	Stückweise lineare Funktion
Gleichung: $y = 2$ $\rightarrow m = 0; n = 2$	Der Graph besteht aus geradlinigen Stücken mit verschiedenen linearen Gleichungen.

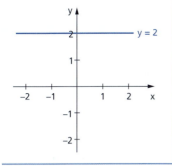 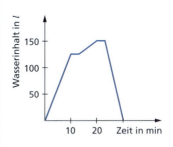

Schnittpunkt mit y-Achse: (0; n)
Schnittpunkt mit x-Achse: keinen für $n \neq 0$
Nullstelle: keine für $n \neq 0$

abrufbar auf www.lernhelfer.de oder mit der Lernhelfer-App   **Wissenstest 8**

6.4 Quadratische Funktionen

> **Definition** Eine Funktion mit einer Gleichung der Form
> $y = a \cdot x^2 + b \cdot x + c$ ($a \neq 0$) oder einer solchen, die durch äquivalentes Umformen in diese Form überführt werden kann, heißt **quadratische Funktion**.
> $a \cdot x^2$ heißt quadratisches Glied, $b \cdot x$ lineares Glied und c konstantes Glied (absolutes Glied).

6.4.1 Graphen quadratischer Funktionen

Die einfachste quadratische Funktion hat die Gleichung $y = x^2$. Das ist der Sonderfall für $a = 1$, $b = 0$ und $c = 0$. Der Graph heißt **Normalparabel**.

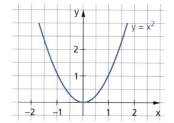

x	−4	−2	−1	0	1	2	3
y	16	4	1	0	1	4	9

▶ Diese **Normalparabel** kann auf unterschiedliche Art verändert werden: Sie kann gestaucht, gestreckt, gespiegelt und verschoben werden.

Eigenschaften der Normalparabel für die Funktion mit $y = x^2$

- Die Kurve ist „nach oben" offen.
- Die Kurve berührt die x-Achse im Koordinatenursprung.
- Die y-Achse ist Symmetrieachse der Kurve.
- Der Punkt P(0; 0) heißt **Scheitelpunkt** der Normalparabel.

Stauchung und Streckung

Der Graph zu $y = a \cdot x^2$ ist für $a = 1$ die Normalparabel.
Der Parameter a bewirkt eine Stauchung oder Streckung der Parabel, wenn $a > 0$ ist.
$0 < a < 1$: Parabel wird gestaucht.
$a > 1$: Parabel wird gestreckt.

x	−2	−1	0	1	2
$y = x^2$	4	1	0	1	4
$y = 2x^2$	8	2	0	2	8
$y = \frac{1}{2}x^2$	2	$\frac{1}{2}$	0	$\frac{1}{2}$	2

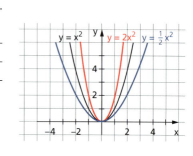

Spiegelung

Graphen der Funktionen mit $y = a \cdot x^2$ entstehen durch Spiegelung an der x-Achse, wenn $a < 0$ ist.
Der Graph der Funktion mit $y = -x^2$ ist eine Normalparabel.

x	-2	-1	0	1	2	3
$y = x^2$	4	1	0	1	4	9
$y = -x^2$	-4	-1	0	-1	-4	-9

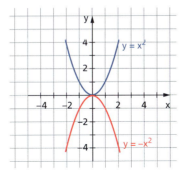

Verschiebung der Normalparabel längs der y-Achse

Zur Funktion mit $y = x^2$ gehört der Graph mit dem Scheitelpunkt S im Koordinatenursprung.
Bei $y = x^2 + c$ ($c \in \mathbb{R}$) wird zu jedem Funktionswert $y = x^2$ der Betrag von c addiert oder subtrahiert, je nachdem ob c positiv oder negativ ist.
Der Graph der Funktion $y = x^2 + c$ entsteht durch Verschiebung der Normalparabel entlang der y-Achse.
Ansonsten ändert sich an der Gestalt der Normalparabel nichts.

$c > 0$: Verschiebung entlang der y-Achse nach oben
$c < 0$: Verschiebung entlang der y-Achse nach unten

x	-2	-1	0	1	2
$y = x^2$	4	1	0	1	4
$y = x^2 - 2$	2	-1	-2	-1	2
$y = x^2 + 2$	6	3	2	3	6

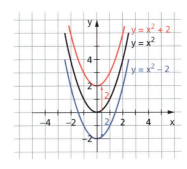

Verschiebung der Normalparabel längs der x-Achse

Wird die Normalparabel $y = x^2$ in Richtung der negativen x-Achse um den Wert d verschoben, so hat der Scheitelpunkt S die Koordinaten S(–d; 0) und die Parabel die Gleichung $y = (x + d)^2$.

$d < 0$: Verschiebung der Parabel $y = x^2$ entlang der x-Achse in positiver Richtung
$d > 0$: Verschiebung der Parabel $y = x^2$ entlang der x-Achse in negativer Richtung

x	−2	−1	0	1	2
y = x²	4	1	0	1	4
y = (x − 2)²	16	9	4	1	0
y = (x + 2)²	0	1	4	9	16

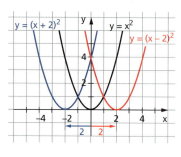

**Verschiebung der Normalparabel
in Richtung der x-Achse und der y-Achse**

▶ Bei Gleichungen der Form $y = (x + d)^2 + e$ lassen sich die Koordinaten des **Scheitelpunkts** $S(-d; e)$ ablesen. Diese Form der Gleichung heißt **Scheitelpunktsform**.

Wird die Normalparabel in Richtung der x-Achse und der y-Achse verschoben, so hat die Parabel die Gleichung $y = (x + d)^2 + e$.

Normalparabel wird entlang der x-Achse um d verschoben.

Normalparabel wird entlang der y-Achse um e verschoben.

Normalparabel wird entlang der x-Achse und der y-Achse verschoben.

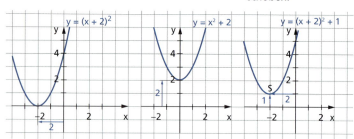

6.4.2 Nullstellen der Funktionen mit $y = x^2 + p \cdot x + q$

Neben dem Scheitelpunkt sind die Schnitt- bzw. Berührungspunkte mit der x-Achse besondere Punkte der Parabel. Da dort die Ordinate den Wert 0 hat, heißen die Abszissen auch **Nullstellen**. Unmittelbar aus der Anschauung ergibt sich, dass eine Funktion mit $y = a \cdot x^2 + b \cdot x + c$ zwei Nullstellen, genau eine Nullstelle oder keine Nullstelle haben kann.
Bei der Berechnung der Nullstellen quadratischer Funktionen ist der Fall a = 1 besonders häufig. Die Funktionsgleichung hat dann die Form $y = x^2 + b \cdot x + c$, meist geschrieben in der Form $y = x^2 + p \cdot x + q$.
Die Koordinaten des Scheitelpunkts sind wegen

$$x^2 + p \cdot x + q = \left(x + \frac{p}{2}\right)^2 + \left(-\left(\frac{p}{2}\right)^2 + q\right) \qquad S(x_S; y_S) = S\left(-\frac{p}{2}; -\left(\frac{p}{2}\right)^2 + q\right).$$

▶ discriminare (lat.) – unterscheiden

Der Term $\left(\frac{p}{2}\right)^2 - q$ wird als **Diskriminante** D bezeichnet, also $S\left(-\frac{p}{2}; -D\right)$.
Ob eine quadratische Funktion zwei, genau eine oder keine Nullstellen hat, hängt von der Ordinate des Scheitelpunkts ab.

6.4 Quadratische Funktionen

Diskriminante D	D > 0	D = 0	D < 0
Anzahl der Nullstellen	2 Nullstellen	eine (doppelte) Nullstelle	keine Nullstelle
Graph			

	Beispiel:	Beispiel:	Beispiel:
Gleichung	$y = x^2 - 2x - 3$	$y = x^2 - 2x + 1$	$y = x^2 - 2x + 3$
Scheitelpunkt	$S(1; -4)$	$S(1; 0)$	$S(1; 2)$
Diskriminante	$D = 4$	$D = 0$	$D = -2$
Nullstellen	$x_1 = 3; x_2 = -1$	$x_{1;2} = 1$	keine Nullstelle
Graph			

6.4.3 Funktionen mit $y = a \cdot x^2 + b \cdot x + c$

Für die allgemeine Form einer quadratischen Funktion mit
$y = a \cdot x^2 + b \cdot x + c$ gilt:

Funktionsgleichung	$y = a \cdot x^2 + b \cdot x + c$	$y = 4x^2 - 8x + 3$
Definitionsbereich	$-\infty < x < \infty$	$-\infty < x < \infty$
Wertebereich	$\dfrac{4a \cdot c - b^2}{4a} \le y < \infty \quad$ für $a > 0$ $-\infty < y \le \dfrac{4a \cdot c - b^2}{4a} \quad$ für $a < 0$	$-1 \le y \le \infty$
Scheitelpunkt	$S\left(-\dfrac{b}{2a}; \dfrac{4a \cdot c - b^2}{4a}\right)$	$S(1; -1)$
Nullstellen	$x_{1;2} = \dfrac{1}{2a}\left(-b \pm \sqrt{b^2 - 4a \cdot c}\right)$	$x_1 = 0{,}5; x_2 \approx 1{,}5$

Die allgemeine Form einer quadratischen Funktionsgleichung
$y = a \cdot x^2 + b \cdot x + c$ (a, b, c$\in\mathbb{R}$; a ≠ 0) stellt eine Verallgemeinerung quadratischer Funktionen dar:

für b = c = 0:		$y = a \cdot x^2$
für b = 0; a = 1:		$y = x^2 + c$
für a = 1; b = p; c = q:		$y = x^2 + p \cdot x + q$

Quadratische Funktionen

Normalform

$y = x^2 + p \cdot x + q$

Scheitelpunkt: $S\left(-\frac{p}{2}; -D\right)$ $\quad D = \left(\frac{p}{2}\right)^2 - q$ (Diskriminante)

Nullstellen: $\quad D > 0 \to$ zwei $\quad D = 0 \to$ eine $\quad D < 0 \to$ keine

Spezialfälle

$y = a \cdot x^2$

Für $0 < a < 1$: Parabel wird gestaucht.
Für $a > 1$: Parabel wird gestreckt.
Für $a < 0$: Spiegelung an der x-Achse
Für $a = 1$: $y = x^2$ (Normalparabel)

Scheitelpunkt: $S(0; 0)$
Nullstelle: $x_0 = 0$

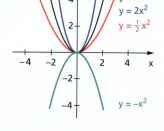

$y = x^2 + c$ (Normalparabel)
c gibt die Verschiebung entlang der y-Achse an.

Scheitelpunkt: $S(0; c)$
Nullstellen: $\quad c > 0: \to$ keine
$\quad c = 0: \to$ eine
$\quad c < 0: \to$ zwei

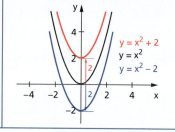

Scheitelpunktsform

$y = (x + d)^2 + e$ (Normalparabel)

d gibt die Verschiebung entlang der x-Achse und

e gibt die Verschiebung entlang der y-Achse an.

Scheitelpunkt: $S(-d; e)$

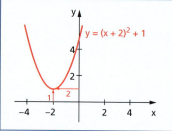

Wissenstest 9 — abrufbar auf **www.lernhelfer.de** oder mit der Lernhelfer-App

6.5 Potenzfunktionen

> **Definition** Funktionen mit Gleichungen der Form $y = x^n$ ($x \in \mathbb{R}$, $n \in \mathbb{Z}$) heißen **Potenzfunktionen.**

Der Parameter n heißt Grad der Potenzfunktion.
Es ist zweckmäßig, eine Einteilung der Potenzfunktionen in Abhängigkeit vom Exponenten n vorzunehmen.

6.5.1 Potenzfunktionen mit geraden Exponenten

Ist der Exponent n in $y = x^n$ eine gerade Zahl ($n = 2k$ mit $k \in \mathbb{Z}$), so liegen **gerade Funktionen** (↗ S. 172) vor. Die y-Achse ist die Symmetrieachse für alle diese Funktionsgraphen. Man kann folgende Fälle unterscheiden:

$y = x^{2k}$	$k > 0$	$k = 0$	$k < 0$
Definitionsbereich	$-\infty < x < \infty$	$-\infty < x < \infty$; $x \neq 0$, da 0^0 nicht erklärt	$-\infty < x < \infty$; $x \neq 0$
Wertebereich	$0 \leq y < \infty$	$y = 1$	$0 < y < \infty$
Nullstelle	$x = 0$	keine	keine
Gemeinsame Punkte aller Graphen	(−1; 1), (0; 0), (1; 1)		(−1; 1), (1; 1)
Besonderheiten	Die quadratische Funktion mit $y = x^2$ ist ein Spezialfall der Potenzfunktionen. Ihr Graph heißt **Normalparabel.**	Die Funktion $y = x^0$ ist eine lineare (konstante) Funktion mit dem Anstieg $m = 0$. Der Graph ist eine **Parallele** zur x-Achse.	Die Graphen schmiegen sich an die x-Achse und an die y-Achse an, erreichen diese aber nicht. Die Graphen heißen **Hyperbeln.**
Beispiele			

Die Graphen der Funktionen $y = x^2$, $y = x^4$, … heißen Parabeln zweiten, vierten, … Grades und die der Funktionen $y = x^{-2}$, $y = x^{-4}$, … Hyperbeln zweiten, vierten, … Grades. Die Hyperbeln bestehen aus zwei Ästen.

6.5.2 Potenzfunktionen mit ungeraden Exponenten

Ist der Exponent n in $y = x^n$ eine ungerade Zahl ($n = 2k + 1$ mit $k \in \mathbb{Z}$), so liegen **ungerade Funktionen** (↗ S. 173) vor.
Die Funktionsgraphen sind punktsymmetrisch (zentralsymmetrisch) zum Koordinatenursprung.
Bezüglich der Potenzfunktionen mit ungeraden Exponenten kann man folgende Fälle unterscheiden:

$y = x^{2k+1}$	$k > 0$	$k = 0$	$k < 0$
Definitionsbereich	$-\infty < x < \infty$	$-\infty < x < \infty$	$-\infty < x < \infty$; $x \neq 0$
Wertebereich	$-\infty < y < \infty$	$-\infty < y < \infty$	$-\infty < y < \infty$; $y \neq 0$
Nullstelle	$x = 0$	$x = 0$	keine
Gemeinsame Punkte aller Graphen	$(-1; -1)$, $(0; 0)$, $(1; 1)$		$(-1; -1)$, $(1; 1)$
Besonderheiten	Der Graph der Funktion mit $y = x^3$ heißt **kubische Parabel**.	Die Funktion $y = x^1$ ist eine **lineare Funktion** mit dem Anstieg $m = 1$. Ihr Graph ist eine **Gerade,** die durch den Koordinatenursprung geht.	Die Funktion mit $y = x^{-1} = \frac{1}{x}$ beschreibt eine indirekte Proportionalität. Es gibt keine Schnittpunkte mit den Achsen. Ihr Graph heißt **Hyperbel(ast)**.
Beispiele			

Die Graphen der Funktionen $y = x^3$, $y = x^5$, ... heißen Parabeln dritten, fünften, ... Grades.
Die Graphen der Funktionen $y = x^{-1}$, $y = x^{-3}$, ... heißen Hyperbeln ersten, dritten, ... Grades. Sie bestehen aus zwei Teilen, den Hyperbelästen.
Die Hyperbeläste kommen den Achsen immer näher, ohne sie jemals zu berühren. Man nennt dies **asymptotische** Annäherung.
Die Funktionen mit $y = x^{2k+1}$ ($k \in \mathbb{N}$) sind eineindeutig.
Die Umkehrfunktionen heißen Wurzelfunktionen.

6.6 Wurzelfunktionen

> **Definition** Funktionen mit Gleichungen der Form
> $y = \sqrt[n]{x^m}$ ($x \geq 0$; m, n ∈ ℕ; m ≥ 1; n ≥ 2) heißen **Wurzelfunktionen**.

Wurzelfunktionen sind spezielle Potenzfunktionen, wenn bei diesen die Exponenten nicht nur ganze Zahlen, sondern auch gebrochene Zahlen sein dürfen:
$\sqrt[n]{x^m} = x^{\frac{m}{n}}$

6.6.1 Funktionen mit $y = \sqrt[2]{x}$

Die Funktion mit $y = \sqrt{x}$ ist die Umkehrfunktion zu $y = x^2$, jedoch nur für den Bereich nichtnegativer x-Werte, da $y = x^2$ nicht eineindeutig ist.
Gemeinsame Punkte der beiden Funktionen sind (0; 0) und (1; 1).
Da $y = x^2$ für $x \geq 0$ monoton steigend ist, ist es auch $y = \sqrt{x}$.

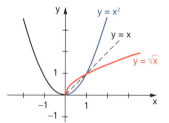

▶ Statt $\sqrt[2]{x}$ kann auch nur $\sqrt{x}$ geschrieben werden.

Quadrieren ist keine äquivalente Umformung.
Also ist $y = \sqrt{x}$ nicht äquivalent zu $y^2 = x$.
Zieht man wieder auf beiden Seiten die Wurzeln, dann erhält man nach der Quadratwurzeldefinition $|y| = \sqrt{x}$ mit der Fallunterscheidung
① $y \geq 0 \rightarrow y = \sqrt{x}$ und
② $y < 0 \rightarrow y = -\sqrt{x}$.

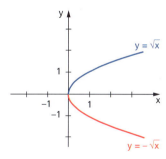

6.6.2 Funktionen mit $y = \sqrt[n]{x}$

Der Zusammenhang zwischen $y = x^2$ und $y = \sqrt{x}$, zueinander inverse Funktionen zu sein, gilt entsprechend für $y = x^n$ (n ∈ ℕ; n ≥ 2) und $y = \sqrt[n]{x}$, auch hier wieder nur für $x \geq 0$.

Definitionsbereich: $0 \leq x < \infty$
Wertebereich: $0 \leq y < \infty$
Nullstelle: $x = 0$
Gemeinsame Punkte
aller Graphen: (0; 0), (1; 1)
Monotonie: monoton steigend

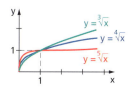

6.7 Exponentialfunktionen

6.7.1 Funktionen mit $y = a^x$

> **Definition** Funktionen mit Gleichungen der Form $y = a^x$ ($a \in \mathbb{R}$; $a > 0$) heißen **Exponentialfunktionen**.

Eigenschaften und Graphen

- Definitionsbereich:
  Die Funktionen sind für alle reellen Werte von x definiert.
- Wertebereich:
  Es ist $a^x > 0$ für alle Werte von x.
- Die Funktionsgraphen von $y = a^x$ und $y = \left(\frac{1}{a}\right)^x$ gehen durch Spiegelung an der y-Achse ineinander über.
- Die Graphen aller Exponentialfunktionen haben als gemeinsamen Punkt den Punkt (0; 1).
- $y = a^x$ ist für $a > 1$ monoton steigend, für $0 < a < 1$ monoton fallend und damit ist $y = a^x$ eineindeutig.

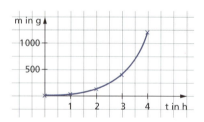

Zur Förderung von Gärungsprozessen werden oft Hefen eingesetzt.
Die Anzahl der Hefezellen in der Nährlösung verdreifacht sich stündlich. Es werden 15 g Hefe angesetzt:
$y = 15 \cdot 3^t$

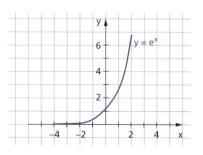

6.7.2 Funktionen mit $y = e^x$

Bei Wachstums- oder Zerfallsprozessen (z. B. radioaktiver Zerfall) spielt die sogenannte eulersche Zahl eine besondere Rolle, die durch den Buchstaben e symbolisiert wird und um deren Untersuchung sich EULER (1707 bis 1783) verdient gemacht hat. Der „genaue" Wert der Zahl e ist 2,7182818…

LEONHARD EULER

6.8 Logarithmusfunktionen

6.8.1 Funktionen mit y = log_a x

Definition Funktionen mit Gleichungen der Form $y = \log_a x$ (a, x ∈ ℝ; a, x > 0; a ≠ 1) heißen **Logarithmusfunktionen**.

Eigenschaften

- Die Logarithmusfunktionen mit $y = \log_a x$ sind die Umkehrfunktionen der Exponentialfunktionen mit $y = a^x$.
- Der Definitionsbereich ist das Intervall $D = \,]0;\infty[$, der Wertebereich ist das Intervall $W = \,]-\infty;\infty[$.
- Die Graphen haben den Punkt (1; 0) gemeinsam.
- Die Logarithmusfunktionen $y = \log_a x$ sind für a > 1 streng monoton steigend, für 0 < a < 1 streng monoton fallend.

Graphen von Logarithmus- und Exponentialfunktionen

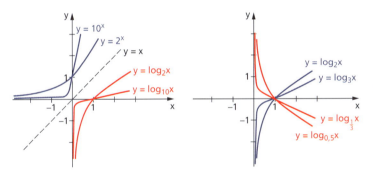

JOHN NAPIER
(1550 bis 1617)

6.8.2 Funktionen mit y = lg x und y = ln x

	y = lg x	y = ln x
Basis	10	e
Symbol	lg	ln
Bezeichnung	dekadischer Logarithmus, briggsscher Logarithmus	natürlicher Logarithmus, neperscher Logarithmus (nach JOHN NAPIER)
Beziehung	$10^{\lg x} = e^{\ln x} = x$	

▶ JOHN NAPIER brachte die erste Logarithmentafel 1614 heraus. **HENRY BRIGGS** (1561 bis 1631) benutzte erstmals **dekadische Logarithmen** in seinen Tafeln.

6.9 Winkelfunktionen (trigonometrische Funktionen)

6.9.1 Sinus, Kosinus, Tangens und Kotangens am rechtwinkligen Dreieck

Im rechtwinkligen Dreieck gibt es Zusammenhänge zwischen je zwei Seiten des Dreiecks und einem der Hypotenuse anliegenden Winkel. Da alle rechtwinkligen Dreiecke, die auch in einem weiteren Winkel übereinstimmen, zueinander ähnlich sind (Hauptähnlichkeitssatz), lassen sich für einen festen Winkel die folgenden Quotienten eindeutig bestimmen:

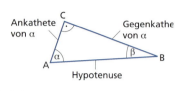

Bezeichnung	Abkürzung	Längenverhältnis	Beispiel	
Sinus	sin	$\dfrac{\text{Gegenkathete}}{\text{Hypotenuse}}$		$\sin\alpha = \dfrac{a}{c}$
Kosinus	cos	$\dfrac{\text{Ankathete}}{\text{Hypotenuse}}$		$\cos\alpha = \dfrac{b}{c}$
Tangens	tan	$\dfrac{\text{Gegenkathete}}{\text{Ankathete}}$		$\tan\alpha = \dfrac{a}{b}$
Kotangens	cot	$\dfrac{\text{Ankathete}}{\text{Gegenkathete}}$		$\cot\alpha = \dfrac{b}{a}$

6.9.2 Winkelfunktionen am Kreis

Die am rechtwinkligen Dreieck erklärten Beziehungen Sinus, Kosinus, Tangens und Kotangens werden nun so erweitert, dass sie auch für Winkel bis 360° (2π) gelten. Man betrachtet dazu am Kreis einen veränderlichen Winkel, wobei der eine Schenkel der x-Achse zugeordnet ist, der andere Schenkel in mathematisch positivem Sinn (also entgegen dem Uhrzeigersinn) beweglich ist.

Die Bilder verdeutlichen dies für die Sinusfunktion bei spitzen, stumpfen und überstumpfen Winkeln:

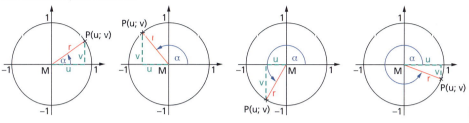

Für die folgenden Definitionen gilt immer:
$0° < α < 360°$; $r > 0$; $r, u, v \in \mathbb{R}$; $-r \leq v$, $u \leq r$

Definition Die **Sinusfunktion** ist die Menge aller geordneten Paare $\left(x; \frac{v}{r}\right)$.

Funktionsgleichung: $y = \sin α$

Definition Die **Kosinusfunktion** ist die Menge aller geordneten Paare $\left(x; \frac{u}{r}\right)$.

Funktionsgleichung: $y = \cos α$

Definition Die **Tangensfunktion** ist die Menge aller geordneten Paare $\left(x; \frac{v}{u}\right)$.

Funktionsgleichung: $y = \tan α$

Definition Die **Kotangensfunktion** ist die Menge aller geordneten Paare $\left(x; \frac{u}{v}\right)$.

Funktionsgleichung: $y = \cot α$

Wählt man als Radius 1 LE (der Kreis wird dann **Einheitskreis** genannt), so entsprechen die Maßzahlen der Abszisse bzw. Ordinate den Funktionswerten der Sinus- bzw. Kosinusfunktion.
Der Mittelpunkt M des Kreises ist auch Ursprung eines rechtwinkligen Koordinatensystems mit gleich geteilten Achsen.

▶ LE → Längeneinheit

6.9.3 Graphen und Eigenschaften der Winkelfunktionen

Grad- und Bogenmaß

Beim Rechnen mit Winkelfunktionen können die Winkelangaben im **Gradmaß** oder im **Bogenmaß** erfolgen.

▶ arcus (lat.) – Bogen

Definition Das Bogenmaß eines Winkels ist das Verhältnis aus dem zu einem Winkel α gehörenden Kreisbogen b und dem Radius r des Kreises. Es wird mit **Arkus** (kurz: arc) bezeichnet.

$$\text{arc}\,\alpha = \frac{b}{r} = \frac{\pi r \alpha}{180° \cdot r} = \frac{\pi}{180} \cdot \alpha$$

■ Für $\alpha = 23°$ gilt: $\text{arc}\,\alpha = \frac{\pi \cdot \alpha}{180°}$

$\text{arc}\,23° = \frac{\pi \cdot 23°}{180°}$

$\text{arc}\,23° = 0{,}401$

Für $\text{arc}\,\alpha = 0{,}56$ gilt: $\alpha = \frac{\text{arc}\,\alpha \cdot 180°}{\pi}$

$\alpha = \frac{0{,}56 \cdot 180°}{\pi}$

$\alpha = 32{,}1°$

Erweiterung des Winkelbegriffs

Geht man davon aus, dass ein Schenkel eines Winkels fest und der andere beweglich ist, so lässt sich der Winkelbegriff erweitern:
Jede weitere volle Umdrehung des beweglichen Schenkels vergrößert den Winkel um $2\pi = 360°$; eine Drehung in mathematisch negativer Richtung wird negativ gezählt. Eine volle Umdrehung in mathematisch negativer Richtung kennzeichnet also einen Winkel von $-2\pi = -360°$.
Die Definition der Winkelfunktionen wird auf diese Winkel erweitert.
Dadurch sind die Winkelfunktionen periodische Funktionen und es gilt:
① für $0 \leq x \leq 2\pi$:
   $\sin x = \sin(x + 2k\pi)$ und $\cos x = \cos(x + 2k\pi)$ ($x \in \mathbb{R}; k \in \mathbb{Z}$)
② für $0 \leq x \leq \pi$:
   $\tan x = \tan(x + k\pi)$ und $\cot x = \cot(x + k\pi)$ ($x \in \mathbb{R}; k \in \mathbb{Z}$)

Graphen und Eigenschaften

Die Graphen der Winkelfunktionen lassen sich unmittelbar aus der Darstellung am Einheitskreis entwickeln, z. B. Graph der Sinusfunktion:

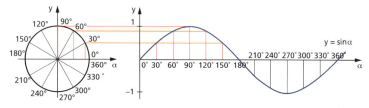

Eigenschaften

Sinusfunktion
Funktionsgleichung:	$y = \sin x$
Definitionsbereich:	$-\infty < x < \infty$
Wertebereich:	$-1 \leq y \leq 1$
Kleinste Periodenlänge:	2π
Nullstellen:	$0 + k\pi \ (k \in \mathbb{Z})$
Symmetrieeigenschaften:	ungerade Funktion
Monotonie:	für $-\frac{\pi}{2} + 2k\pi \leq x \leq \frac{\pi}{2} + 2k\pi \ (k \in \mathbb{Z})$ monoton steigend
	für $\frac{\pi}{2} + 2k\pi \leq x \leq \frac{3\pi}{2} + 2k\pi \ (k \in \mathbb{Z})$ monoton fallend
Vorzeichen des Funktionswertes:	$y \geq 0$ für $0 + 2k\pi \leq x \leq \pi + 2k\pi \ (k \in \mathbb{Z})$
	$y \leq 0$ für $\pi + 2k\pi \leq x \leq 2\pi + 2k\pi \ (k \in \mathbb{Z})$
Besondere Stellen:	$y = 1$ für $x = \frac{\pi}{2} + 2k\pi \ (k \in \mathbb{Z})$
	$y = -1$ für $x = \frac{3\pi}{2} + 2k\pi \ (k \in \mathbb{Z})$

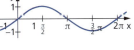

Kosinusfunktion
Funktionsgleichung:	$y = \cos x$
Definitionsbereich:	$-\infty < x < \infty$
Wertebereich:	$-1 \leq y \leq 1$
Kleinste Periodenlänge:	2π
Nullstellen:	$\frac{\pi}{2} + k\pi \ (k \in \mathbb{Z})$
Symmetrieeigenschaften:	gerade Funktion
Monotonie:	für $\pi + 2k\pi \leq x \leq 2\pi + 2k\pi \ (k \in \mathbb{Z})$ monoton steigend
	für $0 + 2k\pi \leq x \leq \pi + 2k\pi \ (k \in \mathbb{Z})$ monoton fallend
Vorzeichen des Funktionswertes:	$y \geq 0$ für $-\frac{\pi}{2} + 2k\pi \leq x \leq \frac{\pi}{2} + 2k\pi \ (k \in \mathbb{Z})$
	$y \leq 0$ für $\frac{\pi}{2} + 2k\pi \leq x \leq \frac{3\pi}{2} + 2k\pi \ (k \in \mathbb{Z})$
Besondere Stellen:	$y = 1$ für $x = 0 + 2k\pi \ (k \in \mathbb{Z})$
	$y = -1$ für $x = \pi + 2k\pi \ (k \in \mathbb{Z})$

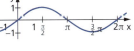

Tangensfunktion
Funktionsgleichung:	$y = \tan x$
Definitionsbereich:	$-\infty < x < \infty$
	$x \neq (2k + 1)\frac{\pi}{2}$
	$(k \in \mathbb{Z})$
Wertebereich:	$-\infty < y < \infty$
Kleinste Periodenlänge:	π
Nullstellen:	$0 + k\pi \ (k \in \mathbb{Z})$
Symmetrieeigenschaften:	ungerade Funktion
Monotonie:	monoton steigend
Vorzeichen des Funktionswertes:	$y \geq 0$ für $0 + k\pi \leq x < +k\pi \ (k \in \mathbb{Z})$
	$y \leq 0$ für $- + k\pi < x \leq 0 + k\pi \ (k \in \mathbb{Z})$

Kotangensfunktion

Funktionsgleichung:	$y = \cot x$
Definitionsbereich:	$-\infty < x < \infty$
	$x \neq k\pi$ $(k \in \mathbb{Z})$
Wertebereich:	$-\infty < y < \infty$
Kleinste Periodenlänge:	π
Nullstellen:	$\frac{\pi}{2} + k\pi$ $(k \in \mathbb{Z})$
Symmetrieeigenschaften:	ungerade Funktion
Monotonie:	monoton fallend
Vorzeichen des Funktionswertes:	$y \geq 0$ für $0 + k\pi \leq x \leq \frac{\pi}{2} + k\pi$ $(k \in \mathbb{Z})$
	$y \leq 0$ für $-\frac{\pi}{2} + 2k\pi \leq x \leq 0 + k\pi$ $(k \in \mathbb{Z})$

Spezielle Werte von Winkelfunktionen

Gradmaß	0°	30°	45°	60°	90°	120°	135°	150°	180°
Bogenmaß	0	$\frac{\pi}{6}$	$\frac{\pi}{4}$	$\frac{\pi}{3}$	$\frac{\pi}{2}$	$\frac{2\pi}{3}$	$\frac{3\pi}{4}$	$\frac{5\pi}{6}$	π
$y = \sin x$	0	$\frac{1}{2}$	$\frac{1}{2}\sqrt{2}$	$\frac{1}{2}\sqrt{3}$	1	$\frac{1}{2}\sqrt{3}$	$\frac{1}{2}\sqrt{2}$	$\frac{1}{2}$	0
$y = \cos x$	1	$\frac{1}{2}\sqrt{3}$	$\frac{1}{2}\sqrt{2}$	$\frac{1}{2}$	0	$-\frac{1}{2}$	$-\frac{1}{2}\sqrt{2}$	$-\frac{1}{2}\sqrt{3}$	-1
$y = \tan x$	0	$\frac{1}{3}\sqrt{3}$	1	$\sqrt{3}$	n. def.	$-\sqrt{3}$	-1	$-\frac{1}{3}\sqrt{3}$	0
$y = \cot x$	n. def.	$\sqrt{3}$	1	$\frac{1}{3}\sqrt{3}$	0	$-\frac{1}{3}\sqrt{3}$	-1	$-\sqrt{3}$	n. def.

▶ Die Werte für die Tangens- und Kotangensfunktion lassen sich als Quotienten dieser Funktionen ausdrücken.

Für numerisches Rechnen benutzt man einfach die Werte, die der Taschenrechner für die Sinus- und Kosinusfunktion liefert.

Funktionen mit $y = a \cdot \sin(b \cdot x + c)$

In der Physik werden u. a. zur mathematischen Beschreibung elektromagnetischer Schwingungen Funktionen mit $y = a \cdot \sin(b \cdot x + c)$ verwendet.

> **Definition** In der Funktion mit $y = a \cdot \sin x$ heißt a ($a \neq 0$) die **Amplitude** der Sinuskurve. a gibt den maximalen Ordinatenwert an.

Das Bild zeigt Graphen von $y = a \cdot \sin x$.
- $a > 1$: Streckung in Richtung der y-Achse
- $0 < a < 1$: Stauchung in Richtung der y-Achse
- $a < 0$: Spiegelung an der x-Achse

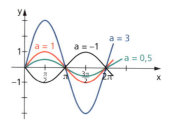

6.9 Winkelfunktionen (trigonometrische Funktionen)

> **Definition** In der Funktion mit y = sin b·x heißt b (b ≠ 0) die **Frequenz** der Sinuskurve. Die Frequenz gibt die Anzahl der vollständigen Perioden in einem Intervall der Länge 2π an.

Das Bild zeigt Graphen von y = sin b·x.
b > 1:   Stauchung in Richtung der x-Achse
0 < b < 1: Streckung in Richtung der x-Achse
b < 0:   Spiegelung an der x-Achse

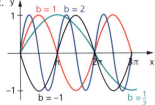

Weil die Funktion y = sin x Nullstellen für Argumentwerte kπ (k ∈ ℤ) hat, ergeben sich die Nullstellen für y = sin b·x aus b·x = kπ: $x = \frac{\pi}{b}k$

> **Definition** In der Funktion mit y = sin(x + c) heißt c **Phasenverschiebung** der Sinuskurve.

Das Bild zeigt Graphen von y = sin(x + c).
c > 0:   Verschiebung in Richtung der x-Achse nach links
c = 0:   keine Phasenverschiebung
c < 0:   Verschiebung in Richtung der x-Achse nach rechts

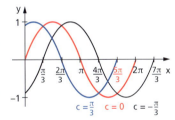

Weil die Funktion y = sin x Nullstellen für Argumentwerte kπ (k ∈ ℤ) hat, ergeben sich die Nullstellen für y = sin(x + c) aus x + c = kπ: x = kπ − c

Beziehungen zwischen den Winkelfunktionen

Wegen der Periodizität und der Symmetrieeigenschaften lassen sich ihre Werte auf die der Argumente zwischen 0 und $\frac{\pi}{2}$ zurückführen.

	90° ± x	180° ± x	270° ± x	360° ± x
sin	cos x	∓ sin x	− cos x	± sin x
cos	∓ sin x	− cos x	± sin x	cos x
tan	∓ cot x	± tan x	∓ cot x	± tan x
cot	∓ tan x	± cot x	∓ tan x	± cot x

▶ Diese Beziehungen werden auch **Quadrantenbeziehungen** genannt.

Sinus- und Kosinusfunktion

Eigenschaften	y = sin x	y = cos x
Definitionsbereich	$-\infty < x < +\infty$	$-\infty < x < +\infty$
Wertebereich	$-1 \leq y \leq 1$	$-1 \leq y \leq 1$
Nullstellen	$x = k \cdot \pi;\ k \in \mathbb{Z}$	$x = \frac{\pi}{2} + k \cdot \pi;\ k \in \mathbb{Z}$
Periodizität	Periode 2π $\sin x = \sin(x + 2k \cdot \pi)$	Periode 2π $\cos x = \cos(x + 2k \cdot \pi)$

Funktionswerte spezieller Winkel

Gradmaß	0°	30°	45°	60°	90°	180°	360°
Bogenmaß	0	$\frac{\pi}{6}$	$\frac{\pi}{4}$	$\frac{\pi}{3}$	$\frac{\pi}{2}$	π	2π
y = sin x	0	$\frac{1}{2}$	$\frac{1}{2}\sqrt{2}$	$\frac{1}{2}\sqrt{3}$	1	0	0
y = cos x	1	$\frac{1}{2}\sqrt{3}$	$\frac{1}{2}\sqrt{2}$	$\frac{1}{2}$	0	−1	1

Graphen

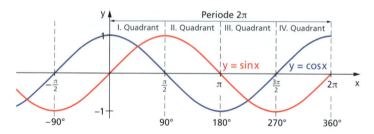

Einfluss der Parameter a, b und c in y = a · sin(b · x + c)

Die Parameter a, b und c bewirken folgende Veränderungen gegenüber dem Graphen von y = sin x:

- $|a| > 1$ eine Streckung der Amplitude
- $|a| < 1$ eine Stauchung der Amplitude
- $a < 0$ zusätzlich eine Spiegelung an der x-Achse
- $b > 1$ eine Verkleinerung der Periode
- $b < 1$ eine Vergrößerung der Periode
- $c > 0$ eine Verschiebung nach links in Richtung der x-Achse
- $c < 0$ eine Verschiebung nach rechts in Richtung der x-Achse

Wissenstest 10   abrufbar auf www.lernhelfer.de oder mit der Lernhelfer-App

Planimetrie | 7

7.1 Grundbegriffe

▶ geometrein (griech.) – Land vermessen, ausmessen;
planus (lat.) – eben, flach;
metrein (griech.) – messen;
stereos (griech.) – fest, hart;
axioma (griech.) – Grundwahrheit

Die Geometrie mit ihren Teildisziplinen **Planimetrie** und **Stereometrie** untersucht die uns umgebende Wirklichkeit auf sehr abstrakte Weise. Sie beschäftigt sich nur mit den äußeren Formen der Gegenstände und lässt die stoffliche Zusammensetzung der Dinge und damit die biologischen, physikalischen und chemischen Eigenschaften unberücksichtigt.
Der abstrakte Charakter der Geometrie erlaubt die Ableitung von Gesetzmäßigkeiten unter weitgehendem Verzicht auf Anschauung aus einer recht kleinen Zahl von grundlegenden, von allen als wahr angesehenen Aussagen (Axiomen). So ein Vorgehen ist zugleich notwendig, weil gewonnene Aussagen nicht nur für die gerade untersuchte konkrete Figur, sondern für eine möglichst große Klasse von Figuren gelten sollen.
Ein Blick in die Geschichte der Mathematik zeigt, dass Beobachtungen und praktische Versuche, ja oft gezielte Experimente die Ausgangspunkte und Anlässe für die Festlegung von Begriffen oder die Formulierung von Sätzen waren.

Landvermesser in der Zeit vor Christi Geburt benutzten Knotenschnüre für das Abstecken rechter Winkel. Für sie war es eine Erfahrungstatsache, dass ein zwischen zwei Pflöcken gespanntes Seil immer ein und dieselbe Linie markiert. Der dem entsprechende Satz

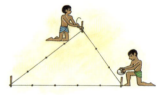

„Zu zwei verschiedenen Punkten gibt es genau eine Verbindungsgerade" wird heute als wahre Grundaussage, als Axiom, angesehen.

7.1.1 Ebene, Linie, Punkt, Gerade, Strahl und Strecke

Verwenden wir die Begriffe „Punkt", „Gerade" und „Ebene" im Sinne unserer Anschauung, sind lediglich Vereinbarungen über ihre Kennzeichnung und ihre Bezeichnung erforderlich.

> Die **Ebene** ist die nach allen Richtungen unbegrenzte ebene Fläche unserer Anschauung. Sie wird häufig mit dem griechischen Buchstaben ε (Epsilon) bezeichnet. Die Ebene ist eine unendliche Punktmenge.

> **Linien** sind in der Ebene anschaulich gegeben. Jede Linie ist eine unendliche Punktmenge. Zugleich ist jede Linie eine echte Teilmenge der Ebene.
> Linien werden mit kleinen Buchstaben (z. B. g, h, ...) bezeichnet.
> Gerade Linien werden **Geraden** genannt.

7.1 Grundbegriffe

> Wo sich zwei Linien schneiden, legen sie einen **Schnittpunkt** fest. **Punkte** werden meist mit einem Kreuz markiert und mit großen Buchstaben (z. B. A, P, …) bezeichnet.

Folgende Lagebeziehungen zwischen Punkt und Gerade sind möglich:

P liegt auf g (g geht durch P)	Q liegt nicht auf g (g geht nicht durch Q)
P ∈ g	Q ∉ g

> Durch jeden Punkt P der Ebene gehen unendlich viele Geraden.

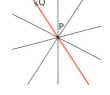

Alle diese Geraden bilden ein **Geradenbüschel**.
Wird noch ein zweiter, von P verschiedener Punkt Q vorgegeben, durch den die Gerade ebenfalls gehen soll, dann wird aus allen Geraden des Büschels eindeutig *genau eine* Gerade ausgewählt.

> **Satz** Zu zwei verschiedenen Punkten P und Q gibt es stets genau eine Gerade, die durch beide Punkte geht.
> Diese Gerade heißt **Verbindungsgerade** der Punkte P und Q.

Die Verbindungsgerade zweier Punkte P und Q (P ≠ Q) kann also immer gezeichnet werden. Durch die Angabe zweier verschiedener Punkte P und Q ist eine Gerade eindeutig bestimmt. Das wird zur Bezeichnung genutzt: Für P ≠ Q ist $g_{PQ} = g_{QP} = PQ$ *die* Gerade durch P und Q.

Lagebeziehungen von Geraden in der Ebene

Für zwei Geraden g und h sind folgende Lagebeziehungen möglich:

g und h haben genau einen gemeinsamen Punkt	g und h haben keinen gemeinsamen Punkt	g und h haben alle Punkte gemeinsam, d. h., sie sind identisch
g und h **schneiden einander**	g und h sind **zueinander parallel**	

Zueinander parallele Geraden

> **Definition** Zwei Geraden g und h sind **zueinander parallel** (g||h) genau dann, wenn sie keinen Punkt gemeinsam haben oder wenn sie identisch sind.

Zu jeder Geraden g gibt es beliebig viele Parallelen, die z. B. durch Parallelverschiebung (↗ S. 228; Verschiebung) gezeichnet werden können.

▶ Gilt das euklidische Parallelenaxiom, wird mit den daraus abgeleiteten Sätzen eine **euklidische Geometrie** gewonnen. Gilt das Axiom nicht, führt das zu **nichteuklidischen Geometrien**.

Zu jeder Geraden g und jedem Punkt P gibt es genau eine Gerade h, die zu g parallel ist und zugleich durch P geht.

Diese Tatsache wird als das **euklidische Parallelenaxiom** bezeichnet.
Für die Relation „… ist parallel zu …" zwischen Geraden gilt:
– Jede Gerade g ist zu sich selbst parallel, d. h., es ist g||g.
– Wenn g parallel zu h ist, dann ist auch h parallel zu g.
– Wenn g||h und h||k, so ist auch g||k.

Zueinander senkrechte Geraden

▶ orthos (griech.) – senkrecht;
gonia (griech.) – Winkel

> **Definition** Zwei Geraden g und h sind **zueinander senkrecht** bzw. **zueinander orthogonal** (g ⊥ h) genau dann, wenn sie sich unter einem rechten Winkel schneiden.

Die Relation „… ist senkrecht zu …" wird hier auf den rechten Winkel zurückgeführt.

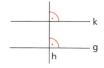

Es ist ebenso möglich, diese Relation mithilfe der **Geradenspiegelung** (↗ S. 230; Spiegelung) zu erklären: Zwei Geraden sind zueinander senkrecht genau dann, wenn sie einander schneiden und eine Gerade bei Spiegelung an der anderen Geraden auf sich selbst abgebildet wird.
Für die Relation „… ist senkrecht zu …" zwischen Geraden gilt:
– Wenn g senkrecht zu h ist, dann ist auch h senkrecht zu g.
– Wenn g ⊥ h und h ⊥ k, so ist g||k.
Zu jeder Geraden g gibt es beliebig viele zu g senkrechte Geraden. Durch Angabe eines Punkts P, durch den die zu g senkrechte Gerade gehen soll, wird aus allen diesen Senkrechten eindeutig genau eine ausgewählt.

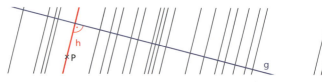

> **Satz** Zu jeder Geraden g und jedem Punkt P gibt es genau eine Gerade h, die zu g senkrecht ist und durch P geht.

Die Senkrechte zu g durch P ist damit stets eindeutig konstruierbar.

Das Lot

> **Definition** Die Strecke $\overline{PL}$ (L∈g), die auf der Senkrechten zu g durch den Punkt P liegt, heißt das **Lot** von P auf g.
> Der Punkt L heißt **Lotfußpunkt**.

Die mathematische Relation „… ist senkrecht zu …" beschreibt die Beziehung zwischen zwei Geraden.
Umgangssprachlich wird für „senkrecht" oft auch der Begriff „lotrecht" benutzt. So heißt eine Gerade lotrecht, wenn sie senkrecht zur Erdoberfläche ist.
Der Begriff „lotrecht" weist auf das Lot, ein an einer Schnur befestigtes Massestück, als Mittel zur Überprüfung dieser Eigenschaft hin.

Eine Gerade heißt **waagerecht**, wenn sie „parallel" zur als Ebene idealisierten Erdoberfläche verläuft. Der Begriff „waagerecht" weist auf die zur Überprüfung oft benutzte Wasserwaage hin. Waagerechte und lotrechte Geraden sind zueinander senkrecht.

Lagebeziehungen mehrerer Punkte

> **Definition** Drei und mehr Punkte heißen **kollinear** genau dann, wenn sie auf ein und derselben Geraden liegen.

▶ collinere (lat.) – in gerader Linie richten

Lagebeziehungen mehrerer Punkte auf einer Geraden werden mit der Relation „… liegt zwischen … und …" charakterisiert.
Folgende Eigenschaften der Relation werden als gültig vorausgesetzt:

- Von drei verschiedenen Punkten einer Geraden liegt genau ein Punkt zwischen den beiden anderen.
- Zwischen zwei Punkten A und B einer Geraden gibt es stets mindestens einen weiteren Punkt X der Geraden.
- Außerdem gibt es Punkte Y und Z auf der Geraden, sodass A zwischen Y und B liegt sowie B zwischen A und Z.

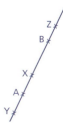

Strahl und Strecke

Ein beliebiger Punkt P einer Geraden zerlegt diese Gerade in zwei **Strahlen (Halbgeraden)** mit dem gemeinsamen **Anfangspunkt** P.
Durch seinen Anfangspunkt und einen zweiten Punkt kann der Strahl bezeichnet werden: $\overrightarrow{PQ}$ ist der Strahl mit dem Anfangspunkt P, der durch Q geht. Der Strahl $\overrightarrow{PR}$ hat den Anfangspunkt P und geht durch R. Beide Strahlen sind Teile von $g_{PQ} = g_{PR}$. Alle Strahlen der Ebene mit gemeinsamem Anfangspunkt bilden ein **Strahlenbüschel**.

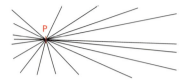

> **Definition** Die **Strecke** $\overline{AB}$ enthält die **Randpunkte** A und B sowie alle Punkte der Verbindungsgeraden durch A und B, die zwischen A und B liegen.

7.1.2 Länge und Längenmessung

Sollen Dinge wie z. B. Nägel nach ihrer Länge verglichen werden, kann man sie dazu unmittelbar nebeneinander legen. So können Nägel nach ihrer Länge sortiert werden. Es ist auch möglich, Strecken zu vergleichen.

▸ Es wird auch für eine Strecke die Bezeichnung AB und für die Länge einer Strecke die Bezeichnung $\overline{AB}$ benutzt.

> **Definition** Können zwei Strecken mit einer Bewegung aufeinander abgebildet werden, so sind sie **deckungsgleich**.
> Alle zueinander deckungsgleichen Strecken haben eine gleiche Eigenschaft: ihre **Länge**.

Beim **Messen der Länge** einer Strecke wird ermittelt, wie oft man eine **Einheitsstrecke (Einheit)** auf der zu messenden Strecke lückenlos hintereinander legen kann.
Als Einheitsstrecke können verschiedene Strecken gewählt werden:

- ① Länge und Breite eines Zimmers werden abgeschritten, also in Schrittlängen gemessen.
- ② Länge und Breite des Zimmers werden in Meter gemessen.

Im Beispiel ① wird eine *willkürliche Einheit* benutzt. Sie hat den Nachteil, dass der Messwert von der messenden Person abhängt.
Im Beispiel ② wird eine *normierte,* gesetzlich festgelegte Einheit benutzt. Das Messergebnis ist dadurch unabhängig von der messenden Person(↗ S. 97; Längeneinheiten).

Abstand eines Punkts von einer Geraden

> **Definition** Als **Abstand eines Punkts P von einer Geraden g** wird die Länge der kürzesten Verbindungsstrecke von P und einem Punkt von g bezeichnet.
> Diese kürzeste Verbindungsstrecke ist stets das Lot von P auf g.

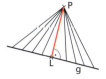

Abstand zweier paralleler Geraden

> **Definition** Es seien g und h zwei zueinander parallele Geraden sowie k eine zu g und h senkrechte Gerade. Ist A der Schnittpunkt von g und k sowie B der Schnittpunkt von h und k, dann ist die Länge der Strecke $\overline{AB}$ der **Abstand** der Parallelen g und h.

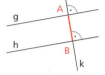

7.1.3 Fläche und Flächeninhaltsmessung

Fläche ebener Figuren

Jede geschlossene Linie (z. B. Kreislinie) zerlegt die Ebene in Teilflächen.

> **Definition** Die **Fläche** einer ebenen Figur umfasst alle Punkte, die sich im Inneren oder auf dem Rand der Figur befinden.

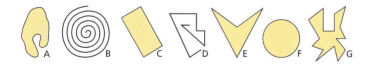

▶ Die Linien A, C, E, F und G erzeugen ebene Figuren. Diese besitzen eine Fläche.

Flächeninhaltsmessung

> **Definition** Zwei Figuren sind **flächengleich** bzw. haben den **gleichen Flächeninhalt,** wenn sie so in Teilflächen zerlegt werden können, dass jede der Teilflächen in jeder Figur enthalten ist.

 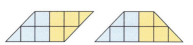

Flächeninhalt

Der Flächeninhalt einer ebenen Figur gibt an, wie oft ein bestimmtes Einheitsquadrat in der Figur enthalten ist.

Der Flächeninhalt eines Rechtecks kann als Produkt der Seitenlängen berechnet werden. Ebenso kann auch der Flächeninhalt eines Dreiecks (↗ S. 255), eines Parallelogramms (↗ S. 272), eines Trapezes (↗ S. 271) usw. berechnet werden, indem zu diesen Figuren flächeninhaltsgleiche Rechtecke gesucht werden.

Flächeninhalt unregelmäßiger, krummlinig begrenzter Figuren

▶ approxio (lat.) – sich nähern

Der Flächeninhalt krummlinig begrenzter Figuren kann durch Annäherung (**Approximation**) beim Auslegen ermittelt werden.

- Über die Figur wird ein quadratisches Raster gelegt. Der Flächeninhalt A der Figur ist dann größer als die Anzahl der vollständig von der Figur eingeschlossenen Quadrate und kleiner als die Anzahl aller von der Figur teilweise oder ganz erfassten Quadrate. Durch Verkleinerung der Quadrate wird die Genauigkeit des Ergebnisses vergrößert.

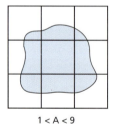 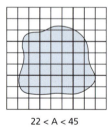 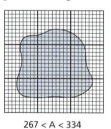

1 < A < 9   22 < A < 45   267 < A < 334

Der Genauigkeitszuwachs wird noch deutlicher, wenn man alle Angaben in die Einheit „kleines Quadrat" umrechnet:

81 < A < 729   198 < A < 405   267 < A < 334

7.1.4 Winkel und Winkelmessung

Definition Zwei Strahlen mit einem gemeinsamen Anfangspunkt S bilden einen **Winkel**. Der gemeinsame Anfangspunkt ist der **Scheitelpunkt**, die zwei Strahlen sind die **Schenkel** des Winkels.

Bezeichnungsweisen für Winkel:
- Griechischer Buchstabe: z. B. α
- Angabe der Schenkel:
  ∢(p, q) ist der durch die Strahlen p und q gebildete Winkel.
- Angabe dreier Punkte:
  ∢BSA ist der Winkel mit dem Scheitelpunkt S und den Strahlen $\overrightarrow{SA}$ und $\overrightarrow{SB}$ als Schenkel.

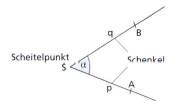

Gestreckter Winkel

Die Strahlen p und q liegen auf derselben Geraden und haben nur den Punkt S gemeinsam.

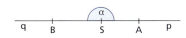

Nullwinkel

Die Strahlen p und q sind identisch. Die Schenkel eines Winkels können auch als Original und Bild eines Strahls bei einer Drehung des Strahls um seinen Anfangspunkt (↗ S. 229; Drehung) angesehen werden.

Orientierter Winkel

> **Definition** Wird ein Strahl um seinen Anfangspunkt S gedreht, so entsteht ein **orientierter Winkel**. Erfolgt die Drehung entgegen dem Uhrzeigersinn, so ist der Winkel **positiv orientiert**.

Für orientierte Winkel gilt:
∢(p, q) ≠ ∢(q, p),
∢(p, q) ist in der Abbildung ein spitzer Winkel,
∢(q, p) ein stumpfer Winkel.

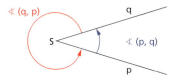

Winkelgröße, Winkelmaße und Winkelmessung

> **Definition** Können zwei Winkel mit einer Bewegung aufeinander abgebildet werden, so sind sie **deckungsgleich**.
> Alle zueinander deckungsgleichen Winkel haben eine gleiche Eigenschaft: ihre **Größe**.

▶ Winkel werden mit einem Messgerät (Winkelmesser, Geodreieck) gemessen.

Alle **Winkelmaße** beruhen auf Teilung eines Kreises durch Radien in deckungsgleiche Teile (Kreisausschnitte). Dies führt zum **Gradmaß**.

Grad (Altgrad)

▶ Diese Teilung des Kreises in 360 Teile hat ihre historischen Wurzeln bei den Sumerern, die ein Zahlsystem mit der Basis 60 verwendeten.

> **Definition** Einen Winkel der Größe **1 Grad** (1°) erhält man, indem man einen Kreis durch Radien in 360 deckungsgleiche Teile (Kreisausschnitte) zerlegt.

Der Kreis in der Abbildung ist in 360 kongruente Kreisausschnitte zu je 1° geteilt. Jedes Teil hat die Größe 1° (gesprochen: 1 Grad).

1° = 60' (Minuten)
1' = 60" (Sekunden)
1° = 60' = 3 600"

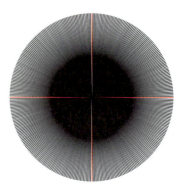

Neugrad (Gon)

▶ gonia (griech.) – Winkel

> **Definition** Einen Winkel der Größe **1 Neugrad** (1^g) erhält man, indem man einen Kreis durch Radien in 400 deckungsgleiche Teile zerlegt.

Jedes Teil hat die Größe 1^g (gesprochen: 1 Gon).
1^g = 100 c (Neuminuten)
1^c = 100^{cc} (Neusekunden)

■ 90° = 100^g; 180° = 200^g; 360° = 400^g

Bogenmaß und Radiant

In jedem Kreisausschnitt (Kreissektor) ist die Länge des Kreisbogens b proportional zur Größe des Mittelpunktswinkels (Zentriwinkels) α des Kreisausschnitts und zum Radius r des Kreises (↗ S. 289; Kreisbogen). Ist b die Länge des Bogens und α die Größe des zugehörigen Mittelpunktswinkels, so ist ausgehend vom Umfang des Kreises:

$$\frac{b}{2\pi \cdot r} = \frac{\alpha}{360°}$$
$$\frac{b}{r} = \frac{\alpha \cdot 2\pi}{360°}$$
$$\frac{b}{r} = \frac{\alpha \cdot \pi}{180°}$$

Wählt man den Radius 1 (also den Einheitskreis), kann zu jedem Winkel α die Länge des Kreisbogens b angegeben werden.

7.1 Grundbegriffe

> **Definition** Das **Bogenmaß** b eines Winkels α ist die Länge des zugehörigen Kreisbogens auf dem Einheitskreis:
> $b = \frac{\alpha}{180°} \cdot \pi$

Die Einheit beim Winkelmessen im Bogenmaß ist der **Radiant** (1 rad).
1 rad ist das Maß eines Winkels, dessen Bogen auf dem Einheitskreis die Länge 1 hat.

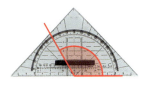

1 rad = $\frac{180°}{\alpha}$ = 57° 17' 45"
1° = $\frac{\pi}{180°}$ rad = 0,017453 rad

Bei der Angabe von Winkelgrößen im Bogenmaß wird auf die Einheit rad meist verzichtet.

■ 360° = 2π   180° = π   90° = $\frac{\pi}{2}$ 60° = $\frac{\pi}{3}$ 45° = $\frac{\pi}{4}$

Winkelmessung mit dem Geodreieck

Der Winkel ist kleiner als 180°.	Der Winkel ist größer als 180°.	
		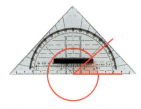
Die Winkelgröße kann direkt abgelesen werden.	Zum abgelesenen Wert wird 180° addiert.	Der abgelesene Wert wird von 360° subtrahiert.

Der Unterschied zwischen einem Winkel und seiner Größe wird meist nicht durch unterschiedliche Symbole ausgedrückt, weil aus dem Zusammenhang hervorgeht, ob ein Winkel oder seine Größe gemeint ist.
α = 60° bedeutet, dass der Winkel α eine Größe von 60 Grad hat.

Größenangabe orientierter Winkel

Bei Angabe der Größe orientierter Winkel ist es erforderlich, auch die Orientierung des Winkels zu nennen. Die positive Orientierung entspricht einer Drehung entgegen dem Uhrzeigersinn. Das entsprechende Winkelmaß hat ein positives Vorzeichen. Die negative Orientierung entspricht einer Drehung im Uhrzeigersinn.

▶ Beim Winkelmaß positiv orientierter Winkel wird das Vorzeichen weggelassen.

Das entsprechende Winkelmaß hat ein negatives Vorzeichen. Der Winkel ∢(p, q) mit positivem Drehsinn und der Winkel ∢ (q, p) mit negativem Drehsinn sind entgegengesetzt orientiert, aber betragsmäßig gleich.

Winkelarten

Winkel werden nach ihrer Größe unterschieden:

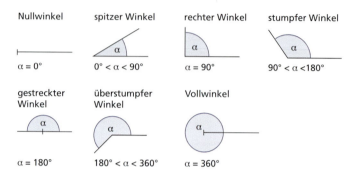

Nullwinkel	spitzer Winkel	rechter Winkel	stumpfer Winkel
$\alpha = 0°$	$0° < \alpha < 90°$	$\alpha = 90°$	$90° < \alpha < 180°$

gestreckter Winkel	überstumpfer Winkel	Vollwinkel
$\alpha = 180°$	$180° < \alpha < 360°$	$\alpha = 360°$

Winkel an einander schneidenden Geraden

Schneiden zwei Geraden einander, so heißen die gegenüberliegenden Winkel **Scheitelwinkel**. In der Abbildung sind α und γ sowie β und δ Scheitelwinkel.

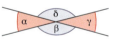

> **Satz** **Scheitelwinkel** sind gleich groß.

In der obigen Abbildung gilt: $\alpha = \gamma$ und $\beta = \delta$

Schneiden zwei Geraden einander, so heißen zwei nebeneinander liegende Winkel **Nebenwinkel**.
Nebenwinkel haben einen gemeinsamen Schenkel. Die beiden anderen Schenkel liegen auf ein und derselben Geraden und haben genau den Scheitelpunkt gemeinsam.

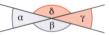

> **Satz** Die Summe zweier **Nebenwinkel** beträgt 180°.

▶ supplementum (lat.) – Ergänzung; complementum (lat.) – Ergänzung

In der obigen Abbildung gilt: $\alpha + \beta = \beta + \gamma = \gamma + \delta = \delta + \alpha = 180°$

Ergänzen zwei Winkel einander zu 180°, so heißen sie **Supplementwinkel**. Ergänzen zwei Winkel einander zu 90°, so heißen sie **Komplementwinkel**.

Winkel an geschnittenen Parallelen

Schneiden zwei verschiedene, zueinander parallele Geraden eine dritte Gerade, so entstehen acht Winkel. Von Interesse sind Beziehungen zwischen je zwei Winkel, die keinen gemeinsamen Scheitelpunkt haben:

Stufenwinkel	Wechselwinkel	Entgegengesetzt liegende Winkel
g∥h, mit Winkeln α, β, γ, δ und α', β', γ', δ'	g∥h, mit Winkeln α, β, γ, δ und α', β', γ', δ'	g∥h, mit Winkeln α, β, γ, δ und α', β', γ', δ'
α und α', β und β', γ und γ', δ und δ'	α und γ', β und δ', γ und α', δ und β'	α und δ', β und γ', γ und β', δ und α'

> **Satz** **Stufenwinkel** sind gleich groß genau dann, wenn sie an parallelen Geraden liegen.

Dieser Satz in der GENAU-DANN-WENN-Formulierung hat zwei Teile:
Er sagt einerseits aus, dass an geschnittenen Parallelen die Stufenwinkel gleich groß sind.
Andererseits – und das ist die andere Richtung des Satzes – liefert er ein Kriterium, mit dem entschieden werden kann, ob zwei Geraden parallel sind: Sind die entsprechenden Stufenwinkel gleich groß, dann handelt es sich um parallele Geraden.

Beweis
Voraussetzung:
α und α' sind Stufenwinkel an den Geraden g und h, die beide von der Geraden k geschnitten werden.

Behauptung:
Teil 1: Wenn g∥h, so ist α = α'.
Teil 2: Wenn α = α', so ist g∥h.

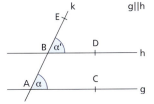

Beweis Teil 1:
Wenn g∥h, gilt bei der Verschiebung (↗ S. 228) AB:
– Das Bild von A ist B.
– Das Bild von g ist h (weil g∥h).
– Das Bild von k ist k (weil Verschiebung längs k).
– Das Bild des Strahls $\overline{AC}$ ist der Strahl $\overline{BD}$.
– Das Bild des Strahls $\overline{AB}$ ist der Strahl $\overline{BE}$.

Damit ist klar, dass bei der Verschiebung ∢BAC auf ∢EBD abgebildet wird. Folglich gilt α = α'. (w.z.b.w.)

Beweis Teil 2:
Hier wird α = α' vorausgesetzt. Dann muss es eine Bewegung geben, die ∢BAC auf ∢EBD abbildet.
Weil die Strahlen $\vec{AB}$ und $\vec{BE}$ auf der gleichen Geraden k liegen und aufeinander abgebildet werden, muss k bei der Bewegung auf sich abgebildet werden.
Das Bild von A muss der Punkt B (A ≠ B) sein. Diese Forderung erfüllt nur die Verschiebung AB.
Da jede Verschiebung Geraden parallel zu sich abbildet und nach Voraussetzung AC auf BD abgebildet wird, ist g||h. (w.z.b.w.)

> **Satz** **Wechselwinkel** sind gleich groß genau dann, wenn sie an parallelen Geraden liegen.

Der **Wechselwinkelsatz** kann auf den Stufenwinkelsatz zurückgeführt werden, indem noch der Satz über die Scheitelwinkel benutzt wird. (Der zu einem Winkel gehörende Wechselwinkel ist bekanntlich der Stufenwinkel seines Scheitelwinkels.)

> **Satz** **Entgegengesetzt liegende Winkel** ergänzen einander zu 180° genau dann, wenn sie an parallelen Geraden liegen.

Der **Satz über entgegengesetzt liegende Winkel** kann auf den Stufenwinkelsatz zurückgeführt werden, indem noch der Satz über die Nebenwinkel benutzt wird.
(Der zu einem Winkel entgegengesetzt liegende Winkel ist Stufenwinkel eines seiner Nebenwinkel.)

Winkel mit paarweise senkrecht aufeinanderstehenden Schenkeln

> **Satz** Zwei Winkel, deren Schenkel paarweise senkrecht aufeinanderstehen, sind gleich groß, falls der Scheitel des einen Winkels nicht im Inneren oder auf einem Schenkel des anderen Winkels liegt.

Winkel und Winkelpaare

Einteilung der Winkel nach ihrer Größe

Nullwinkel	spitzer Winkel	rechter Winkel	stumpfer Winkel
$\alpha = 0°$	$0 < \alpha < 90°$	$\alpha = 90°$	$90° < \alpha < 180°$

gestreckter Winkel	überstumpfer Winkel	Vollwinkel
$\alpha = 180°$	$180° < \alpha < 360°$	$\alpha = 360°$

Winkelpaare

Winkel an einander schneidenden Geraden	
Winkelpaar	**Darstellung**
Zwei **Scheitelwinkel** sind gleich groß: $\alpha = \beta$ Zwei **Nebenwinkel** ergänzen einander zu 180°: $\alpha + \gamma = 180°$ $\beta + \gamma = 180°$	

Winkel an geschnittenen Parallelen	
Winkelpaar	**Darstellung**
Zwei **Stufenwinkel** sind gleich groß: $\alpha = \beta$ Zwei **Wechselwinkel** sind gleich groß: $\alpha = \delta$ Zwei **entgegengesetzt liegende Winkel** ergänzen einander zu 180°: $\alpha + \gamma = 180°$	

abrufbar auf **www.lernhelfer.de** oder mit der Lernhelfer-App · **Wissenstest 11**

7.2 Konstruktionen

7.2.1 Konstruktionen mit Zirkel und Lineal

▶ constructio (lat.) – Bau, Zusammenfügung; circulus (lat.) – Kreislinie

Als Konstruieren im klassischen Sinne bezeichnet man das Bestimmen von Punkten und Punktmengen (allein) mit Zirkel und Lineal.
Folgende Konstruktionen sind damit eindeutig ausführbar:

① Das Zeichnen der Verbindungsgeraden zweier verschiedener Punkte mit dem Lineal. Das Lineal dient bei solchen Konstruktionen lediglich zum Zeichnen von Geraden. Das heißt, dass die Maßeinteilung eines Lineals dabei nicht zu benutzen ist.

② Das Zeichnen eines Kreises um einen gegebenen Mittelpunkt und mit einem gegebenen Radius mit einem Zirkel.
Außer mit einem Zirkel kann ein Kreis auch mit einer straff gespannten Schnur mit zwei Schlaufen gezeichnet werden, von denen die eine über einem Pflock gelegt ist und in die andere ein „Schreibstift" gesteckt wird (↗ S. 285; Gärtnerkonstruktion).

Abtragen von Strecken

Auf einer gegebenen Geraden soll von einem gegebenen Punkt P aus eine Strecke $\overline{AB}$ vorgegebener Länge abgetragen werden.

Konstruktionsbeschreibung:
① Um P wird ein Kreis mit dem Radius $\overline{AB}$ gezeichnet.
Der Kreis schneidet die Gerade in den Punkten Q und R.
② Die Strecken $\overline{PQ}$ und $\overline{PR}$ haben jeweils die gleiche Länge wie die Strecke $\overline{AB}$ und liegen auf g.
Ausgehend von der Aufgabe ist zu entscheiden, ob beide Lösungen oder nur eine von ihnen infrage kommt.

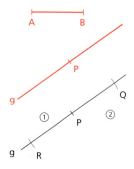

Antragen eines Winkels an einen Strahl

Ein Winkel ∢(p, q) mit dem Scheitelpunkt S ist gegeben. Konstruiert werden soll ein Winkel gleicher Größe, dessen einer Schenkel ein gegebener Strahl mit dem Anfangspunkt A ist.

Konstruktionsbeschreibung:
① Um S wird ein Kreis gezeichnet.
Er schneidet die Schenkel des Winkels in P und Q.
② Ein Kreis um A mit Radius r = $\overline{SP}$ wird gezeichnet.
Er schneidet den Strahl s in B.

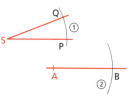

③ Um B wird ein Kreis mit r = $\overline{PQ}$ gezeichnet. Die Schnittpunkte des Kreises um B sind C und D.
Die Strahlen $\overrightarrow{AD}$ und $\overrightarrow{AC}$ werden gezeichnet. Die Winkel ∢BAD und ∢CAB sind die beiden Lösungen der Aufgabe.

Grundkonstruktionen

Strecke halbieren – Mittelsenkrechte einer Strecke errichten

Konstruktionsbeschreibung:
① Um A und B werden Kreise mit beliebigem, aber gleichem Radius $\left(r > \frac{1}{2}\overline{AB}\right)$ gezeichnet. Diese Kreise schneiden einander in C und D.
② Die Gerade CD wird gezeichnet. Sie schneidet die Strecke $\overline{AB}$ in M. Die Gerade CD ist die **Mittelsenkrechte** der Strecke $\overline{AB}$. Mithilfe dieser Konstruktion wird die Strecke $\overline{AB}$ **halbiert**. Der Punkt M ist der **Mittelpunkt** der Strecke .

▶ Die Lösung der in den **Grundkonstruktionen** enthaltenen Probleme ist auch durch Falten möglich.

Winkel halbieren – Winkelhalbierende

Konstruktionsbeschreibung:
① Um den Scheitelpunkt A wird ein Kreis gezeichnet.
Er schneidet die Schenkel des Winkels ∢(h, k) in den Punkten B und C.
② Um B und C werden Kreise mit beliebigem, aber gleichem Radius gezeichnet. D und E sind die Schnittpunkte der beiden Kreise. Der Strahl von A durch E und D wird gezeichnet. Er ist die **Winkelhalbierende** von ∢(h, k).

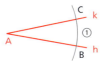

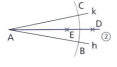

Senkrechte zu einer Geraden h in einem Punkt A errichten (A ∈ h)

Konstruktionsbeschreibung:
① Um A wird ein Kreis gezeichnet.
Er schneidet die Gerade h in den Punkten B und C.
② Um B und C werden Kreise mit beliebigem, aber gleichem Radius (r > $\overline{AB}$) gezeichnet. Diese Kreise schneiden einander in den Punkten D und E.
Die Gerade durch A, D und E wird gezeichnet. Sie ist die **Senkrechte** zu h in A.

▶ Bereits in der altgriechischen Mathematik suchte man ein Konstruktionsverfahren, welches die **Dreiteilung des Winkels** (Trisektion) ermöglicht. Heute ist bewiesen, dass diese Trisektion nur in einigen Ausnahmefällen, nicht aber für beliebige Winkel möglich ist.

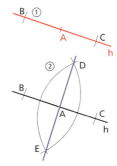

Lot von einem Punkt A auf eine Gerade h fällen (A ∉ h)

Konstruktionsbeschreibung:
① Ein Kreis um A wird gezeichnet, der die Gerade h in zwei verschiedenen Punkten B und C schneidet.

② Um B und C werden Kreise mit beliebigem, aber gleichem Radius $\left(r > \frac{1}{2}\overline{BC}\right)$ gezeichnet, die sich in D schneiden.
Die Gerade AD schneidet die Gerade h im Punkt L.
③ Die Strecke $\overline{AL}$ ist das **Lot** von A auf die Gerade h. Der Punkt L heißt **Lotfußpunkt**.

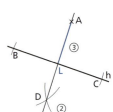

Anwendung der Grundkonstruktionen

Komplexere Konstruktionsaufgaben können häufig auf die Grundkonstruktionen zurückgeführt werden.

▌ Gegeben ist eine Gerade g und ein nicht auf ihr liegender Punkt P. Konstruiert werden soll die Gerade k, die zu g parallel ist und durch den Punkt P geht.

Konstruktionsbeschreibung:
① Das Lot von P auf g wird gefällt. Es liegt auf der Geraden h.
② Die Senkrechte zu h in P wird konstruiert. Diese Senkrechte k ist die Parallele zu g durch den Punkt P.

Weitere Anwendungen der Grundkonstruktionen sind beispielsweise die Konstruktionen von Dreiecken (↗ S. 251).

▶ Zu den unlösbaren Konstruktionsaufgaben gehören die **Dreiteilung des Winkels**, die **„Quadratur des Kreises"** und die Verdopplung des Würfels.

7.2.2 Konstruktionen mit Zeichendreieck, Lineal und Geodreieck

Im antiken Griechenland wurden viele Probleme mit geometrischen Mitteln in Angriff genommen, weil die Geometrie gegenüber der Arithmetik höher entwickelt war. Die Lösung von Aufgaben durch geometrische Konstruktionen mit Zirkel und Lineal war weitverbreitet.
Die Verwendung eines Geodreiecks oder eines Zeichendreiecks kann die Ausführung von Konstruktionsaufgaben dadurch erleichtern, dass zu einer vorgegebenen Geraden g und einem Punkt P
– die Parallele zu g durch P und
– die Senkrechte zu g durch P
in einem Schritt gezeichnet werden können.

Konstruktion der Senkrechten zu g durch P	Konstruktion der Parallelen zu g durch P (Parallelverschiebung)
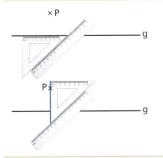	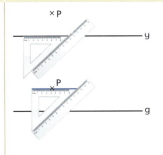

Bei Verwendung des Geodreiecks entfallen die Verschiebungen des Zeichengeräts und die dadurch verursachten Ungenauigkeiten. Genutzt werden die auf dem Geodreieck vorhandenen Markierungen zum Zeichnen zueinander paralleler und zueinander senkrechter Geraden.

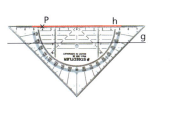 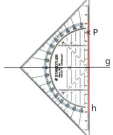

7.2.3 Konstruktionen mit der Methode der Bestimmungslinien

Als **geometrische Örter** bezeichnet man Mengen von Punkten der Ebene, die eine bestimmte gemeinsame Eigenschaft haben.
Liegen diese Punkte alle auf einer (geraden oder gekrümmten) Linie, spricht man von **Bestimmungslinien**.
Die Grundidee beim Konstruieren mittels Bestimmungslinien besteht darin, dass jeder zu konstruierende Punkt als Schnittpunkt zweier Bestimmungslinien charakterisiert und entsprechend gezeichnet wird.
Für Konstruktionen sind insbesondere Geraden und Kreise als Bestimmungslinien nützlich, weil sie mit wenig Aufwand gezeichnet und zugleich eindeutig beschrieben werden können.

■ Zu konstruieren ist die Menge aller Punkte, die von zwei Punkten A und B den Abstand $a = 1{,}5$ cm haben.

Lösung: Die Schnittpunkte P_1 und P_2 der Kreise um A und B mit $r = 1{,}5$ cm haben von A und B den Abstand von $1{,}5$ cm. P_1 und P_2 liegen auf der Mittelsenkrechten von $\overline{AB}$.

7 Planimetrie

Bedingungen und zugehörige Bestimmungslinien zeigt die Tabelle:

Bedingungen, die jeder Punkt der Bestimmungslinie erfüllt	Bestimmungslinie(n)	Darstellung
alle Punkte, die den gleichen Abstand a von einem Punkt M haben	Kreis um M mit Radius a	
alle Punkte, die den gleichen Abstand a von einer gegebenen Geraden g haben	zwei Parallelen zu g, jeweils im Abstand a	
alle Punkte, die von zwei Punkten A und B jeweils gleich weit entfernt sind	Mittelsenkrechte der Strecke $\overline{AB}$	
alle Punkte, die von den beiden Schenkeln eines Winkels α jeweils den gleichen Abstand haben	Winkelhalbierende des Winkels α	
alle Punkte, die von zwei zueinander parallelen Geraden g und h jeweils gleich weit entfernt sind	Mittelparallele m der beiden Geraden g und h	
alle Punkte, von denen aus die Strecke $\overline{AB}$ unter dem gleichen Winkel γ erscheint	Kreisbogen über der Sehne $\overline{AB}$ mit γ als Umfangswinkel (Peripheriewinkel)	
Sonderfall: alle Punkte, von denen aus die Strecke $\overline{AB}$ unter einem rechten Winkel erscheint	Kreis mit dem Durchmesser $\overline{AB}$ (Thaleskreis)	

■ Zu konstruieren ist ein Dreieck ABC (↗ S. 253) mit den gegebenen Stücken Höhe h_c, Seite c und Winkel α.

Lösungsidee:
A ist der Scheitel des Winkels α. B ist bestimmt durch seine Lage auf dem Schenkel des Winkels α und zugleich auf dem Kreisbogen um A mit dem Radius c.
C ist bestimmt durch seine Lage auf einer Parallelen zu AB und zugleich auf dem Schenkel des Winkels α.

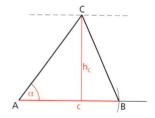

7.2.4 Softwaregestütztes Konstruieren

Der Computer ist in der Geometrie vor allem bei der Veranschaulichung komplexer Objekte und Sachverhalte hilfreich.
Geeignete Software kann die Genauigkeit von Konstruktionen deutlich erhöhen. Sie beinhaltet spezifische Programmfunktionen wie:
- Rastereinstellungen mit definierbarer Einheit,
- Ausrichten an Rasterpunkten,
- Vergrößern der Ansicht der Zeichnung,
- Magnetisierbarkeit von Objekten (d.h., dass z.B. ein mit der Maus aktivierter Punkt unabhängig von geringen Abweichungen des Nutzers exakt getroffen und für die Zeichnung verwendet wird),
- Möglichkeit der genauen numerischen Eingabe von Winkelgrößen und Streckenlängen,
- integrierte Messfunktionen für Streckenlängen und Winkelgrößen.

Darüber hinaus erleichtert Geometriesoftware das experimentelle Arbeiten und damit das Aufdecken von Gesetzmäßigkeiten.
Generell kann man zwischen **statischer Geometriesoftware** und **dynamischer Geometriesoftware (DGS)** unterscheiden (↗ S. 375).

① Bei statischen Konstruktionsprogrammen kann man wie mit Zirkel und Lineal konstruieren.
Das zeichnerische Können mit Zirkel und Lineal wird durch Können im Umgang mit Maus und Tastatur ersetzt.
Es gibt meist eine Reihe von Konstruktionswerkzeugen, die den traditionellen Zeichengeräten Zirkel und Lineal sowie den Messskalen für Längen und Winkel entsprechen.
② Dynamische Geometriesoftware bietet darüber hinaus weitere Programmfunktionen.
Hier ist es möglich, Makros selbst zu definieren und damit häufig wiederkehrende Zeichenaufgaben als Unterprogramme abzuspeichern. Vor allem aber lassen sich einmal gezeichnete Figuren im sogenannten Zugmodus dynamisch verändern.

■ Die Lage eines Eckpunktes eines Dreiecks wird beliebig verändert und immer schneiden die drei Winkelhalbierenden einander in einem gemeinsamen Punkt.
Der entsprechende Satz wird so experimentell sichtbar. Mit derartigen Experimenten können viele der zentralen Sätze der Elementargeometrie veranschaulicht werden.

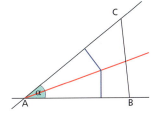
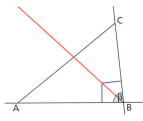
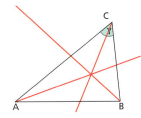

7.3 Geometrische Abbildungen

Ebene Figuren können durch **geometrische Abbildungen** (geometrische Transformationen) ineinander überführt werden, wobei die Punkte der einen Figur (Original) umkehrbar eindeutig auf die Punkte der anderen Figur (Bild) abgebildet werden.

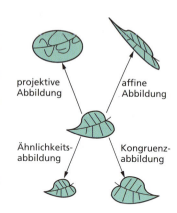

Zur Untersuchung der Eigenschaften einer geometrischen Abbildung betrachtet man zusammengehörige Original- und Bildfiguren, insbesondere deren Strecken und Winkel unter folgenden Gesichtspunkten:

① Aus $P \in g$ folgt $P' \in g'$.
② Das Bild einer Geraden ist wieder eine Gerade.
③ Die Bilder zueinander paralleler Geraden sind wieder zueinander parallele Geraden.
④ Winkelgrößen bleiben bei der Abbildung erhalten.
⑤ Original- und Bildstrecken sind gleich lang.

Damit können folgende Arten geometrischer Abbildungen unterschieden werden:

▶ Auf projektive und affine Abbildungen wird nicht näher eingegangen.

Geometrische Abbildungen	Mindestens vorhandene Eigenschaften
projektive Abbildungen	①
affine Abbildungen	①, ②, ③
Ähnlichkeitsabbildungen	①, ②, ③, ④
Kongruenzabbildungen	①, ②, ③, ④, ⑤

Entsprechend der Übersicht ist jede Kongruenzabbildung eine besondere Ähnlichkeitsabbildung (mit Ähnlichkeitsfaktor 1), eine besondere affine Abbildung usw. Hingegen ist nicht jede Ähnlichkeitsabbildung eine Kongruenzabbildung usw.

Das Bild einer Figur besitzt entweder den gleichen oder den entgegengesetzten **Umlaufsinn** wie die Figur selbst. Entsprechend spricht man dann von **gleichsinnigen** bzw. **ungleichsinnigen Abbildungen**.

7.3.1 Ähnlichkeitsabbildungen

> **Definition** Zwei ebene Figuren F_1 und F_2 sind **zueinander ähnlich**, wenn sie in ihrer Form übereinstimmen: $F_1 \sim F_2$

Eine Übereinstimmung in der Größe ist dazu nicht unbedingt notwendig. Die umkehrbar eindeutige punktweise Abbildung der einen Figur auf die andere wird als **Ähnlichkeitsabbildung** bezeichnet.
Werden Strecken bei einer Ähnlichkeitsabbildung aufeinander abgebildet, so ist die Länge jeder Bildstrecke ein gleiches Vielfaches der Länge der zugehörigen Originalstrecke.

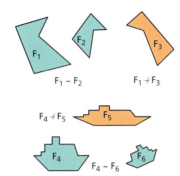

Der hier gleiche Proportionalitätsfaktor wird als **Ähnlichkeitsfaktor** k bezeichnet.
Für k > 1 erfolgt eine maßstäbliche Vergrößerung,
für 0 < k < 1 erfolgt eine maßstäbliche Verkleinerung und
für k = 1 erfolgt als Spezialfall eine Kongruenzabbildung der Figur.

Ähnlichkeitslage

Ähnliche Figuren lassen sich durch Kongruenzabbildungen (Verschiebung, Spiegelung, Drehung bzw. deren Nacheinanderausführung) in eine solche Position bringen, dass einander entsprechende Strecken stets zueinander parallel sind.
Dann befinden sich die beiden ähnlichen Figuren in der sogenannten **Ähnlichkeitslage**.
In dieser Lage können jeweils zusammengehörige Punkte mit Geraden verbunden werden, die sich – falls beide Figuren nicht zueinander kongruent sind – alle in einem gemeinsamen Punkt schneiden.
Dieser Punkt ist das **Streckungszentrum** einer **zentrischen Streckung,** welche die eine Figur auf die andere Figur abbildet.
In der Abbildung ist Z das Streckungszentrum.

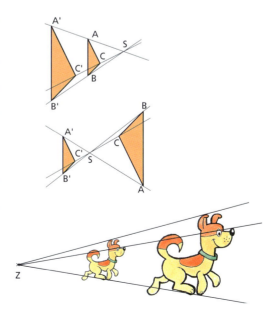

Einteilung der Ähnlichkeitsabbildungen

Ähnlichkeitsabbildungen

gleichsinnig → Orientierung bleibt erhalten

- **zentrische Streckung** oder die Nacheinanderausführung mehrerer zentrischer Streckungen
- **Drehstreckung** als Nacheinanderausführung einer Streckung und einer Drehung
- **Schubstreckung** als Nacheinanderausführung einer Streckung und einer Verschiebung

ungleichsinnig → Orientierung bleibt nicht erhalten

- **Klappstreckung** (auch **Streckspiegelung** genannt) als Nacheinanderausführung einer Streckung und einer Geradenspiegelung

7.3.2 Kongruenzabbildungen

▶ congruens (lat.) – übereinstimmend, gleichförmig

> **Definition** Zwei ebene Figuren F_1 und F_2 sind **zueinander kongruent**, wenn sie in ihrer Gestalt und Größe völlig übereinstimmen, wenn sie deckungsgleich sind:
> $F_1 \cong F_2$

Die umkehrbar eindeutige punktweise Abbildung der einen Figur auf die andere wird als **Kongruenzabbildung** oder **Bewegung** bezeichnet. Wesentliche Eigenschaften aller Bewegungen sind:

① Das Bild einer Geraden ist stets wieder eine Gerade (**Geradentreue**).
② Die Bilder paralleler Geraden sind zueinander parallele Geraden (**Parallelentreue**).
③ Das Bild eines Winkels ist stets ein Winkel der gleichen Größe (**Winkeltreue**).
④ Das Bild eines Kreises ist stets ein Kreis (**Kreisverwandtschaft**).
⑤ Das Bild einer Strecke ist stets eine Strecke gleicher Länge (**Längentreue**).

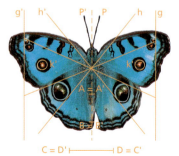

7.3 Geometrische Abbildungen

Zur Charakterisierung der Eigenschaften einer Bewegung ist die Frage nach Fixpunkten, Fixgeraden und deren Lage von Interesse.

> **Definition** Jeder Punkt A, der bei einer Bewegung φ auf sich selbst abgebildet wird, heißt **Fixpunkt** bezüglich φ:
> $\varphi(A) = A$

> **Definition** Jede Gerade e, die bei einer Bewegung φ auf sich selbst abgebildet wird, heißt **Fixgerade** bezüglich φ:
> $\varphi(e) = e$
> Wird die Gerade e sogar Punkt für Punkt auf sich selbst abgebildet, d. h. jeder Punkt der Geraden auf sich selbst abgebildet, heißt die Gerade **Fixpunktgerade** bezüglich φ.
> Für alle $P \in e$ gilt: $\varphi(P) = P$

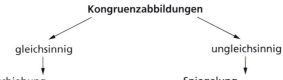

Kongruenzabbildungen

gleichsinnig:
- Verschiebung
- Drehung
- Punktspiegelung
- Nacheinanderausführungen von diesen Abbildungen
- Nacheinanderausführung zweier Spiegelungen

ungleichsinnig:
- Spiegelung
- Nacheinanderausführung einer Spiegelung und einer gleichsinnigen Kongruenzabbildung
- Nacheinanderausführung einer ungeraden Anzahl von Spiegelungen

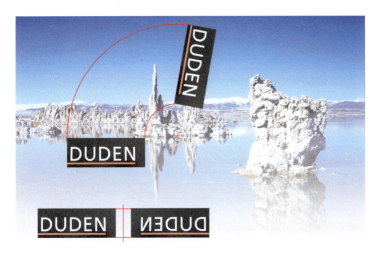

7.4 Bewegung, Kongruenz und Symmetrie

▶ Eigenschaften von Bewegungen werden mit **Axiomen** vorausgesetzt.

Bei der Betrachtung von **Bewegung** und **Kongruenz** sind prinzipiell zwei Wege möglich:

① Der Begriff „Bewegung" wird als Grundbegriff genutzt. **Spiegelung, Drehung** und **Verschiebung** werden als spezielle Bewegungen *definiert*. Figuren werden danach untersucht, ob sie sich mit einer Bewegung ineinander überführen lassen.

▶ congruens (lat.) – übereinstimmend, gleichförmig

Definition Zwei Figuren sind genau dann **zueinander kongruent**, wenn es eine Bewegung gibt, die die eine Figur auf die andere abbildet.

② Die Relation „… ist kongruent zu …" wird als Grundrelation im Einklang mit der anschaulich gegebenen Relation „… ist deckungsgleich zu …" vorausgesetzt.
Zueinander kongruente Figuren werden untersucht und es werden jene Abbildungen betrachtet, die jede ebene Figur in eine andere zu ihr kongruente Figur überführen. Diese Abbildungen werden als **Bewegungen** (Kongruenzabbildungen) definiert.

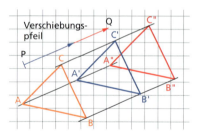

Alle Bewegungen haben folgende Eigenschaften:
– Zu zwei beliebigen Punkten A und B gibt es immer mindestens eine Bewegung, die A in B und B in A überführt.
– Die Nacheinanderausführung zweier Bewegungen ist stets wieder eine Bewegung.
– Auch die identische Abbildung, die jeden Punkt der Ebene auf sich selbst abbildet, ist eine Bewegung.
– Zu jeder Bewegung gibt es eine entgegengesetzte Bewegung, sodass das Resultat ihrer Nacheinanderausführung die identische Abbildung ist.

7.4.1 Spezielle Bewegungen

Verschiebung

Definition Eine **Verschiebung** $\overrightarrow{AB}$ ist eine eineindeutige Abbildung der Ebene auf sich selbst, bei der für das Bild P' jedes Punktes P gilt: $\overline{PP'} \parallel \overline{AB}$ und $\overline{AP} \parallel \overline{BP'}$.

$\overrightarrow{AB}$ wird als **Verschiebungspfeil** bezeichnet. $\overline{PP'}$ hat stets die gleiche Länge und Richtung sowie den gleichen Richtungssinn wie $\overline{AB}$.

Konstruktion des Bildes eines Dreiecks bei einer Verschiebung $\overrightarrow{AB}$

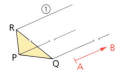 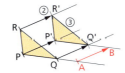

Konstruktionsbeschreibung:
① Es werden Parallelen zu $\overrightarrow{AB}$ durch die Punkte P, Q und R gezeichnet.
② Von R, P und Q aus wird jeweils auf der Parallelen die Länge der Strecke $\overline{AB}$ unter Beachtung der Orientierung abgetragen. Man erhält die Punkte R', P' und Q'.
③ Die Punkte R', P' und Q' werden miteinander verbunden.

Spezielle *Eigenschaften der Verschiebung sind:*
- Jede zum Verschiebungspfeil parallele Gerade wird auf sich selbst abgebildet. Sie ist *Fixgerade* bei der Verschiebung.
- Die Verschiebung mit der Verschiebungsweite 0 ist die identische Abbildung.
- Bei keiner Verschiebung (außer der Identität) gibt es einen Fixpunkt.

▶ Jede Verschiebung ist mit der Angabe von Betrag, Richtung und Richtungssinn und damit durch den Verschiebungspfeil eindeutig gekennzeichnet.

Drehung

Definition Eine **Drehung um einen Punkt Z** mit dem Drehwinkel α ist eine eineindeutige Abbildung der Ebene auf sich selbst, bei der für das Bild P' jedes Punktes P gilt:
- P' liegt auf dem Kreis um Z durch P
- $\sphericalangle$ (P'ZP) = α

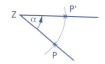

Konstruktion des Bildes einer Figur bei Drehung um Z mit Drehwinkel α

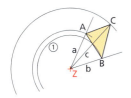 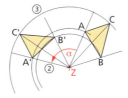

α = 100°

Konstruktionsbeschreibung:
① Strahlen a, b, c mit dem Anfangspunkt Z durch A, B, C sowie Kreise mit dem Mittelpunkt Z durch A, B, C zeichnen.
② Im Punkt Z wird an jeden der Strahlen a, b und c der Winkel α unter Berücksichtigung seiner Orientierung angetragen.
③ A' liegt auf dem Kreisbogen durch A sowie auf dem zweiten Schenkel des Winkels α. Entsprechend werden B' und C' konstruiert und die Punkte A', B' und C' werden miteinander verbunden.

Neben den für jede Bewegung gültigen Eigenschaften gibt es *spezielle Eigenschaften der Drehung:*
- Fixpunkt bei der Drehung um Z ist nur der Punkt Z, falls $\alpha \neq 0°$.
- Fixgeraden gibt es nur für den Spezialfall, dass $\alpha = 180°$.
 Dann ist jede Gerade durch Z Fixgerade.

Häufig wird die Drehung um Z mit $\alpha = 180°$ gesondert betrachtet und als Punktspiegelung am Punkt Z bezeichnet.

Punktspiegelung

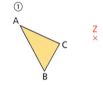

Definition Eine **Punktspiegelung am Punkt Z** ist eine eineindeutige Abbildung der Ebene auf sich selbst, bei der für das Bild P' jedes Punktes P gilt:
- P' liegt auf dem Kreis um Z durch P.
- P' liegt auf der Geraden durch P und Z.

Konstruktion des Bildes eines Dreiecks bei Spiegelung am Punkt Z

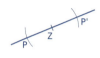
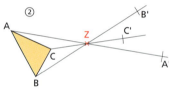
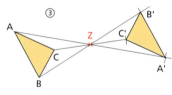

Konstruktionsbeschreibung:
① Es werden die Geraden durch Z und A, B bzw. C gezeichnet.
② Um Z wird ein Kreis mit dem Radius $\overline{ZA}$ gezeichnet, der die Gerade AZ in A' schneidet. Entsprechend erhält man B' und C'.
③ Die Punkte A', B' und C' werden miteinander verbunden.

Neben den für jede Bewegung gültigen Eigenschaften gibt es *spezielle Eigenschaften der Punktspiegelung:*
- Fixpunkt bei der Punktspiegelung an Z ist der Punkt Z.
- Fixgerade bei der Punktspiegelung an Z ist jede Gerade durch Z.

Geradenspiegelung

Definition Eine **Spiegelung an g (Geradenspiegelung)** ist eine eineindeutige Abbildung der Ebene auf sich selbst, bei der für das Bild P' jedes Punktes P gilt:
- P' liegt auf der Senkrechten zu g durch P.
- g halbiert $\overline{PP'}$.

Konstruktion des Bildes eines Dreiecks bei Spiegelung an der Geraden g

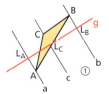 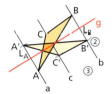

Konstruktionsbeschreibung:
① Die Senkrechten zu g durch A, B und C werden gezeichnet. Diese Geraden a, b und c schneiden g in den Punkten L_A, L_B und L_C.
② Es wird ein Kreis um L_A mit dem Radius $\overline{L_A A}$ gezeichnet. Der Schnittpunkt des Kreises mit der Senkrechten ist A'.
Entsprechend werden B' und C' konstruiert.
③ Die Punkte A', B' und C' werden miteinander verbunden.

Neben den für jede Bewegung gültigen Eigenschaften gibt es *spezielle Eigenschaften der Geradenspiegelung:*
– Fixpunkte bei der Spiegelung an g sind alle Punkte auf g.
– Die Spiegelachse g ist Fixpunktgerade und Fixgerade.
– Weitere Fixgeraden (die allerdings keine Fixpunktgeraden sind) sind bei der Spiegelung an g alle zu g senkrechten Geraden.

▶ Die **Geradenspiegelung** ist eine ungleichsinnige **Kongruenzabbildung.**

7.4.2 Nacheinanderausführung von Bewegungen

Die Nacheinanderausführung zweier Bewegungen ist wieder eine Bewegung.

Nacheinanderausführung zweier Verschiebungen

Bestimmen der resultierenden Verschiebung

Verschiebung eines Dreiecks

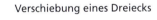
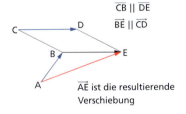
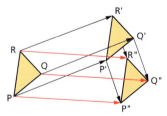

$\overline{CB} \parallel \overline{DE}$
$\overrightarrow{BE} \parallel \overrightarrow{CD}$

$\overrightarrow{AE}$ ist die resultierende Verschiebung

> **Satz** Die Nacheinanderausführung zweier Verschiebungen ist wieder eine Verschiebung. Der zugehörige Verschiebungspfeil ergibt sich als resultierender Verschiebungspfeil aus den beiden Verschiebungspfeilen.

Nacheinanderausführung zweier Drehungen

Satz Die Nacheinanderausführung zweier Drehungen um das gleiche Drehzentrum ist wieder eine Drehung um dieses Drehzentrum. Der zugehörige Drehwinkel ist dabei die Summe der Drehwinkel der Einzeldrehungen.

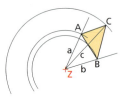
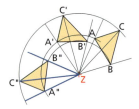

Nacheinanderausführung zweier Spiegelungen an den Geraden g und h

1. Fall: Die Geraden g und h schneiden einander in einem Punkt S.

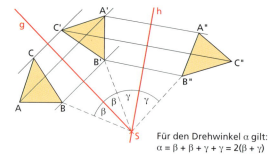

Für den Drehwinkel α gilt:
$\alpha = \beta + \beta + \gamma + \gamma = 2(\beta + \gamma)$

Satz Die Nacheinanderausführung zweier Spiegelungen an einander im Punkt S schneidenden Geraden g und h ist eine Drehung um S. Der Drehwinkel beträgt das Doppelte des Winkels, unter dem beide Geraden einander schneiden.

2. Fall: Die Geraden g und h sind zueinander parallel.

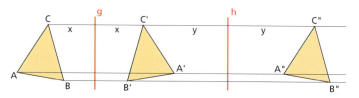

Für die Verschiebungsweite $w = \overline{CC''}$ gilt: $w = x + x + y + y = 2(x + y)$

7.4 Bewegung, Kongruenz und Symmetrie

Satz Die Nacheinanderausführung zweier Spiegelungen an zueinander parallelen Geraden g und h ist eine Verschiebung senkrecht zu den beiden Geraden.
Die Verschiebungsweite beträgt das Doppelte des Abstandes der beiden Geraden.

▶ Die Nacheinanderausführung einer Spiegelung an einer Geraden q und einer Verschiebung längs der Geraden g nennt man auch Schub- oder Gleitspiegelung.

Allgemein kann jede Bewegung als eine beliebige Folge von Drehungen, Spiegelungen und Verschiebungen angesehen werden.
Weil jede Verschiebung und jede Drehung auf die Nacheinanderausführung zweier Spiegelungen zurückgeführt werden kann, ist es möglich, jede Bewegung als Nacheinanderausführung von höchstens drei Geradenspiegelungen darzustellen.

■ Welche Bewegung überführt das Dreieck ABC in das Dreieck A'B'C'?

Lösungsbeschreibung:
△ABC und △A'B'C' haben den gleichen Umlaufsinn.
$\overline{AB}$ || $\overline{A'B'}$ gilt nicht. Falls eine Bewegung △ABC in △A'B'C' überführt, ist es eine Drehung. Zu ermitteln sind dann das Drehzentrum Z und der Drehwinkel α.

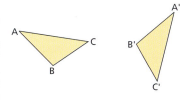

Ermittlung des Drehzentrums Z:
Wenn △A'B'C' das Bild von △ABC bei einer Drehung um einen Punkt Z ist, dann müssen A und A', B und B' sowie C und C' auf Kreisbogen um Z liegen.
$\overline{AA'}$, $\overline{BB'}$ und $\overline{CC'}$ sind Sehnen dieser Kreise um Z.
Weil die Mittelsenkrechte einer Sehne eines Kreises immer durch dessen Mittelpunkt geht, ergibt sich Z als Schnittpunkt der drei Mittelsenkrechten.

Ermittlung des Drehwinkels α:
Der orientierte Winkel ∢C'ZC ist der Drehwinkel α.

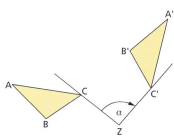

7.4.3 Kongruenz

> Die **Kongruenz** (Deckungsgleichheit) wird als Relation zwischen zwei Figuren beschrieben.

Satz Zwei Figuren F_1 und F_2 sind **zueinander kongruent** (deckungsgleich) genau dann, wenn es eine Bewegung φ gibt, die F_1 auf F_2 abbildet: $F_1 \cong F_2 \leftrightarrow \varphi(F_1) = F_2$

Für kongruente Figuren gelten folgende Beziehungen:
– Jede Figur ist zu sich selbst kongruent ($F_1 \cong F_1$).
– Aus $F_1 \cong F_2$ folgt stets $F_2 \cong F_1$.
– Aus $F_1 \cong F_2$ und $F_2 \cong F_3$ folgt $F_1 \cong F_3$.

Kongruenzbeweise

Der Zusammenhang von Bewegung und Kongruenz kann für Beweise genutzt werden. Soll die Kongruenz zweier Figuren nachgewiesen werden, reicht es zu zeigen, dass eine Bewegung existiert, die die eine Figur auf die andere abbildet.

■ *Satz:* Im gleichschenkligen Dreieck sind die Basiswinkel kongruent.

> Derartige Beweise lassen sich oft einfacher über die **Kongruenzsätze für Dreiecke** führen.

Voraussetzung:
Sei ABC ein beliebiges gleichschenkliges Dreieck. $\overline{CA}$ und $\overline{CB}$ seien seine kongruenten Schenkel.

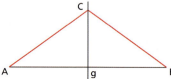

Behauptung:
$\sphericalangle ABC \cong \sphericalangle CAB$

Beweis:
Es sei g die Mittelsenkrechte von $\overline{AB}$. Dann muss C auf g liegen, denn g ist als Mittelsenkrechte von $\overline{AB}$ der geometrische Ort aller Punkte, die von A und B den gleichen Abstand haben, und es gilt nach Voraussetzung $\overline{CA} \cong \overline{CB}$.
Bei der Spiegelung S_g gilt:
$S_g(A) = B$, denn g ist Mittelsenkrechte von $\overline{AB}$.
$S_g(C) = C$, weil C auf g liegt.
$S_g(\overline{AB}) = \overline{BA}$ bzw. $S_g(\overline{AC}) = \overline{BC}$, also $S_g(\sphericalangle CAB) = \sphericalangle ABC$
Damit gibt es eine Bewegung (Spiegelung an g), die $\sphericalangle CAB$ auf $\sphericalangle ABC$ abbildet.
Also gilt: $\sphericalangle ABC \cong \sphericalangle CAB$ (w.z.b.w.)

7.4.4 Symmetrie

> **Definition** Eine Figur heißt **symmetrisch** genau dann, wenn sie bei einer von der identischen Abbildung verschiedenen Bewegung auf sich selbst abgebildet werden kann.
> Wird die Figur bei einer Geradenspiegelung an der **Symmetrieachse** s auf sich selbst abgebildet, ist sie **achsensymmetrisch (axialsymmetrisch)**.

▶ Entsprechend der Art der Bewegung, die die Figur auf sich selbst abbildet, unterscheidet man verschiedene Arten der Symmetrie.

Figur	Anzahl der Symmetrieachsen	Symmetrieachsen
Strecke	zwei	die Mittelsenkrechte der Strecke und die Gerade, die die Strecke enthält
Winkel	eine	die Winkelhalbierende
gleichseitiges Dreieck	drei	die Winkelhalbierenden der Innenwinkel
gleichschenkliges Trapez	eine	die Mittelsenkrechte der Grundseite
Raute (Rhombus)	zwei	die Diagonalen
Rechteck	zwei	die Mittelsenkrechten der Seiten
Quadrat	vier	die zwei Diagonalen und die Mittelsenkrechten der Seiten
regelmäßiges Sechseck	sechs	drei Diagonalen und die Mittelsenkrechten der Seiten
Kreis	unendlich viele	alle Geraden durch den Mittelpunkt

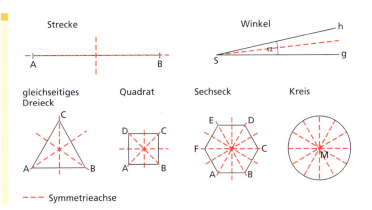

> **Definition** Wird die Figur bei der Spiegelung an einem Punkt Z, dem **Symmetriezentrum**, auf sich selbst abgebildet, ist sie **punktsymmetrisch (zentralsymmetrisch).**

Figur	Symmetriezentrum
Gerade	jeder Punkt der Geraden
Strecke	Mittelpunkt
einander schneidende Geraden	Schnittpunkt der Geraden
Kreis	Kreismittelpunkt
Parallelogramm	Schnittpunkt der Diagonalen
Quadrat	Schnittpunkt der Diagonalen
regelmäßiges Sechseck	Schnittpunkt der Diagonalen

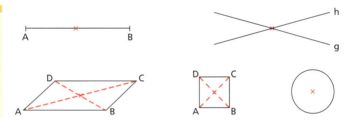

> **Definition** Wird die Figur bei Drehung um einen Punkt D mit Drehwinkel α auf sich selbst abgebildet, ist sie **drehsymmetrisch (radialsymmetrisch).**

Figur	Drehzentrum	Drehwinkel
gleichseitiges Dreieck	Schnittpunkt der Winkelhalbierenden	$\alpha = 120°$; $\alpha = 240°$ $\alpha = 360°$
Quadrat	Schnittpunkt der Diagonalen	$\alpha = 90°$; $\alpha = 180°$ $\alpha = 270°$; $\alpha = 360°$
regelmäßiges Sechseck	Schnittpunkt der Diagonalen	$\alpha = 60°$; $\alpha = 120°$ $\alpha = 180°$; $\alpha = 240°$ $\alpha = 300°$; $\alpha = 360°$

7.5 Zentrische Streckung, Ähnlichkeit und Strahlensätze

7.5.1 Zentrische Streckung

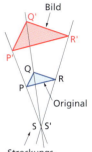

Definition Eine **zentrische Streckung** Z mit dem Punkt S als Streckungszentrum und dem Faktor k (k > 0) als Streckungsfaktor ist eine Abbildung der Ebene auf sich selbst, bei der für das Bild P' jeden Punktes P (P ≠ S) gilt:

- P' liegt auf dem Strahl $\overrightarrow{SP}$.
- $\overline{SP'} = k \cdot \overline{SP}$
- Der Bildpunkt von S ist S (S' = S).

Zur Beschreibung und Ausführung einer Streckung Z benötigt man die Angabe eines Streckungszentrums S und eines Streckungsfaktors k oder eines Streckungszentrums S und eines Punktepaares (P; P') mit P ≠ S.

Konstruktion des Bildes eines Punkts B bei der zentrischen Streckung Z

S und (A; A') sind gegeben

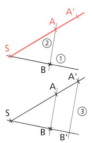

Konstruktionsbeschreibung:
① Strahl $\overrightarrow{SB}$ wird gezeichnet.
② Gerade AB wird gezeichnet.
③ Parallele zu AB durch A' wird gezeichnet. Sie schneidet den Strahl $\overrightarrow{SB}$ im gesuchten Bildpunkt B'.

Die zentrische Streckung ist		
für 0 < k < 1	**für k = 1**	**für k > 1**
eine **maßstäbliche Verkleinerung**, d.h. *eine Stauchung*.	die **identische Abbildung**.	eine **maßstäbliche Vergrößerung**, d.h. *eine Dehnung*.

Eigenschaften

Zentrische Streckungen besitzen alle Eigenschaften der Ähnlichkeitsabbildungen (↗ S. 225), insbesondere folgende:
- Die Bilder zueinander paralleler Geraden sind zueinander parallele Geraden **(Parallelentreue)**.
- Das Bild eines Winkels ist stets ein Winkel der gleichen Größe **(Winkeltreue)**.

- Das Bild eines Kreises mit dem Radius r ist ein Kreis mit dem Radius r' = k · r (**Kreisverwandtschaft**).
- Es gilt für alle Strecken: $\frac{\text{Länge der Bildstrecke}}{\text{Länge der Originalstrecke}} = k$
- Das Bild eines n-Ecks ist wieder ein n-Eck, für dessen Flächeninhalt gilt: $A_{n\text{-Eck}'} = k^2 \cdot A_{n\text{-Eck}}$

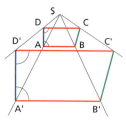

Für die zentrische Streckung gilt darüber hinaus, dass das Bild jeder Geraden (bzw. auch jeder Strecke) eine zu ihr parallele Gerade (bzw. Strecke) ist. Es ist also: $\overline{AB} \parallel \overline{A'B'}$, $\overline{BC} \parallel \overline{B'C'}$, $\overline{DA} \parallel \overline{D'A'}$ und $\overline{CD} \parallel \overline{C'D'}$.

Nacheinanderausführung zentrischer Streckungen

▶ Je nach Lage der Streckungszentren und der Größe des Produkts $k_1 \cdot k_2$ sind verschiedene Fälle zu unterscheiden.

> **Satz** Werden zwei zentrische Streckungen Z_1 und Z_2 nacheinander ausgeführt, so erhält man wieder eine zentrische Streckung Z mit S als Streckungszentrum und dem Streckungsfaktor $k = k_1 \cdot k_2$.

1. Fall:
Wenn $S_1 = S_2$ gilt, ist es gleichgültig, welche der Einzelstreckungen zuerst ausgeführt wird, da die Bilder und ihre Lage identisch sind.
Gilt daneben auch noch $k_1 \cdot k_2 = 1$, so ist das Ergebnis der Nacheinanderausführung die **identische Abbildung,** d.h., Bild und Original der Figur fallen zusammen. Die eine Streckung macht die andere Streckung rückgängig, sie ist ihre Umkehrabbildung.

2. Fall:
Gilt $S_1 \neq S_2$ und $k_1 \cdot k_2 \neq 1$
(z.B. $k_1 = 0,5$; $k_2 = 3$; $k_1 \cdot k_2 = 1,5$) für die Streckungen Z_1 und Z_2, so liegt nach deren Nacheinanderausführung S auf der Geraden durch S_1 und S_2.

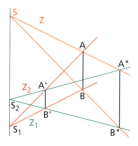

3. Fall:
Gilt $S_1 \neq S_2$ und $k_1 \cdot k_2 = 1$
(z.B. $k_1 = 0,5$; $k_2 = 2$; $k_1 \cdot k_2 = 1$) für die Streckungen Z_1 und Z_2, so ergibt deren Nacheinanderausführung eine Verschiebung.

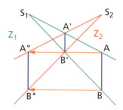

7.5 Zentrische Streckung, Ähnlichkeit und Strahlensätze   239

7.5.2 Ähnlichkeit

Bei jeder **Ähnlichkeitsabbildung** ist das Bild einer Figur eine formengleiche, nicht aber notwendigerweise gleich große Figur (↗ S. 237; zentrische Streckung).

> **Definition** Wenn es eine Ähnlichkeitsabbildung φ gibt, die die Figur F_1 auf die Figur F_2 abbildet, sind beide Figuren **zueinander ähnlich**:
> $F_1 \sim F_2 \rightarrow \varphi(F_1) = F_2$

▶ Haben F_1 und F_2 die gleiche Orientierung, sind sie zueinander gleichsinnig ähnlich, anderenfalls sind sie zueinander ungleichsinnig ähnlich.

Für ähnliche Figuren gelten folgende Beziehungen:
– Jede Figur ist zu sich selbst ähnlich ($F_1 \sim F_1$).
– Aus $F_1 \sim F_2$ folgt stets $F_2 \sim F_1$.
– Aus $F_1 \sim F_2$ und $F_2 \sim F_3$ folgt $F_1 \sim F_3$.

Anwendung von Ähnlichkeitsabbildungen bei Konstruktionen

Zuweilen ist es leicht möglich, eine zur gesuchten Figur ähnliche Hilfsfigur zu konstruieren, die einen Teil der geforderten Eigenschaften (z. B. die geforderten Winkelgrößen und Streckenverhältnisse) erfüllt. Durch eine Ähnlichkeitsabbildung wird die Hilfsfigur dann anschließend geeignet zur gesuchten Figur vergrößert oder verkleinert.

■ In einen gegebenen Halbkreis ist ein Quadrat ABCD so einzubeschreiben, dass die Seite $\overline{AB}$ auf dem Durchmesser und die Punkte C und D auf der Peripherie des Kreises liegen.

Konstruktionsidee:
① Alle Quadrate sind zueinander ähnlich. Es ist also sofort möglich, ein zum gesuchten Quadrat ähnliches Quadrat A'B'C'D' zu zeichnen, dessen Seite $\overline{A'B'}$ so auf dem Durchmesser des Halbkreises liegt, dass $\overline{A'M} = \overline{MB'}$ gilt.

② Dieses Quadrat wird mit M als Streckungszentrum so zentrisch gestreckt, dass die Bilder von C' und D' auf dem Halbkreis liegen.

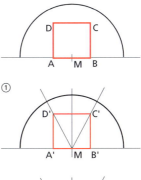

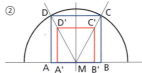

Anwendung von Ähnlichkeitsabbildungen in Beweisen

Wichtige Sätze der Geometrie lassen sich mithilfe der Ähnlichkeit beweisen, so z. B. Sätze aus der Satzgruppe des Pythagoras oder Sätze am Kreis.

■ *Behauptung:*
Die Mittelpunkte der Seiten eines beliebigen Vierecks bilden die Eckpunkte eines Parallelogramms.

Beweisidee:
Die Punkte E, F, G und H seien die Mittelpunkte der Seiten des Vierecks.
Die Strecke $\overline{AC}$ erhält man aus $\overline{EF}$ bzw. $\overline{GH}$ aus durch die zentrische Streckung Z_1 bzw. Z_2 mit B bzw. D als Streckungszentrum und k = 2.
Es gilt also $\overline{EF} \parallel \overline{AC}$ und $\overline{GH} \parallel \overline{AC}$, woraus $\overline{EF} \parallel \overline{GH}$ folgt.
Aus $\overline{AC} = 2 \cdot \overline{EF} = 2 \cdot \overline{GH}$ folgt $\overline{EF} = \overline{GH}$.
$\overline{EF}$ und $\overline{GH}$ sind also zueinander parallel und gleich lang.

Maßstäbliches Vergrößern und Verkleinern

Zeichnungen und Figuren lassen sich in einem bestimmten Verhältnis zu einem ähnlichen Bild vergrößern oder verkleinern. Man bezeichnet das Verhältnis von Original zu Bild als **Maßstab**.
Ist k > 1, ist das Bild eine maßstäbliche Vergrößerung im Maßstab k : 1.
Ist 0 < k < 1, so liegt eine maßstäbliche Verkleinerung im Maßstab 1 : n vor, wobei $k = \frac{1}{n}$ ist.

▶ Der **Pantograf** (Storchenschnabel) ist ein Zeichengerät, mit dem durch Nachfahren der Konturen einer Zeichnung ein zu dieser ähnliches Bild gezeichnet werden kann.

■ Anwendungsbeispiele:
– Modelleisenbahnen im Maßstab 1 : 87 (H0), 1 : 120 (TT), 1 : 160 (N) sind maßstäbliche Verkleinerungen.
– Landkarten bzw. Stadtpläne sind maßstäbliche Verkleinerungen.
– Mikroskope, Ferngläser bzw. Lupen sowie auch die Vergrößerungsfunktionen in Grafikprogrammen liefern maßstäbliche Vergrößerungen.

7.5.3 Strahlensätze

Wird ein Strahlenbüschel mit einem gemeinsamen Anfangspunkt S bzw. ein Geradenbüschel mit einem Schnittpunkt S von einer Parallelenschar geschnitten, entstehen **Parallelenabschnitte** und **Strahlabschnitte**, die eine Vielzahl zueinander ähnlicher Figuren begrenzen.
Strahlenabschnitte: $\overline{SA}, \overline{AD}, \overline{SB}, \overline{BE}, \overline{SC}, \overline{CF}, \overline{SD}, \overline{SE}, \overline{SF}$
Parallelenabschnitte: $\overline{AB}, \overline{BC}, \overline{AC}, \overline{DE}, \overline{EF}, \overline{DF}$

Strahlenabschnitte heißen **gleich liegend**, wenn sie auf verschiedenen Strahlen, aber zwischen dem Scheitelpunkt und derselben Parallele oder denselben Parallelen liegen: $\overline{AD}\,/\,\overline{BE}$, $\overline{SF}\,/\,\overline{SE}$, $\overline{SB}\,/\,\overline{SC}$.

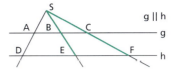

Parallelenabschnitte heißen **gleich liegend**, wenn sie auf verschiedenen Parallelen, aber zwischen denselben Strahlen liegen: $\overline{AB}\,/\,\overline{DE}$, $\overline{BC}\,/\,\overline{EF}$, $\overline{AC}\,/\,\overline{DF}$.

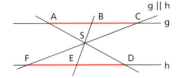

Zu jedem Parallelenabschnitt gibt es **zugehörige Strahlenabschnitte** vom Punkt S bis zum Parallelenabschnitt: $\overline{SA}\,/\,\overline{AB}$, $\overline{SD}\,/\,\overline{DE}$, $\overline{SE}\,/\,\overline{EF}$, $\overline{SD}\,/\,\overline{DF}$.

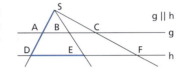

> **1. Strahlensatz**
> Werden Strahlen eines Büschels von Parallelen geschnitten, so verhalten sich die Längen der Abschnitte auf einem Strahl zueinander wie die Längen der gleich liegenden Abschnitte auf einem anderen Strahl des Büschels.

In der Abbildung gilt u. a.:
$\dfrac{\overline{SA}}{\overline{AD}} = \dfrac{\overline{SB}}{\overline{BE}}$; $\dfrac{\overline{SA}}{\overline{SD}} = \dfrac{\overline{SB}}{\overline{SE}}$; $\dfrac{\overline{SD}}{\overline{AD}} = \dfrac{\overline{SE}}{\overline{BE}}$

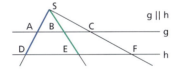

Umkehrung:
Ergeben sich umgekehrt beim Schnitt zweier Geraden mit den Strahlen eines Büschels die Längenverhältnisse entsprechend dem ersten Strahlensatz, dann sind die beiden Geraden zueinander parallel.

> **2. Strahlensatz**
> Werden Strahlen eines Büschels von Parallelen geschnitten, so verhalten sich die Längen der zwischen denselben Strahlen liegenden Parallelenabschnitte zueinander wie die Längen der vom Scheitelpunkt aus gemessenen zugehörigen Strahlenabschnitte des Büschels.

In der Abbildung gilt u. a.:
$\dfrac{\overline{SA}}{\overline{SD}} = \dfrac{\overline{AB}}{\overline{DE}}$; $\dfrac{\overline{SB}}{\overline{SE}} = \dfrac{\overline{BC}}{\overline{EF}}$; $\dfrac{\overline{SC}}{\overline{SF}} = \dfrac{\overline{AC}}{\overline{DF}}$

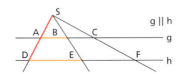

3. Strahlensatz
Werden Strahlen eines Büschels von zwei Parallelen geschnitten, so verhalten sich die Längen gleich liegender Parallelenabschnitte zwischen zwei Strahlen wie die Längen gleich liegender Parallelenabschnitte zwischen zwei anderen Strahlen.

In der Abbildung gilt u. a.:

$\dfrac{\overline{AB}}{\overline{DE}} = \dfrac{\overline{BC}}{\overline{EF}}; \quad \dfrac{\overline{AB}}{\overline{DE}} = \dfrac{\overline{AC}}{\overline{DF}}; \quad \dfrac{\overline{BC}}{\overline{EF}} = \dfrac{\overline{AC}}{\overline{DF}}$

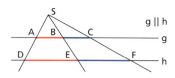

Beweis des 1. Strahlensatzes
Voraussetzung:
$\overline{AC} \parallel \overline{BD}$

Behauptung:
$\overline{SA} : \overline{AB} = \overline{SC} : \overline{CD}$

Beweis:
Für den Flächeninhalt $\triangle SAC$ gilt:
$A_{\triangle SAC} = \dfrac{\overline{SA} \cdot h_1}{2} = \dfrac{\overline{SC} \cdot h_2}{2}$

Daraus folgt: $\overline{SA} \cdot h_1 = \overline{SC} \cdot h_2$ ①
$\triangle ABC$ und $\triangle ADC$ haben gleich große Flächeninhalte, denn sie haben die Seite $\overline{AC}$ gemeinsam und es ist $h_3 = h_4$ (Abstand der Parallelen).

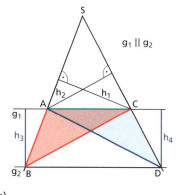

Es gilt: $A_{\triangle ABC} = \dfrac{\overline{AB} \cdot h_1}{2}$ und $A_{\triangle ADC} = \dfrac{\overline{CD} \cdot h_2}{2}$, somit $\overline{AB} \cdot h_1 = \overline{CD} \cdot h_2$ ②

Aus ① und ② ergibt sich

$\dfrac{\overline{SA} \cdot h_1}{\overline{AB} \cdot h_1} = \dfrac{\overline{SC} \cdot h_2}{\overline{CD} \cdot h_2}$ und nach Kürzen folgt: $\overline{SA} : \overline{AB} = \overline{SC} : \overline{CD}$ (w. z. b. w.)

Anwendung der Strahlensätze

Die Strahlensätze basieren auf Vergleichbarkeit von Streckenlängen. Sie finden bei Beweisen, Konstruktionen und Berechnungen Anwendung.

Bestimmen der Länge von Strecken
Messungen mit dem **Messkeil** und der **Messlehre** beruhen auf den Strahlensätzen. Mit dem Messkeil werden sehr kleine Abstände, etwa der Innendurchmesser eines Rohres, ermittelt. Messlehren dienen zur Messung sehr kleiner Dicken.

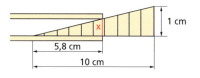
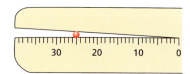

7.5 Zentrische Streckung, Ähnlichkeit und Strahlensätze

Auch die Längen von Strecken, die nicht oder nur schwierig direkt messbar sind (etwa in unwegsamem Gelände), sowie die Höhe eines Baumes können mithilfe der Strahlensätze ermittelt werden.

■ **Es ist $\overline{AB} \parallel \overline{ED}$, dann gilt:**

$$\frac{\overline{AB}}{\overline{ED}} = \frac{\overline{BC}}{\overline{CD}} \quad |\cdot ED$$

$$\overline{AB} = \frac{\overline{BC} \cdot \overline{ED}}{\overline{CD}}$$

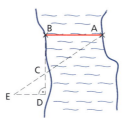

Teilen und Vervielfachen von Strecken

Unter Verwendung der Strahlensätze ist es möglich, jede gegebene Strecke in einem beliebigen rationalen Verhältnis $t = m:n$ (z.B. 4:3) zu teilen.

Liegt der **Teilungspunkt** T zwischen den Randpunkten einer Strecke, so nennt man dies **innere Teilung** und legt $t > 0$ fest.

Zur Konstruktion des Teilungspunkts T_i wird ein Strahl an einem der Randpunkte der Strecke gezeichnet.
Auf dem Strahl werden $m + n$ (z.B. 4 + 3) gleich lange Abschnitte abgetragen.
Entsprechend den Strahlensätzen übertragen parallele Geraden die Teilung des Strahls auf die Strecke.

Innere Teilung von $\overline{AB}$
4:3

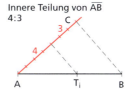

Mit dieser Konstruktion kann die gegebene Strecke analog vervielfacht werden.

Liegt der Teilungspunkt T außerhalb der Strecke, nennt man dies **äußere Teilung** und definiert $t < 0$.

Zur Konstruktion des Teilungspunkts T_a werden an den Randpunkten der Strecke parallele Strahlen gezeichnet.
Auf den Strahlen werden m (z.B. 5) bzw. n (z.B. 2) gleich lange Strecken abgetragen.
Die Gerade durch die dabei entstehenden Punkte F und G teilt die Strecke $\overline{DE}$ außen im Verhältnis $m:n$ [z.B. $-(5:2)$].

Äußere Teilung von $\overline{DE}$
$-(5:2)$

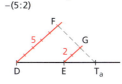

Goldener Schnitt

Ist T so gewählt, dass
$\overline{AB}:\overline{AT} = \overline{AT}:\overline{BT}$ gilt, so heißt die Strecke **stetig geteilt** oder nach dem **Goldenen Schnitt** geteilt.
Dieses Teilungsverhältnis ist keine rationale Zahl.

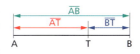

▶ Auch in der Kunst und der Architektur spielt der **Goldene Schnitt** eine wichtige Rolle.

Beziehungen zwischen Figuren

Kongruenz und Ähnlichkeit

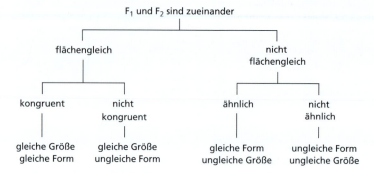

Ist F_1 ähnlich zu F_2 mit dem Ähnlichkeitsfaktor k, so gilt:
- Einander entsprechende Winkel haben die gleiche Größe.
- Das Verhältnis aller Strecken von F_2 zu den entsprechenden Strecken von F_1 ist gleich k.
- Die Strecken von F_2 stehen im gleichen Verhältnis wie die entsprechenden Strecken von F_1.

$$\frac{a_2}{a_1} = \frac{b_2}{b_1} = \frac{c_2}{c_1} = k$$

$a_2 = k \cdot a_1;\ b_2 = k \cdot b_1;\ c_2 = k \cdot c_1$

$\frac{c_2}{b_2} = \frac{c_1}{b_1};\ \frac{a_2}{b_2} = \frac{a_1}{b_1};\ \frac{a_2}{c_2} = \frac{a_1}{c_1}$

Die Kongruenz ist ein Sonderfall der Ähnlichkeit mit k = 1.

Zentrische Streckung

Eine zentrische Streckung ist eine maßstäbliche Vergrößerung (k > 1) bzw. Verkleinerung (0 < k < 1) einer ebenen Figur mit dem Streckungsfaktor k und dem Streckungszentrum Z. Der Streckungsfaktor k gibt das Verhältnis der Bildstreckenlänge zur Originalstreckenlänge an.

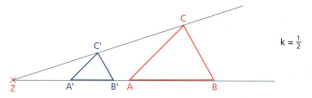

Für k = 1 ist das Bild identisch mit dem Original.

Wissenstest 12 — abrufbar auf **www.lernhelfer.de** oder mit der Lernhelfer-App

7.6 Dreiecke

7.6.1 Dreiecksarten

Abgeschlossene Streckenzüge aus drei Strecken werden **Dreiecke** genannt. Die drei Strecken sind die **Seiten** des Dreiecks. Je zwei Seiten haben einen **Eckpunkt** gemeinsam. Zur **Dreiecksfläche** gehören alle Punkte auf den Dreiecksseiten sowie alle Punkte im Inneren des Dreiecks.

Es ist üblich, die Dreiecksseiten mit kleinen Buchstaben wie a, b und c sowie die jeweils gegenüberliegenden Eckpunkte mit A, B und C im positiven Drehsinn zu bezeichnen. Die Winkel zwischen je zwei Dreiecksseiten heißen **Innenwinkel**. Die Nebenwinkel der Innenwinkel sind die **Außenwinkel** des Dreiecks.
In der Abbildung sind α, β und γ die Innenwinkel sowie α_1, α_2, β_1, β_2, γ_1 und γ_2 die jeweils zugehörigen Außenwinkel des Dreiecks.

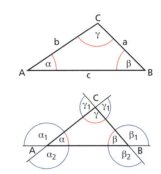

Einteilung der Dreiecke nach den Längen der Seiten

Unregelmäßiges Dreieck	Gleichschenkliges Dreieck	
a ≠ b; a ≠ c; b ≠ c	a = b	a = b = c (gleichseitig)

Einteilung der Dreiecke nach der Größe der Winkel

Stumpfwinkliges Dreieck	Rechtwinkliges Dreieck	Spitzwinkliges Dreieck
Ein Innenwinkel ist ein stumpfer Winkel.	Ein Innenwinkel ist ein rechter Winkel.	Alle Innenwinkel sind spitze Winkel.
$\gamma > 90°$	$\gamma = 90°$	$\alpha < 90°$ $\beta < 90°$ $\gamma < 90°$

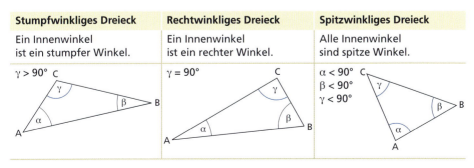

▶ Ebenso ist b Gegenkathete des Winkels β und zugleich Ankathete des Winkels α.

Im rechtwinkligen Dreieck liegt die längste Seite, die **Hypotenuse,** dem rechten Winkel gegenüber. Die Seiten auf den Schenkeln des rechten Winkels sind die **Katheten**. Die Kathete a liegt dem Winkel α gegenüber. Deshalb heißt a **Gegenkathete** des Winkels α. Zugleich liegt a auf einem Schenkel des Winkels β und heißt **Ankathete** des Winkels β.

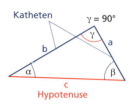

7.6.2 Sätze über das Dreieck

Sätze über die Winkel am Dreieck

> **Innenwinkelsatz**
> Die Summe der Innenwinkel eines Dreiecks ABC beträgt 180°:
> $\alpha + \beta + \gamma = 180°$

Beweis
Voraussetzung:
△ABC ist ein beliebiges Dreieck mit den Innenwinkeln α, β und γ.

Behauptung:
$\alpha + \beta + \gamma = 180°$

Beweis:
Zur Geraden AB gibt es eine Parallele g durch den Punkt C.
Es ist α' + β' + γ = 180° (gestreckter Winkel).
Es gilt α = α' und β = β', da α und α' sowie β und β' Wechselwinkel an geschnittenen Parallelen sind. Also ist auch α + β + γ = 180°.   (w.z.b.w.)

> **Außenwinkelsatz**
> Jeder Außenwinkel eines Dreiecks ist so groß wie die Summe der beiden nicht anliegenden Innenwinkel.

Beweisidee:
Jeder Außenwinkel ist Nebenwinkel eines Innenwinkels. Der Außenwinkel ergänzt den Innenwinkel damit zu 180°. Auch die beiden anderen Innenwinkel ergänzen den dritten Innenwinkel zu 180°. Folglich müssen beide Innenwinkel zusammen so groß sein wie der Außenwinkel des dritten Innenwinkels.

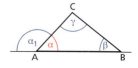

Sätze über die Seiten des Dreiecks

Für die Seitenlängen jedes Dreiecks gelten die **Dreiecksungleichungen**.

> **Satz** In jedem Dreieck sind zwei Seiten zusammen immer länger als die dritte Seite.

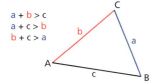
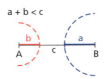

Winkel-Seiten-Beziehungen

- Der längeren von zwei Seiten liegt auch der größere Winkel gegenüber.
- Gleich langen Seiten liegen stets gleich große Winkel gegenüber.
- Ein gleichschenkliges Dreieck hat folglich stets zwei gleich große Winkel, die **Basiswinkel** (↗ S. 245; gleichschenkliges Dreieck). Das gleichschenklig-rechtwinklige Dreieck hat gleich große Basiswinkel mit je 45°. Im gleichseitigen Dreieck haben alle drei Winkel die Größe 60° (↗ S. 245; gleichseitiges Dreieck).
- Beträgt im rechtwinkligen Dreieck die Größe eines spitzen Winkels 30°, so ist die Gegenkathete halb so lang wie die Hypotenuse.

7.6.3 Besondere Linien und Punkte des Dreiecks

Mittelsenkrechten der Dreiecksseiten

> **Satz** Die **Mittelsenkrechten** der drei Dreiecksseiten schneiden einander stets in einem Punkt. Dieser Punkt ist der Mittelpunkt M des **Umkreises** des Dreiecks.

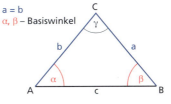

Beweis

Voraussetzung:
△ABC ist ein beliebiges Dreieck; m_a, m_b und m_c sind die Mittelsenkrechten der Seiten a, b und c. M ist der Schnittpunkt von m_a und m_b.

Behauptung:
M liegt auch auf m_c.

Beweis:
- Alle Punkte, die auf m_a liegen, sind von B und C gleich weit entfernt.
  M liegt auf m_a, also ist $\overline{BM} = \overline{CM}$.
- Alle Punkte, die auf m_b liegen, sind von C und A gleich weit entfernt.
  M liegt auf m_b, also ist $\overline{CM} = \overline{AM}$.
- Damit ist auch $\overline{BM} = \overline{AM}$, d. h., M ist von A und B gleich weit entfernt. (Hiermit ist bereits klar, dass es zu jedem Dreieck einen Kreis durch alle drei Eckpunkte des Dreiecks gibt.)
- Alle Punkte, die von A und B gleich weit entfernt sind, liegen auf m_c. M liegt folglich auch auf m_c. (w.z.b.w.)

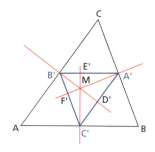

Bei spitzwinkligen Dreiecken liegt der Punkt M *innerhalb,* bei stumpfwinkligen Dreiecken *außerhalb* des Dreiecks und bei rechtwinkligen Dreiecken *auf der Hypotenuse.* In gleichschenkligen Dreiecken liegt M auf deren Symmetrieachse, die auch Mittelsenkrechte ist.

Verbindet man die Mitten der Seiten eines Dreiecks ABC, so entsteht ein neues Dreieck A'B'C'. Die Seiten der beiden Dreiecke verlaufen paarweise parallel zueinander.
Die *Mittelsenkrechten* des Dreiecks ABC stehen senkrecht auf den Seiten des Dreiecks A'B'C' und gehen durch dessen Eckpunkte. Die Strecken $\overline{B'D}$, $\overline{A'F}$ und $\overline{C'E}$ sind somit Höhen im Dreieck A'B'C'.

Winkelhalbierende der Innenwinkel des Dreiecks

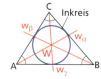

Satz Die drei **Winkelhalbierenden** der Innenwinkel eines Dreiecks schneiden einander stets in genau einem Punkt W. Dieser Punkt ist Mittelpunkt des **Inkreises**.

Seitenhalbierende der Dreiecksseiten

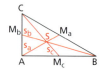

Definition Die durch einen Eckpunkt und den Mittelpunkt der gegenüberliegenden Seite eines Dreiecks bestimmten Strecken heißen **Seitenhalbierende**.

7.6 Dreiecke

> **Satz** Die Seitenhalbierenden der drei Dreiecksseiten schneiden einander stets in einem Punkt S. Dieser Punkt heißt **Schwerpunkt** des Dreiecks und teilt jede Seitenhalbierende vom Eckpunkt aus im Verhältnis 2 : 1.

Höhen des Dreiecks

> **Definition** Von jedem Eckpunkt des Dreiecks ABC kann das Lot auf die Gerade durch die gegenüberliegende Dreiecksseite gefällt werden. Die Lote h_a, h_b und h_c sind die **Höhen** des Dreiecks ABC.

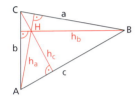

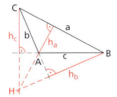

▶ Der Höhenschnittpunkt im rechtwinkligen Dreieck ist der Scheitel des rechten Winkels.

> **Satz** In jedem Dreieck schneiden die Geraden, auf denen die Höhen liegen, einander in einem Punkt, dem **Höhenschnittpunkt** H.

In jedem Dreieck liegen der Schnittpunkt der Mittelsenkrechten M (Umkreismittelpunkt), der Höhenschnittpunkt H und der Schnittpunkt der Seitenhalbierenden S (Schwerpunkt des Dreiecks) auf einer Geraden.

▶ Diese Gerade wird nach dem Schweizer Mathematiker **LEONHARD EULER** (1707 bis 1783) **eulersche Gerade** genannt.

7.6.4 Kongruenz von Dreiecken

Zwei Dreiecke sind zueinander kongruent (↗ S. 234; Kongruenz), wenn es eine Bewegung gibt, die ein Dreieck auf das andere abbildet. Indem jeweils die Bewegung angegeben wird, die ein Dreieck in das andere überführt, können folgende **Kongruenzsätze** bewiesen werden.

> **Kongruenzsatz sss**
> Zwei Dreiecke sind zueinander kongruent, wenn sie in allen drei Seiten übereinstimmen.

▶ congruens (lat.) – übereinstimmend, gleichförmig

Es sind $\overline{AB} \cong \overline{DE}$, $\overline{BC} \cong \overline{FD}$, $\overline{CA} \cong \overline{EF}$, also ist auch
△ABC ≅ △DEF.

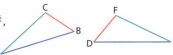

Kongruenzsatz sws
Zwei Dreiecke sind zueinander kongruent, wenn sie in zwei Seiten und dem eingeschlossenen Winkel übereinstimmen.

Es sind $\overline{AB} \cong \overline{DF}$, $\overline{BC} \cong \overline{EF}$,
$\sphericalangle ABC \cong \sphericalangle EFD$,
also ist auch
$\triangle ABC \cong \triangle DEF$.

Kongruenzsatz wsw
Zwei Dreiecke sind zueinander kongruent, wenn sie in zwei Winkeln und der eingeschlossenen Seite übereinstimmen.

Es sind
$\sphericalangle CAB \cong \sphericalangle FDE$, $\sphericalangle ABC \cong \sphericalangle EFD$,
$\overline{AB} \cong \overline{FD}$,
also ist auch
$\triangle ABC \cong \triangle DEF$.

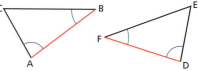

Kongruenzsatz SsW
Zwei Dreiecke sind zueinander kongruent, wenn sie in zwei Seiten und dem der *größeren Seite* gegenüberliegenden Winkel übereinstimmen.

$\overline{AB} \cong \overline{DE}$, $\overline{CA} \cong \overline{DF}$,
$\sphericalangle BCA \cong \sphericalangle EFD$,
$\sphericalangle BCA$ und $\sphericalangle EFD$
liegen jeweils der
größeren Seite gegenüber,
also ist auch
$\triangle ABC \cong \triangle DEF$.

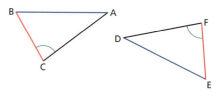

Warum beim Kongruenzsatz SsW der Winkel der größeren Seite gegenüberliegen muss, zeigt folgender Fall:
Die beiden Dreiecke ABC_1 und ABC_2 stimmen in einem Winkel und zwei Seiten überein:
$\overline{AB} \cong \overline{AB}$, $\overline{BC_1} \cong \overline{BC_2}$,
$\sphericalangle C_1AB \cong \sphericalangle C_2AB$
Allerdings liegt der Winkel der kleineren Seite gegenüber.
$\triangle ABC_1$ und $\triangle ABC_2$ sind nicht zueinander kongruent.

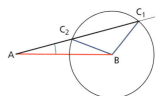

7.6.5 Ähnlichkeit von Dreiecken

Die Ähnlichkeit von Figuren, die auf Seite 239 allgemein betrachtet wurde, wird hier auf Dreiecke übertragen.

> **Satz** Dreiecke sind zueinander ähnlich, wenn sie übereinstimmen
> – in zwei Innenwinkeln (**Hauptähnlichkeitssatz**),
> – in drei Seitenverhältnissen,
> – in den Verhältnissen zweier Seiten und in den von diesen Seiten eingeschlossenen Innenwinkeln,
> – im Verhältnis zweier Seiten und dem der größeren der beiden Seiten gegenüberliegenden Innenwinkel.

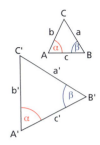

Anwendung finden die Ähnlichkeitssätze für Dreiecke beim Beweisen.

> **Satz** Im rechtwinkligen Dreieck sind die durch die Höhe über der Hypotenuse gebildeten Teildreiecke untereinander und dem Gesamtdreieck ähnlich.

7.6.6 Konstruktion von Dreiecken

Konstruktion nach den Kongruenzsätzen

Alle Konstruktionen, bei denen die in den Kongruenzsätzen genannten Stücke vorgegeben sind, können eindeutig ausgeführt werden (↗ S. 249; Kongruenzsätze), falls die Vorgaben den Dreiecksungleichungen, dem Innenwinkelsatz und der Beziehung zwischen Seiten und Innenwinkeln des Dreiecks (↗ S. 247) genügen.

▶ Untersucht wird, mit welchen gegebenen Stücken ein Dreieck bis auf Kongruenz *eindeutig* konstruierbar ist und wie die Konstruktion auszuführen ist.

Konstruktion nach dem Kongruenzsatz sss
a, b, c gegeben

Konstruktionsbeschreibung:
① Auf einer Geraden wird die Strecke $\overline{AB}$ mit $\overline{AB} = c$ abgetragen.
② Um A wird ein Kreis mit dem Radius b und um B mit dem Radius a gezeichnet.
③ Die Schnittpunkte der Kreise sind C_1 und C_2. Unter Beachtung der Orientierung werden die Punkte A und B mit C (C_1) zum Dreieck ABC verbunden.

Planfigur:

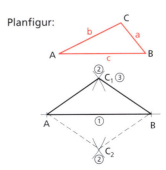

Konstruktion nach dem Kongruenzsatz sws
b, c, α gegeben

Konstruktionsbeschreibung:
① Auf einer Geraden wird die Strecke $\overline{AB}$ mit $\overline{AB}$ = c abgetragen.
② Im Punkt A wird an die Strecke $\overline{AB}$ der Winkel α angetragen.
③ Um A wird ein Kreis mit dem Radius b gezeichnet. Er schneidet den freien Schenkel des Winkels α im Punkt C.
Der Punkt C wird mit A bzw. B zum Dreieck ABC verbunden.

Planfigur:

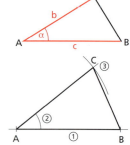

Konstruktion nach dem Kongruenzsatz wsw
c, α, β gegeben

Konstruktionsbeschreibung:
① Auf einer Geraden wird die Strecke $\overline{AB}$ mit $\overline{AB}$ = c abgetragen.
② Im Punkt A wird an die Strecke $\overline{AB}$ der Winkel α und im Punkt B an die Strecke $\overline{AB}$ der Winkel β angetragen.
③ Der Schnittpunkt der freien Schenkel von α und β ist der Punkt C.
Die Punkte A und B werden mit C zum Dreieck ABC verbunden.

Planfigur:

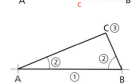

Konstruktion nach dem Kongruenzsatz Ssw
a, c, γ (c > a) gegeben

▶ Diese Konstruktion ist nur eindeutig ausführbar, wenn der gegebene Winkel der größeren der gegebenen Seiten gegenüberliegt.

Konstruktionsbeschreibung:
① Auf einer Geraden wird die Strecke $\overline{BC}$ mit $\overline{BC}$ = a abgetragen.
② Im Punkt C wird an die Strecke $\overline{CB}$ der Winkel γ angetragen.
③ Um B wird ein Kreis mit dem Radius c gezeichnet. Er schneidet den freien Schenkel des Winkels γ im Punkt A.
Der Punkt B wird mit A zum Dreieck ABC verbunden.

Planfigur:

Die Seite c muss größer sein als die Seite a, damit es auf der Seite b genau einen Schnittpunkt A gibt.

Konstruktion nach anderen gegebenen Stücken

Konstruktion bei gegebener Höhe
Fall 1: c, h_c, α gegeben

Konstruktionsbeschreibung:
① Auf einer Geraden wird die Strecke $\overline{AB}$ mit $\overline{AB} = c$ abgetragen.
② Zur Geraden AB wird eine Parallele mit dem Abstand h_c gezeichnet.
③ Im Punkt A wird an die Strecke $\overline{AB}$ der Winkel α angetragen.
Der Schnittpunkt des freien Schenkels von α mit der Parallelen ist der Punkt C. B wird mit C zum Dreieck ABC verbunden.

Planfigur:

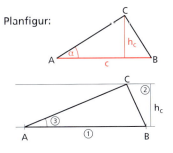

Fall 2: h_c, b, c gegeben

Konstruktionsbeschreibung:
① Auf einer Geraden wird die Strecke $\overline{AB}$ mit $\overline{AB} = c$ abgetragen.
② Zu AB wird eine Parallele mit dem Abstand h_c gezeichnet.
③ Um A wird ein Kreis mit dem Radius b gezeichnet.
Der Kreis schneidet die Parallele in C_1 und C_2 oder gar nicht.
Für $b = h_c$: $C_1 = C_2$
Für $b < h_c$: kein Dreieck

Planfigur:

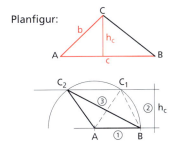

▶ Die Dreiecke ABC_1 und ABC_2 erfüllen die Konstruktionsbedingungen, sind aber nicht zueinander kongruent. Die **Konstruktion** ist nicht eindeutig ausführbar.

Konstruktion bei gegebener Winkelhalbierenden
w_α, α, c gegeben

Konstruktionsbeschreibung:
① Auf einer Geraden wird die Strecke $\overline{AB}$ mit $\overline{AB} = c$ abgetragen.
② Im Punkt A wird an die Strecke $\overline{AB}$ der Winkel α angetragen.
Der Winkel α wird halbiert.
③ Um A wird ein Kreis mit dem Radius w_α gezeichnet. Er schneidet den freien Schenkel des Winkels $\frac{\alpha}{2}$ in P.
④ Der Strahl $\overrightarrow{BP}$ wird gezeichnet. Der Schnittpunkt des Strahls $\overrightarrow{BP}$ mit dem freien Schenkel von α ist der Punkt C.

Planfigur:

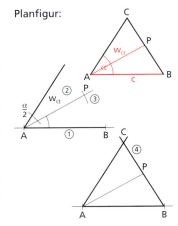

Konstruktion bei gegebener Seitenhalbierenden
a, c, s_a gegeben

Konstruktionsbeschreibung:
① Auf einer Geraden wird die Strecke $\overline{AB}$ mit $\overline{AB} = c$ abgetragen.
② Um A wird ein Kreis mit dem Radius s_a und um B ein Kreisbogen mit dem Radius $\frac{a}{2}$ gezeichnet.
Der Schnittpunkt der Kreisbogen ist der Punkt P.
③ Um B wird ein Kreisbogen mit dem Radius a gezeichnet.
④ Der Schnittpunkt des Kreisbogens mit dem Strahl $\overline{BP}$ ist der Punkt C. Er wird mit dem Punkt A zum Dreieck ABC verbunden.

Planfigur:

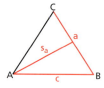

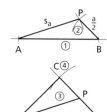

7.6.7 Flächeninhaltsberechnung von Dreiecken

Allgemeines Dreieck

Zwei kongruente Dreiecke lassen sich zu einem Parallelogramm zusammenfügen. Der Flächeninhalt des Dreiecks ist demnach gleich der Hälfte des Flächeninhalts des Parallelogramms (↗ S. 272).

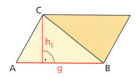

> **Satz** Der **Flächeninhalt eines Dreiecks** ist jeweils die Hälfte des Produkts aus einer (Grund-)Seite und der dazugehörigen Höhe:
> $A = \frac{1}{2} a \cdot h_a = \frac{1}{2} b \cdot h_b = \frac{1}{2} c \cdot h_c = \frac{1}{2} g \cdot h_g$

Von einem Dreieck ABC sind die Seitenlänge c und die Höhe h_c gegeben. Wie groß ist der Flächeninhalt des Dreiecks?

Gegeben: $c = 9$ cm; $h_c = 5$ cm
Gesucht: A
Lösung: $A = \frac{1}{2} c \cdot h_c$

$A = \frac{1}{2} \cdot 9 \text{ cm} \cdot 5 \text{ cm}$

$A = 22{,}5 \text{ cm}^2$
Antwort: Das Dreieck hat einen Flächeninhalt von $22{,}5 \text{ cm}^2$.

7.6 Dreiecke

Zwei Dreiecke, die in einer Seite und der zugehörigen Höhe übereinstimmen, sind flächeninhaltsgleich.
Die Berechnung eines Dreiecksflächeninhalts mit den Formeln auf Seite 254 setzt voraus, dass eine Seite und die zugehörige Höhe bekannt sind. Sind zwei Seiten und der eingeschlossene Winkel bekannt, können die folgenden Formeln genutzt werden:

$A = \frac{1}{2} a \cdot b \cdot \sin\gamma = \frac{1}{2} b \cdot c \cdot \sin\alpha = \frac{1}{2} a \cdot c \cdot \sin\beta$ (↗ S. 261)

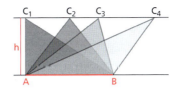

▶ Es gibt weitere Berechnungsmöglichkeiten für den Flächeninhalt von Dreiecken, z. B. die **heronsche Dreiecksformel**.

Rechtwinkliges Dreieck

Satz Der **Flächeninhalt eines rechtwinkligen Dreiecks** ABC (mit $\gamma = 90°$) ist die Hälfte des Flächeninhalts des aus den Katheten gebildeten Rechtecks:
$A = \frac{1}{2} a \cdot b$

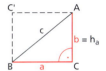

■ Das Großsegel eines Jollenkreuzers hat die Form eines rechtwinkligen Dreiecks. Die am Segelmast befestigte Seite hat eine Länge von 9,50 m. Die untere Seite ist 4,20 m lang.
Wie groß ist der Flächeninhalt des Großsegels?

Gegeben: a = 9,50 m; c = 4,20 m
Gesucht: A
Lösung: $A = \frac{1}{2} a \cdot c$

$A = \frac{1}{2} \cdot 9{,}50 \text{ m} \cdot 4{,}20 \text{ m}$

$A \approx 20 \text{ m}^2$

Antwort: Das Großsegel hat einen Flächeninhalt von etwa 20 m².

Aus der Kenntnis der drei Seiten a, b und c kann im rechtwinkligen Dreieck auch die Höhe h_c berechnet werden.
Aus $\frac{1}{2} c \cdot h_c = \frac{1}{2} a \cdot b$ folgt: $h_c = \frac{a \cdot b}{c}$

■ Gegeben: a = 3,3 cm; b = 4,4 cm; $\gamma = 90°$
Gesucht: A, c, h_c
Lösung: $A = \frac{1}{2} a \cdot b$

$A = \frac{1}{2} \cdot 3{,}3 \text{ cm} \cdot 4{,}4 \text{ cm}$

$A = 7{,}26 \text{ cm}^2$

$c = \sqrt{a^2 + b^2} = \sqrt{3{,}3^2 + 4{,}4^2} \text{ cm} = 5{,}5 \text{ cm}$

$h_c = \frac{a \cdot b}{c} = \frac{3{,}3 \cdot 4{,}4}{5{,}5} \text{ cm} = 2{,}64 \text{ cm}$

Gleichschenkliges Dreieck

> **Satz** Für den **Flächeninhalt eines gleichschenkligen Dreiecks** mit a = b (Schenkel) und α = β (Basiswinkel) ergibt sich:
> $A = \frac{1}{2} a \cdot b \cdot \sin\gamma$ bzw. mit γ = 180° – 2α $A = \frac{1}{2} a^2 \cdot \sin(180° - 2\alpha)$

Gleichseitiges Dreieck

Der Flächeninhalt eines gleichseitigen Dreiecks wird durch die Länge einer Seite bestimmt. Mithilfe des Satzes des Pythagoras ergibt sich für die Höhe:

$h^2 = a^2 - \left(\frac{a}{2}\right)^2 = a^2 - \frac{1}{4}a^2 = \frac{3}{4}a^2 = \frac{a^2}{4} \cdot 3$

$h = \frac{1}{2} a \cdot \sqrt{3}$

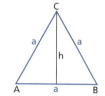

▶ Damit lässt sich der Flächeninhalt eines gleichseitigen Dreiecks berechnen, ohne zuvor die Höhe ermittelt zu haben.

> **Satz** Für den **Flächeninhalt eines gleichseitigen Dreiecks** ergibt sich: $A = \frac{1}{4} a^2 \cdot \sqrt{3}$

7.6.8 Satzgruppe des Pythagoras

Diese Satzgruppe zählt zu den bekanntesten der Planimetrie.
Seine Entdeckung wird meist dem griechischen Mathematiker und Physiker PYTHAGORAS VON SAMOS zugeschrieben.

Satz des Pythagoras

PYTHAGORAS VON SAMOS (um 580 bis um 500 v. Chr.)

> **Satz** Im rechtwinkligen Dreieck ist der Flächeninhalt des Quadrats über der Hypotenuse gleich der Summe der Flächeninhalte der Quadrate über den Katheten: $c^2 = a^2 + b^2$

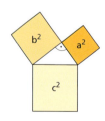

Für den Satz des Pythagoras sind mehr als 100 Beweise bekannt, von denen einer der folgende Zerlegungsbeweis ist:
Die gesamte Quadratfläche $(a + b)^2$ ist aus dem Quadrat c^2 und den vier rechtwinkligen Dreiecken mit einem Flächeninhalt von $4 \cdot \frac{1}{2} ab = 2 \cdot ab$ zusammengesetzt, d. h., es ist
$(a + b)^2 = c^2 + 2ab$
$a^2 + 2ab + b^2 = c^2 + 2ab$ |– 2ab
$a^2 + b^2 = c^2$ (w. z. b. w.)

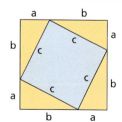

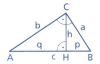

Ein weiterer Beweis erfolgt über die Ähnlichkeit von Dreiecken. Da im rechtwinkligen Dreieck die durch die Höhe über der Hypotenuse gebildeten Teildreiecke untereinander und dem Gesamtdreieck ähnlich sind (↗S. 251; Ähnlichkeit von Dreiecken) gilt:

$\frac{q+p}{a} = \frac{a}{p}$, also $a^2 = p(q+p)$ bzw.

$\frac{q+p}{b} = \frac{b}{p}$, also $b^2 = q(q+p)$

So ergibt sich durch Addition der Beziehungen:

$a^2 + b^2 = (p+q)(q+p) = c \cdot c = c^2$ \hfill (w. z. b. w.)

Anwendungen des Satzes des Pythagoras

Mithilfe des Satzes des Pythagoras kann man zu zwei gegebenen Seiten eines rechtwinkligen Dreiecks die dritte Seite berechnen.

■ Ein Fahnenmast ist bei einem Sturm in einer Höhe von 4,20 m so abgeknickt, dass die Spitze des Mastes in einer Entfernung von 2,75 m vom Mastfuß den Boden berührt.
Wie hoch war der Fahnenmast ursprünglich?

Gegeben: $c = 2{,}75$ m
$\qquad\quad\; a = 4{,}20$ m
Gesucht: $h = a + b$
Lösung: $b^2 = a^2 + c^2$
$\qquad\quad\; b = \sqrt{(4{,}20\text{ m})^2 + (2{,}75\text{ m})^2}$
$\qquad\quad\; b \approx 5{,}02$ m
$\qquad\quad\; h = a + b$
$\qquad\quad\; h = 4{,}20\text{ m} + 5{,}02\text{ m} = 9{,}22\text{ m}$

Antwort: Der Mast hatte ursprünglich eine Höhe von etwa 9,22 m.

Abstand zweier Punkte in der Ebene und im Raum

Um den Abstand zweier Punkte in der Ebene anzugeben, betrachtet man ein kartesisches Koordinatensystem (↗S. 171), in dem die Punkte P_1 und P_2 die Koordinaten $(x_1; y_1)$ bzw. $(x_2; y_2)$ haben. In dem rechtwinkligen Dreieck, das aus den Parallelen durch die Punkte zu den Koordinatenachsen gebildet wird, ist der Abstand der Punkte gleich der Länge der Hypotenuse.
Mit dem Satz des Pythagoras erhält man:

$\overline{P_1 P_2} = \sqrt{(x_2 - x_1)^2 + (y_2 - y_1)^2}$

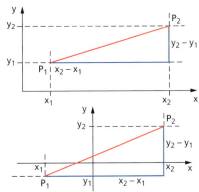

Gegeben: $P_1(1; 1)$, $P_2(4; 2)$
Gesucht: $\overline{P_1P_2}$
Lösung: $\overline{P_1P_2} = \sqrt{(x_2 - x_1)^2 + (y_2 - y_1)^2}$
$\overline{P_1P_2} = \sqrt{(4 - 1)^2 + (2 - 1)^2}$
$\overline{P_1P_2} = \sqrt{10} \approx 3{,}2$ LE
Antwort: Der Abstand der Punkte P_1 und P_2 beträgt etwa 3,2 LE.

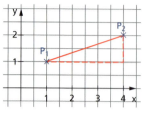

Für den Abstand zweier Punkte im Raum gilt dann entsprechend:
$\overline{P_1P_2} = \sqrt{(x_2 - x_1)^2 + (y_2 - y_1)^2 + (z_2 - z_1)^2}$

Länge der Raumdiagonale im Quader
Die Länge der Raumdiagonale ergibt sich aus den Seitenlängen durch zweimalige Anwendung des Satzes des Pythagoras:
$d^2 = a^2 + b^2$
$e^2 = d^2 + c^2 = a^2 + b^2 + c^2$
$e = \sqrt{a^2 + b^2 + c^2}$

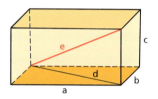

Praktische Bedeutung hat die Umkehrung des Satzes des Pythagoras:

▶ Lösungen der Gleichung $a^2 + b^2 = c^2$ mit $a, b, c \in \mathbb{N}$ nennt man auch **pythagoreische Zahlen** oder pythagoreische Zahlentripel (↗ S. 48).

> **Satz** Gilt zwischen den Seiten a, b und c eines Dreiecks die Beziehung $a^2 + b^2 = c^2$, dann ist das Dreieck rechtwinklig und hat die Hypotenuse c.

Satz des Euklid (Kathetensatz)

> **Satz** Im rechtwinkligen Dreieck ist das Quadrat über einer Kathete flächeninhaltsgleich mit dem Rechteck aus der Hypotenuse und dem zur Kathete gehörenden Hypotenusenabschnitt:
> $a^2 = c \cdot p$ bzw. $b^2 = c \cdot q$

Beweis (über Ähnlichkeit)

EUKLID VON ALEXANDRIA (um 365 bis um 300 v. Chr.)

Die Dreiecke ABC, CAH und BCH sind nach dem Hauptähnlichkeitssatz zueinander ähnlich.
Es gilt: $\frac{a}{c} = \frac{p}{a}$, also $a^2 = c \cdot p$ bzw.
$\frac{b}{c} = \frac{q}{b}$, also $b^2 = c \cdot q$ (w. z. b. w.)

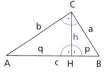

7.6 Dreiecke

Der klassische Beweis des Satzes des Pythagoras benutzt den Kathetensatz, wobei die Anwendung des Satzes auf beide Katheten zum Lehrsatz des Pythagoras führt.

■ Ein Dachboden hat als Querschnitt die Form eines rechtwinkligen Dreiecks. Wie lang sind die beiden Dachschrägen?

Gegeben: $c = 6{,}5$ m
$p = 2{,}4$ m
$\gamma = 90°$
Gesucht: a, b

Lösung:
$a^2 = c \cdot p$ $\qquad b^2 = c \cdot q$ $\qquad q = c - p$
$a = \sqrt{c \cdot p}$ $\qquad b = \sqrt{c \cdot q}$ $\qquad q = 4{,}1$ m
$a = \sqrt{6{,}5 \text{ m} \cdot 2{,}4 \text{ m}}$ $\qquad b = \sqrt{6{,}5 \text{ m} \cdot 4{,}1 \text{ m}}$
$a \approx 3{,}9$ m $\qquad b \approx 5{,}2$ m

Antwort: Die Dachschrägen sind etwa 3,9 m bzw. 5,2 m lang.

Verwandlung eines Rechtecks mit den Seiten p und c in ein flächeninhaltsgleiches Quadrat

Konstruktionsbeschreibung:
① Die kürzere Seite p des Rechtecks wird verlängert. Von B aus wird c angetragen.
Man erhält den Punkt A.
② $\overline{AB}$ wird halbiert. M ist der Mittelpunkt von $\overline{AB}$.
③ Über $\overline{AB}$ wird ein Halbkreis gezeichnet.
④ Die Rechteckseite c wird zum Schnitt mit dem Halbkreis verlängert. Man erhält Punkt C. Nach dem Satz des Thales ist $\sphericalangle BCA = 90°$. Das Quadrat über $\overline{CB}$ ist also flächeninhaltsgleich mit dem gegebenen Rechteck.

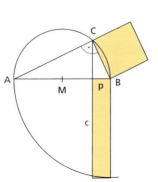

▶ Der Kathetensatz bietet auch die Möglichkeit, ein Quadrat in ein Rechteck zu verwandeln, von dem eine Seitenlänge gegeben ist.

Umkehrung des Satzes des Euklid

> **Satz** Gelten für ein Dreieck mit den Seiten a, b und c, dessen Seite c durch die Höhe h_c in die Abschnitte p und q geteilt wird, die Beziehungen $a^2 = c \cdot p$ und $b^2 = c \cdot q$, dann ist das Dreieck rechtwinklig.

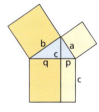

Der Beweis erfolgt mithilfe des Satzes des Pythagoras.
Nach Voraussetzung gilt: $a^2 + b^2 = c \cdot p + c \cdot q = c \cdot (p + q) = c \cdot c = c^2$
Nach der Umkehrung des Satzes des Pythagoras ist das Dreieck mit den Seiten a, b, c rechtwinklig und c ist die Hypotenuse.

Höhensatz

Aus dem Satz des Pythagoras kann der Höhensatz gefolgert werden.

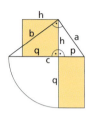

> **Satz** Im rechtwinkligen Dreieck ist das Quadrat über der Höhe auf der Hypotenuse flächeninhaltsgleich mit dem Rechteck aus den Hypotenusenabschnitten:
> $h^2 = p \cdot q$

Beweis
Die Höhe h auf der Hypotenuse zerlegt das Dreieck in zwei einander ähnliche Teildreiecke.
Es gilt: $q : h = h : p$, also $h^2 = p \cdot q$. (w.z.b.w.)

■ Es ist die Höhe h in einem rechtwinkligen Dreieck ABC ($\gamma = 90°$) mit p = 3,7 cm und q = 1,9 cm zu berechnen.

Gegeben: p = 3,7 cm
q = 1,9 cm
$\gamma = 90°$
Gesucht: h
Lösung: $h^2 = p \cdot q$
$h = \sqrt{p \cdot q}$
$h = \sqrt{3,7 \text{ cm} \cdot 1,9 \text{ cm}}$
h = 2,7 cm
Anwort: Die Höhe h ist 2,7 cm lang.

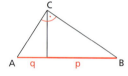

7.6.9 Anwendung der trigonometrischen Funktionen

▶ treis (griech.) – drei;
gonia (griech.) – Winkel;
metrein (griech.) – messen

Eine wichtige Hilfe für Berechnungen bieten die Beziehungen zwischen Seitenverhältnissen und Winkeln bei Dreiecken, die **trigonometrischen Funktionen** (↗ S. 196).
Man kann bei Kenntnis von Winkeln und Seiten weitere Seiten und Winkel berechnen.

■ Ein Dachbinder hat die im Bild dargestellten Abmessungen. Welche Neigung hat das Dach?

Gegeben: h = 192 cm
c = 520 cm
Gesucht: α
Lösung: $\tan \alpha = \frac{h}{\frac{c}{2}}$

$\tan \alpha = \frac{192 \text{ cm}}{260 \text{ cm}} \approx 0,738$

$\alpha \approx 36,4°$
Antwort: Das Dach hat eine Neigung von etwa 36,4°.

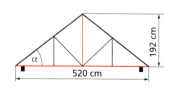

Berechnungen am rechtwinkligen Dreieck

Bei Berechnungen am rechtwinkligen Dreieck sind im Allgemeinen nur zwei Bestimmungsstücke erforderlich. Dabei kann man folgende Fälle unterscheiden:

Gegeben	Lösungsmöglichkeiten	
zwei Katheten z. B. a, b	$A = \frac{1}{2} a \cdot b$ $c = \sqrt{a^2 + b^2}$ $p = \frac{a^2}{\sqrt{a^2 + b^2}}$ $\sin\alpha = \frac{a}{\sqrt{a^2+b^2}}$ $\sin\beta = \frac{b}{\sqrt{a^2+b^2}}$	$h_c = \frac{ab}{\sqrt{a^2+b^2}}$ $q = \frac{b^2}{\sqrt{a^2+b^2}}$ $\tan\alpha = \frac{a}{b}$ $\tan\beta = \frac{b}{a}$
Kathete, Winkel z. B. a, α	$A = \frac{1}{2} a^2 \cdot \cot\alpha$ $b = a \cdot \tan(90° - \alpha)$ $h_c = a \cdot \sin(90° - \alpha)$	$\beta = 90° - \alpha$ $c = \frac{a}{\sin\alpha}$
Hypotenuse, Winkel z. B. c, α	$\beta = 90° - \alpha$	$a = c \cdot \sin\alpha$ $b = c \cdot \cos\alpha$
Kathete, Hypotenuse z. B. a, c	$\sin\alpha = \cos\beta = \frac{a}{c}$	$b = \sqrt{c^2 - a^2}$

Berechnungen am allgemeinen Dreieck

Die wichtigsten Beziehungen zwischen Seiten und Winkeln im allgemeinen Dreieck beschreiben der **Sinussatz** und der **Kosinussatz**.

> **Sinussatz**
> In jedem Dreieck verhalten sich die Längen zweier Seiten wie die Sinuswerte der gegenüberliegenden Winkel:
> $a : b : c = \sin\alpha : \sin\beta : \sin\gamma$ bzw. $\frac{a}{\sin\alpha} = \frac{b}{\sin\beta} = \frac{c}{\sin\gamma}$

Beweis (Fallunterscheidung):
Durch das Lot von C auf c werden rechtwinklige Dreiecke erzeugt.
Fall 1: spitzwinkliges Dreieck
Es gilt:
$\sin\beta = \frac{h_c}{a}$ und $\sin\alpha = \frac{h_c}{b}$
$h_c = a \cdot \sin\beta$ und $h_c = b \cdot \sin\alpha$

Daraus folgt:
$a \cdot \sin\beta = b \cdot \sin\alpha$ bzw.
$a : b = \sin\alpha : \sin\beta$

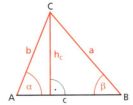

Fall 2: rechtwinkliges Dreieck
Es gilt:
$h_c = a \cdot \sin\beta$ und $h_c = b$
Da $\sin\alpha = 1$, ist $h_c = b \cdot \sin\alpha$.
Daraus folgt:
$a \cdot \sin\beta = b \cdot \sin\alpha$ bzw.
$a:b = \sin\alpha : \sin\beta$

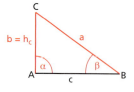

Fall 3: stumpfwinkliges Dreieck
Es gilt:
$\sin\delta = \sin(180° - \alpha) = \sin\alpha = h_c : b$
und $\sin\beta = h_c : a$

Daraus folgt: $\frac{\sin\alpha}{\sin\beta} = \frac{a}{b}$ bzw.

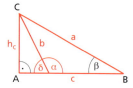

$a:b = \sin\alpha : \sin\beta$
Durch zyklische Vertauschung erhält man $a:c = \sin\alpha : \sin\gamma$ und
$b:c = \sin\beta : \sin\gamma$. (w. z. b. w.)

Der Sinussatz verbindet gegenüberliegende Stücke (Seiten und Winkel) im Dreieck. Sind zwei einander gegenüberliegende Stücke gegeben, so kann zu einem dritten das gegenüberliegende berechnet werden.

■ Auf einem See ist für eine Segelregatta folgender Kurs durch Bojen markiert: $\overline{AC} = 5$ km, $\overline{BC} = 7$ km, $\alpha = 60°$
Wie groß ist der Winkel der Kursänderung bei B?

Gegeben: $a = 7$ km
$b = 5$ km
$\alpha = 60°$
Gesucht: β
Lösung: $\frac{a}{\sin\alpha} = \frac{b}{\sin\beta}$

$\sin\beta = \frac{b}{a} \cdot \sin\alpha$

$\sin\beta = \frac{5\text{ km}}{7\text{ km}} \cdot \sin 60°$

$\beta \approx 38,2°$
Antwort: Der Winkel der Kursänderung bei B beträgt etwa 38,2°.

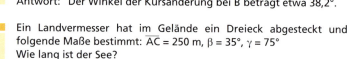

■ Ein Landvermesser hat im Gelände ein Dreieck abgesteckt und folgende Maße bestimmt: $\overline{AC} = 250$ m, $\beta = 35°$, $\gamma = 75°$
Wie lang ist der See?

Gegeben: $b = 250$ m; $\beta = 35°$; $\gamma = 75°$
Gesucht: c
Lösung: $\frac{b}{\sin\beta} = \frac{c}{\sin\gamma}$

$c = \frac{b \cdot \sin\gamma}{\sin\beta}$

$c = \frac{250\text{ m} \cdot \sin 75°}{\sin 35°}$

$c = 421$ m
Antwort: Der See ist 421 m lang.

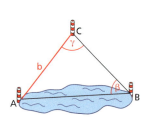

Bei der Berechnung eines Winkels nach dem Sinussatz ist zu beachten, dass sich dem Sinuswert zwei Winkel zuordnen lassen, der eine ist ein spitzer Winkel und der andere ergänzt diesen Winkel zu 180°. So ist von Fall zu Fall zu entscheiden, welcher der Winkel den geometrischen Vorgaben im Dreieck entspricht.

> **Kosinussatz**
> In jedem Dreieck ist das Quadrat über einer Seite gleich der Summe der Quadrate über den beiden anderen Seiten vermindert um das doppelte Produkt aus diesen Seiten und dem Kosinus des von ihnen eingeschlossenen Winkels:
> $a^2 = b^2 + c^2 - 2bc \cdot \cos\alpha$
> $b^2 = a^2 + c^2 - 2ac \cdot \cos\beta$
> $c^2 = a^2 + b^2 - 2ab \cdot \cos\gamma$

Beweis
Ohne Beschränkung der Allgemeinheit wird der Beweis für die Beziehung $a^2 = b^2 + c^2 - 2bc \cdot \cos\alpha$ geführt.
Für $\alpha = 90°$ erhält man den Satz des Pythagoras.
Für spitzwinklige bzw. stumpfwinklige Dreiecke gilt:

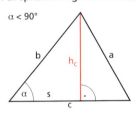

Mit den Bezeichnungen in den Abbildungen gilt:

$\alpha < 90°$
$a^2 = h_c^2 + (c - s)^2$
$a^2 = (b^2 - s^2) + (c - s)^2$
① $a^2 = b^2 + c^2 - 2cs$
Es ist $\cos\alpha = \frac{s}{b}$,
also $s = b \cdot \cos\alpha$.

$\alpha > 90°$
$a^2 = h_c^2 + (c + s)^2$
$a^2 = (b^2 - s^2) + (c + s)^2$
② $a^2 = b^2 + c^2 + 2cs$
Es ist $\cos(180° - \alpha) = -\cos\alpha = \frac{s}{b}$,
also $s = -b \cdot \cos\alpha$.

Eingesetzt in ① bzw. ② ergibt $a^2 = b^2 + c^2 - 2bc \cdot \cos\alpha$. (w.z.b.w.)

Der Kosinussatz drückt eine Beziehung zwischen den drei Seiten und einem Winkel im Dreieck aus.
Man kann aus zwei Seiten und dem von ihnen eingeschlossenen Winkel die dritte Seite berechnen oder aus drei Seiten einen Winkel.

Sind alle drei Seiten eines Dreiecks gegeben, so kann ein beliebiger Winkel berechnet werden, indem die entsprechende Gleichung nach dem Kosinus des Winkels umgestellt wird:

$\cos\alpha = \frac{b^2 + c^2 - a^2}{2bc}$ $\cos\beta = \frac{a^2 + c^2 - b^2}{2ac}$ $\cos\gamma = \frac{a^2 + b^2 - c^2}{2ab}$

■ Der große Zeiger einer Turmuhr ist 1,40 m lang, der kleine 0,85 m. Wie weit sind die Spitzen der Uhrzeiger um 16 Uhr voneinander entfernt?

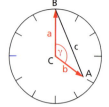

Gegeben: $a = 1{,}40$ m
$b = 0{,}85$ m
$\gamma = 120°$
Gesucht: c
Lösung: $c = \sqrt{a^2 + b^2 - 2ab \cdot \cos\gamma}$

$c = \sqrt{(1{,}40 \text{ m})^2 + (0{,}85 \text{ m})^2 - 2 \cdot 1{,}40 \text{ m} \cdot 0{,}85 \text{ m} \cdot \cos 120°}$

$c = \sqrt{1{,}96 \text{ m}^2 + 0{,}7225 \text{ m}^2 + 1{,}19 \text{ m}^2}$

$c = \sqrt{3{,}8725 \text{ m}^2}$

$c \approx 1{,}97$ m

Antwort: Um 16 Uhr sind die Zeigerspitzen etwa 1,97 m voneinander entfernt.

■ An einer Straßenkreuzung liegt ein dreieckiges Wassergrundstück. Die an den Straßen liegenden Seiten sind 45 m und 25 m lang; die hintere Seite des Grundstücks hat eine Länge von 32 m.
Unter welchem Winkel kreuzen sich die beiden Straßen?

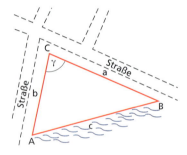

Gegeben: $a = 45$ m
$b = 25$ m
$c = 32$ m
Gesucht: γ
Lösung:
$c^2 = a^2 + b^2 - 2ab \cdot \cos\gamma \qquad |+2ab \cdot \cos\gamma; -c^2$
$2ab \cdot \cos\gamma = a^2 + b^2 - c^2 \qquad |:2ab$

$\cos\gamma = \dfrac{a^2 + b^2 - c^2}{2ab}$

$\cos\gamma = \dfrac{(45 \text{ m})^2 + (25 \text{ m})^2 - (32 \text{ m})^2}{2 \cdot 45 \text{ m} \cdot 25 \text{ m}}$

$\cos\gamma = \dfrac{1626}{2250}$

$\cos\gamma = 0{,}72267$

$\gamma = 43{,}7°$

Antwort: Die beiden Straßen kreuzen sich unter einem Winkel von etwa 43,7°.

Da der Wert des Kosinus für spitze und stumpfe Winkel verschieden ist (positiv – negativ), führt die Berechnung mittels Kosinussatz stets zu einem eindeutigen Ergebnis.

In der folgenden Tabelle sind Formeln zusammengestellt, um mithilfe des Sinus- bzw. Kosinussatzes fehlende Dreiecksstücke zu berechnen:

Gegeben	Gesucht	Allgemeines Vorgehen	Beispiel
sss	3 Winkel	$\cos\alpha = \dfrac{b^2 + c^2 - a^2}{2bc}$ $\cos\beta = \dfrac{a^2 + c^2 - b^2}{2ac}$ $\cos\gamma = \dfrac{a^2 + b^2 - c^2}{2ab}$	$a = 12\ m;\ b = 10\ m;\ c = 14\ m$ $\to\ \alpha \approx 57{,}1°$ $\to\ \beta \approx 44{,}4°$ $\to\ \gamma \approx 78{,}5°$
sws	1 Seite 2 Winkel	$a = \sqrt{b^2 + c^2 - 2bc\cdot\cos\alpha}$ $\sin\beta = \dfrac{\sin\alpha\cdot b}{a}$ $\gamma = 180° - \alpha - \beta$	$b = 10\ m;\ c = 14\ m;\ \gamma = 57{,}1°$ $\to\ a \approx 12\ m$ $\to\ \beta \approx 44{,}4°$ $\to\ \gamma \approx 78{,}5°$
SsW	1 Seite 2 Winkel	$\sin\beta = \dfrac{b}{c}\cdot\sin\gamma$ $\alpha = 180° - \beta - \gamma$ $a = \sqrt{b^2 + c^2 - 2bc\cdot\cos\alpha}$ oder $a = b\cdot\dfrac{\sin\alpha}{\sin\beta}$	$b = 10\ m;\ c = 14\ m;\ \gamma = 78{,}5°$ $\to\ \beta \approx 44{,}4°$ $\to\ \alpha \approx 57{,}1°$ $\to\ a \approx 12\ m$ $\to\ a \approx 12\ m$
wsw	2 Seiten 1 Winkel	$\gamma = 180° - \alpha - \beta$ $b = c\cdot\dfrac{\sin\beta}{\sin\gamma}$ $a = \sqrt{b^2 + c^2 - 2bc\cdot\cos\alpha}$ oder $a = c\cdot\dfrac{\sin\alpha}{\sin\gamma}$	$c = 14\ m;\ \alpha = 57{,}1°;\ \gamma = 44{,}4°$ $\to\ \gamma = 78{,}5°$ $\to\ b \approx 10\ m$ $\to\ a \approx 12\ m$ $\to\ a \approx 12\ m$

Berechnungen an geometrischen Figuren können oft auf Berechnungen an Dreiecken zurückgeführt werden, indem die Figur in Dreiecke zerlegt wird. Es besteht auch die Möglichkeit, dabei weitere Gesetzmäßigkeiten für Dreiecke wie Innenwinkelsatz, Außenwinkelsatz und Satzgruppe des Pythagoras zu nutzen.

7.7 Vierecke

7.7.1 Allgemeines Viereck

> **Definition** Eine ebene, von vier Strecken eingeschlossene Figur heißt **Viereck**.

Die vier Strecken sind die **Seiten** des Vierecks. Je zwei benachbarte Seiten haben einen **Eckpunkt** gemeinsam. Die Eckpunkte werden üblicherweise mit A, B, C und D, die Seiten mit a, b, c und d sowie die (Innen-)Winkel mit α, β, γ und δ im mathematisch positiven Umlaufsinn bezeichnet, wenn nicht aus dem Kontext andere Bezeichnungen erforderlich sind.
Es sind a und c sowie b und d **gegenüberliegende Seiten** und a und b, b und c, c und d sowie d und a **benachbarte Seiten**.
Die Verbindungsstrecken nicht benachbarter Eckpunkte (in der Abbildung $\overline{AC}$ = e und $\overline{BD}$ = f) sind die **Diagonalen** des Vierecks.
Es sind α und γ sowie β und δ **gegenüberliegende Winkel** und α und β, β und γ, γ und δ sowie δ und α **benachbarte Winkel**.

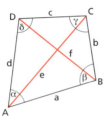

> **Satz** Der **Umfang** u eines Vierecks ABCD ist die Summe der Seitenlängen: u = a + b + c + d

> **Satz** Die **Summe der Innenwinkel** eines Vierecks ABCD beträgt 360°: $\alpha + \beta + \gamma + \delta = 360°$

Das Viereck ABCD wird durch eine Diagonale in zwei Dreiecke zerlegt, deren Winkelsumme jeweils 180° beträgt.
$\triangle$ ABC: $\alpha_1 + \beta + \gamma_1 = 180°$
$\triangle$ ACD: $\alpha_2 + \gamma_2 + \delta = 180°$
Mit $\alpha_1 + \alpha_2 = \alpha$ und $\gamma_1 + \gamma_2 = \gamma$
gilt dann im Viereck ABCD:
$(\alpha_1 + \alpha_2) + \beta + (\gamma_1 + \gamma_2) + \delta = 2 \cdot 180°$
$\alpha + \beta + \gamma + \delta = 360°$ (w. z. b. w.)

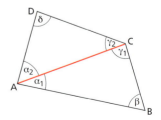

7.7 Vierecke

> **Definition** Ein Viereck heißt **konvex** genau dann, wenn alle Diagonalen im Innern des Vierecks liegen, ansonsten heißt es **konkav**.

▶ convexus (lat.) – (nach außen) gewölbt; concavus (lat.) – hohl, nach innen gewölbt

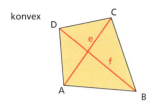
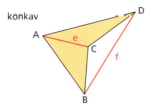

▶ In diesem Buch werden nur konvexe Vierecke betrachtet.

7.7.2 Klassifizierung von Vierecken

Einige Vierecke haben eine oder mehrere besondere Eigenschaften hinsichtlich ihrer Seitenlängen, Winkelgrößen, der Lagebeziehungen gegenüberliegender bzw. benachbarter Seiten und Diagonalen.

Parallelität von Seiten

> **Definition** Ein Viereck mit mindestens zwei parallelen Seiten heißt **Trapez**.
> Ein Viereck mit zwei Paaren paralleler Seiten heißt **Parallelogramm**.

▶ trapezion (griech.) – Tischchen; parallelos (griech.) – nebeneinanderstehend

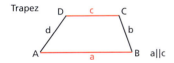
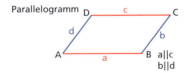

▶ Ein Parallelogramm ist demzufolge auch ein Trapez.

Rechtwinkligkeit von Seiten (Orthogonalität)

> **Definition** Ein Viereck mit zwei benachbarten rechten Winkeln heißt **rechtwinkliges Trapez**.
> Ein Viereck mit vier rechten Winkeln heißt **Rechteck**.

▶ Es würde ausreichen, in der Definition des Rechtecks drei rechte Winkel zu fordern, weil dann auch der vierte Winkel ein rechter ist.

rechtwinkliges Trapez

$\alpha = \delta = 90°$

Rechteck

$\alpha = \beta = \gamma = \delta = 90°$

Gleichheit von Seitenlängen

> **Definition** Ein Viereck mit zwei Paaren gleich langer benachbarter Seiten heißt **Drachenviereck**, wenn eine Diagonale die andere halbiert.
> Ein Viereck mit zwei Paaren gleich langer gegenüberliegender Seiten heißt **Parallelogramm**.
> Ein Viereck mit vier gleich langen Seiten heißt **Raute** (Rhombus).

▶ rhombos (griech.)
– Kreisel

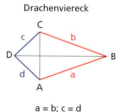

Drachenviereck

$a = b;\ c = d$

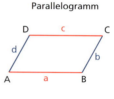

Parallelogramm

$a = c;\ b = d$

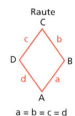

Raute

$a = b = c = d$

Gleichheit von Innenwinkeln

> **Definition** Ein Viereck mit zwei Paaren gleich großer gegenüberliegender Innenwinkel heißt **Parallelogramm**.
> Ein Viereck mit vier gleich großen Innenwinkeln heißt **Rechteck**.

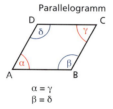

Parallelogramm

$\alpha = \gamma$
$\beta = \delta$

Rechteck

$\alpha = \beta = \gamma = \delta$

Summen von Innenwinkeln bzw. Seitenlängen

> **Definition** Ein Viereck, bei dem sich je zwei benachbarte Innenwinkel zu 180° ergänzen, heißt **Parallelogramm**.

> **Definition** Ein Viereck, bei dem die Summe der gegenüberliegenden Winkel 180° beträgt, heißt **Sehnenviereck**.

7.7 Vierecke

Parallelogramm

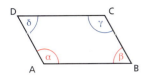

z. B. α + β = γ + δ = 180°

Sehnenviereck

α + γ = β + δ = 180°

Die Eckpunkte des Sehnenvierecks (↗ S. 287) liegen auf einem Kreis, dem **Umkreis**.

> **Definition** Ein Viereck, bei dem die Summe zweier gegenüberliegender Seiten gleich der Summe der anderen beiden Seiten ist, heißt **Tangentenviereck**.

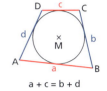

a + c = b + d

Die Seiten eines Tangentenvierecks (↗ S. 288) sind Abschnitte auf Tangenten an ein und denselben Kreis.
Dieser Kreis, der sogenannte **Inkreis**, berührt alle Seiten des Vierecks (von innen).

Fordert man mehrere Bedingungen gleichzeitig, ergeben sich weitere spezielle Vierecke:

> **Definition** Ein Viereck, bei dem je zwei benachbarte Seiten zueinander senkrecht und gleich lang sind, heißt **Quadrat**.

▶ quadrum (lat.) – Viereck

> **Definition** Ein Trapez heißt **rechtwinklig** genau dann, wenn (mindestens) zwei benachbarte Seiten zueinander senkrecht sind.

> **Definition** Ein Viereck mit zwei parallelen Seiten, bei dem die anderen beiden Seiten gleich lang sind, heißt **gleichschenkliges Trapez**.

Quadrat

z. B. a = b; b = c
       a ⊥ b; b ⊥ c

rechtwinkliges Trapez

a ∥ c
a ⊥ d

gleichschenkliges Trapez

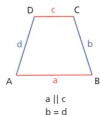

a ∥ c
b = d

An den Begriffsbestimmungen werden Beziehungen zwischen den Vierecken (↗ S. 267 ff.) deutlich, wie etwa die folgenden:
- Jedes Parallelogramm ist ein Trapez.
- Jedes Rechteck ist sowohl ein rechtwinkliges als auch ein gleichschenkliges Trapez.
- Jedes Rechteck ist ein Parallelogramm.
- Jede Raute (Rhombus) ist ein Parallelogramm.
- Jedes Quadrat ist sowohl ein Rechteck als auch eine Raute (Rhombus).
- Es gibt Drachenvierecke, die zugleich Sehnenvierecke sind.
- Es gibt gleichschenklige Trapeze, die Tangentenvierecke sind.
- Es gibt rechtwinklige Trapeze, die Tangentenvierecke sind.

Bei der folgenden Übersicht geben die Zahlen in Klammern die Anzahl der für eine eindeutige Konstruktion der Figur notwendigen voneinander unabhängigen Angaben an:

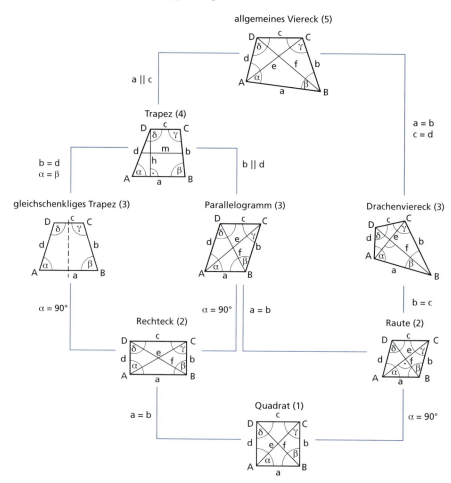

7.7.3 Spezielle Vierecke und deren Eigenschaften

Trapez

Ein Viereck mit einem Paar paralleler Seiten heißt **Trapez**.
Die parallelen Seiten sind die **Grundseiten**, die beiden anderen Seiten die **Schenkel** des Trapezes.
Der Abstand der Grundseiten ist die **Höhe** h des Trapezes.
Die Verbindungsstrecke der Mitten der Schenkel heißt **Mittellinie** m.
Sind in einem Trapez die beiden Schenkel gleich lang, so heißt es **gleichschenklig**.
Hat das Trapez einen rechten Innenwinkel, so heißt es **rechtwinkliges Trapez**.

a ∥ c
a, c – Grundseiten
b, d – Schenkel

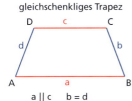
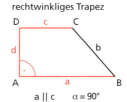

> **Satz** Die **Mittellinie** m ist in jedem Trapez parallel zu den Grundseiten und halb so lang wie die Summe beider Grundseiten:
> $m = \frac{1}{2}(a + c)$

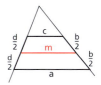

Der Beweis dieser Aussage kann mittels der Umkehrung des Strahlensatzes geführt werden.

Ein Trapez kann in ein flächeninhaltsgleiches Rechteck umgewandelt werden.
Für den Flächeninhalt des Rechtecks A'B'C'D' gilt: $A = m \cdot h$
Dann gilt auch für den Flächeninhalt des Trapezes: $A = m \cdot h$
Mit der Ersetzung $m = \frac{1}{2}(a + c)$ gilt dann:

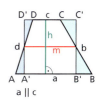

> **Satz** Das Trapez hat den Flächeninhalt:
> $A = \frac{a + c}{2} \cdot h$

Legt man zwei kongruente (und damit flächeninhaltsgleiche) Trapeze aneinander, so besitzen sie zusammen den doppelten Flächeninhalt des Dreiecks mit der Grundseite a + c und der Höhe h.
Für den Flächeninhalt dieses Dreiecks und damit des Trapezes gilt: $A = \frac{1}{2}(a + c) \cdot h = m \cdot h$

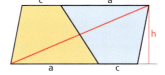

■ Der Querschnitt eines Deiches hat die Form eines Trapezes.
Die Deichkrone ist 5,20 m breit. Der 3,50 m hohe Deich hat am Deichfuß (Deichsohle) eine Breite von 26,25 m.
Wie groß ist der Flächeninhalt der Querschnittsfläche des Deiches?

Gegeben: a = 26,25 m
c = 5,20 m
h = 3,50 m
Gesucht: A
Lösung: $A = \frac{a+c}{2} \cdot h$

$A = \frac{26,25 \text{ m} + 5,20 \text{ m}}{2} \cdot 3,50 \text{ m}$

$A \approx 55 \text{ m}^2$

Antwort: Der Deich hat eine Querschnittsfläche von etwa 55 m².

Satz In jedem Trapez sind die an einem Schenkel anliegenden Innenwinkel **entgegengesetzt liegende Winkel** an geschnittenen Parallelen.
Sie ergänzen sich also zu 180°: $\alpha + \delta = \beta + \gamma = 180°$

Für die Konstruktion eines Trapezes genügen vier Angaben, beim gleichschenkligen Trapez drei. Gleichschenklige Trapeze sind achsensymmetrisch und sie sind Sehnenvierecke.

▶ parallelos
(griech.) – nebeneinanderstehend

Parallelogramm

In jedem **Parallelogramm** gilt:
– Je zwei gegenüberliegende Seiten sind parallel und gleich lang.
– Die Diagonalen halbieren einander.
– Die Summe benachbarter Winkel ist 180°.
– Die gegenüberliegenden Winkel sind gleich groß.
– Der Diagonalenschnittpunkt ist das Symmetriezentrum der Punktsymmetrie.

Jede dieser Eigenschaften kann zur Definition des Parallelogramms verwendet werden.
Für den Flächeninhalt des Parallelogramms gilt wegen der Kongruenz der Dreiecke ABC und CDA:
$A_{ABCD} = 2 \cdot A_{ABC} = a \cdot h_a = a \cdot b \cdot \sin \alpha$

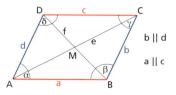
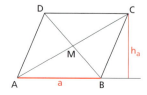

7.1 Viereck

> **Satz** Das Parallelogramm hat den Flächeninhalt: $A = a \cdot h_a$

■ Die Gartenparzelle von Familie Heyer hat die Form eines Parallelogramms. Herr Heyer will den neuen Bescheid über die Pachtgebühren pro Quadratmeter Garten anhand eines Lageplans prüfen.
Wie viel Quadratmeter Gartenfläche hat er gepachtet?

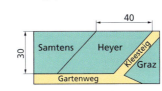

Gegeben: $a = 40$ m
$\qquad\quad h_a = 30$ m
Gesucht: A
Lösung: $A = a \cdot h_a$
$\qquad\quad A = 40\text{ m} \cdot 30\text{ m}$
$\qquad\quad A = 1200\text{ m}^2$
Antwort: Die Gartenparzelle hat eine Größe von 1200 m².

Drachenviereck

Jedes **Drachenviereck** hat zwei Paare gleich langer benachbarter Seiten. Die Diagonalen eines Drachenvierecks stehen senkrecht aufeinander. Eine von ihnen ist Symmetrieachse. Für den Umfang eines Drachenvierecks gilt: $u = 2(a + b)$

   $a = d$
$c = b$

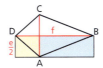 $A = f \cdot \dfrac{e}{2}$

Zerlegt man das Drachenviereck in vier Dreiecke und setzt diese Dreiecke zu einem Rechteck zusammen, wird ersichtlich:

> **Satz** Das Drachenviereck hat den Flächeninhalt: $A = \dfrac{1}{2} e \cdot f$

■ Thomas und Karl bauen zusammen einen Drachen. Sie haben zwei Leisten von 1,20 m bzw. von 80 cm Länge gekauft.
Welchen Flächeninhalt hat der Drachen?

Gegeben: $e = 1{,}20$ m
$\qquad\quad f = 0{,}80$ m
Gesucht: A
Lösung: $A = \dfrac{1}{2} e \cdot f$
$\qquad\quad A = \dfrac{1}{2} \cdot 1{,}20\text{ m} \cdot 0{,}80\text{ m}$
$\qquad\quad A = 0{,}48\text{ m}^2$
Antwort: Der Drachen hat einen Flächeninhalt von 0,48 m².

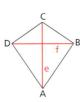

Raute, Rechteck und Quadrat

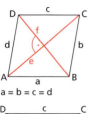
a = b = c = d

Sind alle vier Seiten eines Vierecks gleich lang, so ist das Viereck eine **Raute**. Die Raute ist ein Spezialfall des Parallelogramms.
In der Raute sind die Diagonalen zueinander senkrecht und halbieren einander.
Beide Diagonalen in der Raute sind Symmetrieachsen, der Diagonalenschnittpunkt ist Symmetriezentrum.

a = c   b = d

Ein Viereck mit vier rechten Winkeln ist ein **Rechteck**.
Das Rechteck hat als Spezialfall des Parallelogramms wie dieses zwei Paare paralleler Seiten. Wie im Parallelogramm halbieren die Diagonalen einander.
Das Rechteck hat zwei zueinander senkrechte Symmetrieachsen, die Mittelsenkrechten der Seiten. Ihr Schnittpunkt ist Symmetriezentrum.

Sind im Viereck alle Seiten gleich lang und alle Winkel gleich groß, ist es ein **Quadrat**. Ein Quadrat ist sowohl eine besondere Raute (mit rechten Winkeln) als auch ein besonderes Rechteck (mit gleich langen Seiten).
Das Quadrat hat vier Symmetrieachsen. Zwei verlaufen wie bei der Raute durch die Eckpunkte, zwei wie beim Rechteck durch die Seitenmitten. Alle vier Symmetrieachsen schneiden einander im Symmetriezentrum des Quadrats.

Aus der Kongruenz der Teildreiecke folgen bei allen Vierecken die Formeln für den Flächeninhalt und den Umfang:

	Flächeninhalt	Umfang
Parallelogramm	$A = a \cdot h_a = a \cdot b \cdot \sin \alpha$	$u = 2(a + b)$
Rechteck	$A = a \cdot b$	$u = 2(a + b)$
Raute	$A = \frac{1}{2} e \cdot f = a^2 \cdot \sin \alpha$	$u = 4a$
Quadrat	$A = a^2 = \frac{1}{2} e^2$	$u = 4a$

Konstruktion spezieller Vierecke

Konstruktion von Trapezen
Für die Konstruktion eines Trapezes sind vier voneinander unabhängige Angaben notwendig.

a, b, h, α gegeben
Konstruktionsbeschreibung:
① Auf einer Geraden wird die Strecke $\overline{AB}$ mit $\overline{AB}$ = a abgetragen.
② In A wird an die Strecke $\overline{AB}$ der Winkel α angetragen.

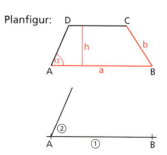
Planfigur:

③ Zur Geraden AB wird eine Parallele im Abstand h gezeichnet. Der Schnittpunkt des freien Schenkels von α mit der Parallelen ist der Punkt D.
④ Um B wird ein Kreis mit dem Radius b gezeichnet. Die Schnittpunkte des Kreises mit der Parallelen sind die Punkte C₁ und C₂.

▶ Diese Konstruktion ist nicht eindeutig ausführbar.

Konstruktion von Parallelogrammen

Jede Diagonale zerlegt ein Parallelogramm in zwei kongruente Dreiecke. So sind für die Konstruktion eines Parallelogramms genau wie für ein Dreieck drei voneinander unabhängige Angaben notwendig.

a, b, h_a gegeben
Konstruktionsbeschreibung:
① Auf einer Geraden wird die Strecke $\overline{AB}$ mit $\overline{AB}$ = a abgetragen.
② Zur Geraden AB wird eine Parallele im Abstand h_a gezeichnet.
③ Um A und um B werden jeweils Kreise mit dem Radius b gezeichnet. Es entstehen zwei Schnittpunkte der Kreise mit der Parallelen.
④ Verbindet man die entsprechenden Punkte, so entstehen zwei Parallelogramme ABC₁D₁ und ABC₂D₂.

Planfigur:

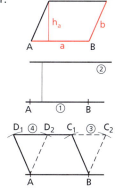

▶ Diese Konstruktion ist nicht eindeutig, da man für C und D jeweils zwei verschiedene Punkte findet.

Konstruktion von Drachenvierecken

a, b, e gegeben
Konstruktionsbeschreibung:
① Auf einer Geraden wird die Strecke mit $\overline{CA}$ mit $\overline{CA}$ = e abgetragen.
② Um A wird ein Kreis mit dem Radius a gezeichnet.
Um C wird ein Kreis mit dem Radius b gezeichnet.
③ Die Schnittpunkte der beiden Kreise sind B und D. Die Punkte B und D werden mit A und C verbunden.

Planfigur:

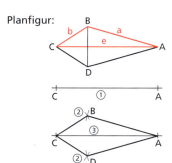

Die **Konstruktionen von Rechteck und Raute** sind bereits mit zwei Angaben (zwei ungleiche Seiten oder eine Seite und eine Diagonale bzw. bei der Raute auch ein Winkel) möglich. Zur **Konstruktion des Quadrats** genügt die Angabe der Länge einer Seite oder Diagonalen.

Vierecke

Eigenschaften	Zusammenhang	
Quadrat Innenwinkel gleich groß (90°) Diagonalen zueinander senkrecht und gleich lang (e ⊥ f; e = f)	$u = 4a$ $A = a^2$ $e^2 = 2a^2$	
Rechteck Innenwinkel gleich groß (90°) Diagonalen gleich lang (e = f)	$u = 2(a + b)$ $A = a \cdot b$ $e^2 = a^2 + b^2$	
Raute gegenüberliegende Innenwinkel gleich groß Diagonalen zueinander senkrecht (e ⊥ f)	$u = 4a$ $A = \frac{1}{2}e \cdot f$ $e^2 + f^2 = 4a^2$	
Trapez mindestens zwei Seiten zueinander parallel (a ∥ c)	$u = a + b + c + d$ $A = \frac{a + c}{2} \cdot h$ $A = m \cdot h$	
Parallelogramm gegenüberliegende Seiten zueinander parallel und gleich lang gegenüberliegende Winkel gleich groß	$u = 2(a + b)$ $A = a \cdot h_a$	
Drachenviereck Diagonalen zueinander senkrecht (e ⊥ f) mindestens zwei gegenüberliegende Winkel gleich groß	$u = 2(a + b)$ $A = \frac{1}{2}e \cdot f$	

Wissenstest 13   abrufbar auf **www.lernhelfer.de** oder mit der Lernhelfer-App

7.8 Vielecke (Polygone)

7.8.1 Allgemeine Eigenschaften

> **Definition** **Vielecke (Polygone)** sind abgeschlossene ebene Streckenzüge aus endlich vielen Strecken.

▶ polygonion (griech.) – Vieleck

Die Anzahl der Seiten ist stets gleich der Anzahl der Ecken. Die Vielecke werden nach der Anzahl n ihrer Ecken **n-Ecke** genannt.
Liegt jede Verbindungsstrecke zweier Eckpunkte des n-Ecks im Inneren (als Diagonale) oder auf dem Rand (als Seite), dann ist das n-Eck **konvex**. Es hat keinen Innenwinkel, der größer als 180° ist. Anderenfalls ist das n-Eck **konkav** und besitzt mindestens einen Innenwinkel, der größer als 180° ist. Schneiden sich zwei Seiten, so heißt das Vieleck **überschlagen**.
Ein n-Eck heißt **regelmäßig,** wenn alle Seiten gleich lang und alle Winkel gleich groß sind. Anderenfalls ist es ein **unregelmäßiges n-Eck.**

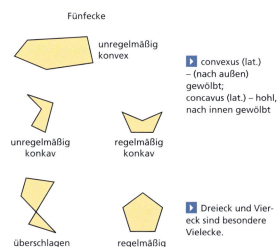

▶ convexus (lat.) – (nach außen) gewölbt; concavus (lat.) – hohl, nach innen gewölbt

▶ Dreieck und Viereck sind besondere Vielecke.

Winkelsumme im n-Eck

Ein (konvexes) n-Eck kann in (n – 2) Dreiecke zerlegt werden.

> **Satz** Für die Innenwinkelsumme S_n eines beliebigen n-Ecks ergibt sich: $S_n = (n-2) \cdot 180°$

Anzahl der Diagonalen

Von jeder Ecke eines n-Ecks lassen sich zu den (n – 3) nicht benachbarten Eckpunkten **Diagonalen** zeichnen.
Das sind $n \cdot (n-3)$ Verbindungsstrecken, wobei allerdings jede Strecke doppelt gezählt wurde.

> Für die Anzahl d der Diagonalen im n-Eck gilt: $d_n = \frac{1}{2} n \cdot (n-3)$

Flächeninhalt eines n-Ecks

Der Flächeninhalt jedes n-Ecks lässt sich durch Zerlegung in Dreiecke oder andere Figuren berechnen. Dabei sind mehrere Varianten möglich:

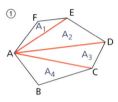

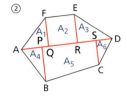

$A = A_1 + A_2 + A_3 + A_4$ $\qquad\qquad$ $A = A_1 + A_2 + A_3 + A_4 + A_5 + A_6$

7.8.2 Regelmäßige n-Ecke

Alle regelmäßigen n-Ecke besitzen gleich lange Seiten und gleich große Innenwinkel und sind damit konvex.

Innenwinkel im regelmäßigen n-Eck

Im regelmäßigen n-Eck ist diese Winkelsumme gleichmäßig auf alle n Innenwinkel verteilt.

> **Satz** Für die Größe jedes Innenwinkels in einem regelmäßigen n-Eck gilt: $\frac{(n-2)\cdot 180°}{n} = 180° - \frac{360°}{n}$

In- und Umkreis

Jedem regelmäßigen n-Eck lassen sich ein Kreis einbeschreiben und ein Kreis umbeschreiben. Die Seiten des n-Ecks sind Sehnen des **Umkreises** und zugleich Tangenten des **Inkreises**.
Inkreis und Umkreis besitzen denselben Mittelpunkt. Dieser Mittelpunkt ist (als Umkreismittelpunkt) für ein gegebenes n-Eck konstruktiv bestimmbar:
Weil jede Seite des n-Ecks Sehne des Kreises ist, geht ihre Mittelsenkrechte durch den Mittelpunkt des Kreises.
Verbindet man den Mittelpunkt des Umkreises mit jedem Eckpunkt, so wird das n-Eck in n gleichschenklige, zueinander kongruente Dreiecke zerlegt. Für die Winkel der Dreiecke gilt:

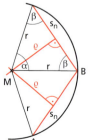

$\alpha = \frac{360°}{n}$ (der n-te Teil des Vollwinkels) und $\beta = \frac{180° - \alpha}{2} = 90° - \frac{180°}{n}$
Damit ist der Innenwinkel des n-Ecks $2\cdot\beta$.
Für den Radius ϱ des Inkreises gilt: $\varrho = r\cdot\cos\frac{\alpha}{2} = r\cdot\cos\frac{180°}{n}$, wobei r der Radius des Umkreises ist.

7.8 Vielecke (Polygone)

Übersicht über regelmäßige n-Ecke

Anzahl der Ecken	Mittelpunkts-winkel (Umkreis)	Anzahl der Diagonalen	Seitenlänge	Flächeninhalt	Name
n	$\alpha = \frac{360°}{n}$	d	$s_n = 2r \cdot \frac{\sin\alpha}{2}$	$A = n \cdot \frac{r^2}{2} \cdot \sin\alpha$	
3	120°	0	$\sqrt{3} \cdot r$	$\frac{4}{3}\sqrt{3} \cdot r^2$	gleichseitiges Dreieck
4	90°	2	$\sqrt{2} \cdot r$	$2 \cdot r^2$	Quadrat
5	72°	5	$\frac{r}{2}\sqrt{10 - 2\sqrt{5}}$	$\frac{5}{8}\sqrt{10 - 2\sqrt{5}} \cdot r^2$	Fünfeck
6	60°	9	r	$\frac{3}{2}\sqrt{3} \cdot r^2$	Sechseck

Hierbei ist r der Radius des Umkreises.
Betrachtet man den Umfang u und den Flächeninhalt A der einem Kreis mit dem Radius r einbeschriebenen regelmäßigen n-Ecke, so wird deutlich, dass sich u bzw. A mit wachsendem n dem Wert $2\pi \cdot r$ bzw. $\pi \cdot r^2$ annähert, das n-Eck sich also dem Kreis nähert.

n	3	4	5	6	8	10	100	200
u	5,196·r	5,657·r	5,878·r	6,000·r	6,123·r	6,180·r	6,282·r	6,2829·r
A	1,299·r²	2,000·r²	2,378·r²	2,598·r²	2,828·r²	2,939·r²	3,139·r²	3,1411·r²

Konstruktionen ausgewählter regelmäßiger n-Ecke

Die sechs kongruenten Teildreiecke des **regelmäßigen Sechsecks** sind gleichseitig mit der Seitenlänge r. Durch sechsmaliges Abtragen des Radius r eines Kreises auf der Kreislinie erhält man die Eckpunkte für das regelmäßige Sechseck.

Verbindet man drei nicht benachbarte Punkte miteinander, so erhält man ein gleichseitiges Dreieck mit der Seitenlänge $r \cdot \sqrt{3}$. Aus einem dem Kreis mit dem Radius r einbeschriebenen gleichseitigen Dreieck können die Eckpunkte des einbeschriebenen regelmäßigen Sechsecks durch Halbierung der Seiten des Dreiecks bestimmt werden.
Dieses Prinzip der Seitenhalbierung erlaubt allgemein aus einem regelmäßigen n-Eck ein regelmäßiges 2n-Eck zu konstruieren, z. B. aus einem gleichseitigen Dreieck ein 6-, 12-, 24-, ..., $3 \cdot 2^n$-Eck, aus einem Quadrat ein 8-, 16-, ..., 2^n-Eck.
Die Seite des regelmäßigen Zehnecks ergibt sich als der größere Abschnitt des durch den Goldenen Schnitt geteilten Umkreisradius.
Damit ist neben dem Zehneck auch das regelmäßige Fünfeck konstruierbar.

7.9 Kreis

▶ Bereits der griechische Mathematiker **EUKLID** (um 365 bis um 300 v.Chr.) hat den Kreis definiert.

7.9.1 Begriffe

> **Definition** Der **Kreis** ist die Menge aller Punkte der Ebene, die von einem festen Punkt M der Ebene den gleichen Abstand r haben. M heißt **Mittelpunkt** und die Strecke der Länge r, die jeden Punkt des Kreises mit seinem Mittelpunkt verbindet, heißt **Radius**.

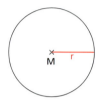

Nach dieser Definition ist der Kreis eine Linie, die **Kreislinie**. Der Mittelpunkt M gehört nach dieser Definition nicht zum Kreis.
Ein Punkt heißt bezüglich eines Kreises mit dem Mittelpunkt M und dem Radius r:
– **innerer Punkt Q**, wenn $\overline{QM} < r$,
– **Randpunkt P**, wenn $\overline{PM} = r$ und
– **äußerer Punkt R**, wenn $\overline{RM} > r$.

▶ radius (lat.) – Stab, Strahl

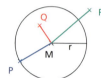

Alle Randpunkte und alle inneren Punkte eines Kreises bilden gemeinsam die Fläche des Kreises, die **Kreisfläche**.

▶ periphereia (griech.) – Kreislinie

Aus dem Zusammenhang wird meist deutlich, ob mit dem Wort „Kreis" die Kreislinie oder die Kreisfläche gemeint ist.
Die Länge der Kreislinie heißt **Umfang (Peripherie)** des Kreises.

Kreise und Punkte

Durch *einen* Punkt P lassen sich unendlich viele Kreise zeichnen.
Die Mittelpunkte aller Kreise mit gleich großem Radius r durch ein und denselben Punkt liegen auf einem Kreis um P mit dem Radius r.
Durch *zwei* Punkte kann man unendlich viele Kreise zeichnen.
Alle Mittelpunkte dieser Kreise liegen auf der Mittelsenkrechten der Verbindungsstrecke der beiden Punkte.
Durch *drei* nicht auf einer Geraden liegende Punkte lässt sich stets genau ein Kreis zeichnen.
Sein Mittelpunkt ist der Schnittpunkt der Mittelsenkrechten der Verbindungsstrecken der drei Punkte.

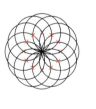
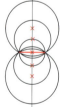
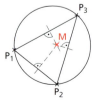

Kreis und Symmetrie

Jeder Kreis ist achsensymmetrisch (↗ S. 235 f.; Symmetrie). Jede Gerade durch den Mittelpunkt des Kreises ist Symmetrieachse, somit besitzt ein Kreis unendlich viele Symmetrieachsen.
Jeder Kreis ist punkt- und drehsymmetrisch mit seinem Mittelpunkt als Symmetrie- und Drehzentrum.

Zwei Kreise

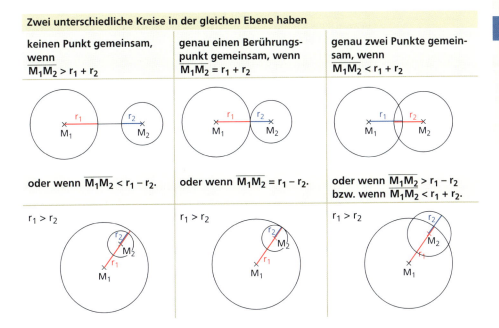

Falls $M_1 = M_2$ und $r_1 \neq r_2$, heißen die Kreise **konzentrische Kreise**.
Die Fläche zwischen zwei konzentrischen Kreisen heißt **Kreisring** (↗ S. 290).
Haben zwei Kreise drei Punkte gemeinsam, so sind sie identisch.

Kreis und Gerade

▸ secare (lat.) – schneiden;
tangere (lat.) – berühren;
passer (franz.) – vorbeigehen

> **Definition** Hat eine Gerade in der Ebene mit einem Kreis
> – genau zwei Punkte gemeinsam, ist sie eine **Sekante** des Kreises,
> – genau einen Berührungspunkt gemeinsam, ist sie **Tangente** des Kreises (der Radius zum Berührungspunkt heißt **Berührungsradius**),
> – keinen Punkt gemeinsam, ist sie **Passante** des Kreises.

Jede Sekante schneidet den Kreis in zwei Punkten. Verläuft sie durch den Mittelpunkt, heißt sie **Zentrale** des Kreises.
Die Strecke, die die Schnittpunkte als Randpunkte hat, heißt **Sehne** des Kreises.
Die Zentrale erzeugt die längste Sehne eines Kreises, den **Durchmesser**. Er ist doppelt so lang wie der **Radius**.
Jede Zentrale teilt den Kreis in zwei **Halbkreise**.

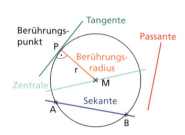

Die Kreisfläche wird durch eine Sehne in zwei **Kreisabschnitte (Kreissegmente)** zerlegt.
Durch zwei Radien wird sie in zwei **Kreisausschnitte (Kreissektoren)** (↗ S. 290 f.) zerlegt.
Ist eine Gerade Tangente an zwei Kreise, so ist sie *gemeinsame* Tangente der beiden Kreise. Man unterscheidet **innere** und **äußere gemeinsame Tangenten**.

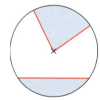

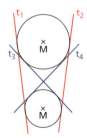

> **Satz** Tangente und Berührungsradius sind zueinander senkrecht.

> **Satz** Für die von einem Punkt an einen Kreis gelegten Tangenten sind die Tangentenabschnitte zwischen diesem Punkt und den Berührungspunkten gleich lang.

> **Satz** Der Winkel zwischen den Tangenten, die von einem Punkt an einen Kreis gelegt werden, wird von der Zentralen, die durch diesen Punkt verläuft, halbiert.

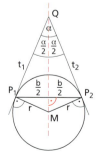

> **Satz** Die Sehne zwischen den Berührungspunkten zweier von einem Punkt an den Kreis gelegten Tangenten wird von der Zentralen, die durch den Schnittpunkt der Tangenten verläuft, halbiert und steht senkrecht auf dieser Zentralen.

Auf diesen Sätzen beruht auch die Konstruktion der Tangente an einen Kreis durch einen vorgegebenen Punkt P.

Man kann zwei Fälle unterscheiden:
Fall 1: P liegt auf dem Kreis
  Die Tangente ist die Senkrechte zu $\overline{MP}$ durch P.
Fall 2: P ist äußerer Punkt
  Es können stets zwei Tangenten an den Kreis konstruiert werden. Weil Tangente und Berührungsradius zueinander senkrecht sind, liegen nach dem Satz des Thales (↗ S. 286) die Punkte, an denen die Tangenten den Kreis berühren, auf einem Kreis mit Durchmesser .
  ① $\overline{MP}$ wird halbiert. Q ist ein Mittelpunkt von $\overline{MP}$.
  ② Der Kreis um Q mit $\overline{MP}$ als Durchmesser wird gezeichnet.
  ③ Die Schnittpunkte dieses Kreises mit dem Kreis um M sind die Berührungspunkte der Tangenten durch P an den Kreis.

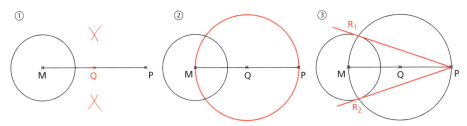

Sehnensatz

> **Satz** Schneiden in einem Kreis zwei Sehnen einander, so ist das Produkt der beiden Abschnitte auf der einen Sehne gleich dem Produkt der Abschnitte auf der anderen Sehne.

Beweis
Voraussetzung: $\overline{AC}$ und $\overline{BD}$ sind zwei Sehnen im Kreis.
　　　　　　　S ist Schnittpunkt der Sehnen.
Behauptung:　$\overline{AS} \cdot \overline{SC} = \overline{BS} \cdot \overline{SD}$
Beweis:　　　Die Strecken $\overline{AB}$ und $\overline{CD}$ sind auch Sehnen des Kreises, also gilt: ∢BDA = ∢BCA und ∢DBC = ∢DAC (↗ S. 285; Umfangswinkelsatz) und
　　　　　　　△ASD ~ △CSB (↗ S. 251; Hauptähnlichkeitssatz)
　　　　　　　Damit gilt:
　　　　　　　$\overline{AS} : \overline{BS} = \overline{SD} : \overline{SC}$, also auch $\overline{AS} \cdot \overline{SC} = \overline{BS} \cdot \overline{SD}$
　　　　　　　　　　　　　　　　　　　　　　　　(w.z.b.w.)

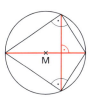

Für den Spezialfall, dass eine Sehne Durchmesser des Kreises und die andere Sehne dazu senkrecht ist, liegt ein rechtwinkliges Dreieck vor, weil nach dem Satz des Thales (↗ S. 286) jeder Umfangswinkel über dem Durchmesser ein rechter Winkel ist.

Der Höhensatz im rechtwinkligen Dreieck (↗ S. 260) ergibt sich damit als Spezialfall des Sehnensatzes.

> **Satz** Die Mittelsenkrechte jeder Sehne eines Kreises geht durch den Mittelpunkt des Kreises.

Beweisgedanke:
Die Randpunkte jeder Sehne haben als Punkte auf der Kreislinie den gleichen Abstand zum Mittelpunkt des Kreises. Dieser gleiche Abstand ist aber nur dann möglich, wenn die Mittelsenkrechte der Sehne als deren Symmetrieachse durch den Mittelpunkt des Kreises geht.
Es ist also möglich, den Mittelpunkt eines Kreises zu konstruieren.
Ersichtlich wird auch, warum drei nicht auf einer Geraden liegende Punkte einer Ebene ausreichen, um eindeutig einen Kreis zu zeichnen.

> **Satz** Gleich lange Sehnen eines Kreises haben den gleichen Abstand vom Mittelpunkt des Kreises.
> Sehnen mit dem gleichen Abstand vom Mittelpunkt des Kreises sind gleich lang.

Sekantensatz

> **Satz** Schneiden zwei Sekanten eines Kreises einander außerhalb des Kreises, so ist das Produkt der Abschnitte vom Sekantenschnittpunkt bis zu den Schnittpunkten mit dem Kreis bei beiden Sekanten gleich.

Der Beweis erfolgt unter Verwendung des Umfangswinkelsatzes und der Ähnlichkeit der Dreiecke SAC und SBD.

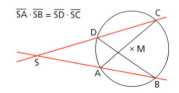

$\overline{SA} \cdot \overline{SB} = \overline{SD} \cdot \overline{SC}$

Zeichnen von Kreisen

▶ elleipon (griech.) – das Fehlen, der Mangel

Wegen ihrer regelmäßigen Form werden Kreise, Kreisteile und auch Ellipsen häufig in Ornamenten verwendet.

Zeichnen von Kreisen mit dem Zirkel

Man markiert zunächst den Mittelpunkt M und zeichnet einen Kreis um M mit dem Radius r.

„Gärtnerkonstruktionen" von Kreis und Ellipse

Zum Anlegen kreisrunder Rabatten benutzt man eine gespannte Schnur, deren eines Ende an einem festen Pflock befestigt ist. Die Größe des Kreises kann mit der Länge der Schnur festgelegt werden.
Mit dem Kreis verwandt ist die Ellipse.
Für eine „Gärtnerkonstruktion" der Ellipse benötigt man drei Pflöcke, von denen zwei fest in den Boden gesteckt werden. Eine Schnur, die länger als der doppelte Abstand der beiden festen Pflöcke ist, wird mit den Enden an diesen beiden Pflöcken befestigt. Mit dem dritten Pflock fährt man so die Schnur entlang, dass sie immer fest gespannt ist. Dabei zeichnet der dritte Pflock eine Ellipse, deren Größe vom Abstand der beiden festen Pflöcke und von der Länge der Schnur abhängt.

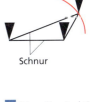

▶ Diese Konstruktionsart wurde bereits im Altertum benutzt. Man kann sie auch auf einem Blatt Papier mit zwei Reißzwecken, Faden und Stift durchführen.

7.9.2 Winkel am Kreis

> **Definition** Ein Winkel heißt
> – **Mittelpunktswinkel (Zentriwinkel),** wenn sein Scheitel im Kreismittelpunkt liegt,
> – **Umfangswinkel (Peripheriewinkel),** wenn sein Scheitel auf dem Kreis liegt und seine Schenkel den Kreis schneiden,
> – **Sehnen-Tangenten-Winkel,** wenn sein Scheitel auf dem Kreis liegt und ein Schenkel den Kreis schneidet, der andere den Kreis berührt.

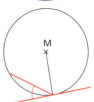

Zu jedem Mittelpunkts- und jedem Umfangswinkel gehören eine bestimmte Sehne und ein bestimmter Kreisbogen.

> **Satz** Alle Umfangswinkel über demselben Bogen sind gleich groß.

Beweisidee:
$ABCD_1$, $ABCD_2$ usw. sind Sehnenvierecke. Die Winkel in B und D_1, in B und D_2 usw. ergänzen sich zu 180°.

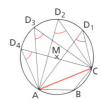

Häufig verwendet man statt „über demselben Bogen" den Ausdruck „über derselben Sehne". Dabei muss allerdings beachtet werden, dass zu jeder Sehne, die nicht Durchmesser ist, stets zwei verschiedene Kreisbogen und somit auch zwei verschieden große Umfangswinkel gehören. Diese gegenüberliegenden Umfangswinkel ergänzen sich zu 180°.

THALES VON MILET
(um 624 bis
548 v. Chr.)

> **Satz des Thales**
> Jeder Umfangswinkel über einem Halbkreis (bzw. über dem Durchmesser eines Kreises) ist ein rechter Winkel.

Beweis (mithilfe der Winkelsumme in gleichschenkligen Dreiecken)
Voraussetzung: A, B und C liegen auf dem Kreis um M.
$\overline{AB}$ ist Durchmesser des Kreises.
Behauptung: $\gamma = 90°$
Beweis: Es gilt: $\alpha = \gamma_1$ und $\beta = \gamma_2$
(Basiswinkel in den gleichschenkligen Dreiecken AMC und MBC)
Es folgt daraus: $\alpha + \beta = \gamma_1 + \gamma_2 = \gamma$
Da auch $\alpha + \beta + \gamma = 180°$
(Winkelsumme im Dreieck),
ist $2\gamma = 180°$ und $\gamma = 90°$.   (w.z.b.w.)

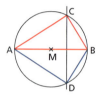

Beweis (mithilfe der Spiegelung des Dreiecks ABC)
Das Dreieck ABC wird an $\overline{AB}$ gespiegelt. Dabei ist das Bild von C der Punkt D. Das Viereck ADBC ist Sehnenviereck. Deshalb ergänzen sich die Winkel in D und in C zu 180°. Weil der Winkel in D das Bild des Winkels in C bei der Spiegelung an $\overline{AB}$ ist, sind beide Winkel zueinander kongruent und damit rechte Winkel.

Umkehrung des Satzes des Thales

> **Umkehrung**
> Die Scheitelpunkte aller rechten Winkel, deren Schenkel durch A und B verlaufen, liegen auf dem Kreis mit dem Durchmesser $\overline{AB}$.

Ein Mittelpunkts- und ein Umfangswinkel heißen einander zugehörig, wenn sie über derselben Sehne liegen und ihre Scheitel auf derselben Seite der Sehne, also über demselben Bogen liegen.
Zu allen Umfangswinkeln über einem Bogen gehört ein Mittelpunktswinkel.

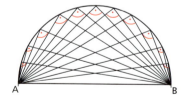

> **Mittelpunkts-Umfangswinkel-Satz**
> Jeder Umfangswinkel über demselben Bogen ist halb so groß wie der zugehörige Mittelpunktswinkel.

Bewiesen wird der Satz für den Fall, dass der Mittelpunkt des Kreises im Inneren des Umfangswinkels liegt.
Voraussetzung: A, B und C liegen auf dem Kreis um M;
M liegt im Innern von $\angle BCA$ (= γ); $\angle BMA = \delta$.

Behauptung: $\delta = 2\gamma$
Beweis: Die Gerade durch C und M teilt δ und γ.
Es gilt: $\sphericalangle MCA = \sphericalangle CAM = \gamma_1$ und $\sphericalangle BCM = \sphericalangle MBC = \gamma_2$
(Basiswinkel in den gleichschenkligen Dreiecken AMC bzw. MBC)
Es gilt: $\delta_1 = 2\gamma_1$ und $\delta_2 = 2\gamma_2$ (Außenwinkelsatz)
Daraus folgt $\delta_1 + \delta_2 = 2(\gamma_1 + \gamma_2)$ oder $\delta = 2\gamma$.   (w.z.b.w.)

Für die anderen beiden Fälle (M liegt auf einem Schenkel bzw. außerhalb des Umfangswinkels) verläuft der Beweis analog.

> **Satz** Jeder **Sehnen-Tangenten-Winkel** ist halb so groß wie der zugehörige Mittelpunktswinkel. Jeder Sehnen-Tangenten-Winkel ist so groß wie der zugehörige Umfangswinkel.

7.9.3 Inkreis und Umkreis von Vielecken

> **Definition** Unter dem **Umkreis** eines Vielecks versteht man den Kreis, der durch alle Eckpunkte des Vielecks geht. Die Seiten des Vielecks sind Sehnen des Umkreises.

Jedes Dreieck hat einen Umkreis (↗ S. 247), aber nicht jedes Viereck. Besitzt ein Viereck einen Umkreis, so nennt man es **Sehnenviereck**. Alle gleichschenkligen Trapeze, alle Rechtecke und damit auch alle Quadrate besitzen einen Umkreis.

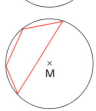

Für alle Sehnenvierecke gilt folgender Satz:

> **Satz** Die Summe gegenüberliegender Winkel im Sehnenviereck beträgt 180°.

Bewiesen wird der Satz für den Fall, dass der Mittelpunkt des Umkreises innerhalb des Sehnenvierecks liegt.
Voraussetzung: A, B, C und D liegen auf einem Kreis um M, d.h. $\overline{MA} = \overline{MB} = \overline{MC} = \overline{MD} = r$
Behauptung: $\sphericalangle DAB + \sphericalangle BCD = \sphericalangle ABC + \sphericalangle CDA = 180°$
Beweis: In den gleichschenkligen Dreiecken ABM, BCM, CDM und DAM sind die Basiswinkel paarweise zueinander kongruent.

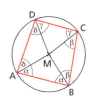

Dann ist ∢DAB + ∢BCD = α + β + γ + δ = s
und auch ∢ABC + ∢CDA = α + β + γ + δ = s.
Da die Innenwinkelsumme im Viereck 360° ist,
gilt 2s = 360°, also s = 180°. (w.z.b.w.)

Für die anderen beiden Fälle (M liegt auf einer Seite des Sehnenvierecks oder außerhalb des Sehnenvierecks) verläuft der Beweis analog.
Alle regelmäßigen Vielecke (↗ S. 278) besitzen einen Umkreis, was häufig zu ihrer Konstruktion verwendet wird. In einen Umkreis gezeichnete Vielecke heißen **einbeschriebene Vielecke**.

> **Definition** Der **Inkreis** eines Vielecks ist der Kreis, der alle Seiten von innen berührt. Die Seiten des Vielecks sind dann Tangenten an den Inkreis.

Ein solches Vieleck nennt man auch **umbeschriebenes Vieleck**. Alle Dreiecke (↗ S. 248) und alle regelmäßigen Vielecke (↗ S. 278) haben einen Inkreis. Vierecke, die einen Inkreis besitzen, heißen **Tangentenvierecke** (↗ S. 269; Vierecke).

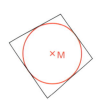

> **Satz** Im Tangentenviereck ist die Summe zweier gegenüberliegender Seiten gleich der Summe der anderen beiden Gegenseiten.

Viereck	Inkreis	Umkreis
Quadrat	ja	ja
Rechteck	nein	ja
Raute	ja	nein
Parallelogramm (keine Raute oder Rechteck)	nein	nein

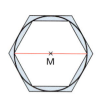

7.9.4 Berechnungen am Kreis

Kreisumfang

Um den Umfang u eines Kreises mit dem Durchmesser d zu bestimmen, kann man von den Umfängen eines einbeschriebenen und eines umbeschriebenen Vielecks ausgehen, z.B. eines regelmäßigen Sechsecks (↗ S. 279). Der Umfang u_{e6} des einbeschriebenen Sechsecks (u_{e6} = 3d) ist kleiner als der Umfang des Kreises, der Umfang u_{u6} des umbeschriebenen Sechsecks (u_{u6} = 3,46d) ist größer als der Umfang des Kreises:
3d < u < 3,46d
Der Faktor, mit dem man d multiplizieren muss, um u zu erhalten, ist eine der wichtigsten mathematischen Konstanten: π = 3,14159265358979…
Näherungsweise wird oft π = 3,14 verwendet.

▶ π wird auch **ludolfsche Zahl** genannt.
π ist irrational, also ein unendlicher nichtperiodischer Dezimalbruch.

> **Satz** Für den Umfang des Kreises gilt: $u = \pi \cdot d = \pi \cdot 2r$

■ Tina joggt im Park. Die runde Rasenfläche in der Mitte des Parks hat einen Durchmesser von 45 m.
Wie lang ist eine Runde um diese Rasenfläche?

Gegeben: $d = 45$ m   Gesucht: u
Lösung: $u = \pi \cdot d$
         $u = \pi \cdot 45$ m
         $u = 141$ m
Antwort: Eine Runde ist 141 m lang.

Kreisbogen

Die Länge eines **Kreisbogens** b hängt von der Länge des Durchmessers und von der Größe des zugehörigen Mittelpunktswinkels α ab. Für den ganzen Kreis ist der Mittelpunktswinkel 360° und die Länge des Bogens gleich dem Umfang, woraus sich die Proportion $b : \alpha = u : 360°$ ergibt.

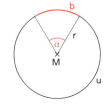

> Für die Länge des zum Mittelpunktswinkel α gehörenden Bogens gilt: $b = \frac{\alpha}{360°} \cdot \pi \cdot d = \frac{\alpha}{360°} \cdot 2\pi \cdot r = \frac{\alpha}{180°} \cdot \pi \cdot r$

■ Wie groß ist der Mittelpunktswinkel, der zu einem Kreis mit dem Radius 5 cm und zu einem Bogen der Länge 21 cm gehört?

Gegeben: $r = 5$ cm
         $b = 21$ cm
Gesucht: α
Lösung: $b = \frac{\alpha}{180°} \cdot \pi \cdot r$ $| \cdot 180°$
         $b \cdot 180° = \alpha \cdot \pi \cdot r$ $| : \pi \cdot r$
             $\alpha = \frac{b \cdot 180°}{\pi \cdot r}$
             $\alpha = \frac{21 \text{ cm} \cdot 180°}{\pi \cdot 5 \text{ cm}} \approx 240{,}6°$
Antwort: Der Mittelpunktswinkel beträgt etwa 240,6°.

Flächeninhalt des Kreises

Zur Bestimmung des Flächeninhalts des Kreises wird die Kreisfläche in eine gleich große Fläche, die man berechnen kann, verwandelt. Zerlegt man den Kreis in Kreisausschnitte und setzt diese wieder zusammen, so wird deutlich: Je größer die Anzahl der Kreisausschnitte, desto mehr nähert sich die neue Figur einem Rechteck an.
Eine Seite des Rechtecks ist der Radius, während die andere halb so lang wie der Umfang des Kreises ist.

Satz Für den Flächeninhalt des Kreises gilt: $A = \pi \cdot r^2$ bzw. $A = \frac{\pi}{4} \cdot d^2$

▪ Ein rundes Dachfenster hat einen Radius von 0,62 m.
Wie groß ist die Glasfläche ohne aufgesetzte Leisten?

Gegeben: $r = 0{,}62$ m
Gesucht: A
Lösung: $A = \pi \cdot r^2$
         $A = \pi \cdot (0{,}62\text{ m})^2 \approx 1{,}21$ m
Antwort: Die Fensterscheibe hat eine Fläche von etwa 1,21 m².

Kreisring

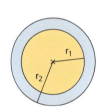

Satz Für den Flächeninhalt eines Kreisrings gilt:
$A = \pi \cdot r_2^2 - \pi \cdot r_1^2 = \pi(r_2^2 - r_1^2) = \pi(r_2 - r_1) \cdot (r_2 + r_1)$

▪ Die beschreibbare Fläche einer CD hat einen äußeren Durchmesser von 11,8 cm und einen inneren Durchmesser von 4,6 cm.
Wie groß ist der Flächeninhalt der beschreibbaren Fläche?

Gegeben: $d_1 = 11{,}8$ cm; $r_1 = 5{,}9$ cm
         $d_2 = 4{,}6$ cm; $r_2 = 2{,}3$ cm
Gesucht: A
Lösung: $A = \pi(r_1^2 - r_2^2)$
         $A = \pi[(5{,}9\text{ cm})^2 - (2{,}3\text{ cm})^2]$
         $A = \pi(34{,}81\text{ cm}^2 - 5{,}29\text{ cm}^2)$
         $A = \pi \cdot 29{,}52\text{ cm}^2 \approx 93\text{ cm}^2$
Antwort: Die beschreibbare Fläche ist etwa 93 cm² groß.

Kreisausschnitt (Kreissektor)

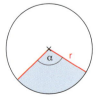

Der Flächeninhalt A des Kreisausschnitts hängt vom Mittelpunktswinkel α (↗ S. 285) und vom Radius des Kreises ab.
Da für die gesamte Kreisfläche der Mittelpunktswinkel 360° beträgt, ergibt sich die Proportion: $A : \pi \cdot r^2 = \alpha : 360°$

7.9 Kreis

> **Satz** Für den Flächeninhalt des Kreisausschnitts gilt:
> $A = \frac{\alpha}{360°} \cdot \pi \cdot r^2$

■ Ein Werkstück aus Blech hat die Form eines Kreisausschnitts mit $r = 7$ cm und $\alpha = 310°$.
Wie groß ist der Materialbedarf (ohne Abfall)?

Gegeben: $r = 7$ cm
$\quad\quad\quad\;\; \alpha = 310°$
Gesucht: A
Lösung: $A = \frac{\alpha}{360°} \cdot \pi \cdot r^2$

$\quad\quad\quad\;\; A = \frac{310°}{360°} \cdot \pi \cdot (7 \text{ cm})^2$

$\quad\quad\quad\;\; A = 133 \text{ cm}^2$

Antwort: Man benötigt für das Werkstück 133 cm² Blech.

Kreisabschnitt (Kreissegment)

Der Flächeninhalt des **Kreisabschnitts** ergibt sich aus der Differenz der Flächeninhalte des Kreisausschnitts und des Dreiecks ABM.

> **Satz** Für den Flächeninhalt des Kreisabschnitts gilt:
> $A = \frac{1}{2} b \cdot r - \frac{1}{2} s(r - h)$

s ist die Länge der Sehne und h die Länge der Bogenhöhe.

■ An einem Rad einer Lokomotive befindet sich als Schwungmasse ein Metallstück in Kreisabschnittsform.
Wie groß ist der Flächeninhalt des Kreisabschnitts?

Gegeben: $s = 100$ cm
$\quad\quad\quad\;\; h = 24$ cm
$\quad\quad\quad\;\; r = 60$ cm
$\quad\quad\quad\;\; \alpha = 110°$
Gesucht: A
Lösung: $A = \frac{1}{2} b \cdot r - \frac{1}{2} s(r - h)$ mit $b = \frac{\alpha}{180°} \cdot \pi \cdot r$

$\quad\quad\quad\;\; A = \frac{1}{2} \cdot \frac{\alpha}{180°} \cdot \pi \cdot r^2 - \frac{1}{2} \cdot s(r - h)$

$\quad\quad\quad\;\; A = \frac{1}{2} \cdot \frac{110°}{180°} \cdot \pi \cdot (60 \text{ cm})^2 - \frac{1}{2} \cdot 100 \text{ cm}(60 \text{ cm} - 24 \text{ cm})$

$\quad\quad\quad\;\; A = 1\,656 \text{ cm}^2$

Antwort: Der Flächeninhalt des Kreisabschnitts beträgt 1 656 cm².

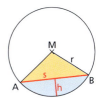

▶ Zu den bekanntesten Versuchen gehören die Möndchen des HIPPOKRATES (um 440 v. Chr.)

Da die Verwandlung des Kreises in ein flächeninhaltsgleiches Quadrat („Quadratur des Kreises") nicht möglich ist, versuchte man, von Kreisbogen begrenzte Flächen in flächeninhaltsgleiche Vielecke zu verwandeln.

Der Kreis

Begriffe

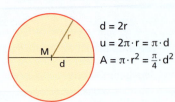

Berechnungen

$d = 2r$
$u = 2\pi \cdot r = \pi \cdot d$
$A = \pi \cdot r^2 = \frac{\pi}{4} \cdot d^2$

Umfangswinkel	Mittelpunktswinkel	Satz des Thales
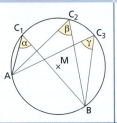	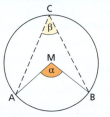	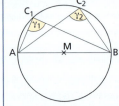
$\alpha = \beta = \gamma$	$\alpha = 2\beta$	$\gamma_1 = \gamma_2 = 90°$
Alle Umfangswinkel über demselben Bogen sind gleich groß.	Jeder Mittelpunktswinkel über demselben Bogen ist doppelt so groß wie der zugehörige Umfangswinkel.	Jeder Umfangswinkel über dem Durchmesser ist ein rechter Winkel.

Kreisbogen	Kreisausschnitt	Kreisring
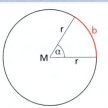	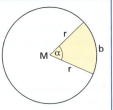	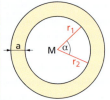
$\frac{b}{u} = \frac{\alpha}{360°}$ $b = \frac{\alpha}{360°} \cdot 2\pi \cdot r$ $b = \frac{\alpha}{180°} \cdot \pi \cdot r$	$A_\alpha = \frac{\alpha}{360°} \cdot \pi \cdot r^2$	$r_1 < r_2$ $a = r_2 - r_1$ (Ringbreite) $A = \pi(r_2^2 - r_1^2)$

Wissenstest 14 — abrufbar auf www.lernhelfer.de oder mit der Lernhelfer-App

Stereometrie | 8

8.1 Grundlagen der Körperdarstellung

8.1.1 Begriffe und Merkmale geometrischer Körper

Richtet man beim Betrachten realer Gegenstände die Aufmerksamkeit allein auf die (äußere) Form und sieht von allen anderen Merkmalen ab, so gelangt man zum Begriff des geometrischen Körpers.

> **Definition** Ein **geometrischer Körper** ist eine räumliche Figur, die vollständig durch ebene oder gekrümmte Flächen begrenzt wird.

■ Prisma (Würfel, Quader), Zylinder, Pyramide, Kegel und Kugel sind geometrische Körper.

Werden durch diese Körper ebene Schnitte gelegt, entstehen Teilkörper, z. B. Pyramidenstümpfe und Kegelstümpfe (↗ S. 320). Körper können zu einem neuen Körper zusammengesetzt werden (↗ S. 324).

Man kann Körper nach verschiedenen Merkmalen unterteilen:

1. Art der Begrenzungsflächen

Merkmal	Beispiel	Abbildung
Körper, die nur ebene Begrenzungsflächen haben	Quader, Pyramide	
Körper mit ebenen und gekrümmten Begrenzungsflächen	Zylinder, Kegel	
Körper, die nur gekrümmte Begrenzungsflächen haben	Kugel	

▶ poly (griech.) – viel

Körper, die nur von ebenen Vielecken begrenzt sind, heißen **Polyeder (Vielflächner)**.

8.1 Grundlagen der Körperdarstellung

2. Existenz einer Grundfläche und einer Deckfläche bzw. einer Spitze

Merkmal	Beispiel	Abbildung
Körper mit einer Grund- und einer Deckfläche	Quader, Kegelstumpf	
Körper, die eine Grundfläche und eine Spitze haben	Pyramide, Kegel	
Körper ohne Grund- und Deckfläche	Kugel	

Grund- und Deckfläche sind bei geraden Körpern stets zueinander parallel.
Bei Würfeln, Quadern und Tetraedern (↗ S. 303, 314) kann jede Begrenzungsfläche Grundfläche sein. Ist eine der Begrenzungsflächen Grundfläche, so bezeichnet man die übrigen Flächen außer der Deckfläche als **Seitenflächen**.

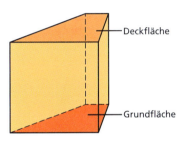

3. Anzahl der Seitenflächen

Merkmal	Beispiel	Abbildung
Körper mit drei Seitenflächen	dreiseitiges Prisma	
Körper mit sechs Seitenflächen	sechsseitige Pyramide	

Alle Seitenflächen zusammen bezeichnet man als **Mantelfläche (Mantel)** des Körpers. Punkte, die zu zwei Begrenzungsflächen gehören, heißen **Kante** des Körpers. Liegt die Kante in der Grund- oder Deckfläche, heißt sie **Grundkante**, gehört sie zu zwei Seitenflächen, heißt sie **Seitenkante**. Haben die Kanten Endpunkte, heißen diese **Eckpunkte (Ecken)** des Körpers. Körper haben eine **Höhe**. Sie ist der Abstand der Deckfläche bzw. der Spitze des Körpers von der Grundfläche.

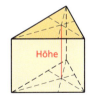

4. Weitere Unterscheidungsmöglichkeiten

① **Gerade und schiefe Körper:**
Bei einigen Körpern (Prismen, Zylinder, Pyramiden, Kegel) unterscheidet man zwischen **geraden** und **schiefen** Körpern. Ein Prisma z. B. heißt gerade, wenn alle Seitenflächen senkrecht zur Grundfläche sind.

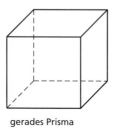
gerades Prisma

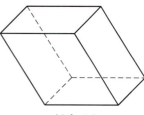
schiefes Prisma

> convexus (lat.) – (nach außen) gewölbt; concavus (lat.) – hohl, nach innen gewölbt

② **Konvexe und konkave Körper:**
Ein Körper ist **konvex**, wenn mit je zwei Punkten auch deren Verbindungsstrecke zum Körper gehört. Die übrigen Körper heißen **konkav**.

konvexes Polyeder

> proicere (lat.) – hinwerfen

8.1.2 Projektionsarten

Ein Körper kann mithilfe von **Projektionsstrahlen** in eine Ebene (Bildebene) abgebildet werden. Jedem Punkt des Körpers wird dabei genau ein Punkt in der Ebene als Bildpunkt zugeordnet.

> Die **Zentralprojektion** wird z. B. in der Kunst verwendet, um den räumlichen Eindruck zu verstärken.

Gehen alle Projektionsstrahlen von einem Punkt aus, so nennt man diese Abbildung **Zentralprojektion**.

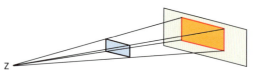

> parallelos (griech.) – nebeneinanderstehend

Verlaufen die Projektionsstrahlen zueinander parallel, so heißt eine solche Abbildung **Parallelprojektion**.

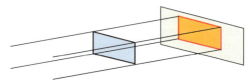

8.1 Grundlagen der Körperdarstellung

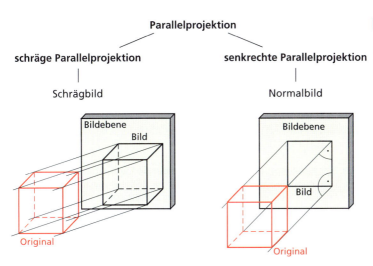

▶ Die Bilder bei einer **Parallelprojektion** kann man sich als Schatten der Körper vorstellen, auf die parallele Lichtstrahlen fallen.

Wenn keine Fläche des Würfels parallel zur Bildebene ist (allgemeine Lage), entstehen auch bei senkrechter Parallelprojektion im Bild „schräge" Kanten. Aus den Winkeln der Kanten im Bild kann also nicht auf die verwendete Projektionsart geschlossen werden.
Bei einer Parallelprojektion können Strecken, Winkel oder Flächen des Originals in **wahrer Größe und Gestalt** oder verkürzt, verlängert bzw. verzerrt abgebildet werden.

Jeder Körper hat drei Dimensionen, die als Breite, Tiefe und Höhe bezeichnet werden.
Linien, die in diesen Richtungen verlaufen, heißen Breitenlinien, Tiefenlinien bzw. Höhenlinien.

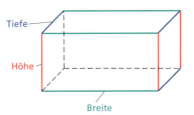

8.1.3 Schräge Parallelprojektionen

Das Bild eines Körpers in schräger Parallelprojektion sollte den Körper möglichst anschaulich darstellen.
Ist z. B. der Winkel zwischen den Projektionsstrahlen und der Bildebene sehr klein, können die Bilder einiger Strecken sehr lang werden und das Bild ist verzerrt.
Schrägbilder sind durch folgende zwei Angaben gekennzeichnet, die beliebig und unabhängig voneinander gewählt werden können:
① Größe des Winkels, den die Bilder der Tiefenlinien mit denen der Breitenlinien bilden (Verzerrungswinkel α).
② Verhältnis der Längen der Bilder der Tiefenlinien zu ihren Originallängen (Verkürzungsfaktor q).

$\alpha = 30°$; $q = \frac{1}{3}$ $\alpha = 45°$; $q = \frac{1}{2}$ $\alpha = 60°$; $q = \frac{2}{3}$

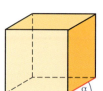 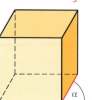

Schräge Parallelprojektionen haben folgende Eigenschaften:
① Jede ebene Begrenzungsfläche, die zur Bildebene parallel ist, wird in wahrer Größe abgebildet, alle übrigen Flächen werden verzerrt.
② Sind zwei Strecken im Original zueinander parallel, so sind auch ihre Bilder zueinander parallel.

▶ cavaliere (ital.) – Ritter; perspicere (lat.) – deutlich sehen

Eine sehr häufig verwendete schräge Parallelprojektion ist die **Kavalierprojektion** oder **Kavalierperspektive,** mit der ein Körper sehr anschaulich dargestellt wird.

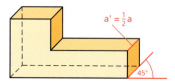

Es gilt:
Tiefenlinien werden unter einem Winkel $\alpha = 45°$ zu den Breitenlinien angetragen und um die Hälfte $\left(q = \frac{1}{2}\right)$ verkürzt.

Um das **Schrägbild** eines Körpers bei einer Kavalierprojektion zu zeichnen, geht man in folgenden Schritten vor:

1. Eine Fläche, die bei der Darstellung parallel zur Bildebene liegen soll, wird bestimmt und in wahrer Größe gezeichnet.
2. Die Tiefenlinien werden unter einem Winkel von 45° und um die Hälfte verkürzt eingezeichnet.
3. Die restlichen Kanten werden ergänzt.
4. Die sichtbaren Kanten werden stärker und die nicht sichtbaren Kanten gestrichelt nachgezeichnet.

▶ Nicht sichtbare Kanten können zur besseren Anschaulichkeit gestrichelt, dünner gezeichnet oder sogar ganz weggelassen werden.

Die Normalform der Kavalierprojektion entspricht einer Ansicht des Körpers von rechts oben. Man erhält anschauliche Bilder anderer Ansichten, wenn die Tiefenlinien unter einem Winkel von 45° nach links oben, rechts unten oder nach links unten angetragen werden.

Schrägbilder einer Stufe bei Ansicht
von links unten   von links oben   von rechts unten

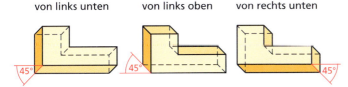

8.1.4 Senkrechte Parallelprojektionen

Bei einer **senkrechten Eintafelprojektion** wird nur eine Bildebene verwendet. Die Höhe der Punkte über der Bildebene wird in einem Höhenmaßstab angegeben.

So werden z. B. in Landkarten die Höhen durch unterschiedliche Farben gekennzeichnet.

Bei einer **senkrechten Zweitafelprojektion** erfolgt eine Abbildung gleichzeitig in zwei Ebenen. Die **Grundrissebene** befindet sich unter dem Körper, das in ihr entstehende Bild heißt **Grundriss**.
Hinter dem Körper befindet sich die **Aufrissebene**, das dort entstehende Bild wird **Aufriss** genannt (Grundriss- und Aufrissebene sind zueinander senkrecht). Dem Grundriss eines Körpers entspricht die Ansicht von oben (**Draufsicht**) und dem Aufriss die Ansicht von vorn (**Vorderansicht**).
Werden beide Ansichten in derselben Ebene dargestellt, entsteht ein **Zweitafelbild**.
In ein Zweitafelbild kann die Schnittgerade der beiden Ebenen, die **Rissachse** heißt, eingezeichnet werden. Sie ist eine Hilfslinie zum Zeichnen eines Zweitafelbildes. Weitere Hilfslinien sind die **Ordnungslinien,** die den Grund- und Aufriss von Punkten verbinden und senkrecht zur Rissachse sind.

▶ Das Bild eines Punkts P im Grundriss wird mit P' und sein Bild im Aufriss mit P" bezeichnet.

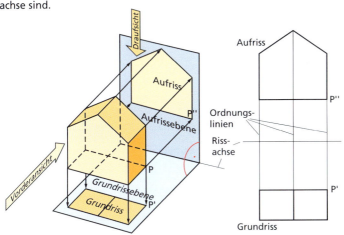

▶ Damit möglichst viele Flächen in wahrer Größe abgebildet werden, wird der Körper so dargestellt, dass einige Begrenzungsflächen parallel zur Grundriss- bzw. zur Aufrissebene sind.

Um das **Zweitafelbild** eines Körpers bei einer senkrechten Parallelprojektion zu zeichnen, geht man in folgenden Schritten vor:
1. Der Körper wird von oben betrachtet und der Grundriss gezeichnet. Dazu werden eine Rissachse als Hilfslinie und die Breitenlinie parallel zur Rissachse eingezeichnet.
2. Kanten, die senkrecht zur Rissachse verlaufen, werden über die Rissachse hinaus verlängert, d. h., die Ordnungslinien werden gezeichnet.
3. Der Körper wird von vorn betrachtet und der Aufriss gezeichnet. Die Eckpunkte werden beschriftet.
4. Die Körperkanten werden nachgezogen.

■ Konstruktion des Zweitafelbildes eines gegebenen Quaders. Der Quader steht auf der Grundrissebene. Die Kante $\overline{CD}$ verläuft parallel zur Rissachse im Abstand a.

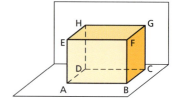

▶ Fallen die Bilder zweier Punkte im Grundriss oder Aufriss zusammen, so wird der Punkt, den man zuerst sieht, als erster Punkt bezeichnet.
Zur Kontrolle überprüft man, ob jeder Eckpunkt des Körpers ein Bild sowohl im Grundriss als auch im Aufriss besitzt und beide Bildpunkte immer auf der gleichen Ordnungslinie liegen.

1. Zeichnen des Grundrisses

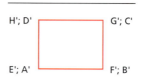

2. Zeichnen der Ordnungslinien

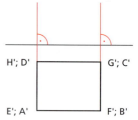

3. Zeichnen des Aufrisses

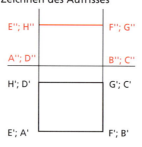

4. Nachziehen der Körperkanten

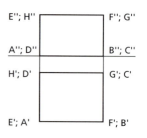

Senkrechte Zweitafelprojektionen haben folgende Eigenschaften:
① Jede ebene Begrenzungsfläche, die zur Bildebene parallel ist, wird in ihrer wahren Größe abgebildet.
Jede ebene Begrenzungsfläche, die senkrecht zu einer Bildebene ist, wird als Strecke abgebildet.
② Sind zwei Strecken im Original zueinander parallel, so sind auch ihre Bilder zueinander parallel.

Die **wahre Größe und Gestalt** der verzerrt abgebildeten Strecken, Winkel oder Flächen können jeweils durch Konstruktion ermittelt werden.

- Es soll die wahre Größe einer Seitenkante und einer Seitenfläche einer Pyramide konstruiert werden.

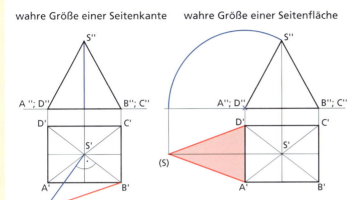

▶ Werden außer der Grundriss- und der Aufrissebene noch weitere Bildebenen verwendet, entstehen **Mehrtafelbilder**. Sie können bis zu sechs Ansichten eines Körpers enthalten.

8.1.5 Körpernetze

Wird ein Körper gedanklich aufgeschnitten und können alle Begrenzungsflächen in eine Ebene geklappt bzw. abgerollt werden, so entsteht ein **Netz** eines Körpers.

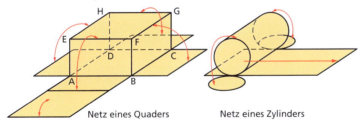

Netz eines Quaders   Netz eines Zylinders

Will man sich umgekehrt zu einem gegebenen Netz den dazugehörigen Körper vorstellen, so wählt man eine möglichst zentral gelegene Fläche aus und klappt die übrigen Flächen in Gedanken zu dieser Fläche hin. Ein Würfel kann elf verschiedene Körpernetze haben.

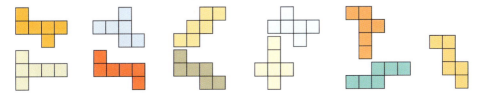

8.2 Grundlagen der Körperberechnung

> **Definition** Die **Oberfläche** eines Körpers ist die Gesamtheit seiner Begrenzungsflächen.

▶ Die Oberfläche ist nicht nur die Fläche, die „oben" liegt.

Oberfläche eines Dominosteins: alle 6 Seitenflächen

Oberfläche eines Würfels: alle 6 Seitenflächen

Globusoberfläche: gesamte Oberfläche des Globus

> **Definition** Der **Oberflächeninhalt** eines Körpers ist die Summe der Flächeninhalte aller Begrenzungsflächen und wird mit A_O bezeichnet.

▶ volumen (lat.) – Windung, Krümmung

> **Definition** Die Größe des Raumes, der von den Begrenzungsflächen eines Körpers eingeschlossen wird, heißt **Volumen (Rauminhalt)** des Körpers und wird mit V bezeichnet.

Körper können unterschiedliche Formen, aber gleiches Volumen besitzen. Ein Volumenvergleich ist durch Zerlegung in Einheitswürfel möglich.

■ Würfelvierlinge

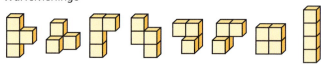

FRANCESCO BONAVENTURA CAVALIERI
(1598 bis 1647)

> **Satz des Cavalieri (cavalierisches Prinzip)**
> Liegen zwei Körper zwischen parallelen Ebenen und haben sie sowohl in diesen als auch in allen parallelen Zwischenebenen inhaltsgleiche Schnittfiguren, so sind ihre Rauminhalte gleich.

▶ CAVALIERI führte die Gedanken von **ARCHIMEDES** und **KEPLER** zur Inhaltsbestimmung weiter.

Der Satz des Cavalieri wird bei der Herleitung vieler Volumenformeln verwendet, indem man das neue Problem auf Bekanntes zurückführt.

8.3 Würfel und Quader

8.3.1 Begriffe und Formeln

> **Definition** Ein **Würfel** (Hexaeder) ist ein geometrischer Körper, der von sechs zueinander kongruenten Quadraten begrenzt wird.

> **Definition** Ein **Quader** ist ein geometrischer Körper, der von drei Paaren zueinander kongruenter Rechtecke, die jeweils in zueinander parallelen Ebenen liegen, begrenzt wird.

▶ quadrum (lat.) – Viereck

▶ Ein Würfel ist ein spezieller Quader.

Schrägbild und Netz eines Würfels

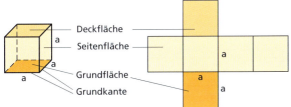

> **Satz** Für das **Volumen** bzw. den **Oberflächeninhalt** von Würfeln mit der Kantenlänge a gilt: $V = a^3$ bzw. $A_O = 6a^2$

Schrägbild und Netz eines Quaders

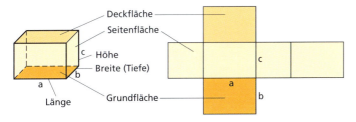

▶ Jede Begrenzungsfläche kann Grundfläche sein.

▶ Das Volumen eines **Quaders** kann durch Auslegen mit Einheitswürfeln bestimmt oder aus den Längen der Kanten berechnet werden.

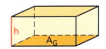

> **Satz** Für das **Volumen** bzw. den **Oberflächeninhalt** von Quadern mit den Kantenlängen a, b und c gilt:
> $V = a \cdot b \cdot c$ bzw. $A_O = 2(a \cdot b + a \cdot c + b \cdot c)$

Die Volumenformel kann man auch mit $V = A_G \cdot h$ angeben.

304　8　Stereometrie

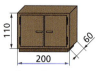

Maßangaben
in Zentimeter

Das Volumen eines Schrankes, der eine Länge von 200 cm, eine Tiefe von 60 cm und eine Höhe von 110 cm hat, soll berechnet werden.

Gegeben: a = 200 cm; b = 60 cm; c = 110 cm　　　　Gesucht: V
Lösung:　V = a · b · c
　　　　　V = 200 cm · 60 cm · 110 cm = 1 320 000 cm³ = 1,32 m³
Antwort:　Der Schrank hat ein Volumen von etwa 1,3 m³.

8.3.2 Darstellung von Würfeln und Quadern

Würfel und Quader können im Schrägbild (↗ S. 298) oder im Zweitafelbild (↗ S. 300) dargestellt werden. Ein Schrägbild lässt sich leicht auf Papier mit Quadratraster zeichnen. Die Tiefenlinien können in Richtung der Diagonalen der Quadrate gezeichnet werden. Zur Wahl des Verkürzungsverhältnisses gibt es zwei Möglichkeiten, wenn Quadrateckpunkte als Eckpunkte der Körper verwendet werden sollen.

	Variante 1	**Variante 2**
Beispiel	Würfel mit a = 1,5 cm	Würfel mit a = 2 cm
Verkürzungsverhältnis q	$\frac{1 \text{ Diagonalenlänge}}{3 \text{ Kästchenlängen}} \approx 0{,}47$	$\frac{1 \text{ Diagonalenlänge}}{2 \text{ Kästchenlängen}} \approx 0{,}71$
Vorteil	gute Übereinstimmung mit q = 0,5	Kantenlängen sind Vielfache von 1 cm
Nachteil	Kantenlängen sind Vielfache von 1,5 cm	größere Abweichung von q = 0,5
Vorderfläche wird in wahrer Größe gezeichnet.		
Die Tiefenlinien werden in Diagonalenrichtung entsprechend dem Verkürzungsverhältnis gezeichnet.		
Die übrigen Punkte werden verbunden. Die sichtbaren Kanten werden stärker und die nicht sichtbaren Kanten gestrichelt nachgezeichnet.		

8.4 Prisma und Kreiszylinder

8.4.1 Begriffe und Formeln

Prisma

> **Definition** Ein Körper heißt **gerades n-seitiges Prisma** (kurz: Prisma), wenn er begrenzt wird von
> – zwei zueinander kongruenten und zueinander parallelen n-Eck-flächen und
> – n Rechteckflächen.

Die n-Ecke sind die Grund- bzw. Deckfläche des Prismas. Die Rechtecke sind seine Seitenflächen, die die Mantelfläche bilden. Die Höhe des Prismas ist der Abstand zwischen der Grund- und der Deckfläche.

▶ Entsprechend der Anzahl der Seitenflächen heißt ein Prisma dreiseitig, vierseitig, fünfseitig usw.

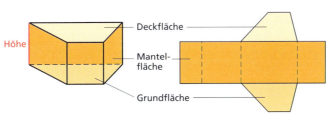

> **Satz** Für das **Volumen** bzw. den **Oberflächeninhalt** von Prismen gilt: $V = A_G \cdot h$ bzw. $A_O = 2A_G + A_M$

■ Eine Verpackung hat die Form eines Prismas mit einem rechtwinkligen Dreieck als Grundfläche.
Es soll das Volumen der Verpackung und der Bedarf an Verpackungsmaterial (ohne Klebekanten) berechnet werden.

Gegeben: $a = 3$ cm; $b = 4$ cm; $h = 12$ cm   Gesucht: V, A_O

Lösung:
$A_G = \frac{1}{2} a \cdot b$ $V = A_G \cdot h$
$A_G = \frac{1}{2} \cdot 3 \text{ cm} \cdot 4 \text{ cm}$ $V = 6 \text{ cm}^2 \cdot 12 \text{ cm}$
$A_G = 6 \text{ cm}^2$ $V = 72 \text{ cm}^3$

$c = \sqrt{a^2 + b^2}$ $A_M = a \cdot h + b \cdot h + c \cdot h$ $A_O = 2A_G + A_M$
$c = \sqrt{9 \text{ cm}^2 + 16 \text{ cm}^2}$ $A_M = h(a + b + c)$ $A_O = 12 \text{ cm}^2 + 144 \text{ cm}^2$
$c = \sqrt{25 \text{ cm}^2}$ $A_M = 12 \text{ cm} \cdot 12 \text{ cm}$ $A_O = 156 \text{ cm}^2$
$c = 5$ cm $A_M = 144 \text{ cm}^2$

Antwort: Das Volumen der Verpackung beträgt 72 cm³. Man benötigt 156 cm² Verpackungsmaterial für die Schachtel.

Beim Erkennen und Darstellen von Prismen ist zu beachten, dass ein Prisma nicht nur auf der Grundfläche stehen, sondern auch auf einer Seitenfläche liegen kann. Zur Unterscheidung dieser Lagemöglichkeiten spricht man von **stehenden** und **liegenden Prismen**.

Prismen mit dreiseitiger Grundfläche   Prismen mit trapezförmiger Grundfläche

liegend   stehend   liegend   stehend

▶ Der Kanal hat die Form eines liegenden Prismas mit der Höhe l. Der Querschnitt des Kanals ist die Grundfläche des Prismas.

■ Ein Kanalbett wird ausgehoben. Der Querschnitt hat die Form eines gleichschenkligen Trapezes.
Wie viel Kubikmeter Erde müssen ausgehoben werden, wenn der Kanal eine Länge von 2,0 km haben soll?

Gegeben: a = 15,5 m
h = 4,0 m
c = 3,5 m
l = 2,0 km = 2 000 m

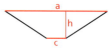

Gesucht: V
Lösung: $V = A_G \cdot l$ $A_G = \frac{a+c}{2} \cdot h$
$V = \frac{15,5\text{ m} + 3,5\text{ m}}{2} \cdot 4,0\text{ m} \cdot 2\,000\text{ m} = 76\,000\text{ m}^3$

Antwort: Für den Kanal müssen etwa $7,6 \cdot 10^4$ m³ Erde ausgehoben werden.

▶ Ein **Prisma** ist ein Spezialfall des **Prismatoids**.

> **Definition** Ein Prisma heißt **regelmäßig** (regulär), wenn die Grundfläche ein regelmäßiges n-Eck ist.

Kreiszylinder

▶ kylindros (griech.) – Walze, Rolle

> **Definition** Ein Körper heißt **gerader Kreiszylinder** (kurz: Zylinder), wenn er begrenzt wird von
> – zwei zueinander kongruenten und zueinander parallelen Kreisflächen und
> – einer gekrümmten Fläche, die bei einer Abwicklung in eine Ebene ein Rechteck ergibt.

Die Kreisflächen sind die Grund- bzw. Deckfläche des Zylinders. Die gekrümmte Fläche ist seine Seitenfläche, die gleich der Mantelfläche ist. Die Höhe des Zylinders ist der Abstand zwischen der Grund- und der Deckfläche.

Jede Strecke auf der Mantelfläche, die Grund- und Deckfläche verbindet und zu diesen senkrecht ist, heißt **Mantellinie**.

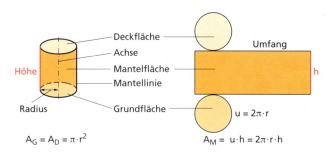

$A_G = A_D = \pi \cdot r^2$ $A_M = u \cdot h = 2\pi \cdot r \cdot h$

Satz Für das **Volumen** bzw. den **Oberflächeninhalt** von Zylindern gilt:
$V = A_G \cdot h$ bzw. $A_O = 2A_G + A_M$
$V = \pi \cdot r^2 \cdot h$ $A_O = 2\pi \cdot r^2 + 2\pi \cdot r \cdot h = 2\pi \cdot r(r + h)$

■ Konservendosen mit einem Durchmesser von 9,6 cm und einer Höhe von 6,0 cm sollen mit einem Etikett, das sich nicht überlappt, rundum beklebt werden.
Wie groß ist der Inhalt einer Dose?
Wie groß ist die zu beklebende Fläche?

Gegeben: d = 9,6 cm
        h = 6,0 cm
Gesucht: V, A_M
Lösung: $V = A_G \cdot h = \pi \cdot r^2 \cdot h$ $A_M = 2\pi \cdot r \cdot h$
         $V = \pi \cdot (4{,}8 \text{ cm})^2 \cdot 6 \text{ cm}$ $A_M = 2\pi \cdot 4{,}8 \text{ cm} \cdot 6 \text{ cm}$
         $V \approx 430 \text{ cm}^3$ $A_M \approx 180 \text{ cm}^2$
Antwort: Die Dose hat ein Volumen von etwa 430 cm³.
         Es muss bei jeder Dose eine Fläche von etwa 180 cm² beklebt werden.

Die Gerade durch die Mittelpunkte der Grund- und Deckfläche heißt **Achse** des Zylinders.
Zylinder entstehen bei Rotation eines Rechtecks um eine der Seiten, die dann Achse des entstehenden Zylinders ist.

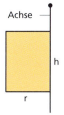 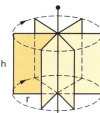

Auch Zylinder können liegen oder stehen.

■ Säule – stehender Zylinder   Walze – liegender Zylinder

Die Berechnung des Volumens für ein beliebiges Prisma bzw. einen Zylinder lässt sich mithilfe des Satzes des Cavalieri auf die Volumenberechnung eines Quaders zurückführen.
Da jedes Prisma durch Zerlegung der Grundfläche in dreiseitige Prismen zerlegt werden kann, braucht man die Überlegung nur für dreiseitige Prismen durchzuführen.

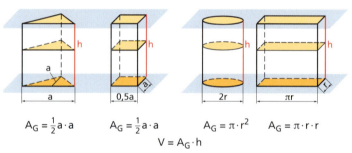

$A_G = \frac{1}{2} a \cdot a$ $A_G = \frac{1}{2} a \cdot a$ $A_G = \pi \cdot r^2$ $A_G = \pi \cdot r \cdot r$
$$V = A_G \cdot h$$

Nach dem Satz des Cavalieri ändert sich das Volumen eines Prismas oder eines Zylinders nicht, wenn ihre Deckflächen in einer zur Grundfläche parallelen Ebene bewegt werden.
Wenn in dieser Ebene die Deckfläche eines Prismas in Richtung einer Grundkante oder die Deckfläche eines Zylinders in beliebiger Richtung verschoben werden, heißen die dabei entstehenden Körper **schiefes Prisma** bzw. **schiefer Zylinder**. Bei einem schiefen Prisma sind die Seitenflächen Parallelogramme.

Ein schiefes vierseitiges Prisma mit einem Parallelogramm als Grundfläche heißt Spat.

Ein **Hohlzylinder** ist ein Restkörper. Er entsteht, wenn aus einem Zylinder ein Zylinder mit einem kleineren Radius, aber mit der gleichen Achse entfernt wird.

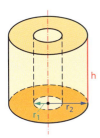

$V = V_1 - V_2 = \pi \cdot r_1^2 \cdot h - \pi \cdot r_2^2 \cdot h$
$V = \pi \cdot h(r_1^2 - r_2^2)$

$A_O = 2A_G + A_{M_1} + A_{M_2}$
$A_O = 2(\pi \cdot r_1^2 - \pi \cdot r_2^2) + 2\pi \cdot r_1 \cdot h + 2\pi \cdot r_2 \cdot h$
$A_O = 2\pi(r_1^2 - r_2^2 + r_1 \cdot h + r_2 \cdot h)$

■ Ein 100 cm langes Wasserrohr aus Gusseisen hat einen äußeren Durchmesser von 35 cm und eine Wandstärke von 1,5 cm.
Wie viel Kubikdezimeter Gusseisen werden zur Herstellung dieses Rohres benötigt?

Gegeben: $r_1 = 17,5$ cm Gesucht: V
$r_2 = 16,0$ cm
$h = 100$ cm
Lösung: $V = \pi \cdot h(r_1^2 - r_2^2)$
$V = \pi \cdot 100 \text{ cm } [(17,5 \text{ cm})^2 - (16 \text{ cm})^2]$
$V \approx 15\,800 \text{ cm}^3 = 15,8 \text{ dm}^3$
Antwort: Etwa 15,8 dm³ Gusseisen werden benötigt.

8.4.2 Darstellung von Zylindern und Prismen

Schrägbilder liegender Prismen in Kavalierprojektion können nach der allgemeinen Schrittfolge (↗ S. 298; Kavalierprojektion) gezeichnet werden.

Schrägbild eines liegenden Zylinders:
1. Die Grundfläche wird gezeichnet und der Mittelpunkt eingetragen.
2. Der Mittelpunkt der Deckfläche wird bestimmt, indem das Schrägbild der Achse gezeichnet wird.
3. Die Deckfläche wird gezeichnet.
4. Gemeinsame Tangenten werden an die Kreise angetragen.

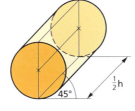

Zur Darstellung eines *stehenden Prismas* in Kavalierprojektion muss zuerst das Schrägbild der Grundfläche gezeichnet werden. Wenn es in der Grundfläche Kanten gibt, die nicht in Tiefenrichtung verlaufen, müssen Hilfslinien in Tiefenrichtung eingezeichnet werden.

Schrittfolge	Beispiel: dreiseitiges Prisma
1. Die Grundfläche wird in wahrer Größe gezeichnet, Tiefenlinien werden eingezeichnet und deren Länge wird bestimmt.	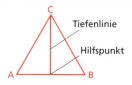
2. Das Schrägbild der Grundfläche wird mithilfe der in Schritt 1 eingetragenen und auf die Hälfte verkürzten Tiefenlinien gezeichnet.	
3. Die Deckfläche wird durch Abtragen der Höhe des Prismas auf Senkrechten zur Grundfläche bzw. durch Parallelverschiebung gezeichnet.	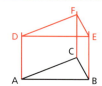
4. Die Körperkanten werden unter Beachtung der Sichtbarkeit nachgezeichnet.	

Um ein Schrägbild eines stehenden Zylinders zu zeichnen, muss zuerst das Schrägbild der Grundfläche gezeichnet werden. Zur Vereinfachung können die Tiefenlinien im Winkel von 90° (im Gegensatz zu 45° bei der Kavalierprojektion) angetragen werden.

1. Der Grundkreis wird gezeichnet mit Sehnen als Hilfslinien, die senkrecht zum Durchmesser in gleichen Abständen verlaufen.	2. Die Hilfslinien werden auf die Hälfte verkürzt.	3. Die Endpunkte der Hilfslinien werden verbunden (frei Hand). Die Höhe wird auf einigen Mantellinien abgetragen.	4. Das Schrägbild der Deckfläche wird gezeichnet, indem die Endpunkte der Mantellinien verbunden werden.

8.4 Prisma und Kreiszylinder

Das Schrägbild eines Kreises heißt **Ellipse**.
Werden die Tiefenlinien in einem Winkel von 45° angetragen, entsteht eine Ellipse, deren Hauptachse um etwa 7° gedreht ist.

▶ elleipon (griech.) – das Fehlen, der Mangel

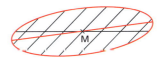

Für **Zweitafelbilder** von Prismen und Zylindern sollten möglichst viele Flächen parallel zur Grundriss- bzw. Aufrissebene liegen.

Dreiseitiges Prisma

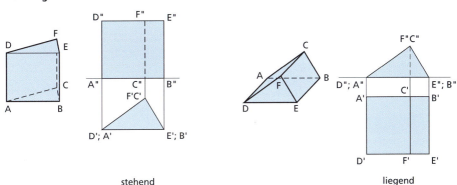

stehend   liegend

Zylinder

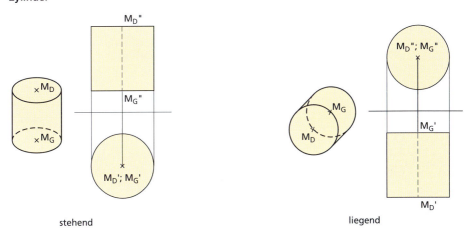

stehend   liegend

Dynamische Geometriesoftware bietet die Möglichkeit, die bisher im Geometrieunterricht mit Zirkel, Bleistift und Geodreieck konstruierten Figuren am Computer darzustellen. Für das Konstruieren am Computer gibt es verschiedene Programme (↗ S. 375).

Überblick

Würfel, Quader, Prisma, Zylinder

Körper Volumen $V = A_G \cdot h$	Grundflächeninhalt A_G	Mantelflächeninhalt $A_M = u \cdot h$	Oberflächeninhalt $A_O = 2A_G + A_M$
Würfel			
$V = a^3$	Quadrat $u = 4a$ $A_G = a^2$	$A_M = 4a^2$	$A_O = 6a^2$
Quader			
$V = a \cdot b \cdot c$	Rechteck $u = 2(a + b)$ $A_G = a \cdot b$	$A_M = 2(ac + bc)$	$A_O = 2(ab + ac + bc)$
Prisma			
$V = \dfrac{a^2}{4} \cdot h\sqrt{3}$	Dreieck $u = 3a$ $A_G = \dfrac{a^2}{4}\sqrt{3}$	$A_M = 3a \cdot h$	$A_O = \dfrac{a^2}{2}\sqrt{3} + 3a \cdot h$
Zylinder			
$V = \pi \cdot r^2 \cdot h$	Kreis $u = 2\pi \cdot r$ $A_G = \pi \cdot r^2$	$A_M = 2\pi \cdot r \cdot h$	$A_O = 2\pi \cdot r^2 + 2\pi \cdot r \cdot h$

Wissenstest 15 abrufbar auf **www.lernhelfer.de** oder mit der Lernhelfer-App

8.5 Pyramide und Kreiskegel

8.5.1 Begriffe und Formeln

Pyramide

> **Definition** Ein Körper heißt **Pyramide**, wenn er begrenzt wird von
> – einer n-Eckfläche und
> – n Dreiecksflächen, die einen Punkt S (Spitze) gemeinsam haben.

▶ pyramis (griech.) – Pyramide

Das n-Eck ist die Grundfläche der Pyramide. Die Dreiecke sind ihre Seitenflächen, die zusammen den Mantel bilden.
Die **Höhe** der Pyramide ist der Abstand der Spitze der Pyramide von der Grundfläche. Die Seiten der Grundfläche heißen **Grundkanten** und die Seiten der Seitenflächen heißen **Seitenkanten**.

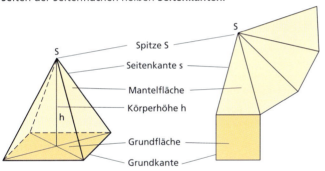

> **Satz** Für das **Volumen** bzw. den **Oberflächeninhalt** einer Pyramide gilt: $V = \frac{1}{3} A_G \cdot h$ bzw. $A_O = A_G + A_M$

■ Ein Werbestand auf einem Marktplatz hat die Form einer quadratischen Pyramide mit einer Kantenlänge von 4,20 m und einer Höhe von 5,50 m.
Wie groß ist das Volumen der Pyramide?

Gegeben: a = 4,20 m; h = 5,50 m   Gesucht: V
Lösung: $A_G = a^2$ $V = \frac{1}{3} A_G \cdot h$

  $A_G = (4{,}20 \text{ m})^2$ $V = \frac{1}{3} \cdot 17{,}64 \text{ m}^2 \cdot 5{,}5 \text{ m}$

  $A_G = 17{,}64 \text{ m}^2$ $V \approx 32{,}3 \text{ m}^3$

Antwort: Das Volumen der Pyramide beträgt etwa 32,3 m³.

Pyramiden werden nach der Anzahl der Seitenflächen unterschieden:

▶ Bei einer dreiseitigen Pyramide kann jede Fläche Grundfläche sein.

dreiseitige Pyramide   vierseitige Pyramide   sechsseitige Pyramide

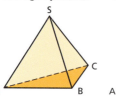 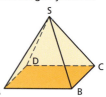 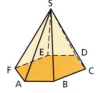

▶ tettares (griech.) – vier

▶ Der Mittelpunkt der Grundfläche ist der Mittelpunkt des Umkreises.

Eine dreiseitige Pyramide, deren Kanten alle gleich lang sind, heißt **Tetraeder** (regelmäßiges Tetraeder).

Eine Pyramide mit einem Quadrat bzw. Rechteck als Grundfläche heißt **quadratische** bzw. **rechteckige Pyramide.**

Eine Pyramide heißt **regelmäßig** (regulär), wenn die Grundfläche ein regelmäßiges n-Eck (hier regelmäßiges Sechseck) ist.

Liegt die Spitze der Pyramide senkrecht über dem Mittelpunkt der Grundfläche, so heißt die Pyramide **gerade,** sonst heißt sie **schief.**
Bei einer geraden Pyramide sind alle Seitenkanten gleich lang.
Umgekehrt gilt:
Sind bei einer Pyramide alle Seitenkanten gleich lang, so ist die Pyramide gerade.

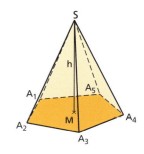

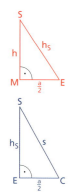

Bei Pyramiden muss man zwischen Körperhöhe h und Höhe der Seitenflächen h_S unterscheiden.
Bei einer geraden quadratischen Pyramide gilt nach dem Satz des Pythagoras:

① $h^2 + \left(\frac{a}{2}\right)^2 = h_S^2$

② $h_S^2 + \left(\frac{a}{2}\right)^2 = s^2$

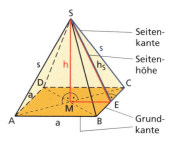

In ① für h_S^2 aus ② eingesetzt:

$h^2 + \left(\frac{a}{2}\right)^2 = s^2 - \left(\frac{a}{2}\right)^2 \qquad |+\left(\frac{a}{2}\right)^2$

$h^2 + 2\frac{a^2}{4} = s^2$, also $h^2 + \frac{a^2}{2} = s^2$

Satz Für den **Oberflächeninhalt** einer geraden **quadratischen Pyramide** gilt:

$A_O = A_G + A_M = a^2 + 4 \cdot \frac{a \cdot h_S}{2} = a^2 + 2a \cdot h_S = a(a + 2h_S)$

8.5 Pyramide und Kreiskegel

■ Bei der Sanierung eines Turmdaches, das die Form einer quadratischen Pyramide hat, muss die gesamte Dachfläche erneuert werden.
Wie groß ist die Dachfläche, wenn die Grundkante eine Länge von 13 m und die Pyramide eine Höhe von 16,5 m hat?

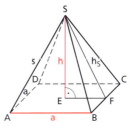

Gegeben: a = 13 m; h = 16,5 m
Gesucht: A_M
Lösung:
$h_S^2 = \left(\frac{a}{2}\right)^2 + h^2$ $\qquad A_M = 4 \cdot \frac{1}{2} a \cdot h_S$

$h_S = \sqrt{\left(\frac{a}{2}\right)^2 + h^2}$ $\qquad A_M = 2a \cdot h_S$

$h_S = \sqrt{42{,}25 \text{ m}^2 + 272{,}25 \text{ m}^2}$ $\qquad A_M = 2 \cdot 13{,}0 \text{ m} \cdot 17{,}7 \text{ m}$

$h_S \approx 17{,}7 \text{ m}$ $\qquad A_M \approx 460 \text{ m}^2$

Antwort: Die Dachfläche beträgt etwa 460 m².

Für eine gerade quadratische Pyramide ergibt sich die Volumenformel durch folgende Überlegung:
Ein Würfel kann in sechs zueinander volumengleiche Pyramiden zerlegt werden, deren gemeinsame Spitze der Würfelmittelpunkt M ist.
Jede Pyramide hat die Grundfläche $A_G = a^2$ und die Höhe $h = \frac{1}{2}a$.
Also gilt:
$V = \frac{1}{6}a^3 = \frac{1}{3}a^2 \cdot \frac{1}{2}a = \frac{1}{3} A_G \cdot h$

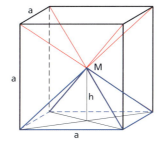

Zur Herleitung der Volumenformel für eine beliebige Pyramide benutzt man den Satz des Cavalieri und die Eigenschaften der zentrischen Streckung.
Es ergibt sich:
– Alle Pyramiden mit gleicher Grundfläche und gleicher Höhe sind volumengleich.
– Durch geeignete Zerlegung eines Quaders kann die Formel für eine beliebige quadratische Pyramide bestätigt werden.

■ Die Cheopspyramide bei Gizeh wurde um 2600 v. Chr. errichtet.
Sie hatte bei ihrer Fertigstellung eine Höhe von 146,5 m und eine quadratische Grundfläche mit einer Kantenlänge von 232,5 m.
Die zum Bau verwendeten Steinblöcke hatten eine durchschnittliche Masse von 2,5 t (Dichte des Steins: $\varrho = 2{,}7 \frac{g}{cm^3}$).

Wie viele Steinquader mussten von den Erbauern herangeschafft werden, wenn man die Hohlräume nicht berücksichtigt?

Gegeben: a = 232,5 m; h = 146,5 m; m = 2,5 t; ϱ = 2,7 $\frac{g}{cm^3}$
Gesucht: Anzahl der Quader n
Lösung: $V = \frac{1}{3} a^2 \cdot h$ $\qquad$ $m = \varrho \cdot V$

$V = \frac{1}{3} \cdot (232{,}5 \text{ m})^2 \cdot 146{,}5 \text{ m}$ $\qquad$ $m_{ges} = 2{,}7 \frac{g}{cm^3} \cdot 2{,}640 \cdot 10^6 \text{ m}^3$

$V \approx 2{,}640 \cdot 10^6 \text{ m}^3$ $\qquad$ $m_{ges} \approx 7{,}1 \cdot 10^6 \text{ t}$

$\qquad\qquad n \approx 7{,}1 \cdot 10^6 \text{ t} : 2{,}5 \text{ t}$
$\qquad\qquad n \approx 2{,}8 \cdot 10^6$

Antwort: Es wurden zum Bau etwa 2,8 Millionen Steinquader benötigt.

Kreiskegel

Definition Ein Körper heißt **gerader Kreiskegel** (kurz: Kegel), wenn er begrenzt wird von
– einer Kreisfläche und
– einer gekrümmten Fläche, die bei einer Abwicklung in eine Ebene einen Kreisausschnitt ergibt.

Der Mittelpunkt S des Kreisausschnitts heißt **Spitze** des Kegels. Die **Höhe** des Kegels ist der Abstand der Spitze von der Grundfläche.
Jede Strecke, die die Spitze des Kegels mit der Grundkante verbindet, heißt **Mantellinie** des Kegels.

▶ Der Winkel α ist der Mittelpunktswinkel des Kreisausschnitts.

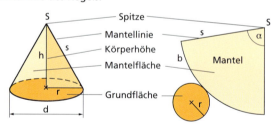

$V = \frac{1}{3} A_G \cdot h = \frac{1}{3} \pi \cdot r^2 \cdot h = \frac{1}{12} \pi \cdot d^2 \cdot h$ $\qquad$ $b = 2\pi \cdot r = \frac{2\pi s \alpha}{360°}$

$\qquad\qquad\qquad A_M = \pi \cdot r \cdot s$

$s^2 = h^2 + r^2$ $\qquad\qquad A_O = A_G + A_M$

$\qquad\qquad\qquad A_O = \pi \cdot r^2 + \pi \cdot r \cdot s$

$\qquad\qquad\qquad A_O = \pi \cdot r(r + s)$

Satz Für **Volumen** bzw. **Oberflächeninhalt** eines Kegels gilt:
$V = \frac{1}{3} \pi \cdot r^2 \cdot h$ bzw. $A_O = \pi \cdot r(r + s)$

8.5 Pyramide und Kreiskegel

■ Ein kegelförmiger Sandhaufen mit einem Durchmesser von 8,3 m und einer Höhe von 2,0 m soll abtransportiert werden.
Wie groß ist das Volumen des Sandkegels?
Wie viele Container werden benötigt, wenn das Fassungsvermögen eines Containers 20 m³ beträgt?

Gegeben: r = 4,15 m
h = 2,0 m
Gesucht: V
Anzahl der Container n

Lösung: $V = \frac{1}{3} \pi \cdot r^2 \cdot h$ $n = V : 20 \text{ m}^3$
$V = \frac{1}{3} \pi (4,15 \text{ m})^2 \cdot 2,0 \text{ m}$ $n = 36 \text{ m}^3 : 20 \text{ m}^3$
$V \approx 36 \text{ m}^3$ $n = 1,8$

Antwort: Der Sandkegel hat ein Volumen von etwa 36 m³.
Für den Abtransport werden zwei Container benötigt.

Ein gerader Kegel entsteht, wenn ein rechtwinkliges Dreieck um eine seiner Katheten rotiert.

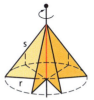

Die Berechnung des Volumens eines Kegels lässt sich mit dem Satz des Cavalieri auf die Berechnung des Volumens einer Pyramide mit gleicher Grundfläche und gleicher Höhe zurückführen.
Bei einem geraden Kegel ist der Fußpunkt der Höhe der Mittelpunkt der Grundfläche. Wenn die Spitze parallel zur Grundfläche verschoben wird, entsteht ein **schiefer Kegel**.

$A_G = \pi \cdot r^2$ $A_G = \pi \cdot r \cdot r$
$V = \frac{1}{3} A_G \cdot h$

Nach dem Satz des Cavalieri haben gerade und schiefe Pyramiden bzw. gerade und schiefe Kegel genau dann gleiches Volumen, wenn sie die gleiche Grundfläche und die gleiche Höhe haben.

8.5.2 Darstellung von Pyramiden und Kegeln

Schrägbild einer geraden Pyramide bei Kavalierprojektion

Schrittfolge	Beispiel: rechteckige Pyramide
1. Die Grundfläche wird in wahrer Größe gezeichnet und der Fußpunkt der Höhe bestimmt.	
2. Das Schrägbild der Grundfläche mit dem Höhenfußpunkt wird gezeichnet.	
3. Im Fußpunkt der Höhe wird die Senkrechte errichtet und die Spitze der Pyramide durch Abtragen der Höhe bestimmt.	
4. Die Kanten werden unter Beachtung der Sichtbarkeit ein- bzw. nachgezeichnet.	

Zweitafelbild einer geraden dreiseitigen Pyramide

1. Die Grundfläche wird in wahrer Größe gezeichnet.
2. Der Fußpunkt der Höhe wird als Umkreismittelpunkt der Grundfläche bestimmt und die Bilder der Seitenkanten werden eingezeichnet.
3. Die Ordnungslinien über den Eckpunkten werden eingezeichnet und im Aufriss die Höhen der Punkte über der Grundrissebene abgetragen.
4. Die Kanten werden unter Beachtung der Sichtbarkeit ein- bzw. nachgezeichnet.

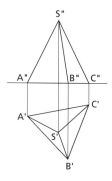

Bei realen Gegenständen kann sich die Spitze der Pyramiden oberhalb oder unterhalb der Grundfläche befinden.

- Dach: Lampe:
  Pyramide mit Spitze nach oben   Pyramide mit Spitze nach unten

Darstellung eines Kegels in Kavalierprojektion

Zum Zeichnen des **Schrägbildes** eines Kegels muss zuerst das Schrägbild der Grundfläche gezeichnet werden (↗ S. 310; Schrägbild eines Kreises). Dann wird über dem Mittelpunkt der Grundfläche die Höhe des Kegels abgetragen und Tangenten an das Schrägbild der Grundfläche gezeichnet.

1.   2.   3.   4.

Zur Darstellung eines Kegels in senkrechter **Zweitafelprojektion** sollte sich die Grundfläche parallel zur Grundrissebene befinden.
Dann ist der Grundriss ein Kreis und die Höhe wird in wahrer Größe dargestellt.

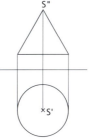

Die Spitze des Kegels kann sich bei realen Gegenständen oberhalb oder unterhalb der Grundfläche befinden.

8.6 Pyramidenstumpf und Kegelstumpf

Definition Ein **Pyramidenstumpf** bzw. ein **Kegelstumpf** ist ein Restkörper, der entsteht, wenn von einer Pyramide bzw. von einem Kegel durch einen geraden Schnitt parallel zur Grundfläche eine Pyramide bzw. ein Kegel abgeschnitten wird.

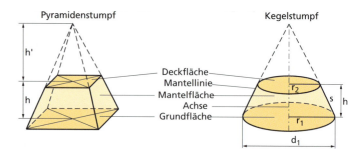

$V = \frac{1}{3} A_G (h + h') - \frac{1}{3} A_D \cdot h'$

$V = \frac{1}{3} (A_G \cdot h + A_G \cdot h' - A_D \cdot h')$

$V = \frac{1}{3} [A_G \cdot h + h' (A_G - A_D)]$

Die parallelen Grund- und Deckflächen sind zueinander ähnlich.

Für ihre Flächeninhalte gilt: $\frac{A_G}{A_D} = \left(\frac{h + h'}{h'}\right)^2$

Nach h' aufgelöst und in die Volumenformel eingesetzt ergibt sich:

Satz Für **Volumen** bzw. **Oberflächeninhalt** eines Pyramidenstumpfes gilt:

$V = \frac{1}{3} h (A_G + \sqrt{A_G \cdot A_D} + A_D)$ bzw. $A_O = A_G + A_M + A_D$

Die Volumenformel für einen Kegelstumpf ergibt sich nach dem Satz des Cavalieri aus der Volumenformel für einen Pyramidenstumpf mit $A_G = \pi \cdot r_1^2$ und $A_D = \pi \cdot r_2^2$.

Satz Für **Volumen** bzw. **Oberflächeninhalt** eines Kegelstumpfes gilt: $V = \frac{1}{3} \pi \cdot h (r_1^2 + r_1 \cdot r_2 + r_2^2)$
$A_M = \pi \cdot s (r_1 + r_2)$ bzw. $A_O = \pi \cdot r_1^2 + \pi \cdot r_2^2 + \pi \cdot s (r_1 + r_2)$

8.6 Pyramidenstumpf und Kegelstumpf

■ Ein Lampenschirm hat die Form eines Kegelstumpfes.
Wie viel Quadratmeter Stoff werden für den Schirm (oben und unten offen) benötigt (ohne Verschnitt)?
Wie groß ist das Luftvolumen im Schirm?

Gegeben: $d_1 = 54$ cm; $s = 40$ cm; $d_2 = 24$ cm Gesucht: A_M, V

Lösung: $A_M = \pi \cdot s(r_1 + r_2)$
$A_M = \pi \cdot 40$ cm$(27$ cm $+ 12$ cm$)$
$A_M \approx 4900$ cm$^2 = 0{,}49$ m^2

Zur Berechnung der Höhe h wird der Satz des Pythagoras verwendet: $h^2 + (r_1 - r_2)^2 = s^2$

$h = \sqrt{s^2 - (r_1 - r_2)^2}$
$h = \sqrt{(40 \text{ cm})^2 - (27 \text{ cm} - 12 \text{ cm})^2}$
$h = \sqrt{1375 \text{ cm}^2} \approx 37$ cm

$V = \frac{1}{3}\pi \cdot h(r_1^2 + r_1 \cdot r_2 + r_2^2)$
$V = \frac{1}{3}\pi \cdot 37 \text{ cm} \cdot [(27 \text{ cm})^2 + 27 \text{ cm} \cdot 12 \text{ cm} + (12 \text{ cm})^2]$
$V \approx 46\,000$ cm$^3 = 46$ dm^3

Antwort: Für den Schirm werden etwa $0{,}49$ m^2 Stoff benötigt.
Das Luftvolumen im Schirm beträgt rund 46 dm^3.

Das **Zweitafelbild** eines Kegelstumpfes mit gegebenen Radien der Grund- und Deckfläche sowie gegebener Höhe kann in folgenden Schritten gezeichnet werden:

Schrittfolge	Beispiel: Kegelstumpf
1. Die Grundfläche wird gezeichnet.	
2. Die Ordnungslinien werden als Tangenten an die Grundrisse der Grund- und Deckfläche gezeichnet und die Höhen werden abgetragen.	
3. Die Kanten werden unter Beachtung der Sichtbarkeit nachgezeichnet.	

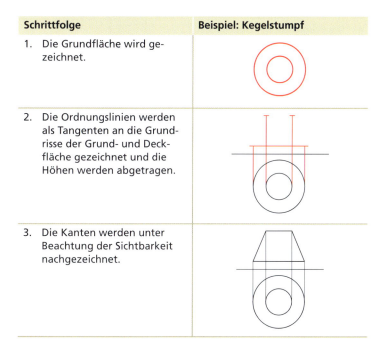

8 Stereometrie

Das **Schrägbild** eines geraden Pyramidenstumpfes bei gegebenen Längen der Kanten der Grund- und der Deckfläche sowie der Höhe kann in folgenden Schritten gezeichnet werden:

Schrittfolge	Beispiel: vierseitiger Pyramidenstumpf
1. Die Grundfläche wird gezeichnet, d. h. – Der Fußpunkt der Höhe der Gesamtpyramide wird bestimmt. – Die Bilder der Seitenkanten der Gesamtpyramide werden eingezeichnet. – Die Kantenlänge der Deckfläche wird auf einer Kante der Grundfläche abgetragen und parallel verschoben. – Man erhält die Fußpunkte der Eckpunkte der Deckfläche.	
2. Das Schrägbild des Grundrisses (↗ S. 310) wird gezeichnet.	
4. Die Eckpunkte der Deckfläche werden durch Errichten von Senkrechten in den Fußpunkten bestimmt und die Höhe wird abgetragen.	
4. Die Kanten des Pyramidenstumpfes werden unter Beachtung der Sichtbarkeit nachgezeichnet.	

Das Netz eines Pyramidenstumpfes entsteht durch Klappung aller Begrenzungsflächen in einer Ebene. Grund- und Deckfläche sind zueinander ähnliche n-Ecke. Die Seitenflächen sind n Trapeze. Sie bilden die Mantelfläche des Pyramidenstumpfes.

8.7 Kugel

Definition Eine **Kugel** ist ein geometrischer Körper, der von einer gleichmäßig gekrümmten Fläche begrenzt wird (Kugeloberfläche). Die Kugeloberfläche enthält alle Punkte, die von einem festen Punkt im Raum (Kugelmittelpunkt) den gleichen Abstand haben.

Satz Für **Volumen** bzw. **Oberflächeninhalt** einer Kugel gilt:
$V = \frac{4}{3}\pi r^3 = \frac{1}{6}\pi d^3$ bzw. $A_O = 4\pi r^2 = \pi d^2$

▶ Zu den größten Leistungen des griechischen Mathematikers ARCHIMEDES gehört die exakte Herleitung der Formel für das Kugelvolumen. Die **Volumenformel für eine Kugel** lässt sich auch nach einer Idee von GALILEI herleiten.

Das Wahrzeichen der Weltausstellung 1958 in Brüssel war das „Atomium". Neun Kugeln mit einem Durchmesser von je 18,0 m sind durch Röhren miteinander verbunden.
Wie groß ist das Volumen einer und das aller Kugeln zusammen?

Gegeben: d = 18,0 m   Gesucht: V
$r = \frac{d}{2} = 9{,}0$ m

Lösung: $V = \frac{4}{3}\pi \cdot r^3$ $V_{ges} = 9 \cdot V$
$V = \frac{4}{3}\pi \cdot (9 \text{ m})^3$ $V_{ges} = 9 \cdot 3050 \text{ m}^3$
$V \approx 3050 \text{ m}^3$ $V_{ges} \approx 27\,500 \text{ m}^3$

Antwort: Eine Kugel hat ein Volumen von etwa 3050 m³.
Alle Kugeln zusammen haben ein Volumen von etwa 27 500 m³.

Begriffe	Darstellung	Formel
Beim ebenen Schnitt einer Kugel entstehen zwei **Kugelabschnitte (Kugelsegmente)**. Der jeweils abgetrennte Teil der Kugeloberfläche heißt **Kugelkappe** (Kugelhaube, Kalotte).		$R = \sqrt{h(2r - h)}$ $V = \frac{\pi}{6}h \cdot (3R^2 + h^2)$ $A_O = \pi(2R^2 + h^2)$
Wird ein Kugelabschnitt durch einen auf der Grundfläche aufgesetzten Kegel mit der Spitze im Kugelmittelpunkt ergänzt, so entsteht ein **Kugelausschnitt (Kugelsektor)**.	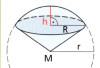	$R = \sqrt{h(2r - h)}$ $V = \frac{2}{3}\pi r^2 \cdot h$ $A_O = \pi r(R + 2h)$
Durch zwei zueinander parallele Ebenen wird aus einer Kugel eine **Kugelschicht** und aus ihrer Oberfläche eine **Kugelzone** ausgeschnitten.	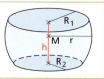	$V = \frac{\pi}{6}h \cdot (3R_1^2 + 3R_2^2 + h^2)$ $A_O = \pi(R_1^2 + R_2^2 + 2r \cdot h)$

8.8 Zusammengesetzte Körper

Die Form vieler Gegenstände in der Wirklichkeit lässt sich oft nicht nur mit einem einzigen geometrischen Körper beschreiben, sondern kann als eine *Zusammensetzung* oder *Zerlegung* dieser Körper aufgefasst werden. Zur Anwendung der Volumen- und Oberflächenformeln für die „Standardkörper" muss man den zusammengesetzten Körper in Teilkörper *zerlegen* oder zu Körpern *ergänzen*.

■ Für die abgebildeten Dächer mit den Maßen a = 10,5 m; b = 8,0 m; h = 4,0 m; w = 3,5 m ist das Dachvolumen zu berechnen.

Gegeben: a = 10,5 m; b = 8,0 m; h = 4,0 m; w = 3,5 m

Gesucht: V_{Wd}, V_{Kd}

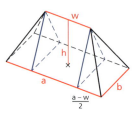

Lösung: Das Walmdach kann man durch zwei parallele Schnitte in ein liegendes dreiseitiges Prisma und zwei vierseitige Pyramiden zerlegen.

Das Dachvolumen ist dann die Summe ihrer Volumina:

$V_{Wd} = 2V_{Pyramide} + V_{Prisma}$

$V_{Wd} = 2 \cdot \frac{h}{3} \cdot \frac{a-w}{2} \cdot b + \frac{h}{2} \cdot b \cdot w = \frac{h}{6} \cdot b(2a + w)$

$V_{Wd} = \frac{4,0 \text{ m}}{6} \cdot 8,0 \text{ m} \cdot (21 \text{ m} + 3,5 \text{ m}) \approx 130 \text{ m}^3$

Walmdach

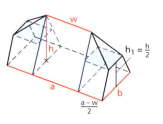

Krüppelwalmdach

Das Krüppelwalmdach kann in insgesamt fünf Körper zerlegt werden, indem durch verschiedene Schnitte die Giebelseiten in zwei Prismen (V_1) mit dem Giebel als Grundfläche und zwei vierseitigen Pyramiden (V_2) zerlegt werden, die zusammen mit dem dreiseitigen liegenden Prisma (V_3) das Dachvolumen ergeben. Die Kante an der Giebelseite hat nach dem Strahlensatz die Länge $\frac{b}{2}$. Für das Volumen gilt dann:

$V_{Kd} = 2V_1 + 2V_2 + V_3$

$V_{Kd} = 2 \cdot \frac{b + 0,5b}{2} \cdot \frac{h}{2} \cdot \frac{a-w}{2} + 2 \cdot \frac{1}{3} \cdot \frac{h}{2} \cdot \frac{a-w}{2} \cdot \frac{b}{2} + \frac{1}{2} \cdot b \cdot h \cdot w$

$\phantom{V_{Kd}} = \frac{h}{24} \cdot b(11a + w)$

$\phantom{V_{Kd}} = \frac{4,0 \text{ m}}{24} \cdot 8,0 \text{ m} \cdot (11 \cdot 10,5 \text{ m} + 3,5 \text{ m}) \approx 160 \text{ m}^3$

Antwort: Das Dachvolumen des Walmdaches beträgt etwa 130 m³ und das des Krüppelwalmdaches etwa 160 m³.

■ Der Glasbehälter einer Thermosflasche hat die angegebenen Innenmaße (Maßangaben in Millimeter).
Wie groß ist die Innenfläche und das Volumen des Glasbehälters?

▶ Der Glasbehälter ist zusammengesetzt aus einer Halbkugel, zwei Zylindern und einem Kegelstumpf.

Gegeben: Form und Maße nach Abbildung
Gesucht: A_M, V
Lösung:
    Halbkugel: r = 3,0 cm
                       $A_O = 2\pi \cdot r^2 \approx 56{,}5$ cm^2; $V = \frac{2}{3}\pi \cdot r^3 \approx 56{,}5$ cm^3
    Zylinder 1:   r = 3,0 cm; h = 23,0 cm
                       $A_M = 2\pi \cdot r \cdot h \approx 434$ cm^2; $V = \pi \cdot r^2 \cdot h \approx 650$ cm^3
    Kegelstumpf: $r_1 = 3{,}0$ cm; $r_2 = 1{,}5$ cm; h = 3,2 cm
                       $s = \sqrt{h^2 + (r_1 - r_2)^2} \approx 3{,}5$ cm
                       $A_M = \pi \cdot s(r_1 + r_2) \approx 49{,}5$ cm^2
                       $V = \frac{1}{3}\pi \cdot h(r_1^2 + r_1 \cdot r_2 + r_2^2) \approx 52{,}8$ cm^3
    Zylinder 2:   r = 1,5 cm; h = 3,2 cm
                       $A_M = 2\pi \cdot r \cdot h \approx 30{,}2$ cm^2
                       $V = \pi \cdot r^2 \cdot h \approx 22{,}6$ cm^3
Antwort: Der Glasbehälter hat eine Innenfläche von etwa 570 cm^2 und ein Volumen von etwa 780 cm^3 bzw. 780 ml.

■ Ein Werkstück aus Stahl mit den angegebenen Maßen (Maßangaben in Millimeter) besitzt zwei Bohrungen mit einem Durchmesser von je 40 mm. Es ist die Masse des Werkstücks zu berechnen.
(Dichte von Stahl: $\varrho = 7{,}8 \frac{g}{cm^3}$)

Gegeben: Maße nach Zeichnung
           $\varrho = 7{,}8 \frac{g}{cm^3}$
Gesucht: m
Lösung: Zur Berechnung des Volumens kann der Körper durch zwei Zylinder zu einem Quader ergänzt werden. Es gilt dann:
         $V_{Werkstück} = V_{Quader} - 2 \cdot V_{Zylinder} = a \cdot b \cdot c - 2\pi \cdot r^2 \cdot c$
                        $= 120 \cdot 60 \cdot 20$ mm$^3 - 2\pi \cdot (20$ mm$)^2 \cdot 20$ mm
                        $= 93734{,}5...$ mm$^3 \approx 94$ cm^3
     Für die Masse gilt: $m = \varrho \cdot V = 7{,}8 \frac{g}{cm^3} \cdot 94$ cm$^3 \approx 730$ g

▶ Die Masse m des Werkstücks ergibt sich aus seinem Volumen V und der Dichte von Stahl.

Antwort: Die Masse des Werkstücks beträgt etwa 730 g.

8.9 Regelmäßige Polyeder

poly (griech.) – viel

> **Definition** Ein **Polyeder** (Vielflächner) ist ein Körper, der nur von ebenen Vielecken (n-Ecken) begrenzt wird.
> Ein Polyeder heißt **regelmäßig** (regulär), wenn
> – alle Begrenzungsflächen regelmäßige n-Ecke sind,
> – alle Begrenzungsflächen zueinander kongruent sind und
> – in jeder Ecke gleich viele Kanten zusammenstoßen.

Als Begrenzungsflächen regelmäßiger Polyeder sind nur gleichseitige Dreiecke, Quadrate oder regelmäßige Fünfecke möglich, da sonst die Summe der Innenwinkel an einer Ecke größer oder gleich 360° wird. In einer Ecke des Polyeders können somit drei, vier bzw. fünf Dreiecke, drei Quadrate oder drei Fünfecke zusammenstoßen.

Die **fünf regulären Polyeder** haben in der Geschichte der Mathematik, aber auch in der Philosophie und der Astronomie eine Rolle gespielt.

Es sind fünf regelmäßige Polyeder möglich. Man kann durch weitere Überlegungen oder einfach durch Herstellen dieser Körper zeigen, dass diese fünf möglichen Polyeder auch existieren.

Tetraeder

tettares (griech.) – vier;
hex (griech.) – sechs;
okto (giech.) – acht;
dodeka (griech.) – zwölf;
eikosi (griech.) – zwanzig

Hexaeder (Würfel)

Oktaeder

Dodekaeder

Ikosaeder

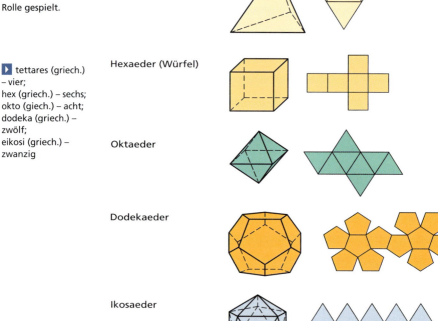

8.9 Regelmäßige Polyeder

Regelmäßige Polyeder besitzen
- eine Umkugel, die durch alle Eckpunkte geht,
- eine Innenkugel, die alle Seitenflächen in deren Mittelpunkten berührt und
- eine Kantenkugel, die durch die Mittelpunkte der Kanten geht.

Kennt man von einem regelmäßigen Polyeder die Kantenlänge a, so kann man den Oberflächeninhalt, das Volumen sowie die Radien der Innenkugel und der Umkugel berechnen.

		Tetraeder	Hexaeder	Oktaeder	Dodekaeder	Ikosaeder
Anzahl der Flächen	f	4	6	8	12	20
Anzahl der Ecken	e	4	8	6	20	12
Anzahl der Kanten	k	6	12	12	30	30
Umkugelradius	r	$\frac{\sqrt{6}}{4}a$	$\frac{\sqrt{3}}{2}a$	$\frac{\sqrt{2}}{2}a$	$\frac{\sqrt{3}(1+\sqrt{5})}{4}a$	$\frac{\sqrt{2(5+\sqrt{5})}}{4}a$
Innenkugelradius	ϱ	$\frac{\sqrt{6}}{12}a$	$\frac{1}{2}a$	$\frac{\sqrt{6}}{6}a$	$\frac{\sqrt{10(25+11\sqrt{5})}}{20}a$	$\frac{\sqrt{3}(3+\sqrt{5})}{12}a$
Oberflächeninhalt	A_O	$\sqrt{3}\,a^2$	$6a^2$	$2\sqrt{3}\,a^2$	$3\sqrt{5(5+2\sqrt{5})}\,a^2$	$5\sqrt{3}\,a^2$
Volumen	V	$\frac{\sqrt{2}}{12}a^3$	a^3	$\frac{\sqrt{2}}{3}a^3$	$\frac{15+7\sqrt{5}}{4}a^3$	$\frac{5(3+\sqrt{5})}{12}a^3$

Aus der Tabelle ist erkennbar, dass es eine Beziehung zwischen der Anzahl der Flächen, Ecken und Kanten regelmäßiger Polyeder gibt.

> **Eulerscher Polyedersatz**
> Ist e die Anzahl der Ecken, f die Anzahl der Flächen und k die Anzahl der Kanten eines konvexen Polyeders, so gilt die Gleichung:
> e + f − k = 2

Der Schweizer Mathematiker LEONHARD EULER (1707 bis 1783) bewies, dass dieser Zusammenhang für beliebige konvexe Polyeder gilt, was vermutlich bereits ARCHIMEDES wusste.

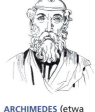

ARCHIMEDES (etwa 287 bis 212 v. Chr.)

- Anzahl der Ecken   e = 12
  Anzahl der Flächen f = 20
  Anzahl der Kanten k = 30
    e + f − k = 2
   12 + 20 − 30 = 2
     32 − 30 = 2
       2 = 2

Dieser Polyedersatz gilt auch für bestimmte konkave, aber nicht für alle konkaven Polyeder.

Pyramide, Kegel, Kugel, Polyeder

A_O Oberflächeninhalt; V Volumen; h_S Höhe der Seitenfläche;
s Mantellinie; r Radius; d Durchmesser; a Kantenlänge

Quadratische Pyramide	Kegel
$A_O = a \cdot (a + 2h_S)$ $V = \frac{1}{3}a^2 \cdot h$	$A_O = \pi \cdot r(r + s)$ $V = \frac{1}{3}\pi \cdot r^2 \cdot h$

Kugel	Halbkugel
$A_O = 4\pi \cdot r^2$ $V = \frac{4}{3}\pi \cdot r^3$	$A_O = 2\pi \cdot r^2$ $V = \frac{2}{3}\pi \cdot r^3$

Regelmäßige Polyeder

Tetraeder	Hexaeder (Würfel)	Oktaeder
$A_O = a^2 \cdot \sqrt{3}$ $V = \frac{a^3}{12} \cdot \sqrt{2}$	$A_O = 6a^2$ $V = a^3$	$A_O = 2a^2 \cdot \sqrt{3}$ $V = \frac{a^3}{3} \cdot \sqrt{2}$

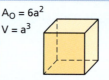

Dodekaeder	Ikosaeder
$A_O = 3a^2 \cdot \sqrt{5(5 + 2\sqrt{5})}$ $V = \frac{a^3}{4} \cdot (15 + 7\sqrt{5})$	$A_O = 5a^2 \cdot \sqrt{3}$ $V = \frac{5a^3}{12} \cdot (3 + \sqrt{5})$

Wissenstest 16 abrufbar auf **www.lernhelfer.de** oder mit der Lernhelfer-App

Stochastik | 9

9.1 Kombinatorisches Rechnen; Zählstrategien

In der **Kombinatorik** werden Möglichkeiten des *Anordnens* von Gegenständen bzw. Zahlen untersucht.
Typische Fragestellungen sind etwa:
- Wie viele Möglichkeiten gibt es, vier Buchstaben anzuordnen?
- Wie viele Diagonalen besitzt ein konvexes n-Eck?
- Wie viele Möglichkeiten gibt es, sechs Zahlen beim Spiel „6 aus 49" anzukreuzen?

9.1.1 Anordnungen

E	U	X	M	I	N	U	S
P	R	O	D	U	K	T	I
A	Q	R	E	E	T	S	U
B	S	U	W	I	M	A	L
K	C	X	E	N	T	N	E
Z	U	O	R	D	N	U	N
W	E	R	T	E	B	E	R
U	V	B	F	U	N	K	T
P	U	N	K	T	W	S	I
M	A	T	V	I	K	C	E
K	O	S	Y	G	Z	A	G

Permutationen

Das Problem, n Personen in einer Reihe anzuordnen, d. h., sie auf n Plätze zu verteilen, führt zum Begriff der Permutation.

> **Definition** Jede mögliche Anordnung von n Elementen, in der alle Elemente verwendet werden, heißt **Permutation** P_n dieser Elemente.

Die Anzahl der möglichen Anordnungen kann durch folgende Überlegung bestimmt werden: Für den ersten Platz kommen alle n Elemente infrage, für den zweiten Platz noch (n – 1), für den dritten dann (n – 2) usw. Diesen Ablauf verdeutlicht folgende Abbildung für den Fall n = 3:

```
     1           2           3         Platz 1
    / \         / \         / \
   2   3       1   3       1   2       Platz 2
   |   |       |   |       |   |
   3   2       3   1       2   1       Platz 3
```

Diese grafischen Darstellungen werden **Baumdiagramme** genannt.

▶ Die Bezeichnung **Baumdiagramm** erinnert an die Verzweigung der Äste bzw. Wurzeln eines Baumes.
Die einzelnen Verzweigungen werden **Pfade** genannt.

> **Satz** Von n verschiedenen Elementen gibt es $n \cdot (n-1) \cdot \ldots \cdot 3 \cdot 2 \cdot 1$ Möglichkeiten der Anordnung (**Permutationen ohne Wiederholung**). Es gilt: $P_n = n \cdot (n-1) \cdot \ldots \cdot 3 \cdot 2 \cdot 1 = n!$ ($n \in \mathbb{N}$)

Für das Produkt aufeinanderfolgender natürlicher Zahlen von 1 bis n gilt die Schreibweise $1 \cdot 2 \cdot 3 \cdot \ldots \cdot (n-1) \cdot n = n!$ (gesprochen: n Fakultät).

- $1! = 1$
- $2! = 1! \cdot 2 = 1 \cdot 2 = 2$
- $3! = 2! \cdot 3 = 1 \cdot 2 \cdot 3 = 6$
- $4! = 3! \cdot 4 = 1 \cdot 2 \cdot 3 \cdot 4 = 24$

9.1 Kombinatorisches Rechnen; Zählstrategien

■ Aus den vier Buchstaben A, B, C und D lassen sich 4! = 1·2·3·4 = 24 verschiedene Anordnungen bilden:

ABCD	ABDC	ACBD	ACDB	ADBC	ADCB
BACD	BADC	BCAD	BCDA	BDAC	BDCA
CABD	CADB	CBAD	CBDA	CDAB	CDBA
DABC	DACB	DBAC	DBCA	DCAB	DCBA

▶ In der lexikografischen Reihenfolge steht die Permutation BACD früher als die **Permutation** BADC.

Sollen alle Permutationen angegeben werden, ist es günstig, eine bestimmte Reihenfolge einzuhalten. Meist wird die **lexikografische Reihenfolge** gewählt. Bei Zahlen ist die Anordnung durch die Ordnung nach ihrer Größe festgelegt.

▶ lexis (griech.) – Wort; graphein (griech.) – zeichnen

Satz Sind unter den anzuordnenden Objekten Elemente gleich, so verringert sich die Anzahl der möglichen Permutationen. Für die Anzahl der **Permutationen von n Elementen mit Wiederholung** (n Elemente, von denen je $\alpha_1, \alpha_2, ..., \alpha_r$ untereinander gleich sind) gilt: ${}^{W}P_n = \frac{n!}{\alpha_1! \cdot \alpha_2! \cdot ... \cdot \alpha_r!}$ mit $\alpha_1 + \alpha_2 + ... + \alpha_r = n$

■ Wie viele verschiedene fünfstellige Zahlen können aus den Ziffern 1; 1; 8; 8; 8 gebildet werden?
${}^{W}P_5 = \frac{5!}{2! \cdot 3!} = \frac{120}{2 \cdot 6} = 10$

Variationen und Kombinationen

Bei Permutationen wurden *alle* zur Verfügung stehenden Elemente angeordnet. Vielfach werden Probleme untersucht, bei denen Zusammenstellungen von k Elementen aus n gegebenen Elementen erfolgen sollen, d. h., bei denen eine *Auswahl* vorgenommen wird. Werden dabei alle möglichen Reihenfolgen betrachtet und unterschieden, so spricht man von *Variationen*, ist die Anordnung beliebig, von *Kombinationen*.

▶ Der Begriff **Kombination** wird auch als Oberbegriff für **Variationen** und Kombinationen verwendet.

Definition Jede mögliche Anordnung von je k Elementen aus n Elementen, bei der die Reihenfolge berücksichtigt wird, heißt **Variation ohne Wiederholung** V_n^k (von n Elementen zur k-ten Klasse).

Sind die n Elemente verschieden, so ergibt sich die Anzahl der möglichen Anordnungen wie folgt:
Für den ersten Platz kommen alle n Elemente, für den zweiten (n – 1), ... , für den k-ten (und damit letzten) Platz noch [n – (k –1)] Elemente infrage. Das Baumdiagramm zeigt das für den Fall n = 4 und k = 2.

Satz Es gibt $n \cdot (n-1) \cdot \ldots \cdot [n-(k-1)]$ Möglichkeiten, k Elemente aus n Elementen auszuwählen und in einer Reihe anzuordnen. Für die Anzahl dieser Möglichkeiten gilt:

$$V_n^k = \frac{n!}{(n-k)!} \quad (n, k \in \mathbb{N}; \, k \leq n)$$

■ Wie viele Variationen von sechs Elementen zur 2. Klasse gibt es?

Lösung:

ab	ba	ca	da	ea	fa
ac	bc	cb	db	eb	fb
ad	bd	cd	dc	ec	fc
ae	be	ce	de	ed	fd
af	bf	cf	df	ef	fe

$$V_6^2 = \frac{6!}{(6-2)!} = \frac{6!}{4!} = 6 \cdot 5 = 30$$

Für den Fall, dass auch Wiederholungen (im obigen Beispiel die Anordnungen aa, bb, cc, dd, ee und ff) zugelassen werden, erhöht sich die Anzahl der möglichen Anordnungen auf $36 = 6 \cdot 6 = 6^2$. Man spricht dann von einer Variation mit Wiederholung.

▶ Bei **Variationen** mit Wiederholung kann auch k > n gelten.

Satz Für die Anzahl der **Variationen mit Wiederholung** gilt:

$${}^{W}V_n^k = n^k \quad (n, k \in \mathbb{N}; \, n > 1, \, k > 1)$$

■ Wie viele verschiedene dreistellige Zahlen lassen sich aus den Ziffern 2, 4, 6 und 8 bilden?

Lösung: ${}^{W}V_4^3 = 4^3 = 64$

TOTO · Ergebniswette

■ Wie viele verschiedene Möglichkeiten des Ausfüllens eines Spielscheins gibt es beim Fußballtoto (13er-Wette)?
Es gibt bei jedem Spiel drei Möglichkeiten des Ausgangs:
Sieg der Heimmannschaft (Tipp 1),
Unentschieden (Tipp 0),
Sieg der Gastmannschaft (Tipp 2).
Somit ist n = 3. Die Anzahl der zu tippenden Spiele liefert k = 13.
Folglich gilt: ${}^{W}V_3^{13} = 3^{13} = 1\,594\,323$

Während bei Variationen die Anordnung (Reihenfolge) der Elemente berücksichtigt wird, ist das bei Kombinationen nicht der Fall.

▶ Anordnungen, die sich nur durch die Reihenfolge der einzelnen Elemente unterscheiden, sind gleich.

Definition Jede mögliche Anordnung von je k Elementen aus n Elementen, bei der die Reihenfolge nicht berücksichtigt wird, heißt **Kombination** C_n^k von n Elementen zur k-ten Klasse.

Da die Reihenfolge nicht beachtet werden muss, reduziert sich im Baumdiagramm die Anzahl der zu betrachtenden Pfade.

9.1 Kombinatorisches Rechnen; Zählstrategien

Satz Für die Anzahl der **Kombinationen ohne Wiederholung** (Kombinationen, die jedes Element nur einmal enthalten) gilt:
$$C_n^k = \frac{n!}{(n-k)! \cdot k!} = \binom{n}{k} \quad (k, n \in \mathbb{N}; k \leq n)$$

▶ Der Ausdruck $\binom{n}{k}$ (gesprochen: n über k) wird als **Binomialkoeffizient** bezeichnet.

■ Im Lotto „6 aus 49" gibt es genau
$$C_{49}^6 = \binom{49}{6} = \frac{49!}{(49-6)! \cdot 6!} = \frac{49!}{43! \cdot 6!} = 13\,983\,816$$
verschiedene Möglichkeiten, sechs Zahlen in einem Feld des Spielscheines anzukreuzen. So viele Tipps wären also notwendig, um garantiert einen Sechser zu haben.

Satz Für die Anzahl der **Kombinationen mit Wiederholung** (Kombinationen, die Elemente mehrfach enthalten können) gilt:
$$^W C_n^k = \binom{n+k-1}{k} \quad (k, n \in \mathbb{N}; n > 1, k \text{ beliebig})$$

Das Schema gibt einen Überblick über alle Anordnungsmöglichkeiten:

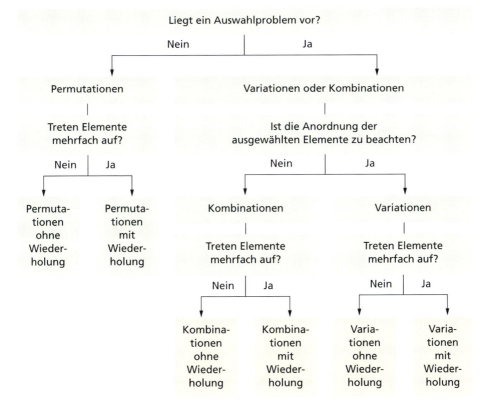

9.1.2 Zählstrategien

Die wichtigste Zählregel ist die **Produktregel der Kombinatorik**:

> **Satz** Stehen k unterschiedliche Mengen mit $n_1, n_2, ..., n_k$ verschiedenen Elementen (Möglichkeiten der Auswahl) zur Verfügung, so ist die Gesamtzahl aller möglichen Anordnungen gleich dem folgenden Produkt:
> $A = n_1 \cdot n_2 \cdot ... \cdot n_k$ (n, k ∈ ℕ)

Für das Ankleiden einer Schaufensterpuppe stehen drei verschiedene Hosen, zwei verschiedene Jacken und zwei verschiedene Taschen zur Verfügung.
Wie viele unterschiedliche Möglichkeiten des Ankleidens einer Schaufensterpuppe gibt es?

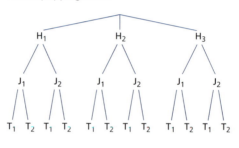

1. Entscheidung
(Auswahl der Hose)
drei Möglichkeiten

2. Entscheidung
(Auswahl der Jacke)
zwei Möglichkeiten

3. Entscheidung
(Auswahl der Tasche)
zwei Möglichkeiten

Es gibt insgesamt 3 · 2 · 2 = 12 Möglichkeiten.

Auswahlprobleme lassen sich auch unter Verwendung des **Urnenmodells** lösen:

In einer Urne befinden sich n Kugeln, von denen k ausgewählt (gezogen) werden.
Hierbei sind drei prinzipielle Möglichkeiten des Ziehungsvorgangs zu unterscheiden:
1. Geordnete Auswahl (Ziehen) ohne Zurücklegen,
2. Geordnete Auswahl (Ziehen) mit Zurücklegen,
3. Ungeordnete Auswahl ohne Zurücklegen (Ziehen auf einen Griff).

> **Geordnete Auswahl (Ziehen) ohne Zurücklegen**
> Werden von n unterscheidbaren Kugeln nacheinander k Kugeln gezogen, so ist die Anzahl der möglichen Anordnungen:
> $A = n \cdot (n-1) \cdot ... \cdot [n-(k-1)]$ (n, k ∈ ℕ; k ≤ n)

Es handelt sich hierbei um eine Variation von n Elementen zur k-ten Klasse ohne Wiederholung.
Für k = n ergibt sich der Fall der Permutation von n verschiedenen Elementen.

9.1 Kombinatorisches Rechnen; Zählstrategien

■ Aus einer Urne mit vier unterscheidbaren Kugeln sollen ohne Zurücklegen zwei Kugeln gezogen werden.

Es gibt insgesamt $4 \cdot (4-1) = 4 \cdot 3 = 12$ Möglichkeiten.

Geordnete Auswahl (Ziehen) mit Zurücklegen
Wird die gezogene Kugel vor dem nächsten Ziehungsvorgang wieder zurückgelegt, so ist die Anzahl der möglichen Anordnungen (bei n gegebenen Kugeln und k Ziehungsvorgängen):
$A = n \cdot n \cdot \ldots \cdot n = n^k$ (n, k ∈ ℕ)

▶ Es handelt sich hierbei um eine **Variation** von n Elementen zur k-ten Klasse mit Wiederholung.

■ Aus einer Urne mit vier unterscheidbaren Kugeln sollen mit Zurücklegen zwei Kugeln gezogen werden.

Es gibt insgesamt $4^2 = 16$ Möglichkeiten.

Ungeordnete Auswahl ohne Zurücklegen (Ziehen auf einen Griff)
Werden aus n unterscheidbaren Kugeln k Kugeln mit einem Mal (auf einen Griff) gezogen, so gilt für die Anzahl der möglichen Anordnungen:
$A = \frac{n \cdot (n-1) \cdot \ldots \cdot [n-(k-1)]}{k!} = \binom{n}{k}$ (n, k ∈ ℕ; k ≤ n)

▶ Dies entspricht einer **Kombination** von n Elementen zur k-ten Klasse ohne Wiederholung.

■ Aus einer Urne mit vier unterscheidbaren Kugeln sollen drei Kugeln auf einen Griff gezogen werden.

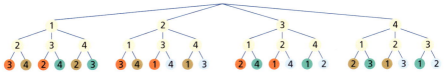

Es gibt $\binom{4}{3} = \frac{4 \cdot (4-1) \cdot (4-2)}{3!} = \frac{4 \cdot 3 \cdot 2}{1 \cdot 2 \cdot 3} = 4$ Möglichkeiten.

Anmerkung:
Das Baumdiagramm liefert zwar $4 \cdot 3 \cdot 2 = 24$ Pfade. Da jedoch die Reihenfolge der Zusammenstellung keine Rolle spielt, sind jeweils sechs der Pfade gleich und die Gesamtzahl der Möglichkeiten reduziert sich auf vier.

9.2 Elemente der beschreibenden Statistik

▶ status (lat.) – Bestehendes, Zustand

Aufgabe der **Statistik** ist es, Methoden sowohl zum Erfassen, Ordnen und Zusammenstellen als auch zum Auswerten empirisch gefundener (aus der Praxis gewonnener) Daten zu entwickeln.

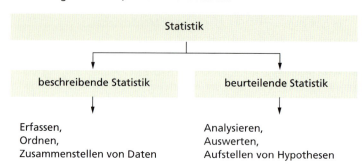

9.2.1 Statistische Erhebungen (Erfassen und Auswerten von Daten)

Statistische Untersuchungen beziehen sich im Allgemeinen auf eine **Grundgesamtheit,** z. B. die Gesamtbevölkerung eines Landes, mit einem bestimmten *Merkmal.* Da diese Grundgesamtheit oft sehr umfangreich ist, wählt man für die Untersuchung eine **Stichprobe** als Teilmenge aus. Um von ihr auf die Grundgesamtheit schließen zu können, muss diese Stichprobe **repräsentativ** sein. Darunter versteht man, dass jedes zufällig ausgewählte Element der Grundgesamtheit die gleiche Chance gehabt haben muss, in die Stichprobe zu gelangen.

■ Zur Bestimmung der Einschaltquoten werden repräsentative Haushalte ausgewählt (z. B. Familienzusammensetzung), um die Fernsehgewohnheiten zu ermitteln.

Die bei statistischen Untersuchungen erfassten Ausprägungen bestimmter quantitativer bzw. qualitativer Merkmale heißen **Daten;** meist sind dies Messreihen, die durch Zahlenwerte und gegebenenfalls zugehörige (physikalische) Einheiten repräsentiert werden. Man spricht auch von **Ergebnissen** bzw. **Ergebnismengen.**

Strichliste und Stängel-Blatt-Diagramm

Die durch Beobachten, Messen usw. in einer **Urliste** erfassten Daten sind im Allgemeinen ungeordnet, und es ist zweckmäßig, sie für die weitere Arbeit aufzubereiten.
Die einfachste Form einer Aufbereitung ist die **Strichliste,** von der häufig bereits beim Erfassen der Daten Gebrauch gemacht wird.

9.2 Elemente der beschreibenden Statistik

■ Es wird 40-mal gewürfelt und die Augenzahlen werden notiert:
14133 46344 15622 14421 14214 21362 54541 61166
Aussagekräftiger ist die folgende Strichliste.

1	2	3	4	5	6
ЖЖ ЖЖ I	ЖЖ I	IIII	ЖЖ ЖЖ	III	ЖЖ I

Eine weitere Möglichkeit des Ordnens von Daten ist das **Stängel-Blatt-Diagramm** (auch Stängel-Blätter bzw. Stamm-Blätter-Diagramm).
Hierbei erfolgt ein Aufspalten der Daten in einen „Stamm" (linker Teil) und ein „Blatt" (rechter Teil).

■ In einer Mathematikarbeit wurden von den Schülern einer Klasse von 40 zu vergebenden Punkten die folgenden Punktzahlen erreicht:
19 33 39 14 7 40 36 25 30 37 19 21 33 34 12
40 36 26 23 17 39 33 24 12 19 29 28 31 40 9

Zwei mögliche Stängel-Blatt-Diagramme sind die folgenden:

① grobe Aufteilung

Zehner	Einer
0	7 9
1	9 4 9 2 7 2 9
2	5 1 6 3 4 9 8
3	3 9 6 0 7 3 4 6 9 3 1
4	0 0 0

② feinere Aufteilung

Zehner	Einer
0	
0	7 9
1	4 2 2
1	9 9 7 9
2	1 3 4
2	5 6 9 8
3	3 0 3 4 3 1
3	9 6 7 6 9
4	0 0 0

Absolute und relative Häufigkeit

Ein wichtiges Moment statistischer Untersuchungen ist die Häufigkeit, mit der ein bestimmtes **Ergebnis** (ein bestimmter Wert) in einer Stichprobe (Ergebnismenge) vorkommt.

> **Definition** Die **absolute Häufigkeit** $H_n(x)$ eines Ergebnisses x gibt an, wie oft x innerhalb einer Stichprobe mit dem Umfang n auftritt.

Diese (absolute) Häufigkeit kann man aus Strichlisten bzw. aus sogenannten **Häufigkeitstabellen** entnehmen.

Für die beim 40-maligen Würfeln erzielten Werte (↗ Beispiel oben) ergibt sich die auf der folgenden Seite angegebene Häufigkeitstabelle.

▶ Die Summe aller **absoluten Häufigkeiten** ist gleich dem Umfang n der **Stichprobe.**

Augenzahl	1	2	3	4	5	6
Absolute Häufigkeit $H_n(x)$	11	6	4	10	3	6

Um statistische Untersuchungen unterschiedlichen Umfangs miteinander vergleichen zu können, verwendet man statt der absoluten Häufigkeit oft die relative Häufigkeit.

> **Definition** Die **relative Häufigkeit** $h_n(x)$ eines Ergebnisses x ist gleich dem Quotienten aus dessen absoluter Häufigkeit und dem Umfang n der Stichprobe (der Anzahl der Beobachtungen):
>
> $h_n(x) = \frac{H_n(x)}{n}$

Relative Häufigkeiten können sowohl in Bruchdarstellung (als gemeiner Bruch bzw. als Dezimalbruch) als auch in Prozent (als Prozentsatz) angegeben werden.
Wird beobachteten Werten (Ergebnissen) bzw. Klassen einer statistischen Untersuchung ihre jeweilige relative Häufigkeit zugeordnet, so spricht man von einer **Häufigkeitsverteilung**.

▶ Die Summe der relativen Häufigkeiten der Ergebnisse einer Stichprobe ist stets gleich 1 bzw. bei Angabe in Prozent gleich 100 %.

Für das Beispiel des 40-maligen Würfelns (↗ S. 337) ergeben sich die folgenden Häufigkeiten:

Augenzahl	1	2	3	4	5	6
Absolute Häufigkeit $H_n(x)$	11	6	4	10	3	6
Relative Häufigkeit $h_n(x)$	0,275 27,5 %	0,15 15 %	0,1 10 %	0,25 25 %	0,075 7,5 %	0,15 15 %

Klasseneinteilungen

Oft werden statistische Daten der Übersichtlichkeit wegen in **Klassen** zusammengefasst. Dies ist beispielsweise schon beim Erfassen in Stängel-Blatt-Diagrammen der Fall.
Für eine **Klasseneinteilung** ist festzulegen, wie viele Klassen zu bilden sind und wie groß die einzelnen Klassen sein sollen. Dazu werden jeweils eine untere und eine obere Klassengrenze festgelegt.
Die Differenz aus oberer und unterer Klassengrenze wird auch als **Klassenbreite** bezeichnet. Im Allgemeinen werden Klassen gleicher Breite betrachtet.
Als einen Repräsentanten für eine Klasse wählt man oft den in der Mitte stehenden Wert als sogenanntes **Klassenmittel**.

9.2 Elemente der beschreibenden Statistik

Als Faustregel findet man mitunter die Empfehlung, als Anzahl k der Klassen die Wurzel aus dem Stichprobenumfang n, also $k = \sqrt{n}$, zu wählen.
Andere Quellen nennen auch die Formel $k = 5 \cdot \lg n$.

Bei der Zensierung wird eine Klasseneinteilung auf Grundlage erreichter Punktzahlen vorgenommen (wobei allerdings die Klassen nicht gleich breit sind).
Im Folgenden ist eine solche Einteilung (mit Häufigkeitstabelle) für das Beispiel der Mathematikarbeit (↗ S. 337) angegeben:

Klasse	Zensur	Absolute Häufigkeit
39 und 40 Punkte	1	5
32 bis 38 Punkte	2	7
24 bis 31 Punkte	3	7
16 bis 23 Punkte	4	6
10 bis 15 Punkte	5	3
weniger als 10 Punkte	6	2

Es wurden abgeschlossene Intervalle für die Klassen gewählt, da nur ganzzahlige Werte für die Punktzahlen auftreten.
Bei stetig veränderbaren Größen empfiehlt es sich, halboffene Intervalle zu nehmen.

■ Das monatliche Nettoeinkommen von Privathaushalten wurde auf Grundlage einer vorgegebenen Klasseneinteilung wie folgt erfasst:

Monatliches Nettoeinkommen	Anzahl der Haushalte
bis 1 000 €	11
über 1 000 € bis 1 500 €	24
über 1 500 € bis 2 000 €	33
über 2 000 € bis 2 500 €	45
über 2 500 € bis 3 000 €	37
über 3 000 €	17

▶ Die Formulierung „bis" soll bedeuten, dass der Wert noch zur entsprechenden Klasse gehört. Ein Einkommen von 2 500 € wäre dann der Klasse „über 2 000 € bis 2 500 €", ein Einkommen von 2 501 € der Klasse „über 2 500 € bis 3 000 €" zuzuordnen.

Grafische Darstellung von Häufigkeitsverteilungen

Sehr oft werden grafische Darstellungen verwendet, um das Wesentliche statistischer Untersuchungen, insbesondere von Häufigkeitsverteilungen, zu verdeutlichen.
Am gebräuchlichsten sind neben dem Streckendiagramm das Säulen- und das Kreisdiagramm.
Bei einem **Streckendiagramm** werden auf der horizontalen Achse die Ergebnisse x_i und auf der vertikalen Achse die absoluten Häufigkeiten $H_n(x_i)$ oder die relativen Häufigkeiten $h_n(x_i)$ dargestellt.

▶ Die Summe aller Streckenlängen ist gleich 40.

Ein Streckendiagramm für die absoluten Häufigkeiten der einzelnen Ergebnisse beim 40-maligen Würfeln (↗ S. 337) zeigt die nebenstehende Abbildung.

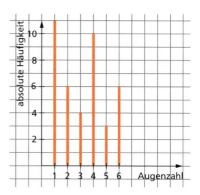

Mitunter werden bei grafischen Darstellungen auch horizontale und vertikale Achsen vertauscht.

▪ Im Fernsehen werden bei vorgenommenen Abstimmungen per Telefon, dem sogenannten Televotum, die Ergebnisse in Form von Balken dargestellt.

Film A	24 %
Film B	60 %
Film C	16 %

Bei einem **Kreisdiagramm** wird ein Kreis entsprechend der prozentualen (relativen) Häufigkeiten in Kreisausschnitte aufgeteilt.
Der Mittelpunktswinkel eines Kreisausschnitts ergibt sich, indem man mithilfe der gegebenen Prozentsätze den entsprechenden Prozentwert von 360° berechnet.
Für das Beispiel des 40-maligen Würfelns (↗ S. 337) erhält man:

Augen-zahl	Relative Häufigkeit	Mittelpunkts-winkel
1	27,5 %	99°
2	15,0 %	54°
3	10,0 %	36°
4	25,0 %	90°
5	7,5 %	27°
6	15,0 %	54°

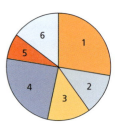

Diagramme kann man auch mit einem Tabellenkalkulationsprogramm (S. 372) erzeugen. Die Diagramme sind mit den Daten einer Tabelle verknüpft und jede Änderung der Daten führt sofort zu einer Änderung im Diagramm.
Die vor allem bei Klasseneinteilungen angewandten **Säulendiagramme** werden auch **Histogramme** genannt. Auf der horizontalen Achse werden die Klassen markiert und die jeweiligen Klassenmitten x_i eingetragen.
Über jeder Klasse wird ein Rechteck (eine Säule) mit der Höhe $H_n(x_i)$ bzw. $h_n(x_i)$ gezeichnet.

9.2 Elemente der beschreibenden Statistik

Es wird die Altersstruktur in einem Unternehmen untersucht:

Klasse (Alter in Jahren)	Klassenmitte x_i (in Jahren)	Absolute Häufigkeit $H_n(x_i)$
$15 \leq x < 25$	20	20
$25 \leq x < 35$	30	14
$35 \leq x < 45$	40	31
$45 \leq x < 55$	50	22
$55 \leq x < 65$	60	11
$65 \leq x < 75$	70	4

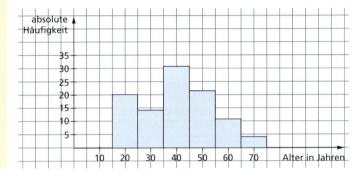

▶ Die Summe der Höhen der Rechtecke ergibt die Anzahl der Beschäftigten.

▶ Weitere Darstellungsarten von Häufigkeitsverteilungen sind der Polygonzug und **Boxplots** (↗ S. 346).

9.2.2 Statistische Kenngrößen (bei Häufigkeitsverteilungen)

Zur Charakterisierung von Stichproben, vor allem solcher mit großem Umfang, werden spezielle Werte **(Maße)** herangezogen. Sie dienen zum einen der Kennzeichnung der Lage der Verteilung, zum anderen geben sie an, wie die einzelnen Werte innerhalb einer Häufigkeitsverteilung von charakteristischen Werten abweichen („streuen").

Lagemaße (Mittelwerte)

Kenngrößen der Lage **(Lagemaße)** beschreiben die mittlere Größe der beobachteten Werte bei einer Stichprobe vom Umfang n.
Ein solcher Mittelwert ist das arithmetische Mittel.

Definition Das **arithmetische Mittel** $\bar{x}$ der Beobachtungsergebnisse $x_1, x_2, ..., x_n$ einer Stichprobe vom Umfang n erhält man, indem man die Summe aller Werte durch deren Anzahl dividiert:

$\bar{x} = \frac{x_1 + x_2 + ... + x_n}{n}$ $(n \in \mathbb{N})$

9 Stochastik

■ Beim Wiegen von zwölf Schülern wurden folgende Werte notiert:

| 54 kg | 63 kg | 52 kg | 55 kg | 65 kg | 68 kg |
| 67 kg | 50 kg | 48 kg | 53 kg | 57 kg | 64 kg |

Dabei ergibt sich als arithmetisches Mittel: $\bar{x} = \frac{696\,kg}{12} = 58$ kg

Treten bei einer Stichprobe vom Umfang n Ergebnisse mehrfach auf, so vereinfacht sich die Berechnung des arithmetischen Mittels.
Für die mit einer absoluten Häufigkeit $H_1, H_2, …, H_k$ auftretenden Werte $x_1, x_2, …, x_k$ gilt:

$$\bar{x} = \frac{H_1 \cdot x_1 + H_2 \cdot x_2 + … + H_k \cdot x_k}{n} \quad (n, k \in \mathbb{N}; k \leq n)$$

Hierbei steht H_i abkürzend für $H_n(x_i)$.

■ In den zehn Spielen einer regionalen Fußballliga wurden an einem Spieltag folgende Torquoten (Tore pro Spiel) erzielt:
4; 6; 2; 4; 3; 4; 2; 4; 0; 5

Somit ist $\bar{x} = \frac{1 \cdot 0 + 2 \cdot 2 + 1 \cdot 3 + 4 \cdot 4 + 1 \cdot 5 + 1 \cdot 6}{10} = \frac{34}{10} = 3,4$

Pro Spiel fielen also im Durchschnitt mehr als drei Tore.

Man spricht in diesem Fall vom **gewogenen arithmetischen Mittel** mit den „Wägungsfaktoren" $H_1, H_2, …, H_k$, das sich auch berechnen lässt.

▶ Hierbei steht h_i abkürzend für $h_n(x_i)$.

Satz Das **gewogene arithmetische Mittel** $\bar{x}$ der Beobachtungsergebnisse einer Häufigkeitsverteilung wird berechnet als Summe der Produkte aus den Werten der Stichprobe und ihren zugehörigen relativen Häufigkeiten.
$\bar{x} = h_1 \cdot x_1 + h_2 \cdot x_2 + … + h_k \cdot x_k \quad (n, k \in \mathbb{N}; k \leq n)$

Im obigen Beispiel der Torquoten ergibt sich somit:
$\bar{x} = 0,1 \cdot 0 + 0,2 \cdot 2 + 0,1 \cdot 3 + 0,4 \cdot 4 + 0,1 \cdot 5 + 0,1 \cdot 6$
$\phantom{\bar{x}} = 0 + 0,4 + 0,3 + 1,6 + 0,5 + 0,6 = 3,4$

▶ Extrem kleine oder extrem große Werte unter den Beobachtungsergebnissen heißen „Ausreißer".

Das arithmetische Mittel $\bar{x}$ ist ein Wert, der nicht unter den beobachteten Werten vorkommen und auch er nicht in der Nähe des häufigsten Wertes liegen muss. Er wird sehr stark von sogenannten „Ausreißern" beeinflusst.
Das arithmetische Mittel kennzeichnet nicht immer die Mitte einer Häufigkeitsverteilung. Dazu benutzt man den **Zentralwert (Median)**.

Definition Unter dem **Zentralwert (Median)** $\tilde{x}$ wird der in der Mitte stehende Wert der nach der Größe geordneten Werte $x_1, x_2, …, x_n$ einer Stichprobe vom Umfang n verstanden.
Stehen (bei geradzahligem n) zwei Werte in der Mitte, so ergibt sich der Zentralwert als das arithmetische Mittel dieser beiden Werte.

Bei den Torquoten (↗ S. 342) ergibt sich der Zentralwert 4.
0, 2, 2, 3, 4, 4, 4, 4, 5, 6

$$\tilde{x} = \frac{4+4}{2} = 4$$

Bei den Körpergewichten (↗ S. 342) ergibt sich 56 kg als Zentralwert.
48 50 52 53 54 55 57 63 64 65 67 68

$$\tilde{x} = \frac{55\,kg + 57\,kg}{2} = 56\,kg$$

Ein oder mehrere Beobachtungsergebnisse können mit dem Zentralwert $\tilde{x}$ übereinstimmen. Im Gegensatz zu $\bar{x}$ wird $\tilde{x}$ von Ausreißern nicht wesentlich beeinflusst. Handelt es sich um eine annähernd **symmetrische Häufigkeitsverteilung,** so liegen $\bar{x}$ und $\tilde{x}$ nahe beieinander.

Ein weiteres Lagemaß ist der Modalwert.

> **Definition** Unter dem **Modalwert** m versteht man den am häufigsten unter den Beobachtungsergebnissen einer Stichprobe auftretenden Wert.

Die Torschützenkönige

Saison	Spieler (Verein)	Tore
1963/1964	Uwe Seeler (Hamburger SV)	30
1965/1966	Lothar Emmerich (B. Dortmund)	31
1966/1967	Gerd Müller (FC B. München)	28
1979/1980	K.-H. Rummenigge (FC B. München)	29
1987/1988	Jürgen Klinsmann (VfB Stuttgart)	19
1994/1995	Mario Basler (Werder Bremen)	20
2005/2006	Miroslav Klose (Werder Bremen)	25
2007/2008	Luca Toni (FC B. München)	24
2008/2009	Grafite (VfL Wolfsburg)	28
2009/2010	Edin Džeko ((VfL Wolfsburg)	22

Quelle: Wikipedia

Bei den Punktzahlen (↗ S. 337) lassen sich mit 19, 33 und 40 drei Modalwerte angeben. Bei den Körpergewichten gibt es keinen solchen Wert.

Streuungsmaße

Lagemaße allein charakterisieren Häufigkeitsverteilungen nicht ausreichend, da sich diese trotz gleicher Mittel- und Zentralwerte erheblich unterscheiden können. So können die einzelnen Werte um das Lagemaß „streuen".
Man erkennt dies an den entsprechenden Kurven der Häufigkeitsverteilungen: Bei kleiner **Streuung** verläuft die Kurve schmal und hoch, bei großer Streuung dagegen breit und flach.
Das einfachste Streuungsmaß ist die Spannweite, die den Umfang des Streubereiches kennzeichnet.

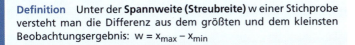

> **Definition** Unter der **Spannweite (Streubreite)** w einer Stichprobe versteht man die Differenz aus dem größten und dem kleinsten Beobachtungsergebnis: $w = x_{max} - x_{min}$

▶ x_{max} → größter erfasster Wert
x_{min} → kleinster erfasster Wert

Für die bei den Lagemaßen betrachteten Beispiele ergibt sich:
w = 40 − 7 = 33   (↗ S. 337; Beispiel Punktzahlen);
w = 68 kg − 48 kg = 20 kg   (↗ S. 342; Beispiel Körpergewichte);
w = 6 − 0 = 6   (↗ S. 342; Beispiel Torquoten)

Ein Maß für die Streuung einer Stichprobe, das alle Beobachtungsergebnisse x_1, x_2, ..., x_n einbezieht, ist die mittlere Abweichung vom Mittelwert $\bar{x}$. Da die Summe der Abweichungen $x_i - \bar{x}$ ($i = 1, 2, ..., n$) stets gleich null ist, muss beim Berechnen der durchschnittlichen Abweichung mit den entsprechenden Beträgen gearbeitet werden.

> **Definition** Die **mittlere (lineare) Abweichung** d der Werte einer Stichprobe vom Umfang n wird folgendermaßen berechnet:
>
> $$d = \frac{|x_1 - \bar{x}| + |x_2 - \bar{x}| + ... + |x_n - \bar{x}|}{n} \quad (n \in \mathbb{N})$$

Für das Projekt „Sicherheit und Verkehr" hat eine Schülergruppe den Auftrag erhalten, in der Zeit von 7 Uhr bis 10 Uhr halbstündlich die Anzahl der Fahrzeuge in zwei Straßen zu ermitteln.
Die folgende Tabelle zeigt, dass bei gleichem arithmetischen Mittel die mittlere lineare Abweichung in der Laplacestraße fast fünfmal so groß ist wie in der Pascalstraße.

Uhrzeit	Laplacestraße		Pascalstraße	
	Häufigkeit	Abstand vom arithmetischen Mittel	Häufigkeit	Abstand vom arithmetischen Mittel
7.00 – 7.30	40	25	62	3
7.30 – 8.00	65	0	62	3
8.00 – 8.30	78	13	68	3
8.30 – 9.00	92	27	71	6
9.00 – 9.30	67	2	65	0
9.30 – 10.00	48	17	62	3
Summe:	**390**	84	**390**	18
	$\bar{x} = \frac{390}{6} = 65$	$d = \frac{84}{6} = 14$	$\bar{x} = \frac{390}{6} = 65$	$d = \frac{18}{6} = 3$
	arithmetisches Mittel	mittlere lineare Abweichung	arithmetisches Mittel	mittlere lineare Abweichung

Um das nicht immer einfache Rechnen mit Beträgen zu vermeiden, quadriert man die jeweiligen (vorzeichenbehafteten) Abstände.
Der so erhaltene Wert wird mittlere quadratische Abweichung (Varianz) genannt.

> **Definition** Die **mittlere quadratische Abweichung (Varianz)** s^2 der Werte einer Stichprobe vom Umfang n wird folgendermaßen berechnet:
>
> $$s^2 = \frac{(x_1 - \bar{x})^2 + (x_2 - \bar{x})^2 + ... + (x_n - \bar{x})^2}{n} \quad (n \in \mathbb{N})$$

9.2 Elemente der beschreibenden Statistik

Treten innerhalb einer Stichprobe vom Umfang n die Beobachtungsergebnisse x_1, x_2, ..., x_k mehrfach auf, so lässt sich s^2 unter Verwendung der zugehörigen absoluten oder relativen Häufigkeiten vereinfacht folgendermaßen berechnen:

$$s^2 = \frac{(x_1 - \bar{x})^2 \cdot H_1 + (x_2 - \bar{x})^2 \cdot H_2 + ... + (x_k - \bar{x})^2 \cdot H_k}{n}$$

$$= (x_1 - \bar{x})^2 \cdot h_1 + (x_2 - \bar{x})^2 \cdot h_2 + ... + (x_k - \bar{x})^2 \cdot h_k \quad (n, k \in \mathbb{N}; k \le n)$$

Da s^2 nicht die gleiche Dimension wie die Beobachtungsergebnisse hat, betrachtet man als Streuungsmaß die Wurzel aus der mittleren quadratischen Abweichung s^2.

▶ Bei der Berechnung der mittleren quadratischen Abweichung bzw. Standardabweichung wird mitunter mit n – 1 statt mit n als Nenner gearbeitet. Dieser Unterschied fällt aber bei Untersuchungen mit sehr vielen Daten kaum ins Gewicht.

> **Definition** Der Wert s wird **Standardabweichung** genannt.
>
> $$s = \sqrt{\frac{(x_1 - \bar{x})^2 + (x_2 - \bar{x})^2 + ... + (x_n - \bar{x})^2}{n}} \quad (n \in \mathbb{N})$$

Bei dem Beispiel Körpergewichte (↗ S. 342) mit dem arithmetischen Mittel $\bar{x} = 58$ kg lassen sich die Streuungsmaße mithilfe der folgenden Tabelle ermitteln:

x_i	$x_i - \bar{x}$	$|x_i - \bar{x}|$	$(x_i - \bar{x})^2$
48	−10	10	100
50	−8	8	64
52	−6	6	36
53	−5	5	25
54	−4	4	16
55	−3	3	9
57	−1	1	1
63	5	5	25
64	6	6	36
65	7	7	49
67	9	9	81
68	10	10	100
Summe	0	74	542

mittlere lineare Abweichung: $d = \frac{74 \text{ kg}}{12} \approx 6{,}17$ kg

mittlere quadratische Abweichung: $s^2 = \frac{542 \text{ kg}^2}{12} \approx 45{,}17 \text{ kg}^2$

Standardabweichung: $s \approx 6{,}72$ kg

Ein weiteres Streuungsmaß ist die **Halbweite** bzw. **Vierteldifferenz**.
Bei diesem Maß wird nicht auf den Mittelwert $\bar{x}$, sondern auf den Zentralwert $\tilde{x}$ Bezug genommen.

Grafische Darstellung von Kenngrößen

▶ Die Länge der Box kennzeichnet die Streuung der Daten, die Breite ist beliebig.

Mit einem **Boxplot** (Kastengrafik, Kastenschaubild) werden Kenngrößen einer Häufigkeitsverteilung veranschaulicht:
Minimum, Maximum, unteres Quartil, oberes Quartil, Zentralwert.
Der Boxplot besteht aus einem Rechteck (Box genannt) und zwei Linien (Whisker, Antennen, Fühler), die durch einen Strich abgeschlossen sind. Die Box enthält mindestens die mittlere Hälfte der gesamten Datenmenge. Sie wird durch die Quartile $x_{1/4}$ und $x_{3/4}$ begrenzt. Der untere und der obere Whisker geben die Spannweite der Messwerte an. Der Zentralwert – als Querstrich dargestellt – teilt die Box in zwei Datenhälften.

■ Bei einer Geschwindigkeitskontrolle wurden folgende Messwerte $\left(\text{in } \frac{km}{h}\right)$ notiert:

41; 53; 63; 52; 66; 49; 74; 53; 59; 47; 85; 83; 68; 50; 59; 67; 78; 46; 77; 57; 63; 80; 56
Alle Messwerte in aufsteigender Reihenfolge aufgeschrieben:

| 41 | 46 | 47 | 49 | 50 | 52 | 53 | 53 | 56 | 57 | 59 | 59 | 63 | 63 | 66 | 67 | 68 | 74 | 77 | 78 | 80 | 83 | 85 |

Die Hälfte der Autos fuhr mindestens 52 $\frac{km}{h}$ und höchstens 74 $\frac{km}{h}$.
Also nur ein Viertel der Fahrer hielt sich an die erlaubte Geschwindigkeit von 50 $\frac{km}{h}$.

Überblick über Kenngrößen

Lagemaße	Bedeutung
Maximum x_{max} (Minimum x_{min})	größter (kleinster) erfasster Wert
Modalwert m	am häufigsten vorkommender Wert
arithmetisches Mittel $\bar{x}$	Durchschnittswert
gewogenes arithmetisches Mittel $\bar{x}$	Summe der Produkte aus den Werten und deren Wichtung
Zentralwert $\tilde{x}$	in der Mitte stehender Wert der geordneter Daten

Streuungsmaße	Berechnung
Spannweite w	$w = x_{max} - x_{min}$
mittlere lineare Abweichung d	$d = \frac{|x_1 - \bar{x}| + |x_2 - \bar{x}| + \ldots + |x_n - \bar{x}|}{n}$
mittlere quadratische Abweichung s^2	$s^2 = \frac{(x_1 - \bar{x})^2 + (x_2 - \bar{x})^2 + \ldots + (x_n - \bar{x})^2}{n}$
Standardabweichung s	$s = \sqrt{s^2}$

9.3 Wahrscheinlichkeitsrechnung

Die **Wahrscheinlichkeitsrechnung** untersucht Gesetzmäßigkeiten zufälliger Erscheinungen in Natur, Gesellschaft oder im Denken. Dazu ist im Allgemeinen das Studium von Massenerscheinungen notwendig; beispielsweise ist die Produktion eines bestimmten Artikels ein solcher Massenvorgang und das Auftreten eines fehlerbehafteten Teiles (Ausschuss) ein *zufälliges* Ereignis.
Mit der Statistik und Kombinatorik zusammen bildet die Wahrscheinlichkeit die Stochastik.

9.3.1 Vorgänge mit zufälligem Ergebnis; zufällige Ereignisse

> **Definition** Ein Vorgang heißt bezüglich eines bestimmten Merkmals **zufällig**, wenn er mehrere mögliche Ergebnisse $x_1, x_2, ..., x_n$ besitzt, von denen nach Ablauf des Vorgangs genau eines eintritt.

Vorgang	Merkmal	Mögliche Ergebnisse
Werfen eines Würfels	Augenzahl	1; 2; 3; 4; 5; 6
Entwicklung der Freizeitinteressen eines Schülers	Anzahl der Kinobesuche pro Monat	0; 1; 2; 3; 4; …
Überlegungen eines Arztes	Aussagen zur Krankheit eines Patienten	Grippe; Angina; …

Zur Untersuchung zufälliger Vorgänge werden sogenannte Zufallsexperimente (Zufallsversuche) durchgeführt.

> **Definition** Unter einem **Zufallsexperiment** versteht man die mehrfache Wiederholung eines zufälligen Vorgangs unter gleichen Bedingungen. Die Menge aller möglichen Ergebnisse wird **Ergebnismenge** Ω genannt.

Ein Zufallsexperiment ist folgendermaßen charakterisiert:
– Es besitzt mehrere mögliche Ergebnisse.
– Zwei Ergebnisse können nicht gleichzeitig eintreten.
– Es kann nicht vorausgesagt werden, welches Ergebnis nach Ablauf des Vorgangs eintritt.
– Das Experiment kann beliebig oft wiederholt werden.

▶ Mitunter wird zwischen Zufallsexperiment und Zufallsversuch unterschieden.

In Abhängigkeit von der Wahl des zu untersuchenden Merkmals können verschiedene Ergebnismengen betrachtet werden.

Als zufälliger Vorgang wird das Werfen eines Würfels betrachtet.
Bezüglich des Merkmals „Augenzahl" ist $\Omega_1 = \{1; 2; 3; 4; 5; 6\}$ die Ergebnismenge.
Als Ergebnismenge (mit zwei möglichen Ergebnissen) könnte aber auch $\Omega_2 = \{6;\text{ keine }6\}$ vor Versuchsdurchführung festgelegt werden.

Mitunter werden verschiedene Ergebnisse mit gemeinsamer Eigenschaft zu einem Ereignis zusammengefasst.

> **Definition** Jede Teilmenge der Ergebnismenge Ω wird **Ereignis** genannt. Ereignisse werden mit großen lateinischen Buchstaben A, B, C, ... bzw. E_1, E_2, E_3, ... bezeichnet.

Mögliche Ereignisse, die beim einmaligen Werfen eines Würfels betrachtet werden können, sind:

Wortformulierung	Ereignis
Es wird eine 6 gewürfelt.	$E_1 = \{6\}$
Es wird eine ungerade Zahl gewürfelt.	$E_2 = \{1; 3; 5\}$
Es wird keine 6 gewürfelt.	$E_3 = \{1; 2; 3; 4; 5\}$

Ein Ereignis E tritt ein, wenn das erzielte Ergebnis x zur Menge E gehört.
Man sagt auch, das Ergebnis x ist **günstig** für E.
Spezielle Ereignisse sind das **sichere** Ereignis,
das **unmögliche** Ereignis sowie
die sogenannten **Elementarereignisse** (bzw. atomaren Ereignisse).

Ereignis E	Beschreibung
sicheres Ereignis	$E = \Omega$ Alle Ergebnisse sind für das Ereignis E günstig.
unmögliches Ereignis	$E = \emptyset$ bzw. $E = \{\}$ Kein Ergebnis ist für das Ereignis E günstig.
Elementarereignis (atomares Ereignis)	$E = \{x\}$ Genau ein Ergebnis x mit $x \in \Omega$ ist für das Ereignis E günstig.

Das sichere Ereignis tritt stets, das unmögliche Ereignis tritt nie ein.

> **Definition** Das Ereignis $\overline{E}$ heißt **Gegenereignis** von E, falls $\overline{E}$ genau dann eintritt, wenn E nicht eintritt.

Die Tabelle oben zeigt:
$E_3 = \{1; 2; 3; 4; 5\}$ ist das Gegenereignis zu $E_1 = \{6\}$ und umgekehrt.

9.3.2 Elementarer Wahrscheinlichkeitsbegriff; Berechnen von Wahrscheinlichkeiten

Werden Zufallsexperimente wiederholt unter gleichen Bedingungen durchgeführt, so sind Aussagen über die Häufigkeiten (↗ S. 336; statistische Erhebungen) eines Ereignisses möglich.

> **Definition** Die **relative Häufigkeit** $h_n(E)$ eines Ereignisses E beim n-maligen Wiederholen eines Vorgangs ergibt sich folgendermaßen:
> $h_n(E) = \frac{H_n(E)}{n} = \frac{k}{n}$ (k, n ∈ ℕ; k ≤ n)
> $H_n(E) = k$ ist die **absolute Häufigkeit** von E.

Eine Münze wird n-mal geworfen und es wird jeweils die relative Häufigkeit für die Ergebnisse Wappen (W) bzw. Zahl (Z) in einem Säulendiagramm dargestellt.

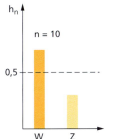
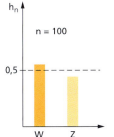
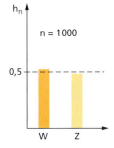

Wird ein Zufallsversuch sehr oft durchgeführt, so lässt sich Folgendes feststellen:
Die relativen Häufigkeiten für das Eintreten eines Ereignisses schwanken um einen festen Wert und die Abweichungen von diesem Wert werden mit wachsendem n immer kleiner (im obigen Beispiel ist jener Wert die Zahl 0,5) – man spricht in diesem Zusammenhang vom **Stabilwerden der relativen Häufigkeit**.
Diese feste Zahl wird die **Wahrscheinlichkeit** des Eintreffens des Ereignisses E genannt und mit P(E) bezeichnet.
Anders formuliert:
Die relative Häufigkeit eines Ereignisses E in einem Zufallsexperiment stellt einen Näherungswert für die Wahrscheinlichkeit dieses Ereignisses dar.

▶ Je größer die Anzahl der Wiederholungen des Experiments ist, desto geringer schwankt die relative Häufigkeit um die Wahrscheinlichkeit.

> **Satz** Die relative Häufigkeit des Eintretens eines Ereignisses E bei hinreichend großer Anzahl n von Versuchen kann als Schätzwert für die Wahrscheinlichkeit des Eintretens von E gewählt werden.
> Es ist: $P(E) = \frac{k}{n}$ (k, n ∈ ℕ; k ≤ n)

Da für die absolute Häufigkeit k stets $0 \leq k \leq n$ gilt, folgt für die Wahrscheinlichkeit eines Ereignisses E sofort:

$$0 \leq P(E) \leq 1$$

unmögliches Ereignis
$P(\emptyset) = 0 = 0\,\%$

sicheres Ereignis
$P(\Omega) = 1 = 100\,\%$

Wahrscheinlichkeiten werden (wie relative Häufigkeiten) entweder in Bruchdarstellung (meist als Dezimalbruch) oder in Prozent angegeben. Die Zuordnung der Wahrscheinlichkeiten zu den möglichen Ergebnissen eines zufälligen Vorgangs nennt man **Wahrscheinlichkeitsverteilung**.
Dem klassischen Wahrscheinlichkeitsbegriff liegt das Prinzip der Gleichverteilung zugrunde, d. h., es wird davon ausgegangen, dass alle Ergebnisse des Zufallsexperiments gleich wahrscheinlich sind. Zudem wird vorausgesetzt, dass es nur endlich viele mögliche Ergebnisse gibt.
Solche Zufallsexperimente werden nach dem französischen Mathematiker PIERRE SIMON DE LAPLACE auch **Laplace-Experiment** genannt.

PIERRE SIMON
DE LAPLACE
(1749 bis 1827)

Satz Haben alle Ergebnisse $x_1, x_2, \ldots, x_m$ eines zufälligen Vorgangs die gleiche Wahrscheinlichkeit $\frac{1}{m}$, so spricht man von einer **Gleichverteilung**. Die Wahrscheinlichkeit P(E) eines Ereignisses kann in diesem Fall wie folgt berechnet werden:

$$P(E) = \frac{\text{Anzahl der für E günstigen Ergebnisse}}{\text{Anzahl der möglichen Ergebnisse}} = \frac{g}{m} \quad \text{(Laplace-Regel)}$$

Beim Werfen eines (idealen) Würfels beträgt die Wahrscheinlichkeit für das Erreichen einer bestimmten Augenzahl jeweils
$P(E_i) = \frac{1}{6} \approx 0{,}167 = 16{,}7\,\%$ (i = 1; 2; 3; 4; 5; 6).

Beim Werfen einer idealen Münze ist die Wahrscheinlichkeit für das Eintreten von Wappen bzw. Zahl jeweils
$P(E_i) = \frac{1}{2} = 0{,}5 = 50\,\%$ (i = 1; 2).

9.3.3 Mehrstufige Zufallsversuche

Mehrstufige Vorgänge und ihre Darstellung in Baumdiagrammen

▶ Mitunter kann es vorteilhaft sein, einen Vorgang gedanklich in mehrere Teilvorgänge zu zerlegen.

Vorgänge mit zufälligem Ergebnis können aus mehreren Teilvorgängen bestehen, die sowohl gleichzeitig als auch nacheinander ablaufen können. Solche Vorgänge werden **mehrstufig** genannt.
Die Ergebnismenge und der Ablauf eines mehrstufigen Zufallsversuchs lassen sich vorteilhaft mithilfe eines **Baumdiagramms** darstellen. Auf jeder Stufe verzweigt sich der Baum, die „Äste" entsprechen den möglichen Ergebnissen, die an deren Ende

9.3 Wahrscheinlichkeitsrechnung

– im Allgemeinen in Kreisen – angegeben werden. Die Abbildung auf Seite 350 zeigt ein solches Diagramm für einen zweistufigen Vorgang mit zwei möglichen Ergebnissen in der ersten Stufe sowie zwei bzw. drei möglichen Ergebnissen in der zweiten Stufe.
Es ist möglich, dass sich ein Baumdiagramm bei einem Ergebnis in einer Stufe nicht mehr weiter verzweigt, d.h. dass nach Erreichen dieses Ergebnisses (im Gegensatz zu anderen Ergebnissen) kein weiterer Teilvorgang stattfindet.
Zu jedem möglichen Ablauf des Gesamtvorgangs und dem entsprechenden zusammengesetzten Ergebnis gehört ein Weg (Pfad) durch das Baumdiagramm.

■ Die Geburt zweier Kinder kann als Zusammensetzung zweier Teilvorgänge angesehen werden, die nacheinander ablaufen. Jedes Ergebnis des ersten ist mit jedem Ergebnis des zweiten Vorgangs kombinierbar.

Ein **Pfad** heißt günstig für ein Ereignis E, wenn der dem Pfad entsprechende Ablauf dazu führt, dass dieses Ereignis eintritt.
Ereignisse können durch mehrere Pfade repräsentiert werden.

■ Eine (ideale) Münze wird dreimal nacheinander geworfen und es wird jeweils das Eintreffen von Wappen (W) oder Zahl (Z) beobachtet. Das Ereignis „Es fallen genau zwei Wappen" ist im Baumdiagramm hervorgehoben.

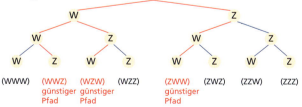

Rechnen mit Wahrscheinlichkeiten; die Pfadregeln

Im Abschnitt 9.3.2 (↗ S. 349) wurde eine Häufigkeitsinterpretation für die Einführung des Wahrscheinlichkeitsbegriffs verwendet und es wurden erste Eigenschaften der Wahrscheinlichkeit angegeben. Einige weitere Eigenschaften werden im Folgenden angeführt.

> **Satz** Für ein Ereignis E mit endlich vielen günstigen Ergebnissen $x_1, x_2, \ldots, x_k$ gilt
> $P(E) = P(\{x_1\}) + P(\{x_2\}) + \ldots + P(\{x_k\})$,
> d. h., die Wahrscheinlichkeit eines Ereignisses E ist gleich der Summe der Wahrscheinlichkeiten der für E günstigen Ergebnisse.

■ Beim Werfen eines (idealen) Würfels wird das Ereignis E „Es wird eine gerade Zahl gewürfelt" beobachtet.
Es ist:
$P(E) = P(\{2\}) + P(\{4\}) + P(\{6\}) = \frac{1}{6} + \frac{1}{6} + \frac{1}{6} = \frac{3}{6} = \frac{1}{2} = 0{,}5 = 50\,\%$

> **Satz** Für ein Ereignis E und sein Gegenereignis $\overline{E}$ gilt:
> $P(E) + P(\overline{E}) = 1$ bzw. $P(\overline{E}) = 1 - P(E)$ bzw. $P(E) = 1 - P(\overline{E})$

▶ Beim Berechnen der Wahrscheinlichkeit eines Ereignisses E ist es mitunter günstiger, von seinem Gegenereignis $\overline{E}$ auszugehen und dessen Wahrscheinlichkeit zu ermitteln.

■ Beim Werfen eines (idealen) Würfels wird das Ereignis E „Es wird eine Sechs gewürfelt" betrachtet.
Das Gegenereignis dazu ist $\overline{E}$ „Es wird keine Sechs gewürfelt".
Für die Wahrscheinlichkeiten gilt:
$P(\overline{E}) = 1 - P(E) = 1 - \frac{1}{6} = \frac{5}{6}$

$P(E) = 1 - P(\overline{E}) = 1 - \frac{5}{6} = \frac{1}{6} = P(\{6\})$

Mithilfe der Pfadregeln lassen sich Wahrscheinlichkeiten mehrstufiger Vorgänge berechnen. Hierbei nutzt man die Darstellung im Baumdiagramm, indem man die einzelnen Wegstücke mit den gegebenen Wahrscheinlichkeiten des entsprechenden Teilvorgangs beschriftet.
Man betrachtet zunächst die Wahrscheinlichkeit eines zusammengesetzten Ergebnisses, also die Wahrscheinlichkeiten entlang eines Pfades.

> **1. Pfadregel (Produktregel)**
> Die Wahrscheinlichkeit eines Ergebnisses in einem mehrstufigen Vorgang ist gleich dem Produkt der Wahrscheinlichkeiten längs des Pfades im Baumdiagramm, der diesem Ergebnis entspricht.

■ Für die Geburt zweier Kinder ist die Wahrscheinlichkeit dafür zu ermitteln, dass beide Kinder Mädchen sind.

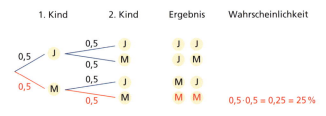

9.3 Wahrscheinlichkeitsrechnung

■ Eine (ideale) Münze wird dreimal geworfen. Es ist die Wahrscheinlichkeit dafür zu ermitteln, dass dreimal Wappen (W) fällt.

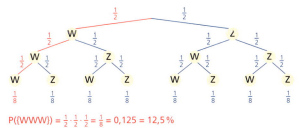

P({WWW}) = $\frac{1}{2} \cdot \frac{1}{2} \cdot \frac{1}{2} = \frac{1}{8}$ = 0,125 = 12,5 %

Ein Baumdiagramm ist dann korrekt beschriftet, wenn sich als Summe der Wahrscheinlichkeiten der von einer Verzweigung ausgehenden Wege jeweils 1 (bzw. 100 %) ergibt.
Für die Berechnung der Wahrscheinlichkeit eines Ereignisses E sind alle für dieses Ereignis günstigen Pfade im Baumdiagramm zu berücksichtigen; es sind die Wahrscheinlichkeiten der entsprechenden zusammengesetzten Ergebnisse zu addieren.

> **2. Pfadregel (Summenregel)**
> Die Wahrscheinlichkeit eines Ereignisses in einem mehrstufigen Vorgang ist gleich der Summe der Wahrscheinlichkeiten der für dieses Ereignis günstigen Pfade.

■ Es ist die Wahrscheinlichkeit dafür zu ermitteln, dass beim dreimaligen Werfen einer (idealen) Münze zweimal hintereinander Zahl (Z) fällt. Die für dieses Ereignis günstigen Pfade sind im Baumdiagramm rot markiert und es ergibt sich:

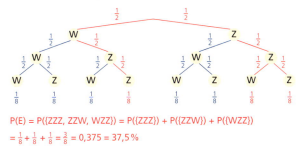

P(E) = P({ZZZ, ZZW, WZZ}) = P({ZZZ}) + P({ZZW}) + P({WZZ})
= $\frac{1}{8} + \frac{1}{8} + \frac{1}{8} = \frac{3}{8}$ = 0,375 = 37,5 %

Abhängigkeit und Unabhängigkeit von Ereignissen

Zufällige Vorgänge, die nacheinander oder gleichzeitig ablaufen, können sich beeinflussen. Das bedeutet, dass das Versuchsergebnis des einen Vorgangs vom anderen Vorgang abhängen kann.

> **Definition** Zwei **Ereignisse** heißen voneinander **unabhängig**, wenn das Eintreten des einen keinen Einfluss auf die Wahrscheinlichkeit des anderen Ereignisses hat.
> Ansonsten heißen die Ereignisse voneinander **abhängig**.

Beispiele für voneinander unabhängige Ereignisse sind das Werfen einer Münze bzw. eines Würfels oder das Ziehen einer Kugel aus einer Urne mit Zurücklegen.
Voneinander abhängig sind dagegen das Ziehen eines Loses aus der Lostrommel oder das Ziehen einer Kugel aus einer Urne ohne Zurücklegen.

Ein Hilfsmittel für das gleichzeitige Beobachten zweier interessierender Ereignisse ist die sogenannte **Vierfeldertafel**.
Bei folgendem Beispiel für voneinander abhängige bzw. unabhängige Vorgänge wird davon Gebrauch gemacht:

■ Bei 14-Jährigen wurden die Merkmale „Geschlecht" und „Mitgliedschaft in einer Fußballmannschaft" bzw. „Besitz eines eigenen Fahrrades" untersucht.
Die Ergebnisse der Befragung werden jeweils in einer Vierfeldertafel und einem Baumdiagramm dargestellt.

	Mitglied	kein Mitglied	Summe
Jungen	78	442	520
Mädchen	24	456	480
Summe	102	898	1000

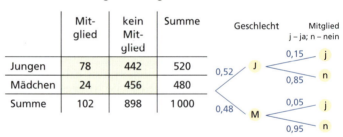

Beide Darstellungen zeigen, dass die Mitgliedschaft bei den Befragten vom Geschlecht *abhängig* ist, denn 15 % der Jungen und nur 5 % der Mädchen sind Mitglieder einer Fußballmannschaft.

	Fahrrad	kein Fahrrad	Summe
Jungen	468	52	520
Mädchen	432	48	480
Summe	900	100	1000

Man kann man erkennen, dass der Besitz eines Fahrrades bei den Befragten vom Geschlecht *unabhängig* ist, denn sowohl 90 % der Jungen als auch 90 % der Mädchen besitzen ein eigenes Fahrrad.

9.3 Wahrscheinlichkeitsrechnung

Simulation von Zufallsversuchen

Jeder **Zufallsversuch** lässt sich durch andere geeignete Zufallsversuche nachahmen (simulieren).

> **Definition** Unter **Simulation** wird das Nachahmen (Nachspielen) eines Vorgangs mit zufälligem Ergebnis verstanden.

Zur Simulation werden Zufallsgeräte (sogenannte Zufallsgeneratoren) wie Münzen, Würfel, Urnen, Zufallszahlen o. Ä. verwendet. Simuliert werden vor allem Zufallsversuche, die einen hohen Aufwand erfordern bzw. über einen langen Zeitraum gehen.

■ Es soll die Geburt eines Kindes mit den Ergebnissen Mädchen (M) und Junge (J) simuliert werden, wobei

$P(M) = P(J) = \frac{1}{2}$ gelten soll.

Als Zufallsgerät kann ein Würfel dienen. Durch die Festlegungen „gerade Zahl → Mädchen", „ungerade Zahl → Junge" wird der Vorgang simuliert.

Man kann alle Zufallsversuche mit n gleich wahrscheinlichen Ergebnissen etwa durch Ziehen von Kärtchen aus einem Behälter simulieren. Dazu werden in diesen Behälter n Kärtchen mit Zahlen von 1 bis n gegeben. Man erhält dann durch wiederholtes Ziehen mit Zurücklegen Zahlen von 1 bis n in zufälliger Reihenfolge **(Zufallszahlen).**

Zur Simulation von Zufallsversuchen verwendet man häufig auch Tabellen mit den Ziffern von 0 bis 9, die zufällig gewonnen worden sind. Solche Ziffern nennt man **Zufallsziffern.** Alle zehn Ziffern kommen in diesen Listen gleich häufig vor, wobei sie der Übersichtlichkeit wegen meist in Fünfergruppen angeordnet sind. Wenn die Folge der Ziffern lang genug ist, kann damit eine große Zahl von Simulationen eines Versuches durchgeführt werden.

▶ **Zufallsziffern** kann man auch mit Taschenrechnern, die über eine RAN-Funktion verfügen, erzeugen.

■ Es soll das 20-malige Werfen eines Würfels mithilfe einer Tabelle von Zufallsziffern simuliert werden.
In der Tabelle findet man beispielsweise nachstehende Ziffernfolge:

65741	73407	27631	06010	80545
57182	56150	20677	96258	62668
09991	09952	94487	61186	88353
20720	64104	47357	13447	79989
96556	96408	...		

Es wird vereinbart, dass die Zufallsziffern 1 bis 6 den erzielten Augenzahlen entsprechen sollen, die Zufallsziffern 7, 8, 9 und 0 werden einfach ausgelassen.
Nach Wahl eines beliebigen Startpunktes (etwa 1. Zeile, 9. Ziffer) liefert die Simulation für das 20-malige Würfeln dann:

26316	15455	12561	52662

MATH NUM CPX **PRB**
1: rand
2: nPr
3: nCr
4: !
5: randInt(
6: randNorm(
7: randBin(

randBin(10,.5,20)
... 4 6 4 4 5 2...
■

9.3.4 Zufallsgrößen und ihre Verteilung

Bei der Durchführung von Zufallsversuchen können verschiedene Größen betrachtet werden, z. B.
die Augenzahl beim Würfeln,
die Augensumme bzw. die Augendifferenz beim Werfen zweier Würfel oder
die Anzahl der Wappen beim n-maligen Werfen einer Münze.

▶ In einem bestimmten Intervall kann eine **Zufallsgröße** entweder (nur) endlich viele oder beliebig viele Werte annehmen. Im ersten Falle heißt sie **diskret**, im zweiten Fall wird sie kontinuierlich bzw. **stetig** genannt.

> **Definition** Wenn eine Größe bei unter gleichen Bedingungen durchgeführten Versuchen verschiedene (Zahlen-)Werte annehmen kann, von denen jeder ein zufälliges Ereignis ist, so spricht man von einer **Zufallsgröße**.
> Zufallsgrößen werden im Allgemeinen mit großen lateinischen Buchstaben X, Y, Z, ... und ihre Werte mit x_1, x_2, x_3, ... bezeichnet.

Es werden hier ausschließlich **diskrete Zufallsgrößen** betrachtet. Das sind Zufallsgrößen, die nur eine endliche Anzahl von Werten annehmen können.

■ Für die beim Werfen eines Würfels zu betrachtende *Augenzahl* A sind nur die Werte
$x_1 = 1$, $x_2 = 2$, $x_3 = 3$, $x_4 = 4$, $x_5 = 5$ und $x_6 = 6$
möglich.

■ Es werden vier Münzen gleichzeitig geworfen und es wird die *Anzahl der Wappen* W betrachtet. Die Zufallsgröße W kann die Werte
$x_1 = 4$, $x_2 = 3$, $x_3 = 2$, $x_4 = 1$ und $x_5 = 0$
annehmen.

Die einzelnen Werte x_1, x_2, x_3, ... einer Zufallsgröße X treten mit bestimmten Wahrscheinlichkeiten $p_1 = P(x_1)$, $p_2 = P(x_2)$, $p_3 = P(x_3)$, ... auf.

> **Definition** Die Funktion, die jedem Wert einer Zufallsgröße X die Wahrscheinlichkeit für sein Eintreten zuordnet, wird **Verteilung der Zufallsgröße** oder **Wahrscheinlichkeitsverteilung (der Zufallsgröße)** genannt.

Verteilungen diskreter Zufallsgrößen werden meist in Form einer Tabelle der folgenden Art angegeben:

Wert	x_1	x_2	...	x_k
Wahrscheinlichkeit	p_1	p_2	...	p_k

Ihre Veranschaulichung kann mithilfe von Streckendiagrammen bzw. Histogrammen erfolgen.

9.3 Wahrscheinlichkeitsrechnung

Die Wahrscheinlichkeiten p_1, p_2, p_3, ... können entweder mit der Laplace-Regel (↗ S. 350) oder anhand von Baumdiagrammen unter Nutzung der Pfadregeln bestimmt werden.
Für die Augenzahl beim Werfen eines idealen Würfels ergibt sich:

Wert (Augenzahl)	1	2	3	4	5	6
Wahrscheinlichkeit	$\frac{1}{6}$	$\frac{1}{6}$	$\frac{1}{6}$	$\frac{1}{6}$	$\frac{1}{6}$	$\frac{1}{6}$

Es liegt eine **Gleichverteilung** (↗ S. 349; Elementarer Wahrscheinlichkeitsbegriff; Berechnen von Wahrscheinlichkeiten) vor, was auch durch das nebenstehende Streckendiagramm veranschaulicht wird.

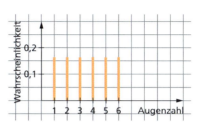

■ Die Wahrscheinlichkeiten für die Anzahl der Wappen beim vierfachen Münzwurf lassen sich wie folgt ermitteln:

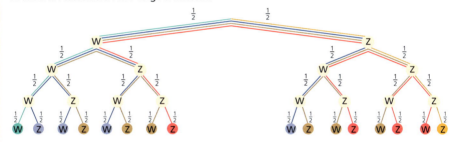

Ereignisse		Werte	Wahrscheinlichkeiten
■	vier Wappen	$x_1 = 4$	$p_1 = 1 \cdot \frac{1}{16} = \frac{1}{16}$
■	drei Wappen	$x_2 = 3$	$p_2 = 4 \cdot \frac{1}{16} = \frac{1}{4}$
■	zwei Wappen	$x_3 = 2$	$p_3 = 6 \cdot \frac{1}{16} = \frac{3}{8}$
■	ein Wappen	$x_4 = 1$	$p_4 = 4 \cdot \frac{1}{16} = \frac{1}{4}$
■	kein Wappen	$x_5 = 0$	$p_5 = 1 \cdot \frac{1}{16} = \frac{1}{16}$

▶ Die Summe der **Wahrscheinlichkeiten** p_1, p_2, ..., p_k für die Werte x_1, x_2, ..., x_k einer **Zufallsgröße** muss stets 1 ergeben.

Da die Wahrscheinlichkeit entlang aller Pfade gleich ist, genügt es, alle möglichen Anordnungen aufzuschreiben, etwa in folgender Form:

```
WWWW    WWWZ    WWZZ    WZZZ    ZZZZ
        WWZW    WZWZ    ZWZZ
        WZWW    WZZW    ZZWZ
        ZWWW    ZWWZ    ZZZW
                ZWZW
                ZZWW
```

Im Folgenden ist die Verteilung der Zufallsgröße *Anzahl der Wappen* nochmals kurz in Tabellenform angegeben (wobei für die Wahrscheinlichkeiten hier Dezimalbrüche verwendet wurden):

Wert (Wappenanzahl)	0	1	2	3	4
Wahrscheinlichkeit	0,0625	0,25	0,375	0,25	0,0625

Das zugehörige Streckendiagramm ist typisch für eine weitere spezielle Verteilung, die sogenannte **Binomialverteilung**.
Binomialverteilungen sind für die Praxis von besonderem Interesse. Sie treten bei der Durchführung von Zufallsversuchen auf, bei denen – wie im Beispiel des vierfachen Münzwurfs – nur zwischen *Erfolg (Treffer)* und *Misserfolg (Niete)* unterschieden wird (Bernoulli-Versuche).

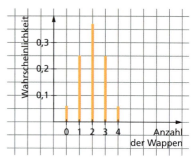

Auch bei Wahrscheinlichkeitsverteilungen ist es (wie bei Häufigkeitsverteilungen) sinnvoll, Mittelwerte zu betrachten.

> **Definition** Gegeben sei eine Verteilung, die den Werten x_1, x_2, x_3, ... einer Zufallsgröße X die Wahrscheinlichkeiten p_1, p_2, p_3, ... zuordnet.
> Die Zahl $E(X) = x_1 \cdot p_1 + x_2 \cdot p_2 + ... + x_k \cdot p_k$ heißt **Erwartungswert** der Zufallsgröße X.

Der Erwartungswert gibt an, welcher durchschnittliche Wert ungefähr zu erwarten ist, wenn man eine Zufallsgröße sehr häufig beobachtet.
Mit ihm kann gewissermaßen eine Vorhersage über das arithmetische Mittel der Werte gemacht werden. Führt man umgekehrt einen Zufallsversuch sehr häufig durch, so kann das arithmetische Mittel der beim Versuch auftretenden Werte als *Schätzwert* für den Erwartungswert der Zufallsgröße dienen.
Der Erwartungswert einer Zufallsgröße X muss unter den Werten der Zufallsgröße nicht vorkommen.

- Für die Augenzahl A beim Werfen eines idealen Würfels erhält man folgenden Erwartungswert:
  $E(A) = 1 \cdot \frac{1}{6} + 2 \cdot \frac{1}{6} + 3 \cdot \frac{1}{6} + 4 \cdot \frac{1}{6} + 5 \cdot \frac{1}{6} + 6 \cdot \frac{1}{6} = \frac{21}{6} = 3,5$

- Als Erwartungswert für die *Anzahl der Wappen* W beim vierfachen Münzwurf ergibt sich:
  $E(W) = 0 \cdot 0,0625 + 1 \cdot 0,25 + 2 \cdot 0,375 + 3 \cdot 0,25 + 4 \cdot 0,0625 = 2$

9.3 Wahrscheinlichkeitsrechnung

Mithilfe der Berechnung von Erwartungswerten lassen sich beispielsweise Gewinne, etwa im kaufmännischen Bereich, optimieren und Glücksspiele bewerten (Stichwort: *faires Spiel*).

■ Von 200 Losen einer Tombola sind zwei Gewinne zu **25 €**, fünf Gewinne zu 10 €, zehn Gewinne zu 5 € und 25 Gewinne zu 2 €. Alle anderen Lose gewinnen nichts.
Für den Gewinn G liegt folgende Wahrscheinlichkeitsverteilung vor:

Gewinn in Euro	25	10	5	2	0
Wahrscheinlich-keit	$\frac{2}{200}$ $= 0{,}01$	$\frac{5}{200}$ $= 0{,}025$	$\frac{10}{200}$ $= 0{,}05$	$\frac{25}{200}$ $= 0{,}125$	$\frac{158}{200}$ $= 0{,}79$

Als Erwartungswert für den Gewinn G ergibt sich somit:
$E(G) = 25 \cdot 0{,}01 + 10 \cdot 0{,}025 + 5 \cdot 0{,}05 + 2 \cdot 0{,}125 + 0 \cdot 0{,}79$
$E(G) = 1$

▶ Nur bei einem Lospreis von 1 € würde es sich um ein faires Spiel handeln.

9

Die Angabe des Erwartungswertes allein reicht für die Charakterisierung der Verteilung einer Zufallsgröße oft nicht aus, sondern es interessiert auch die Streuung um diesen mittleren Wert. Man betrachtet deshalb noch die Varianz und die Standardabweichung (einer Zufallsgröße). Diese werden analog der mittleren quadratischen Abweichung s^2 (der sogenannten empirischen Varianz) und der Standardabweichung s bei Häufigkeitsverteilungen definiert (wobei anstelle des Mittelwertes $\bar{x}$ der Erwartungswert E(X) als Bezugsgröße tritt).

> **Definition** Gegeben sei eine Verteilung, die den Werten x_1, x_2, x_3 ..., einer Zufallsgröße X die Wahrscheinlichkeiten p_1, p_2, p_3 ... zuordnet.
> Die Zahl
> $V(X) = [x_1 - E(X)]^2 \cdot p_1 + [x_2 - E(X)]^2 \cdot p_2 + ... + [x_k - E(X)]^2 \cdot p_k$
> heißt **Varianz** von X.
> Unter der **Standardabweichung** wird dann die Wurzel aus der Varianz verstanden, d.h., es ist:
> $\sigma(X) = \sqrt{V(X)}$

■ Die Varianz der betrachteten Zufallsgrößen *Augenzahl* A und *Anzahl der Wappen* W berechnet sich dann wie folgt:

$V(A) = (1 - 3{,}5)^2 \cdot \frac{1}{6} + (2 - 3{,}5)^2 \cdot \frac{1}{6} + (3 - 3{,}5)^2 \cdot \frac{1}{6} + (4 - 3{,}5)^2 \cdot \frac{1}{6}$
$\qquad + (5 - 3{,}5)^2 \cdot \frac{1}{6} + (6 - 3{,}5)^2 \cdot \frac{1}{6}$
$\qquad = (2{,}5^2 + 1{,}5^2 + 0{,}5^2 + 0{,}5^2 + 1{,}5^2 + 2{,}5^2) \cdot \frac{1}{6} \approx 2{,}92$

$V(W) = (0 - 2)^2 \cdot 0{,}0625 + (1 - 2)^2 \cdot 0{,}25 + (2 - 2)^2 \cdot 0{,}375$
$\qquad + (3 - 2)^2 \cdot 0{,}25 + (4 - 2)^2 \cdot 0{,}0625$
$\qquad = 4 \cdot 0{,}0625 + 1 \cdot 0{,}25 + 0 \cdot 0{,}375 + 1 \cdot 0{,}25 + 4 \cdot 0{,}0625 = 1$

Diagramme in der Stochastik

Diagrammart	Darstellung
Stängel-Blatt-Diagramm Ungeordnete Daten *geordnet* darstellen Nach Einteilung der Daten in Klassen erfolgt eine Aufspaltung in „Stängel" und „Blätter".	33, 24, 24, 35, 36, 19, 34, 22, 30, 16, 25, 20, 18, 12, 22, 19 <table><tr><td>Zehner</td><td>Einer</td></tr><tr><td>1</td><td>9 6 8 2 9</td></tr><tr><td>2</td><td>4 4 2 5 0 2</td></tr><tr><td>3</td><td>3 5 6 4 0</td></tr></table>
Boxplot Darstellen von Merkmalen geordneter Daten kleinster Wert x_{min} größter Wert x_{max} Zentralwert $\tilde{x}$ unteres Quartil $x_{1/4}$ oberes Quartil $x_{3/4}$	
Histogramm Darstellen von *Häufigkeits-verteilungen* Die Höhe einer Säule entspricht der zugehörigen Häufigkeit. Die Rechtecke (Säulen) besitzen keine Zwischenräume.	
Baumdiagramm Darstellen von *mehrstufigen Vorgängen* An verzweigten Pfaden werden die Wahrscheinlichkeiten der Ergebnisse angegeben.	

Vierfeldertafel

Wahrscheinlichkeiten von Ereignissen übersichtlich darstellen

	A	$\overline{A}$	
B	$P(A \cap B) = p_1$	$P(\overline{A} \cap B) = p_2$	$P(B) = p_1 + p_2$
$\overline{B}$	$P(A \cap \overline{B}) = p_3$	$P(\overline{A} \cap \overline{B}) = p_4$	$P(\overline{B}) = p_3 + p_4$
	$P(A) = p_1 + p_3$	$P(\overline{A}) = p_2 + p_4$	

Wissenstest 17   abrufbar auf **www.lernhelfer.de** oder mit der Lernhelfer-App

Rechenhilfsmittel 10

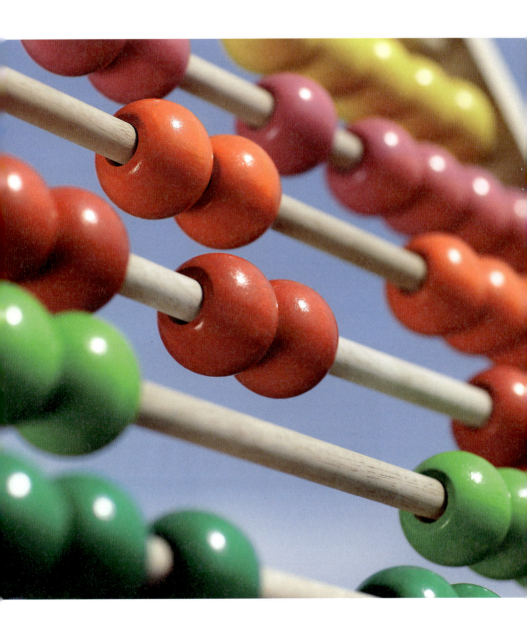

10.1 Geschichtlicher Abriss

Rechenhilfsmittel existierten bereits in sehr frühen Phasen der Menschheitsentwicklung. Finger, Hände, Zehen und Füße gehörten zu den ersten natürlichen Hilfsmitteln. Das Fingerrechnen wurde bereits im antiken Griechenland praktiziert und spielte bis ins Mittelalter eine große Rolle.

▶ Daher kommt der Ausspruch „etwas auf dem Kerbholz haben".

Die einfachsten Darstellungen von Zahlen gibt es auf Kerbhölzern, die beim Zählen von Vieh, Sklaven oder Naturalabgaben Verwendung fanden. In einen Holzstab wurden dazu Marken eingekerbt. Wurde dieses Kerbholz der Länge nach in zwei Hälften gespalten, existierte ein Nachweis für die beteiligten Parteien. Nachträgliche Manipulationen waren somit unmöglich. Noch heute sind **Strichlisten** beim Zählen ein sehr sinnvolles Hilfsmittel.

▶ Mit dem **Abakus** konnte addiert, subtrahiert, multipliziert und dividiert, mit einigem Geschick sogar potenziert und radiziert werden.

Als älteste technische Hilfsmittel gelten **Rechenbretter** und **Rechenrahmen,** die vor allem als **Abakusse** bekannt wurden.
Waren die Rechenbretter zur Zeit der Babylonier aus Stein oder Holz und mit Sand bestreut, so verwendete man später mit aufgezeichneten oder eingeschnittenen Linien versehene Tafeln. Entlang den Linien wurden Rechensteine aus Knochen, Stein oder Metall verschoben. Je nach Stellung der Rechensteine auf den einzelnen Linien ordnete man ihnen einen bestimmten Wert zu.
Im Nationalmuseum von Athen befindet sich die *salamische Tafel,* ein Abakus, der aus dem 4. Jh. v. Chr. stammt und bei Ausgrabungen auf der griechischen Insel Salamis gefunden wurde. Diese Tafel besteht aus einer 1,50 m langen und 0,75 m breiten Marmorplatte mit eingemeißelten Spalten und Symbolen.
Um 300 v. Chr. entwickelten die Römer daraus einen tragbaren Handabakus.

Der „moderne" Abakus besteht aus einem Holzrahmen mit eingebauten parallelen Stäben, an denen durchbohrte Kugeln oder Perlen auf- und abgeschoben werden können. Derartige Rechenrahmen werden in abgewandelten Formen in einigen Ländern noch heute benutzt. Der Abakus ist als *Suan Pan* in China, *Soroban* in Japan und als *Stschoty* in Russland bekannt.
Noch vor wenigen Jahrzehnten wurde der Abakus auch an europäischen Schulen zum Rechnenlernen eingesetzt.

10.1 Geschichtlicher Abriss

Häufig gebrauchte Zahlenwerte, deren Berechnung kompliziert oder zeitaufwendig ist, wurden bereits in der Antike zu **Listen** und **Tabellen** zusammengestellt.
Multiplikationstabellen („Einmaleins-Tabellen"), Tafeln mit Quadratzahlen, Wurzeln und Potenzen, trigonometrische und logarithmische Tafeln u. a. verloren erst durch die Entwicklung elektronischer Rechengeräte ihre praktische Bedeutung. Zins- und Steuertabellen, Tabellen zur Währungsumrechnung oder Tafeln zu Wahrscheinlichkeitsverteilungen finden noch heute Anwendung.

▶ Auf **ADAM RIES** (1492 bis 1559) geht der sogenannte „Faulenzer", eine Umrechnungstabelle für alltägliche Anwendungen, zurück.

Eine erste Multiplikationshilfe entwickelte JOHN NAPIER (1550 bis 1617). Er verwendete **Rechenstäbchen** aus Holz, auf deren vier Seiten er das kleine Einmaleins schrieb. Ein gewünschtes Produkt erhält man, indem die Stäbchen nebeneinandergelegt und die auf den Stäbchen abzulesenden Teilprodukte addiert werden.

▶ Mit den **Napierstäbchen** wurde die Multiplikation auf die Addition zurückgeführt.

Im 17. Jahrhundert wurden **Proportionalwinkel/Proportionalzirkel** zu wichtigen Rechenhilfsmitteln. Je nach Verwendungszweck waren auf den Schenkeln lineare, logarithmische Skalen oder auch Skalen für Kreis-, Flächen- oder Volumenberechnungen aufgetragen.
Mithilfe von Strecken, die mit einem Stechzirkel abgetragen wurden, konnten so durch Anwenden der Strahlensätze Verhältnisgleichungen gelöst werden.

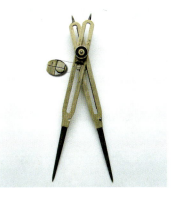

▶ Die Entwicklung des **Proportionalzirkels** wird GALILEO GALILEI (1564 bis 1642) zugeschrieben.

Um 1620 wurde ein **Rechenstab** (Rechenschieber) mit logarithmisch eingeteilter Skala von EDMUND GUNTER entwickelt. Dieser Rechenstab ermöglichte die Multiplikation und Division von Zahlen, indem er sie auf die Addition bzw. Subtraktion von Strecken zurückführte.
Während die Strecken anfangs noch mit einem Stechzirkel abgegriffen werden mussten, verwendete WILLIAM OUGHTRED (1574 bis 1660) zwei aneinandergleitende Skalen. Daraus entwickelte sich die bis zuletzt übliche Gestalt des Rechenstabs mit einer *Zunge*, die in einem *Körper* gleitet, und einem *Läufer*, der die genaue Einstellung der Skalen erleichtert.

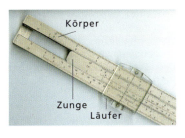

▶ EDMUND GUNTER (1581 bis 1626) erfand den **logarithmischen Rechenstab.**

Da die meisten Rechenstäbe außer den logarithmischen Skalen auch noch Skalen mit Werten der quadratischen und kubischen Funktionen, der trigonometrischen Funktionen und von Exponentialfunktionen enthielten, standen vielseitig einsetzbare Rechenhilfsmittel zur Verfügung.

Der Rechenstab war deshalb bis zu seiner endgültigen Ablösung durch den elektronischen Taschenrechner in den Achtzigerjahren im 20. Jahrhundert in vielen Berufen und auch in der Schule ein unentbehrliches Handwerkszeug.

BLAISE PASCAL

Die ersten mechanischen Rechenmaschinen wurden im 17. Jahrhundert entwickelt: Als erster Ziffernrechner gilt die Rechenuhr von WILHELM SCHICKHARDT (1592 bis 1635), die allerdings im Wirrwarr des Dreißigjährigen Krieges verloren gegangen ist.

BLAISE PASCAL (1623 bis 1662) entwickelte einen **Zweispeziesrechner** (Rechenmaschine zur Addition und Subtraktion), in dem mithilfe von Zahnrädern ein automatischer Zehnerübertrag möglich war.

Diese sogenannte **Pascaline** war die erste Rechenmaschine, die eine weite Verbreitung fand.

GOTTFRIED WILHELM LEIBNIZ

GOTTFRIED WILHELM LEIBNIZ (1646 bis 1716) erfand eine Rechenmaschine mit Staffelwalzen, die die Durchführung aller vier Grundrechenarten gestattete (erste **Vierspeziesmaschine**).

Die Staffelwalzenmaschine mit Antriebskurbel war der Vorläufer der bis in die Gegenwart benutzten **Tischrechner**.

Ein erster Rechner im Taschenformat stammt von CURT HERZSTARK (1902 bis 1988). Die nach ihm benannte **Curta** wurde um 1944 entwickelt.

1832 entwarf CHARLES BABBAGE (1792 bis 1871) den ersten digitalen Rechenautomaten mit Lochkartensteuerung, aber erst KONRAD ZUSE (1910 bis 1995) gelang 1936 der Bau eines funktionierenden programmgesteuerten Rechners.

Eine erhebliche Steigerung der Rechengeschwindigkeit gelang mit der Entwicklung **elektronischer Rechenmaschinen**.

KONRAD ZUSE

Computer und elektronische Taschenrechner leisten heute auf der Basis hochintegrierter Schaltkreise mehr als zehn Millionen Additionen pro Sekunde. Ab etwa 1990 wurden für die inzwischen weit verbreiteten Personal Computer (PC) spezielle mathematische Programme, die sogenannten **Computeralgebrasysteme (CAS)**, entwickelt. Mit ihnen sind nicht nur alle vom Taschenrechner gewohnten arithmetischen Operationen möglich, sondern auch das Rechnen mit Symbolen, grafische Darstellungen und das individuelle Programmieren spezieller Funktionen.

10.2 Elektronische Hilfsmittel

10.2.1 Elektronische Taschenrechner

Taschenrechner (TR) sind kleine handliche elektronische Rechengeräte, die es in sehr unterschiedlichen Ausführungen gibt. Sie bestehen aus einer Eingabetastatur, einem Display und dem eigentlichen elektronischen Rechner aus Mikroprozessor und Speicher. Einfache TR ermöglichen nur die Ausführung der vier Grundrechenarten. Meist verfügen sie aber über zusätzliche Funktionstasten (z. B. Prozenttaste) und über einen Speicher.

Die meisten der heute verbreiteten TR sind sogenannte wissenschaftliche Taschenrechner (Scientific Calculators). Über spezielle Funktionstasten ermöglichen sie den direkten Zugriff auf:
– Potenzen und Wurzeln
– Winkel-, Exponential- und Logarithmusfunktionen
– statistische Funktionen
– Bruchrechnung
– mehrere Klammerebenen
– mehrere Speicher

Leistungsstärkere Geräte sind frei programmierbar und auch grafikfähig. Teilweise lassen sie sich mit einem PC oder einem Drucker koppeln.

Rechnen mit dem Taschenrechner

Angesichts der Vielzahl verschiedener Taschenrechner kann hier nur auf einige grundlegende Tastenfolgen, sogenannte Rechenablaufpläne, hingewiesen werden. Für die folgenden Beispiele kann die Tastenfolge je nach Rechnertyp durchaus von der vorgestellten abweichen. Was ein konkreter Taschenrechner zu leisten vermag, ist letztlich immer der Bedienungsanweisung zu entnehmen.

▶ Rechenablaufpläne sind Beispiele für Algorithmen.

Häufig verwendete Funktionstasten

AC oder CLEAR	Gesamtlöschtaste, löscht die gesamte Eingabe
ALPHA	Alphabettaste, aktiviert vorhandene Buchstaben
ANS	Ergebnis-Rückholtaste
DEL	Datenlöschtaste
DEG – RAD	zeigt die Winkeleinheit an (Grad – Bogenmaß)
ENTER oder EXE	Ausführungstaste, auch für Gleichheitszeichen
M	Speichertaste
M+ bzw. M–	addiert bzw. subtrahiert den angezeigten Wert zum bzw. vom Inhalt des Speichers M
MODE	Modus-Taste, dient der Einstellung des Rechners
MR oder RCL	Abrufen des gespeicherten Wertes aus dem Speicher, dessen alphabetische Taste anschließend betätigt wird
STO	Speichertaste, übergibt einen Wert an einen Speicher
2nd oder SHIFT	Umschalttaste, aktiviert die Zweitbelegung der anschließend betätigten Taste

▶ clear (engl.) – säubern, löschen;
answer (engl.) – Antwort;
delete (engl.) – löschen;
enter (engl.) – beginnen;
memory (engl.) – Gedächtnis;
recall (engl.) – zurückrufen;
store (engl.) – Vorrat, Lager;
second (engl.) – zweite (-r, -s)

Ausführen von Grundoperationen

	Beispiel	Ablaufplan	Ergebnis
	62 + 134 − 58	[6] [2] [+] [1] [3] [4] [−] [5] [8] [=]	138
	$\dfrac{5 \cdot 10^3}{4 \cdot 10^{-3}}$	[5] [EXP] [3] [÷] [4] [EXP] [+/−] [3] [=] oder [5] [×] [1] [0] [yˣ] [3] [÷] [(] [4] [×] [1] [0] [yˣ] [+/−] [3] [)] [=]	1 250 000
	$2{,}2 \cdot 3{,}5 - \dfrac{12}{5}$	[2] [.] [2] [×] [3] [.] [5] [−] [1] [2] [÷] [5] [=]	5,3
Konstanten-automatik:	Ein Operand (meist der zweite) bleibt erhalten. Durch Eingeben des anderen Operanden und Betätigen der Ergebnistaste erhält man sofort das Resultat.		
	$3 \cdot 5$ $7 \cdot 5$ $0{,}15 \cdot 5$	[3] [×] [5] [=] [7] [=] [.] [1] [5] [=]	15 35 0,75
Bruch-rechnung:	Zur Eingabe und Umwandlung gemeiner Brüche wird, sofern vorhanden, die [a b/c]-Taste verwendet.		
	$3\frac{1}{4} + \frac{1}{2}$	[3] [a b/c] [1] [a b/c] [4] [+] [1] [a b/c] [2] [=] [a b/c]	3 ⌐ 3 ⌐ 4 3,75
Vorrang-automatik:	Rechenoperationen höherer Stufe werden bevorzugt ausgeführt.		
mit Vorrang-automatik ohne Vorrang-automatik	$2 + 8 \cdot 3$	[2] [+] [8] [×] [3] [=]	26 (richtig) 30 (falsch)
	Die Vorrangautomatik kann beim Berechnen von Brüchen zu falschen Ergebnissen führen.		
mit Vorrang-automatik ohne Vorrang-automatik	$\dfrac{12 + 3}{5}$	[1] [2] [+] [3] [÷] [5] [=]	12,6 (falsch) 3 (richtig)
	Sind Bruchterme zu berechnen, sollte die Berechnung des Zählers (oder des Nenners) mit der Ergebnistaste abgeschlossen werden. Auch eine Strukturierung mithilfe von Klammern ist möglich.		
mit oder ohne Vorrang-automatik	$\dfrac{12 + 3}{5}$	[1] [2] [+] [3] [=] [÷] [5] [=] oder [(] [1] [2] [+] [3] [)] [÷] [5] [=]	3

10.2 Elektronische Hilfsmittel

Ausführen von wissenschaftlichen Funktionen

	Beispiel	Ablaufplan	Ergebnis
Bei Benutzung der *Funktionstasten* sind zwei Systeme zu unterscheiden:			
1. Rechner mit direkter algebraischer Logik ermöglichen die Eingabe von Zahlen und Operanden in der üblichen Reihenfolge.	$5 \cdot \sqrt{3}$	[5] [×] [√] [3] [=]	8,660254038
	$3{,}7^2$	[3] [.] [7] [x^2]	13,69
	124^3	[1] [2] [4] [y^x] [3] [=]	
		oder	
		[1] [2] [4] [^] [3] [=]	1906 624
	$\lg 200$	[log] [2] [0] [0] [=]	2,301029996
	$\sin 60°$	im DEG-Modus:	
		[sin] [6] [0] [=]	0,866025403
	$\cos \pi$	im RAD-Modus:	
		[cos] [π] [=]	−1
	$\sin x = 0{,}2481$	im DEG-Modus:	
		[2nd] [$\sin^{-1}$] [0] [.] [2] [4] [8]	14,36510841
		[1] [=]	
2. Vor allem bei älteren Modellen ist erst die Zahl einzugeben und danach die jeweilige Funktionstaste zu betätigen.	$5 \cdot \sqrt{3}$	[5] [×] [3] [√] [=]	8,660254038
	$\lg 200$	[2] [0] [0] [log] [=]	2,301029996
	$\sin 60°$	im DEG-Modus:	
		[6] [0] [sin] [=]	0,866025403
	$\cos \pi$	im RAD-Modus:	
		[π] [cos] [=]	−1
Zu beachten ist, dass eine Funktionstaste hier nur auf den zuletzt eingegebenen Wert wirkt.	$\sqrt{2 \cdot 8}$	[2] [×] [8] [√] [=]	5,656854249 (falsch)
		[2] [×] [8] [=] [√] [=]	4 (richtig)
		oder	
		[(] [2] [×] [8] [)] [√] [=]	4 (richtig)
Verwenden der *Prozenttaste*			
25 % von 500		[5] [0] [0] [×] [2] [5] [%] [=]	125
Wie viel Prozent sind 120 von 400?		[1] [2] [0] [÷] [4] [0] [0] [%]	
		[=]	30
500 − 25 % (von 500)		[5] [0] [0] [−] [2] [5] [%] [=]	375
67,5 sind 75 %		[6] [7] [.] [5] [÷] [7] [5] [%]	
Wie groß ist der Grundwert?		[=]	90

Wissenschaftliche TR ermöglichen in der Regel auch *stochastische Berechnungen*. Die entsprechenden Formeln sind dann fest programmiert.

10.2.2 Grafikfähige Taschenrechner

▶ Der **GTR** besitzt ein großes Display mit mehrzeiliger Anzeige.

Grafikfähige Taschenrechner (GTR) sind *Rechenhilfsmittel und Grafikwerkzeug* zugleich. Sie ermöglichen alle numerischen Operationen eines wissenschaftlichen TR und verfügen darüber hinaus über die Fähigkeit grafischer Veranschaulichungen.

Moderne GTR verfügen über Flash-ROM-Technologie. Es können spezielle Anwendungen, sogenannte Flash-Applikationen, direkt in den ROM des GTR eingespielt werden. Damit besteht die Möglichkeit, den Rechner durch Aufladen von Software individuellen Bedürfnissen anzupassen. Obwohl unterschiedliche Tastenbelegungen bei der Vielzahl verfügbarer GTR-Typen für ein und dieselbe Operation meist unterschiedliche Tastenfolgen erforderlich machen, stimmen die GTR in vielen grundlegenden Funktionen überein.

▶ Es werden der vollständige Eingabeterm, die Ergebniszeile und mehrere vorhergehende Zeilen abgebildet.

Arithmetische Operationen, die sich mit einem TR ausführen lassen, sind auch mit einem GTR durchführbar.

```
0.8+6^3
                    216.8
√(565)
              23.76972865
sin(π/4)
              .7071067812
```

Mithilfe des ANS-Speichers lassen sich Brüche in Dezimalzahlen umwandeln und umgekehrt (hier unter Zuhilfenahme des Befehls *Frac*).

```
15/7*3/2
              3.214285714
Ans▶Frac
                     45/14
0.2+2/3▶Frac
                     13/15
```

▶ Durch Teilung des Bildschirms können Text und Grafik auch gleichzeitig angezeigt werden.

Die **grafische Darstellung von Funktionen** ermöglicht einen schnellen Überblick über wesentliche Funktionseigenschaften. **Wertetabellen** eingegebener Funktionen lassen sich automatisch erstellen und manuell bearbeiten.

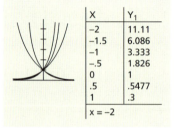

$f(x) = a^x$
Graph für $a = 0{,}3$; $0{,}5$; 2; 3; 5

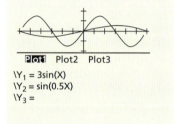

Einsatzmöglichkeiten für einen GTR

- Bestimmen der Nullstellen der Funktion $f(x) = x^3 - 3x^2 + 1$
Die TRACE-Funktion positioniert den Cursor auf dem Funktionsgraphen und zeigt die Koordinaten der Cursorposition an. Über die ZOOM-Funktion kann ein Ausschnitt ausgewählt und vergrößert werden.

▶ Mithilfe der TRACE und der ZOOM-Funktion können markante Punkte (Schnittpunkte, Extrempunkte u. a.) leicht bestimmt werden.

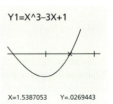

Auf diese Weise erhält man angenähert, aber dennoch mit hoher Genauigkeit, die („rechte") Nullstelle $x_0 \approx 1{,}5387$.
Die beiden anderen Nullstellen erhält man entsprechend.

- Grafisches Lösen der quadratischen Gleichung $2x^2 - 1{,}9x - 2{,}8 = 0$

Da die Lösungen der Gleichung identisch sind mit den Nullstellen der Funktion $f(x) = 2x^2 - 1{,}9x - 2{,}8$, werden sie über ZOOM/TRACE abgelesen oder über ZERO berechnet.

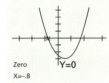

Lösungen: $x_1 = -0{,}8$ $x_2 = 1{,}75$

- Grafisches Lösen eines Gleichungssystems/Bestimmen der Schnittpunkte zweier Funktionsgraphen

I $x^2 - 4x + 1 = y$ bzw. $f(x) = x^2 - 4x + 1$
II $-0{,}5x + 4 = y$ $g(x) = -0{,}5x + 4$

Man erhält die Koordinaten der Schnittpunkte wieder über ZOOM/TRACE oder über einen speziellen Rechnerbefehl (hier: *Intersection*).

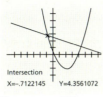
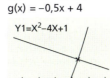

Lösung: $x_1 \approx -0{,}71$ Lösung: $x_2 \approx 4{,}21$
$y_1 \approx 4{,}36$ $y_2 \approx 1{,}89$

- Numerisches Lösen linearer Gleichungssysteme
I $2{,}5x - 0{,}5y = 5$
II $-2x + 2y = 3$

Nach Eingabe der Koeffizienten und Absolutwerte eines linearen Gleichungssystems in dafür vorgesehene Matrizen und Anwenden rechnerspezifischer Befehle erhält man die Lösung in Spaltenform.

▶ Lineare Gleichungssysteme lassen sich sehr bequem über ein Matrix-Menü lösen. Eine Matrix ist ein rechteckiges Schema mit einer vorgeschriebenen Anordnung von Zahlen.

Mit dem ANS-Frac-Befehl können die Dezimalzahlen in Brüche umgewandelt werden.

```
MATRIX[A] 2 ×2
[ 2.5    -.5       ]
[ -2      2        ]
MATRIX[B] 2 ×1
[ 5               ]
[ 3               ]
```

```
[A]⁻¹* [B]
            [ [2.875]
              [4.375] ]
Ans▶Frac
            [ [23/8]
              [35/8] ]
```

Lösungen: $x = 2{,}875 = \frac{23}{8}$ $y = 4{,}375 = \frac{35}{8}$

– Numerisches und grafisches Auswerten statistischer Daten
Durch den Einsatz eines TR bzw. GTR mit statistischen Funktionen lassen sich Experimente mit Zufallszahlen und Datenmengen relativ einfach auswerten. Die rechnerische Auswertung einer eingegebenen Liste erfolgt hierbei über im Rechner fest eingespeicherte Programme.

▶ Eigene kleine Programme können im Programmiermodus manuell erstellt werden.

■ In einer Sportgruppe wurden von 15 Jungen folgende Körpergrößen gemessen (Angaben in Zentimeter): 181; 178; 175; 178; 178; 170; 177; 182; 177; 178; 180; 176; 175; 182; 175
Zur Beschreibung dieser Stichprobe sollen wesentliche Lage- und Streuungsmaße bestimmt werden.
Aus der Übersicht der Kennwerte werden die gesuchten Werte entnommen:

Mittelwert
Standardabweichung
Anzahl ausgewerteter Daten
Median
Kleinster bzw. größter Listenwert

```
1-Var Stats
x̄=177.4666667
Σx=2662
Σx²=472554
Sx=3.136573806
σx=3.030218181
↓n=15
1-Var Stats
↑n=15
minX=170
Q₁=175
Med=178
Q₃=180
maxX=182
```

▶ Die grafische Auswertung der Liste erfolgt als Histogramm.

Mit TRACE lässt sich das Histogramm schrittweise auswerten:
Die Körpergröße von 177 (cm) tritt genau zweimal auf.

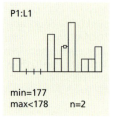

P1:L1

min=177
max<178   n=2

▶ CAS sind Computerprogramme mit symbolischen, numerischen und grafischen Fähigkeiten.

10.2.3 Computeralgebrasysteme

Wissenschaftliche Taschenrechner einschließlich der bisher beschriebenen grafischen Taschenrechner arbeiten im numerischen Bereich, d. h., sie rechnen ausschließlich mit Zahlen. Dagegen ist das Rechnen mit Variablen („Symbolisches Rechnen") erst mit sogenannten Computeralgebrasystemen (CAS) möglich.
Computeralgebrasysteme kommen als Software für den PC oder auch als Bestandteil grafikfähiger Taschenrechner zum Einsatz.

10.2 Elektronische Hilfsmittel

**Wichtige Einsatzbereiche eines Computeralgebrasystems:
Termumformungen und Lösen von Gleichungen**

- Summen und Produkte symbolisch berechnen

■ $3a + 3b^2 + 2c - b + 7a - b^2 - 3b =$
$1{,}8x \cdot 0{,}6xy =$
$a^m \cdot a^n =$
$a^m : a^n =$

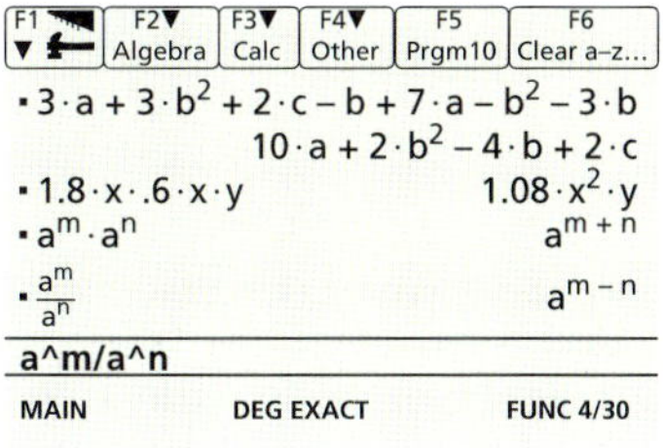

▶ Bekannte CAS sind.
Derive, Macsyma, Maple, **Mathcad,** Mathematica, Mathplus, Matlab, MuPAD u. a.

- Ausmultiplizieren eines Terms

■ $(a + b)^2 =$
$(2x + 3)^3 =$

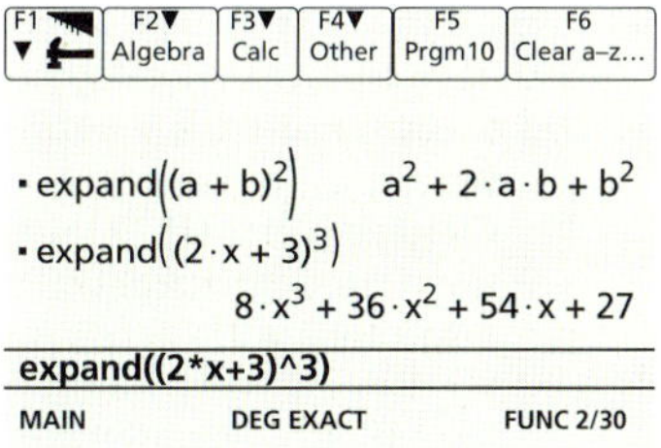

- Zerlegung in Faktoren

■ $1\,155 =$
$x^2 + 2x + 1 =$
$3x^2 + 19x - 14 =$

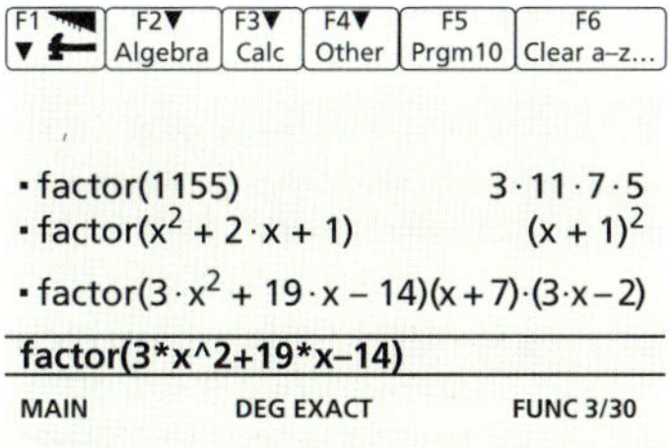

- Lösen von Gleichungen

■ $\frac{3}{5}a = \frac{2}{3}$
$0{,}8z - 0{,}5 = 1$
$4x^2 - 8x - 24 = 8$
$x^2 + px + q = 0$
SOLVE liefert die „Lösungsformel" (in leicht abgewandelter Form).

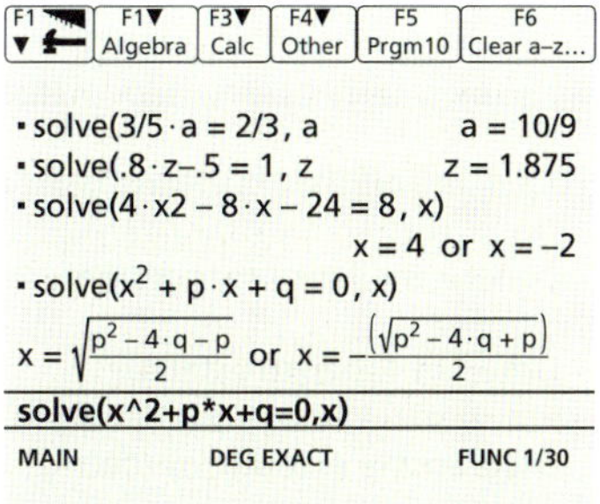

▶ Über die in der Regel vorhandene Funktion SOLVE ist es möglich, Gleichungen zu lösen oder nach einer Variablen umzuformen.

– Auflösen von Gleichungen

- $\dfrac{W}{p} = \dfrac{G}{100}$, nach p
- $V = \dfrac{1}{3} a^2 \cdot h$, nach h
- $\dfrac{1}{R_1} + \dfrac{1}{R_2} = \dfrac{1}{R_g}$, nach R_1

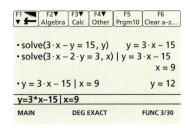

Die üblichen Verfahren zum Lösen von Gleichungssystemen können mit einem CAS leicht nachvollzogen werden.

▶ Eine schnelle Kontrolle kann über die Grafik des **CAS** erfolgen (↗ S. 370; GTR).

- Lösen des Gleichungssystems
  I $3x - y = 15$
  II $3x - 2y = 3$
  nach dem Einsetzungsverfahren
  ① Gleichung I nach y auflösen
  ② Gleichung II nach x auflösen und gleichzeitig y ersetzen: $x = 9$
  ③ $x = 9$ in die nach y aufgelöste Gleichung einsetzen: $y = 12$

▶ CAS verfügen in der Regel über eine Texteditorfunktion, sodass die Rechnungen leicht dokumentiert werden können.

Formeln lassen sich speichern, später wieder aufrufen und stehen dann für Berechnungen sofort zur Verfügung.

- Berechnen der Länge einer Dreiecksseite nach dem Kosinussatz
  ① Speichern der Formel unter einem beliebigen Variablennamen (→ kos)
  ② Späteres Wiederaufrufen
  ③ Einsetzen spezieller Werte (b = 5; c = 4; α = 30°) über einen dafür vorgesehenen Operator

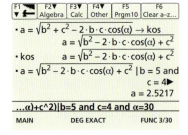

▶ Ein bekanntes **Tabellenkalkulationsprogramm** ist z. B. MS Excel.

10.2.4 Tabellenkalkulationsprogramme

Tabellenkalkulationsprogramme sind Computeranwendungsprogramme, mit denen
– Daten in Tabellen erfasst,
– mit diesen Daten Berechnungen vorgenommen und
– Diagramme erzeugt werden können.

Hauptanwendungsgebiete sind finanzmathematische und statistische Aufgabenstellungen (Rechnungswesen, Buchhaltung, Lagerwirtschaft), bei denen wiederkehrende Rechnungen mit neuen Ausgangswerten typisch sind.
Jede Tabellenkalkulation wird mit einer Kalkulationstabelle ausgeführt. In die einzelnen Zellen können Texte, Zahlen oder Formeln eingetragen werden. Beim Rechenvorgang werden die Inhalte verschiedener Zellen über Rechenoperationen miteinander verknüpft. Dazu werden Formeln oder Operationen (beginnend mit einem Gleichheitszeichen) in den Zellen verankert, in denen das jeweilige Resultat stehen soll.

▶ Die Kalkulationstabelle wird auch Rechenblatt, Worksheet oder Spreadsheet genannt.

■ Erstellen einer monatlichen Telefonrechnung für ein Mobilfunkgerät (zugrunde gelegt ist eine Abrechnung im Minutentakt)

	A	B	C	D	E	F	G	H	I	J
1	Telefonrechnung (Preisangaben in Euro, inkl. Mehrwertsteuer)									
2										
3				Preis je Minute		Preis je	Verbindungen in min		Anzahl	Kosten
4				Hauptzeit	Nebenzeit	Verbindung	Hauptzeit	Nebenzeit	SMS	
5	Grundpreis		8,72	/	/	/	/	/	/	8,72
6	Verbindungen im eigenen Mobilfunknetz			0,15	0,15	/	28	35	/	9,45
7	Verbindungen in fremde Mobilfunknetze			0,51	0,2	/	18	41	/	17,38
8	Verbindungen in ein Festnetz			0,51	0,15	/	17	35	/	13,92
9	Verbindungen zur Mailbox			0,15	0,15	/	5	8	/	1,95
10	Kurznachrichten (SMS)			/	/	0,12	/	/	26	3,12
11										
12								Rechnungsbetrag		54,54

Schrittfolge:
1. Anlegen der Tabelle (Textelemente)
2. Eintragen der Einzelpreise und Verbindungen (Zahlen)
3. Vorgabe der Zellenverknüpfungen (Formeln), z. B.
   Preis für Verbindungen in ein Festnetz (Zelle J8):
   $0{,}51 \cdot 17 + 0{,}15 \cdot 35$ also $D8 \cdot G8 + E8 \cdot H8$

▶ Die Zellen sind durch Spaltenbezeichnung und Zeilennummer eindeutig bestimmt (z. B. Zelle J8).

WURZEL		X ✓ =	=D8*G8+E8*H8				
	A	B	C	D	E	G	H	J
8	Verbindungen in ein Festnetz			0,51	0,15	17	35	=D8*G8+E8*H8

Diese Rechnungen könnten an sich auch mit einem TR sehr schnell ausgeführt werden. Die Besonderheit einer Tabellenkalkulation besteht darin, dass das Kalkulationssystem neu rechnet und das Ergebnis aktualisiert, sobald der Wert einer Zelle, auf die sich eine Formel bezieht, geändert wird.
Die mit einem Tabellenkalkulationsprogramm erzeugten Diagramme sind mit den Daten der Tabelle verknüpft. Ändert man diese Daten, so ändert sich auch das Diagramm (↗ S. 110; Aussagen zu Diagrammen).

▶ Ein einmal angelegtes Arbeitsblatt kann für gleichartige Aufgaben immer wieder verwendet werden.

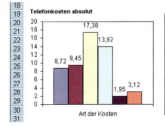
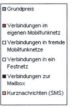

▶ Ein **Tabellenkalkulationsprogramm** kann verschiedene Diagrammarten erzeugen z. B.:
– Liniendiagramme
– Balkendiagramme
– Kreisdiagramme
– Flächendiagramme
– Punktdiagramme

Eine Tabellenkalkulation arbeitet also an sich auch ohne Zellenverknüpfung.
Wird der zu berechnende Term in eine Zelle des Arbeitsblattes geschrieben, so berechnet das Kalkulationsprogramm sofort seinen Wert und weist ihn in dieser Zelle aus.

Der große Vorteil der Tabellenkalkulation besteht jedoch gerade darin, dass über eine Verknüpfung der Zellen jede Änderung eines Eingangswertes sofort ein neues Endergebnis nach sich zieht. Einmal angelegt, steht somit ein für gleichartige Aufgaben immer wieder verwendbares Arbeitsblatt zur Verfügung.

■ Berechnungen mit dem Satz des Pythagoras
Zu berechnen ist die Länge einer Kathete (b), wenn die Längen der anderen Kathete (a) und die der Hypotenuse (c) bekannt sind.
Es sei a = 17 cm und c = 26 cm.
Aus $c^2 = a^2 + b^2$ folgt $b = \sqrt{c^2 - a^2}$, also $b = \sqrt{26^2 - 17^2}$.

① Ohne Verknüpfung der Zellen:

② Mit Verknüpfung der Zellen:

Zur Berechnung der Wurzel und für andere häufig wiederkehrende Standardberechnungen sind im System fest integrierte Funktionen vorhanden.

▶ Da das Diagramm von den Wertepaaren der Tabelle erzeugt wird, müssen immer genügend viele Werte vorgegeben werden. Sonst erscheint der Graph eher eckig.

■ Erstellen einer Wertetabelle und grafische Darstellung der Funktion
$y = 0{,}8x^2 - 1$
Schrittfolge:
– In Spalte A Intervall anlegen
– Formel in B2 eintragen und B3 bis B14 kopieren
– Diagramm mithilfe des Diagramm-Assistenten erzeugen

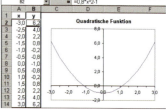

10.2.5 Dynamische Geometriesoftware

Dynamische Geometriesoftware kann genutzt werden, um
- geometrische Figuren zu konstruieren,
- Graphen von Funktionen zu zeichnen,
- die Objekte der Zeichenfläche zu gestalten,
- mit den Objekten der Zeichenfläche Berechnungen auszuführen und
- mit geometrischen Figuren und Funktionsgraphen zu experimentieren.

Beim Starten des Programms GeoGebra erscheint ein dreigeteiltes Bild, das aus dem Algebrafenster im linken Teil, der Zeichenfläche in der Mitte und der Tabellenansicht im rechten Teil besteht.

▶ Das Programm GeoGebra wurde für den Einsatz im Unterricht entwickelt. Es kann im Internet unter www.geogebra.org heruntergeladen werden.

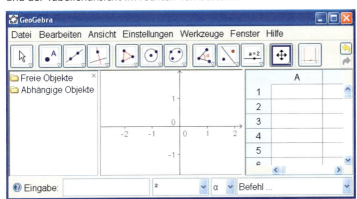

Im Menü *Ansicht* wird u. a. festgelegt, ob das Algebrafenster und die Tabellenansicht abgebildet werden und ob in der Zeichenfläche die Achsen und das Koordinatengitter eingeblendet werden.

Geometrische Figuren konstruieren

Anstelle von Bleistift, Zirkel, Lineal und Geodreieck stehen bei GeoGebra über der Zeichenfläche zahlreiche Funktionsschalter zum Konstruieren zur Verfügung. Jede Konstruktionsaufgabe, die auf Zeichenpapier im klassischen Sinne lösbar ist, kann mithilfe der Funktionsschalter auch mit GeoGebra umgesetzt werden.

▶ Vorteile bei GeoGebra:
Speichern
Korrigieren
Gestalten
Kopieren
Versenden

Durch Anklicken eines Funktionsschalter mit der Maus wird diese Funktion aktiviert. Durch doppeltes Anklicken mit der Maus öffnet sich ein Untermenü mit weiteren Auswahlmöglichkeiten.

Zu jedem Schritt einer Konstruktion gehören:
– Funktion auswählen,
– Erforderliche Eingaben ausführen.
In vielen Fällen sind mehrere Eingaben erforderlich, wobei oftmals auch die Reihenfolge von Bedeutung ist. So ergibt die Spiegelung der Geraden h an g mit h' ein anderes Bild als die Spiegelung der Geraden g an h.

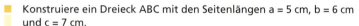

■ Konstruiere ein Dreieck ABC mit den Seitenlängen a = 5 cm, b = 6 cm und c = 7 cm.
Die nebenstehende Abbildung zeigt die Konstruktion des Dreiecks ABC. Die Punkte A und B sind als freie Objekte angegeben, d.h., sie können mit der Maus verschoben werden.

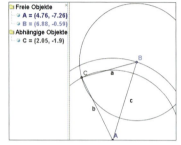

Der Punkt B ist an den Kreis um A mit dem Radius c gebunden, sodass er nur auf dem Kreis bewegt werden kann. C ist als Schnittpunkt zweier Kreise ein abhängiger Punkt. Er kann nicht mit der Maus verschoben werden, ändert aber seine Lage, wenn A oder B bewegt werden. Die Kreise um A und B wurden mit dem Funktionsschalter ⊙ Kreis mit Mittelpunkt und Radius gezeichnet.

Objekte der Zeichenfläche gestalten

▶ Wenn eine Hilfslinie unsichtbar gemacht werden soll, darf sie keinesfalls gelöscht werden. Alle von der Hilfslinie abhängigen Objekte werden sonst ebenfalls gelöscht.

Um Änderungen an einem Objekt der Zeichenfläche vorzunehmen, ist es mit der rechten Maustaste anzuklicken. Im Menü *Eigenschaften* kann dann u. a. die Farbe oder die Stärke von Linien verändert werden. Soll das Objekt nicht mehr auf der Zeichenfläche sichtbar sein, so ist der Haken am Befehl OBJEKT ANZEIGEN zu entfernen.
Das Menü *Eigenschaften* erreicht man auch über die Leiste *Bearbeiten*.

■ Da die Kreise um A und B für die Dreieckskonstruktion nur Hilfslinien sind, können sie mit geringerer Stärke dargestellt werden, um die Konstruktion übersichtlicher zu gestalten.

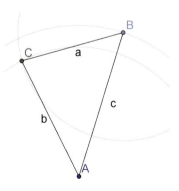

Anzeigen von Winkelgrößen, Streckenlängen und Flächeninhalten

Winkelgrößen, Streckenlängen und Flächeninhalte können in der Zeichenfläche angezeigt werden. Die Festlegung darüber, von welchem Objekt die Größe in der Zeichenfläche angezeigt wird, erfolgt über das Menü *Eigenschaften*.

Beim Vieleck wird der Flächeninhalt als „Wert" automatisch angezeigt, wenn man diese Option gewählt hat.

Beim Kreis hingegen muss der Flächeninhalt durch die Eingabe einer Formel oder eines Befehls in die Eingabezeile berechnet werden.
Die Eingabe lautet: Eingabe: "A = "+Fläche[c]+" cm²"

Für Eingaben gelten folgende Regeln:
- Textelemente in Anführungszeichen einschließen,
- Textelemente und Formeln bzw. Befehle zur Berechnung durch Pluszeichen trennen,
- Befehle aus der Liste an der rechten unteren Ecke der Zeichenfläche auswählen.

Arbeiten mit Befehlen

Während einige Konstruktionsschritte sowohl über Funktionsschalter als auch über Befehle realisiert werden können, bietet die Liste der Befehle noch weitere Möglichkeiten.

Tangente[A, c]   Steigung[f]

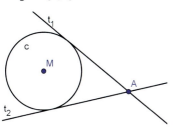
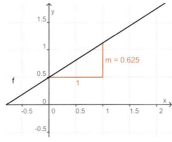

Experimentieren mit GeoGebra

Weil Zusammenhänge zwischen den Objekten einer Konstruktion erhalten bleiben, wenn ein freier Punkt verschoben wird, eignet sich GeoGebra, um Zusammenhänge experimentell zu erkennen und zu untersuchen.

■ Veränderungen können mithilfe der Option Spur ein sichtbar gemacht werden, wie hier bei A und den beiden Tangenten. Die Abbildung zeigt den Zusammenhang zwischen der Lage von A und der Anzahl der Tangenten an den Kreis c, die durch A gehen.

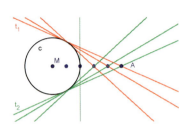

① A liegt innen: keine Tangente
② A liegt auf c: genau eine Tangente
③ A liegt außen: zwei Tangenten

Arbeiten mit Tabellen und Diagrammen

▶ Bei einer Tabellenkalkulation können die Diagramme nur verstellt werden, indem die Werte in der Tabelle geändert werden.

Neben der Erstellung von Diagrammen aus gegebenen Daten und der Berechnung von Kenngrößen lassen sich mit GeoGebra verstellbare Säulendiagramme erzeugen. Die Häufigkeitsverteilung zum Säulendiagramm kann dann in einer Tabelle erfasst werden.

Rohbau
– Einstellen der Option *an (Koordinatengitter)* über *Einstellungen* und *Punktfang*
– Zeichnen von Strahlen parallel zur y-Achse mit Beginn auf der x-Achse
– Einzeichnen der Punkte H_1 bis H_6 auf den Strahlen

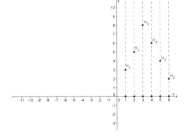

▶ Hier liefert y(H_1) die y-Koordinate des Punkts H_1. Die Übertragung der Häufigkeit aus dem Diagramm in die Spalte Anzahl erfolgt auch über y(H_1).

Erstellen des Diagramms
– Befehl: BALKENDIAGARMM
  [{1,2,3,4,5,6}, {y(H_1), y(H_2),
  y(H_3), y(H_4), y(H_5), y(H_6)}]

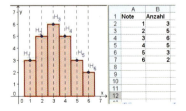

Anhang A

Übersicht zur Herkunft ausgewählter mathematischer Begriffe

Abszisse	abscindere (lat.) – trennen
Addition; addieren	addere (lat.) – hinzufügen
Algebra	abgeleitet von dem Titel eines Buches von AL-CHWARIZMI
Algorithmus	abgeleitet von dem Namen AL-CHWARIZMI (in latinisierter Form)
Äquivalenz, äquivalent	aequus (lat.) – gleich; valere (lat.) – wert sein
Arithmetik	arithmos (griech.) – Zahl
Arkus	arcus (lat.) – Bogen
Assoziativgesetz	associare (lat.) – verbinden, vereinigen
Axiom	axioma (griech.) – Grundwahrheit
Basis	basis (griech.) – Grundlage
Binom	binominis (lat.) – zweinamig
dekadisch	deka (griech.) – zehn
Datum (Mz.: Daten)	datum (lat.) – das Gegebene
Dezi-, Dezimal-	decimus (lat.) – zehnter; decem (lat.) – zehn
Diagonale	dia (griech.) – durch; gonia (griech.) – Winkel
Differenz	differentia (lat.) – Unterschied
Diskriminante	discriminare (lat.) – unterscheiden
Distributivität	distribuere (lat.) – verteilen
Dividend	dividere (lat.) – teilen
Division, Divisor	divisio (lat.) – Teilung
Dodekaeder	dodeka (griech.) – zwölf
Dualsystem	duo (lat.) – zwei; systema (griech.) – das aus mehreren Dingen bestehende Ganze
Ellipse	elleipon (griech.) – das Fehlen, der Mangel
explizit	explicatus (lat.) – entfaltet, aufgerollt
Exponent	exponere (lat.) – offen hinstellen
Faktor	factor (lat.) – Macher
Funktion	functio (lat.) – Geltung
Geometrie	geometrein (griech.) – Land vermessen, ausmessen
Gon	gonia (griech.) – Winkel
goniometrisch	gonia metrein (griech.) – Winkel messen
Graph	graphein (griech.) – zeichnen
Hektar	hekaton (griech.) – hundert; area (lat.) – Platz
Hexaeder	hex (griech.) – sechs
Hyperbel	hyperbole (griech.) – Überschuss
Ikosaeder	eikosi (griech.) – zwanzig
implizit	implicare (lat.) – einwickeln, einrollen
Index	index (lat.) – Anzeige, Aufschrift
Intervall	intervallum (lat.) – Zwischenraum
invers	inversus (lat.) – umgekehrt
irrational	irrationalis (lat.) – unvernünftig
Iteration	iteratio (lat.) – Wiederholung
Kavalierperspektive	cavaliere (ital.) – Ritter; perspicere (lat.) – deutlich sehen

Übersicht zur Herkunft ausgewählter mathematischer Begriffe

Kathete	kathetos (griech.) – die senkrechte Linie
Kilo-	chilioi (griech.) – tausend
Koeffizient	cum (lat.) – mit; efficiens (lat.) – bewirkend
kollinear	collinere (lat.) – etwas in gerader Linie richten
Kommutativität	commutare (lat.) – vertauschen
Komplementwinkel	complementum (lat.) – Ergänzung
kongruent	congruens (lat.) – übereinstimmend, gleichförmig
Konjunktion	coniunctio (lat.) – Verbindung
konkav	concavus (lat.) – hohl, nach innen gewölbt
Konstante	constans (lat.) – feststehend
Konstruktion	constructio (lat.) – Bau, Zusammenfügung
konvex	convexus (lat.) – gewölbt
Koordinate	cum (lat.) – mit; ordinatio (lat.) – Anordnung, Aufstellung
Kubik; Kubus	kybos (griech.) – Würfel
lexikografisch	lexis (griech.) – Wort; graphein (griech.) – schreiben
linear	linea (lat.) – Linie, Strich
Logarithmus	logos (griech.) – Wort; arithmos (griech.) – Zahl
Mathematik	mathema (griech.) – Wissenschaft
Millimeter	mille (lat.) – tausend
Minuend; Minus	minuere (lat.) – verkleinern, vermindern
Minute	abgeleitet von „partes minutae primae" – „erste verminderte Teile" (lat.)
Modul	modulus (lat.) – Maß
Monom	monos (griech.) – einzeln
Monotonie	monotonos (griech.) – eintönig
Multiplikation	multiplicare (lat.) – vervielfältigen, vervielfachen
negativ	negare (lat.) – verneinen
Oktaeder	okto (griech.) – acht
Operation	opera (lat.) – Mühe, Arbeit
Ordinate	ordinatus (lat.) – geordnet
orthogonal	orthos (griech.) – senkrecht; gonia (griech.) – Winkel
Parabel	paraballein (griech.) – vergleichen
Parallele, Parallelogramm	parallelos (griech.) – nebeneinander stehend
Parameter	parametrein (griech.) – etwas messen, vergleichen
Passante	passer (franz.) – vorbeigehen
Peripherie	periphereia (griech.) – Kreislinie
Periode	periodos (griech.) – Umlauf, Wiederkehr
Permanenzprinzip	permanere (lat.) – fortdauern
Permutation	permutatio (lat.) – Veränderung
Perspektive	perspicere (lat.) – deutlich sehen
Planimetrie	planus (lat.) – eben, flach; metrein (griech.) – messen
plus	plus (lat.) – mehr
Polyeder, Polynom	poly (griech.) – viel

Polygon	polygonion (griech.) – Vieleck
Positionssystem	positio (lat.) – Lage, Stellung; systema (griech.) – das aus mehreren Dingen bestehende Ganze
positiv	positivus (lat.) – gesetzt, gegeben
Potenz	potentia (lat.) – Kraft, Macht
ppb	parts per billion (engl.) – Teile zu einer Milliarde
ppm	parts per million (engl.) – Teile zu einer Million
Primzahl	primus (lat.) – erster
Priorität	prior (lat.) – vorderer, erster
Prisma	priein (griech.) – zersägen, auseinanderbrechen
Produkt	producere (lat.) – hervorbringen
Projektion	proicere (lat.) – hinwerfen
Proportionale	proportio (lat.) – Verhältnis
Prozent	pro (lat.) – für; centum (lat.) – hundert
Promille	pro (lat.) – für; mille (lat.) – tausend
Pyramide	pyramis (griech.) – Pyramide
Quader, Quadrat	quadrum (lat.) – Viereck
Quadrant	quadrans (lat.) – Viertel
Quotient	quotiens (lat.) – wie oft?
Radikand, radizieren	radix (lat.) – Wurzel
Radius	radius (lat.) – Stab, Strahl
rational	ratio (lat.) – Rechnung, Methode
Relation	relatio (lat.) – Beziehung, Verhältnis
reziprok	reciprocus (lat.) – umgekehrt
Rhombus	rhombos (griech.) – Kreisel
Sekante, Sektor	secare (lat.) – schneiden
Sekunde	kurz für „partes minutae secundae" (lat.) – „zweite verminderte Teile"
Statistik	status (lat.) – Bestehendes, Zustand
Stereometrie	stereos (griech.) – fest, hart; metrein (griech.) – messen
stochastisch	stochastike (griech.) – zum Zielen, zum Erraten gehörende Kunst
Substitution	substituere (lat.) – einsetzen, ersetzen
Subtraktion	subtrahere (lat.) – abziehen
Supplementwinkel	supplementum (lat.) – Ergänzung
Symmetrie	symmetria (griech.) – Ebenmaß
Tangente, Tangens	tangere (lat.) – berühren
Tetraeder	tettares (griech.) – vier
Trapez	trapezion (griech.) – Tischchen
Trigonometrie	treis (griech.) – drei; gonia (griech.) – Winkel; metrein (griech.) – messen
Trinom	tres (lat.) – drei; nomen (lat.) – Name
Variable	varius (lat.) – verschieden, wechselnd
Vektor	vector (lat.) – Träger
Volumen	volumen (lat.) – Windung, Krümmung
Zentimeter	centum (lat.) – hundert
Zirkel	circulus (lat.) – Kreislinie
Zylinder	kylindros (griech.) – Zylinder

Mathematische Zeichen und Symbole

Zeichen	Sprechweise/Bedeutung	Zeichen	Sprechweise/Bedeutung
$=$	gleich	$n!$	n Fakultät
$\neq$	ungleich	$\binom{n}{k}$	n über k (Binomialkoeffizient)
$<$	kleiner als	$\bar{x}$	arithmetisches Mittel
$\leq$	kleiner oder gleich	$\tilde{x}$	Zentralwert (Median)
$>$	größer als	$P(A)$	Wahrscheinlichkeit von A
$\geq$	größer oder gleich	$X; Y$	Zufallsgrößen
$\approx$	rund, angenähert	$\rightarrow$	wenn …, dann … (Implikation)
$\stackrel{\wedge}{=}$	entspricht	$\leftrightarrow$	genau dann, wenn (Äquivalenz)
$\%$	Prozent	$\wedge$	und (Konjunktion)
$\permil$	Promille	$\vee$	oder (Disjunktion)
$a \mid b$	a teilt b, a ist Teiler von b	$\dot{\vee}$	entweder… oder … (Alternative)
$a \nmid b$	a teilt nicht b	$\neg$	nicht (Negation)
$+$	plus	$f(x)$	f von x
$-$	minus	f^{-1}	Umkehrfunktion
$\cdot$	mal, multipliziert mit	$\mapsto$	Zuordnung
$a:b; \frac{a}{b}$	a durch b, a geteilt durch b	$\sim$	proportional zu; ähnlich zu
a^b	a hoch b (Potenz)	$\cong$	kongruent zu, deckungsgleich zu
$\sqrt{}$	Quadratwurzel aus	$\parallel$	parallel zu, Beispiel: g $\parallel$ h
$\sqrt[n]{}$	n-te Wurzel aus	$\perp$	senkrecht auf, rechtwinklig zu
$\log_a x$	Logarithmus x zur Basis a	$\triangle ABC$	Dreieck ABC
$\lg x$	Logarithmus x zur Basis 10	$\sphericalangle$	Winkel
$\ln x$	Logarithmus x zur Basis e	$\measuredangle$	orientierter Winkel
$\lvert x \rvert$	Betrag von x	$\llcorner$	rechter Winkel
$°$	Grad	AB	Gerade AB
$\arc \alpha$	Arkus alpha	$\overline{AB}$	Strecke AB
π	pi (Kreiszahl; ludolfsche Zahl)	$\overrightarrow{AB}$	Strahl AB
$\sin$	Sinus	$A; B; M_1$	Mengen
$\cos$	Kosinus	$\{a; b\}$	Menge der Elemente a und b
$\tan$	Tangens	$\emptyset; \{\}$	leere Menge
$\cot$	Kotangens	$\{x : x = \ldots\}$	Menge aller x, für die gilt: …

Zeichen	Sprechweise/Bedeutung	Zeichen	Sprechweise/Bedeutung
$\in$	Element von	$\mathbb{Z}$	Menge der ganzen Zahlen
$\notin$	nicht Element von	$\mathbb{Q}_+$	Menge der gebrochenen Zahlen
$\subseteq$	Teilmenge von	$\mathbb{Q}$	Menge der rationalen Zahlen
$\subset$	echte Teilmenge von	$\mathbb{R}$	Menge der reellen Zahlen
$A \cap B$	Durchschnittsmenge von A und B	$\mathbb{I}$	Menge der irrationalen Zahlen
$A \cup B$	Vereinigungsmenge von A und B	]a; b[	offenes Intervall
$\overline{A}$	Komplementärmenge zu A	[a; b]	abgeschlossenes Intervall
A\B	Differenzmenge A ohne B	[a; b[	rechtsoffenes Intervall
A×B	Produktmenge von A und B	]a; b]	linksoffenes Intervall
$\mathbb{N}$	Menge der natürlichen Zahlen	(a; b); (a | b)	geordnetes Paar
$\mathbb{N}$*	Menge der natürlichen Zahlen ohne 0	∞	unendlich

Griechisches Alphabet

A	α	Alpha	H	η	Eta	N	ν	Ny	T τ	Tau
B	β	Beta	Θ	θ, ϑ	Theta	Ξ	ξ	Xi	Y υ	Ypsilon
Γ	γ	Gamma	I	ι	Jota	O	o	Omikron	Φ φ	Phi
Δ	δ	Delta	K	$\varkappa$	Kappa	Π	π	Pi	X χ	Chi
E	ε	Epsilon	Λ	λ	Lambda	P	ϱ	Rho	Ψ ψ	Psi
Z	ζ	Zeta	M	μ	My	Σ	σ, ς	Sigma	Ω ω	Omega

Römische Zahlzeichen

Grundsymbole	I	1	X	10	C	100	M	1 000		
Hilfssymbole	V	5	L	50	D	500				
Beispiele	XL	40	XC	90	XCVIII	98	CCCII	302	DCCCLXXXVIII	888

- Es wird links mit dem Symbol der größten Zahl begonnen. Die Symbole I, X, C werden höchstens dreimal nacheinander geschrieben, die Symbole V, L, D einmal.
- Steht ein Symbol einer kleineren Zahl vor dem einer größeren, so wird sein Wert von dem folgenden größeren subtrahiert. Vorangestellt, also subtrahiert, darf immer nur höchstens ein kleineres Grundsymbol werden.
- Von mehreren möglichen Schreibweisen (z. B. für 1997 MCMXCVII bzw. MXMVII) wählt man heute meist die kürzere.

Rundungsregeln

Beim Runden werden alle auf eine bestimmte Ziffer folgenden Ziffern durch Nullen ersetzt (bei natürlichen Zahlen) bzw. weggelassen (bei Dezimalbrüchen hinter dem Komma).

Begriff	Regel	Beispiel
Abrunden	Die Stelle, auf die zu runden ist, bleibt *unverändert,* wenn danach eine 0, 1, 2, 3 oder 4 folgt.	*Auf Tausender runden:* Der 6 folgt eine 3. 56358 ≈ 56000
Aufrunden	Die Stelle, auf die zu runden ist, wird *um 1 erhöht,* wenn danach eine 5, 6, 7, 8 oder 9 folgt.	*Auf Hunderter runden:* Der 3 folgt eine 5. 56358 ≈ 56400

Einheiten von Größen

Länge	1 km = 1000 m	1 m	= 0,001 km
	1 m = 10 dm	1 dm	= 0,1 m
	1 dm = 10 cm	1 cm	= 0,01 m
	1 cm = 10 mm	1 mm	= 0,1 cm
Fläche	$1 \text{ km}^2 = 100 \text{ ha}$	1 a	= 0,01 ha
	1 ha = 100 a	1 m^2	= 0,01 a
	$1 \text{ a} = 100 \text{ m}^2$	1 dm^2	$= 0,01 \text{ m}^2$
	$1 \text{ m}^2 = 100 \text{ dm}^2$	1 cm^2	$= 0,0001 \text{ m}^2$
	$1 \text{ dm}^2 = 100 \text{ cm}^2$	1 mm^2	$= 0,01 \text{ cm}^2$
	$1 \text{ cm}^2 = 100 \text{ mm}^2$	1 mm^2	$= 0,000001 \text{ m}^2$
Rauminhalt (Volumen)	$1 \text{ m}^3 = 1000 \text{ dm}^3$	1 dm^3	$= 0,001 \text{ m}^3$
	$1 \text{ dm}^3 = 1000 \text{ cm}^3$	1 cm^3	$= 0,001 \text{ dm}^3$
	$1 \text{ cm}^3 = 1000 \text{ mm}^3$	1 mm^3	$= 0,001 \text{ cm}^3$
	1 hl = 100 l	1 l	$= 1 \text{ dm}^3$
	1 l = 1000 ml = 100 cl	1 ml	$= 1 \text{ cm}^3$
	1 l = 1 dm^3		
Masse	1 t = 1000 kg	1 kg	= 0,001 t
	1 t = 10 dt	1 kg	= 0,01 dt
	1 dt = 100 kg	1 g	= 0,001 kg
	1 kg = 1000 g	1 mg	= 0,001g
	1 g = 1000 mg		
Zeit	1 Jahr = 12 Monate	1 d	= 1440 min
	1 Monat = 28 bis 31 Tage	1 d	≈ 0,00274 a
	1 Tag = 24 h	1 a	≈ 8766 h
	1 h = 60 min	1 min	≈ 0,0167 h
	1 min = 60 s	1 s	≈ 0,0167 min
	Tag: d; Jahr: a		

Temperatur	0 °C = 273,15 K 0 °C = 32 °F 100 °C = 373,15 K 100 °C = 212 °F Kelvin: K; Grad Celsius: °C; Grad Fahrenheit: °F Hinweis: Temperaturdifferenzen werden häufig in Kelvin angegeben.	0 K = −273,15°C 100 K = −173,15 °C
Geschwindig-keit	$1\,\frac{km}{h} = \frac{1}{3,6}\,\frac{m}{s} = 0,2\overline{7}\,\frac{m}{s} \approx 0,28\,\frac{m}{s}$	$1\,\frac{m}{s} = 3,6\,\frac{km}{h}$

Nichtdezimale Einheiten (Auswahl)

Land	Einheit	Kurzzeichen	Umrechnung
Zählmaße			
Deutschland	Dutzend		1 Dutzend = 12 Stück
Deutschland	Schock		1 Schock = 5 Dutzend
Deutschland	Gros		1 Gros = 12 Dutzend
Deutschland	Mandel		1 Mandel = 15 Stück
Deutschland	Bauernmandel		1 Bauernmandel = 16 Stück
Längenmaße			
Deutschland	geografische Meile	sm	1 g.M. = 7 421,5 m
Deutschland	Seemeile		1 sm = 1 852 m
Griechenland (Antike)	Plethron (Mz.: Plethra)		1 Plethron = 30,83 m
Griechenland (Antike)	Stadion		1 Stadion = 6 Plethra
Großbritannien, USA	inch (Zoll)	in (auch ")	1 in = 1" = 25,4 mm
Großbritannien, USA	foot (Mz.: feet; Fuß)	ft (auch ')	1 ft = 1' = 12 inches
Großbritannien, USA	yard		1 yd = 3 feet
Großbritannien, USA	statute mile	yd	1 st mi = 1 609,3 m
Großbritannien	fathom (Tiefenmaß)	st mi	1 fathom = 1,829 m
Rom (Antike)	Passus (Doppelschritt)		1 Passus = 147,9 cm
Russland	Sashen		1 Sashen = 2,13 m
Russland	Werst		1 Werst = 500 Sashen
Flächenmaße			
Deutschland	Morgen		1 Morgen = 0,255 ha
Deutschland	Acker		1 Acker = 2 Morgen
Großbritannien	acre		1 acre = 40,47 ha
Russland	Desjatine		1 Desjatine = 1,0925 ha
Geschwindigkeits-maße			
Deutschland, USA	Knoten	kn	$1\,kn = 1\,\frac{sm}{h} = 1852\,\frac{m}{h}$

Nichtdezimale Einheiten (Auswahl)

Land	Einheit	Kurzzeichen	Umrechnung
Raummaße			
Deutschland, USA, GB	Registertonne	RT (reg tn)	1 RT = 2,8317 m^3
			= 100 Kubikfuß
Großbritannien, USA	barrel (Petroleum)		1 barrel = 158,758 l
Großbritannien	Imperial gallon	gal	1 gal = 4,546 l
Großbritannien	bushel	bu	1 bu = 36,349 l = 8 gal
Russland	Botschka	Botschka	1 Botschka = 4,919 hl
USA	Petrol gallon	gal	1 gal = 3,785 l
USA	bushel	bu	1 bu = 35,239 l
Massenmaße			
Deutschland	Pfund	Pfd.	1 Pfd. = 500 g
Deutschland	Zentner	Ztr.	1 Ztr. = 50 kg
Deutschland	Doppelzentner		1 Doppelzentner = 100 kg
Griechenland (Antike)	Obolus		1 Obolus = 0,72 g
Griechenland (Antike)	Drachme		1 Drachme = 6 Obolen
Großbritannien, USA	ounce (Unze)	oz	1 oz = 28,35 g
Großbritannien, USA	pound	lb (libra)	1 lb = 16 oz
Großbritannien	stone		1 stone = 14 lbs
Großbritannien	quarter (Viertel)	qr	1 qr = 28 lbs = 2 stones
Großbritannien	centweight (Zentner)	cwt	1 cwt = 4 qrs = 112 lbs
Großbritannien	long ton (Tonne)	lton	1 lton = 20 cwts
Juwelenhandel	Karat	k	1 k = 200 mg
Russland	Funt		1 Funt = 409,5 g
Russland	Pud		1 Pud = 16,385 kg
Russland	Berkowetz		1 Berkowetz = 163,85 kg
USA	quarter (Viertel)	qr	1 qr = 25 lbs
USA	centweight (Zentner)	cwt	1 cwt = 4 qrs = 100 lbs
USA	short ton (Tonne)	ston	1 ston = 20 cwts

Maße im Haushalt

	1 Teelöffel	1 Esslöffel	1 Tasse
Zucker	5 g	15 g	150 g
Mehl	4 g	10 g	100 g
Grieß	4 g	12 g	120 g
Flüssigkeit	5 ml	4 Esslöffel = $\frac{1}{16}$ l	$\frac{1}{8}$ l = 125 ml

Kettensatz

Verfahren, welches z.B. bei Preisberechnungen mit ausländischen Währungen und Maßen zur Anwendung gelangt (Aufeinanderfolge von Dreisätzen bei direkter Proportionalität)

Beispiel:
Wie viel Euro kosten 50 m Stoff aus den USA, wenn dieser dort zu 8,90 $ das Yard (12 yds ≈ 11 m; Kurs 1,2026) gehandelt wird?
Gegeben: 11 m ≙ 12 yds; Kurs 1,2026

① Entwickeln der Kette: – Die Kette beginnt mit der Frage nach der gesuchten Größe. – Der linke Term jeder folgenden Gleichung hat die gleiche Einheit wie der rechte Term der vorhergehenden Gleichung. – Die Kette ist geschlossen, wenn erste und letzte Einheit übereinstimmen.	x € ≙ 50 m 11 m ≙ 12 yds 1 yd ≙ 8,90 $ 1,2026 $ ≙ 1 €
② Ausrechnen der Kette: – Produkt der Zahlen der rechten Terme in den Zähler eines Bruches, Produkt der Zahlen der linken Terme in den Nenner schreiben und Bruch berechnen.	$x = \dfrac{50 \cdot 12 \cdot 8{,}90}{11 \cdot 1{,}2026}$ € $x = 403{,}67$ €

Antwort: Der Stoff kostet 403,67 €.

Mischungsrechnen

Berechnen des Mischungsverhältnisses von zwei Sorten bei vorgegebenen Preisen

Mischungskreuzregel:
Die zu mischenden Sorten sind im umgekehrten Verhältnis ihrer Preisdifferenzen zur Mischungssorte zu mischen.

Beispiel:
In welchem Verhältnis müssen zwei Sorten (z.B. Tee; Sorte 1 kostet P_1 €/kg, Sorte 2 kostet P_2 €/kg) gemischt werden, damit die Mischsorte P_M €/kg kostet?

P: Preis M: Menge, Anteil	Unterschied zu P_M berechnen und eventuell kürzen	Anteil	Es gilt also:
Sorte 1: P_1 (€/kg) Mischung: P_M (€/kg) Sorte 2: P_2 (€/kg)	$\left\lvert \dfrac{P_M - P_2}{P_M - P_1} \right\rvert$	$\dfrac{M_1}{M_2}$	$\left\lvert \dfrac{P_M - P_2}{P_M - P_1} \right\rvert = \dfrac{M_1}{M_2}$

Probe: $M_1 \cdot P_1 + M_2 \cdot P_2 = (M_1 + M_2) \cdot P_M$

Register

A

Abakus 362
Abbildungen
– geometrische 224
– gleichsinnige 224
– identische 237
– ungleichsinnige 224
ABEL, NIELS HENRIK 158
abgetrennte Zehner-
potenzen 92
absolute Häufigkeit 337
absoluter Betrag 64, 83
absoluter Fehler 101
absolutes Glied 149, 182, 186
Abstand
– paralleler Geraden 209
– Punkt von einer
Geraden 209
Abszisse 171
abzählbar unendliche Menge
42
achsensymmetrisch 235
Addition
– ganzer Zahlen 65
– gemeiner Brüche 75
– natürlicher Zahlen 53
– rationaler Zahlen 84
– schriftliches Verfahren 54
– von Dezimalbrüchen 80
Additionssystem 52
Additionsverfahren 146
Ähnlichkeitsabbildung 225,
239
Ähnlichkeitsfaktor 225
Ähnlichkeitslage 225
Ähnlichkeit von Dreiecken
251
ähnlich zueinander 225, 239
AL-CHWARIZMI, MUHAMMAD
IBEN 136
algebraische Gleichung
n-ten Grades 156
algebraisch irrationale
Zahlen 87
Algorithmus
– euklidischer 62
Allaussage 28
allgemeines Dreieck
– Berechnung 254, 261

Allmenge 41
Alternative 31
Altgrad 212
Amplitude 200
Anfangskapital 116
Ankathete 246
Anstieg 180
Anstiegsdreieck 181
Antiproportionalität 178
Antragen eines Winkels 218
Anwendung der Strahlen-
sätze
– Goldener Schnitt 243
– Vervielfachen von
Strecken 243
– Bestimmen der Länge von
Strecken 242
– Teilen von Strecken 243
Anzahl der Diagonalen
– n-Eck 277
Approximation 210
äquivalente Umformung 135
äquivalent zueinander 42,
135
Äquivalenz 33, 135
Arbeitsweisen
– Begriffe definieren 13
– Daten erfassen, darstel-
len, interpretieren 21
– Lösungsstrategien nutzen
19
– Lösungswege dokumen-
tieren 18
– mathematisches Model-
lieren 11
– Skizzieren, Zeichnen,
Konstruieren 16
– Vermutungen, Hypothe-
sen aufstellen 14
ARCHIMEDES 156, 323, 327
Argument 170
arithmetische Mittel 341
– gewogenes 342
Arkus 198
Assoziativgesetz
– Addition 54, 67, 76, 85,
88
– Multiplikation 57, 69, 78,
86, 88

asymptotisch 192
Aufriss 299
Aufrissebene 299
Ausklammern 126
Ausmultiplizieren 126
Aussage 26
– All- 28
– Einzel- 26
– Existenz- 27
– falsche 26
– Universal- 28
– wahre 26
Aussageform 26
– Erfüllbarkeit 29
Außenwinkel 245
Außenwinkelsatz 246
äußerer Punkt 280
äußere Tangente 282
äußere Teilung 243
axialsymmetrisch 235
Axiom 36

B

BABBAGE, CHARLES 364
Basis 89
Basiswinkel 247
Baumdiagramm 330
Begriffe
– Herkunft 380
benachbarte
– Seiten 266
– Winkel 266
bequemer Prozentsatz 106
berechnen
– Wertschranken 103
Berührungsradius 282
Bestimmungsgleichung 130
Bestimmungslinien 221
Betrag
– absoluter 64, 83
Bewegung 226, 228
– Drehung 229
– Nacheinanderaus-
führung 231
– Spiegelung 230
– Verschiebung 228
Beweis 36
– indirekter 39
Binom 126

Binomialkoeffizient 333
Binomialverteilung 358
binomische Formeln 127
Bogenmaß 198, 213
Boxplot 346
BRIGGS, HENRY 195
Bruch 71
– Dezimal- 80
– echter 72
– erweitern 72
– gemeiner 71
– kürzen 73
– Stamm- 71
– unechter 72
– Zehner- 79
Brüche
– Addition 75
– Division 79
– gleichnamige 72
– Multiplikation 77
– Subtraktion 76
– ungleichnamige 72
Bruchgleichung 153
Bruchterm 153
Bruchungleichung 153

C
CANTOR, GEORG 40
cardanische Lösungsformel
156
CARDANO, GERONIMO 156
CAVALIERI, FRANCESCO 302
cavalierisches Prinzip 302
Computeralgebrasysteme
(CAS) 364, 370
– Einsatzbereiche 371

D
Darstellung von Funktionen
171
Daten 336
deckungsgleich zueinander
208, 234
Definition 35
Definitionsarten
– genetische 35
– klassische Real- 35
– Nominal- 35
– rekursive 35
– Sach- 35
Definitionsbereich 170

dekadische Logarithmen 95
dekadisches Positionssystem
51
DESCARTES, RENÉ 171, 172
Dezimalbruch
– echter 80
– endlicher 80
– periodischer 80
– unechter 80
– unendlicher 80
Dezimalbrüche 79
– Addition 80
– Division 81
– Multiplikation 81
– Subtraktion 80
Dezimalsystem 51
Dezimalzahlen 79
Diagonale 266
– Anzahl im n-Eck 277
Diagonalverfahren 43
Diagrammarten 110
– Baumdiagramm 330
– Histogramm 340
– Kreisdiagramm 110
– Liniendiagramm 110
– Prozentkreis 110
– Prozentstreifen 110
– Säulendiagramm 110
– Stabdiagramm 110
– Streckendiagramm 340
– Streifendiagramm 110
Differenz 55
Differenzmenge 47
DIOPHANT 142
diophantische Gleichungen
142
direkte Proportionalität 177
disjunkte Menge 45
Disjunktion 31
Diskriminante 151, 155, 188
Distributivgesetz
– Division 59
– Multiplikation 57
Dividend 58
Division 126
– ganzer Zahlen 70
– gebrochener Zahlen 79
– natürlicher Zahlen 58
– rationaler Zahlen 86
– von Dezimalbrüchen 81
Divisor 58

dekadische Logarithmen 95
Dodekaeder 326, 327
Drachenviereck 268, 273,
275
Draufsicht 299
Drehstreckung 226
drehsymmetrisch 236
Drehung 229
– Nacheinanderausführung
232
– um einen Punkt 229
Dreieck
– Außenwinkelsatz 246
– Flächeninhalts-
berechnung 254
– gleichschenkliges 245,
256
– gleichseitiges 245, 256
– Hauptähnlichkeits-
satz 251
– Höhen 249
– Inkreis 248
– Innenwinkelsatz 245
– Konstruktion 251
– Mittelsenkrechte 247
– rechtwinkliges 245, 255
– Seitenhalbierende 248
– spitzwinkliges 245
– stumpfwinkliges 245
– Umkreis 247
– unregelmäßiges 245
– Winkelhalbierende 248
Dreiecke
– Kongruenzsätze 249
Dreiecksarten 245
Dreiecksfläche 245
Dreiecksungleichungen 247
Dreisatz 141
Dualsystem 52
Durchmesser 282
Durchschnittsmenge 46
dynamische Geometriesoft-
ware 223, 375
– Anzeigen Größen 377
– Arbeiten mit
Befehlen 377
– Arbeiten mit Tabellen und
Diagrammen 378
– Experimentieren mit
GeoGebra 378
– Figuren konstruieren 375
– Objekte gestalten 376

Register 391

E

Ebene 204
echte Teilmenge 44
echter Bruch 82
Eckpunkt 295
Eigenschaften von
   Funktionen
– gerade 172
– monoton fallend 172
– monoton wachsend 172
– Nullstelle 175
– periodisch 173
– streng monoton
   fallend 172
– streng monoton
   wachsend 172
– umkehrbar eindeutig 173
– ungerade 173
eineindeutige Funktion 173
Einheiten
– Fläche 98
– Größen 385
– Länge 97
– Masse 99
– nichtdezimale 386
– Volumen 98
– Vorsatz 96
– Währung 100
– Zeit 99
Einheitskreis 197
Einheitsstrecke 208
Einsetzungsverfahren 145
Eintafelprojektion
– senkrechte 299
Einzelaussage 26
Element 40
Elementarereignisse 348
elementfremde Mengen 45
Ellipse 311
Endkapital 116
endlicher Dezimalbruch 80
entgegengesetzte Zahl 64
entgegengesetzt liegende
   Winkel 215
ENTWEDER- ODER - Ver-
   knüpfung 31
Ereignis
– abhängig 354
– sicher 348
– unabhängig 354
– unmöglich 348

Erfüllbarkeit 29
Ergebnismenge 347
Erwartungswert 358
erweitern eines Bruches 72
euklidische Geometrie 37
euklidischer Algorithmus 62
euklidisches Parallelen-
   axiom 206
EUKLID VON ALEXANDRIA 36,
   258
EULER, LEONHARD 194, 327
eulersche Gerade 249
eulerscher Polyedersatz 327
Existenzaussage 27
Exponent 89
Exponentialfunktionen 194
Exponentialgleichung 160
– lösen 162

F

Faktor 56
Fakultät 330
Fallunterscheidung 37
Fehler
– absoluter 101
– prozentualer 101
– relativer 101
FIBONACCI, LEONARDO 129
Fixgerade 227
Fixpunkt 227
Fixpunktgerade 227
Fläche 209
Flächeneinheiten 98
– nichtdezimale 386
flächengleich 209
Flächeninhalt
– allgemeines Dreieck 254
– Drachenviereck 273
– gleichschenkliges
   Dreieck 256
– gleichseitiges Dreieck 256
– Kreis 289
– Kreisabschnitt 291
– Kreisausschnitt 291
– Kreisring 290
– Parallelogramm 273
– rechtwinkliges
   Dreieck 255
– Trapez 271
Formvariable 25
FREGE, GOTTLOB 28

Frequenz 201
Fundamentalsatz der Alge-
   bra 158
Funktion 170
– Exponential- 194
– konstante 180
– lineare 180
– Logarithmus- 195
– Potenz- 191
– quadratische 186
– Winkel- 196
– Wurzel- 193
Funktionen
– Darstellung 171
– Eigenschaften 172
Funktionstasten
– Taschenrechner 365
Funktionswert 170

G

GALILEI, GALILEO 323, 363
GALOIS, EVARISTE 158
ganze Zahlen
– Addition 65
– Begriff 63
– Darstellung 63
– Division 70
– Multiplikation 68
– Subtraktion 67
Gärtnerkonstruktionen
– Ellipse 285
– Kreis 285
gebrochene Zahlen
– Begriff 71
– Darstellung 71
Gegenereignis 348
Gegenkathete 246
gemeine Brüche
– Addition 75
– Division 79
– gemeinsamer Teiler 62
– gemeinsames Viel-
   faches 62
– gemischte Zahl 72
– Multiplikation 77
– Subtraktion 77
GENAU-DANN-WENN-Ver-
   knüpfung 33
Geometrie
– euklidische 206
– nichteuklidische 206

A

Geometriesoftware
- dynamische 223, 375
- statische 223
geometrische Abbildungen 224
geometrische Körper
- Begriff 294
- Merkmal 294
geometrische Örter 221
geordnetes Paar 47
geordnetes Zahlentripel 48
gerade Funktion 172
Geraden 204
- orthogonal zueinader 206
- parallel zueinader 206
- schneiden einander 205
- senkrecht zueinander 206
Geradenbüschel 205
Geradenspiegelung 230
Geradentreue 226
gerade Zahlen 60
gestreckter Winkel 211
gewogenes arithmetisches Mittel 342
Gleichheit von Mengen 43
gleichmächtige Mengen 42
gleichnamige Brüche 72
gleichschenkliges Dreieck 245, 256
gleichschenkliges Trapez 269
gleichseitiges Dreieck 256
Gleichsetzungsverfahren 145
gleichsinnige Abbildungen 224
Gleichung 129
- biquadratische 157
- Bruch- 153
- dritten Grades 156
- Exponential- 162
- kubische 156
- lineare 138
- Logarithmen- 163
- Parameter- 130
- quadratische 149
- trigonometrische 164
- Verhältnis- 140
- Wurzel- 160
Gleichungssysteme
- grafisches Lösen 146
- rechnerisches Lösen 145

Gleichverteilung 350
GOLDBACH, CHRISTIAN 26
Goldener Schnitt 243
Gon 212
Grad 212
Gradmaß 198, 211
grafikfähiger Taschenrechner
- arithmetische Operationen 368
- Einsatzmöglichkeiten 369
griechisches Alphabet 384
Größen 96
Größenbereich 96
größter gemeinsamer Teiler (ggT) 62
Grundbegriff 36
Grundbereich 24
Grundkante 295
Grundkonstruktionen
- Lot von einem Punkt fällen 220
- Senkrechte zu einer Geraden errichten 219
- Strecke halbieren 219
- Winkel halbieren 219
Grundrechenarten 59
Grundrelationen 36
Grundriss 299
Grundrissebene 299
Grundwert 106
- berechnen 108
- vermehrter 109
- verminderter 109
GUNTER, EDMUND 363

H

Halbgerade 208
Halbweite 345
HANKEL, HERMANN 65
Häufigkeit
- absolute 337
- relative 338
Häufigkeitstabelle 337
Häufigkeitsverteilung 338
- symmetrische 343
Hauptähnlichkeitssatz 251
Hauptnenner 75
Herkunft mathematischer Begriffe 380
heronsche Dreiecksformel 255

HERZSTARK, CURT 364
Hexadezimalsystem 52
Hexaeder 326, 327
HIPPOKRATES 291
Histogramm 340
Höhe 295
Höhen im Dreieck 249
Höhensatz 260
Höhenschnittpunkt 249
Hohlzylinder
- Oberflächeninhalt 309
- Volumen 309
Hyperbel 191
Hyperbelast 192
Hypotenuse 246

I

identische Abbildungen 237
Identitäten 131
Ikosaeder 326, 327
Implikation 32
indirekte Proportionalität 178
Induktion
- vollständige 39
Inkreis 248, 278, 288
Innenwinkel
- Dreieck 245
- n-Eck 278
- Viereck 266
Innenwinkelsatz 246
innerer Punkt 280
innere Tangente 282
innere Teilung 243
Intervall 132, 143
Intervallhalbierungsmethode 166
Intervallschachtelung 88, 166
inverse Funktion 174
irrationale Zahlen 87
Iteration 165
Iterationsverfahren 165

K

Kante 295
Kapital
- berechnen 114
Kardinalzahl 50
kartesisches Koordinatensystem 171

Katheten 246
Kathetensatz 258
– Umkehrung 259
Kavalierperspektive 298
Kavalierprojektion 298
Kegel
– gerader 316
– Oberflächeninhalt 316
– schiefer 317
– Schrägbild 319
– Volumen 316
– Zweitafelbild 319
Kegelstumpf
– Oberflächeninhalt 320
– Volumen 320
– Zweitafelbild 321
Kehrwert 73
Kenngröße
– Lagemaße 341
– Streuungsmaße 343
– Überblick 346
Kettensatz 388
Klappstreckung 226
Klassenbreite 338
Klasseneinteilung 338
Klassenmittel 338
kleinstes gemeinsames Viel-
faches (kgV) 62
Koeffizient 125
kollinear 207
Kombination 332
– mit Wiederholung 333
– ohne Wiederholung 333
Kombinatorik 330
Kommutativgesetz
– der Addition 54, 67, 76,
85, 88
– der Multiplikation 56, 69,
78, 85, 88
Komplement 47
Komplementärmenge 47
Komplementwinkel 214
kongruent zueinander 226,
228, 234
Kongruenz 234
Kongruenzabbildung 226
Kongruenzbeweise 234
Kongruenzsätze 249
konkav
– Vielecke 277
– Vierecke 267

Konjunktion 30
Konstante 24
konstantes Glied 186
Konstruktion
– Dreiecke 251
– Methoden der Bestim-
mungslinien 221
– softwaregestützte 221,
375
– Vierecke 274
– Zeichendreieck, Lineal
und Geodreieck 220
– Zirkel und Lineal 218
Kontinuum 43
Kontraposition 34
konvex
– Vielecke 277
– Vierecke 267
Koordinaten 171
Koordinatensystem 171
Koordinatenursprung 171
Körper
– Berechnung 302
– Darstellung 294
– zusammengesetzte 324
Körpernetze 301
Kosinus 196
Kosinusfunktion 197, 199
Kosinussatz 263
Kotangens 196
Kotangensfunktion 197, 200
Kreis
– Begriffe 280
– Berechnungen 288
– Winkel am 285
Kreisabschnitt 291
Kreisausschnitt 290
Kreisbogen 289
Kreisdiagramm 110, 340
Kreisfläche 280
Kreiskegel ↗ Kegel
Kreislinie 280
Kreisring 281, 290
Kreissegment 291
Kreissektor 290
Kreisumfang 288
Kreisverwandtschaft 226,
238
Kreiszylinder ↗ Zylinder
Kubikzahl 89
kubische Gleichung 156

kubische Parabel 192
Kugel
– Oberflächeninhalt 323
– Volumen 323
Kugelabschnitt 323
Kugelausschnitt 323
Kugelkappe 323
Kugelschicht 323
Kugelsegment 323
Kugelsektor 323
Kugelzone 323
Kürzen eines Bruches 73

L
Lagemaße
– arithmetisches Mittel 341
– gewogenes arithmeti-
sches Mittel 342
– Maximum 346
– Median 342
– Minimum 346
– Modalwert 343
– Zentralwert 342
Länge 208
Längeneinheiten 97
Längentreue 226
Laplace-Experimente 350
LAPLACE, PIERRE SIMON
DE 350
Laplace-Regel 350
leere Menge 41
LEIBNIZ, GOTTFRIED
WILHELM 28, 364
lexikografische Reihenfolge
331
lineare Funktionen 180
lineare Gleichungen
– mit einer Variablen 138
– mit zwei Variablen 142
lineares Gleichungssystem
145
– Lösbarkeitsbedingun-
gen 147
Linearfaktoren
– Zerlegung in 152
lineares Glied 149, 186
lineare Ungleichungen
– mit einer Variablen 143
– mit zwei Variablen 144
Linien 204
Liniendiagramm 110

Logarithmen
- Begriff 95
- dekadische 95
Logarithmengesetze 95
Logarithmengleichung
- lösen 163
Logarithmusfunktionen 195
Logik
- mehrwertige 28
- zweiwertige 28
logische Operationen
- ENTWEDER-ODER-Ver-
  knüpfung 31
- GENAU-DANN-WENN-
  Verknüpfung 33
- ODER-Verknüpfung 31
- UND-Verknüpfung 30
- Verneinung 30
- WENN-DANN-Verknüp-
  fung 32
Lösen
- grafisches 139
- kalkülmäßiges 138
- Parametergleichun-
  gen 139
Lösung 27
Lösungsformel
- kubische Gleichungen
  156
- quadratische Gleichungen
  151
Lösungsmenge 41, 131
Lösungsvariable 25
Lot fällen 220
Lotfußpunkt 207
ludolfsche Zahl 288

M
Mantelfläche 295
Mantellinie
- Kegel 316
- Zylinder 307
Masseeinheiten 99
Maße im Haushalt 387
Maßstab 240
maßstäbliche Vergrößerung
  237
maßstäbliche Verkleinerung
  237
mathematische Begriffe
- Herkunft 380

mathematische Zeichen 383
Median 342
mehrstufige Vorgänge 350
Mehrtafelbilder 301
mehrwertige Logik 28
Mehrwertsteuer 109
Menge
- Begriff 40
- Darstellung 41
- ganzer Zahlen 63
- gebrochener Zahlen 73
- Mächtigkeit 42
- natürlicher Zahlen 50
- Operationen 45
- rationaler Zahlen 83
- reeller Zahlen 87
Mengen
- elementfremde 45
- gleiche 43
- gleichmächtige 42
- überschnittene 45
Mengenoperation
- Differenzmenge 47
- Durchschnittsmenge 46
- Komplementärmenge 47
- Potenzmenge 48
- Produktmenge 48
- Vereinigungsmenge 45
Messkeil 242
Messlehre 242
Minuend 55
Mischungsrechnen 388
Mittellinie 271
Mittelpunkts-Umfangswin-
  kel-Satz 286
Mittelpunktswinkel 285
Mittelsenkrechte errichten
  219
Mittelsenkrechte im Dreieck
  247
mittlere (lineare) Abwei-
  chung 344
mittlere quadratische Abwei-
  chung 344
Modalwert 343
Monatszinsen 113
monoton fallende
  Funktion 172
Monotonie 70
- der Addition 53
- der Multiplikation 56

monoton wachsende
  Funktion 172
Multiplikation
- ganzer Zahlen 68
- gebrochener Zahlen 77
- natürlicher Zahlen 56
- rationaler Zahlen 85
- von Dezimalzahlen 81

N
Nacheinanderausführung
- Drehung 232
- Spiegelung 232
- Verschiebung 231
Nachfolger 50
Näherungsverfahren
- Intervallschachtelung 166
- Iterationsverfahren 165
- Sekantennäherungsver-
  fahren 167
Näherungswerte
- Begriff 101
- rechnen mit 102
NAPIER, JOHN 195, 363
Napierstäbchen 363
natürliche Logarithmen 95
natürliche Zahlen
- Addition 53
- Begriff 50
- Darstellungen 50
- Multiplikation 56
- Subtraktion 55
Nebenwinkel 214, 217
n-Eck
- Diagonalen 277
- Flächeninhalt 278
- konkaves 277
- konvexes 277
- regelmäßiges 278
- überschlagene 277
- unregelmäßiges 277
- Winkelsumme 277
Negation 30
negative Zahlen 63
Nenner 71
Netz 301
Neugrad 212
neutrales Element
- der Addition 53, 75, 88
- der Multiplikation 56, 68,
  77, 88

n Fakultät 330
nichteuklidische Geometrie 206
Normalparabel 186
Nullstelle 175
Nullstellenermittlung 183
Nullwinkel 211

O

obere Wertschranke 103
Oberflächeninhalt 302
– Kegel 320
– Kegelstumpf 320
– Kugel 323
– Prisma 305
– Pyramide 313
– Pyramidenstumpf 320
– Quader 303
– Würfel 303
– Zylinder 307
Obermenge 44
ODER -Verknüpfung (Disjunktion) 31
Oktaeder 326, 327
Ordinalzahlen 50
Ordinate 171
Ordnungslinien 299
orientierter Winkel 211
orthogonal zueinander 206
OUGHTRED, WILLIAM 363

P

Parabel
– Spiegelung 187
– Stauchung 186
– Streckung 186
– Verschiebung 187
Parallelenaxiom
– euklidisches 206
Parallelentreue 226, 237
Parallelogramm
– Eigenschaften 267, 268, 272
– Konstruktion 275
Parallelprojektion
– schräge 297
– senkrechte 299
parallel zueinander 206
Parameter 180
Parametergleichungen 130
partielles Wurzelziehen 94

PASCAL, BLAISE 128, 364
Pascaline 364
pascalsches Dreieck 128
Passante 282
Periode 80
Periodenlänge 199
periodische Funktion 173
periodischer Dezimalbruch 80
Peripherie 280
Peripheriewinkel 285
Permanenzprinzip 65
Permutation
– mit Wiederholung 331
– ohne Wiederholung 330
Pfadregeln
– 1. Pfadregel 352
– 2. Pfadregel 353
Phasenverschiebung 201
pi (π) 288
Planimetrie 204
Polyeder
– regelmäßige 326
Polygon ↗Vieleck
Polynom 126
Polynomdivision 158
– n-ten Grades 159
Positionssystem
– dekadisches 51
positive Zahlen 63
Potenz
– abgetrennte Zehner- 92
– Begriff 89
– rechnen mit 90
Potenzfunktionen 191
Potenzwert 89
Primfaktoren 62
Primzahl 61
Prinzip der Zweiwertigkeit 28
Prinzip des ausgeschlossenen Dritten 28
Prinzip des ausgeschlossenen Widerspruchs 28
Priorität 59
Prioritätsregeln (Vorrangregeln) 91
Prisma
– gerades 305
– liegendes 306
– Oberflächeninhalt 305

– regelmäßiges 306
– schiefes 308
– Schrägbild 310
– stehendes 306
– Volumen 305
– Zweitafelbild 311
Probe 132
Produkt 56
Produktdarstellung 152
Produktgleichheit 179
Produktgleichung 140
Produktmenge 48
Produktregel
– Kombinatorik 334
Projektionsstrahlen 296
Promille 111
Promillesatz 111
Promillewert 111
Proportion 140
Proportionalität
– direkte 177
– indirekte 178
– umgekehrte 178
Proportionalitätsfaktor 177
Proportionalwinkel 363
Proportionalzirkel 363
Prozent 106
Prozentsatz
– bequemer 106
– berechnen 108
prozentualer Abschlag 109
prozentualer Fehler 101
prozentualer Zuschlag 109
Prozentwert 106
– berechnen 107
Punkte 205
– kollineare 207
Punktspiegelung 230
punktsymmetrisch 236
Pyramide
– gerade 314
– Oberflächeninhalt 313
– regelmäßige 314
– schiefe 314
– Schrägbild 318
– Volumen 313
– Zweitafelbild 318
Pyramidenstumpf
– Oberflächeninhalt 320
– Schrägbild 322
– Volumen 320

PYTHAGORAS VON SAMOS 256
pythagoreische Zahlen 258
pythagoreische Zahlentripel
258

Q
Quader
– Netz 303
– Oberflächeninhalt 303
– Schrägbild 303
– Volumen 303
– Zweitafelbild 300
Quadrat 269, 274
quadratische Funktion 186
quadratische Gleichung
– allgemeine Form 149
– Lösungsformel 151
– Normalform 149
quadratisches Glied 149, 186
Quadratwurzel 93
Quadratzahl 89
Quersumme 61
Quotient 58
Quotientengleichheit 177

R
Rabatt 109
radialsymmetrisch 236
Radiant 213
Radikand 93
Radius 280
Radizieren 93
Randpunkte 208, 280
Rate 119
Ratenzahlungen 119
rationale Zahlen
– Addition 84
– Begriff 82
– Darstellung 82
– Division 86
– Multiplikation 85
– Subtraktion 85
Rationalmachen des
Nenners 94
Rauminhalt ↗ Volumen
Raute 268, 274
Rechenstab 363
Rechenstäbchen 363
Rechnen
– Näherungswerte 102
– Variable 125

Rechteck 267, 268, 274
rechter Winkel 214
reelle Zahlen
– Begriff 87
– rechnen mit 88
regelmäßige n-Ecke
– Inkreis 278
– Innenwinkel 278
– Konstruktion 279
– Umkreis 278
regelmäßige Polyeder
– Dodekaeder 326, 327
– Tetraeder 326, 327
– Hexaeder (Würfel) 326,
327
regula falsi 167
Relationen 36
relative Häufigkeit 338
relativer Fehler 101
repräsentative Stich-
probe 336
Restklassen 61
reziprok zueinander 73, 84
Rhombus ↗ Raute
RIES, ADAM 363
Rissachse 299
römische Zahlzeichen 52,
384
Rückwärtsschließen 134
Rundungsregeln 385
RUSSELL, BERTRAND 40
russelsche Antinomie 40

S
Satz 36
Satz des Cavalieri (cavalieri-
sches Prinzip) 302
Satz des Euklid (Katheten-
satz) 258
– Umkehrung 259
Satz des Pythagoras 256
Satz des Thales
– Umkehrung 286
Satz über entgegengesetzt
liegende Winkel 216
Satz von Vieta 155
Säulendiagramm 110
Scheitelpunkt
– Parabel 186
– Winkel 210
Scheitelwinkel 214

Schenkel 210
SCHICKARDT, WILHELM 364
schneiden einander 205
Schnittpunkt 205
Schrägbild
– Kegel 319
– Prisma 310
– Pyramide 318
– Pyramidenstumpf 322
– Quader 303
– Würfel 303
– Zylinder 310
schräge Parallelprojektion
297
schriftliche Subtraktion 55
schriftliches Verfahren der
Addition 54
Schubstreckung 226
Schuldentilgung 121
Schwerpunkt 249
Sehne 282
Sehnensatz 283
Sehnen-Tangenten-Winkel
285
Sehnenviereck 268, 287
Seitenfläche 295
Seitenhalbierende 248
Sekante 282
Sekantennäherungsver-
fahren (regula falsi) 167
Sekantensatz 284
senkrechte Eintafelprojek-
tion 299
Senkrechte errichten 219
senkrechte Parallelprojek-
tion 299
senkrechte Zweitafelprojek-
tion 299
– Eigenschaften 300
– wahre Größe und Ge-
stalt 301
– Zweitafelbild 300
senkrecht zueinander 206
sicheres Ereignis 348
Simulation 355
Sinus 196
Sinusfunktion 197, 199
Sinussatz 261
Skonto 109
softwaregestütztes
Konstruieren 223, 375

Spannweite 343
Spiegelung
– Geraden- 230
– Nacheinanderaus-
  führung 232
– Punkt- 230
spitzer Winkel 217
Stammbrüche 71
Standardabweichung 345,
  359
Stängel-Blatt- Diagramm 337
Statistik
– beschreibende 336
– beurteilende 336
Steigung 180
Steigungsdreieck 181
Stellenwertsystem 51
Stereometrie 204
Stichprobe 336
Strahlen 208
Strahlenbüschel 208
Strahlensatz
– 1. Strahlensatz 241
– 2. Strahlensatz 241
– 3. Strahlensatz 242
Strecke halbieren 219
Strecken
– teilen 243
– vervielfachen 243
Streckendiagramm 340
Streifendiagramm 110
Streubreite 343
Streuungsmaße
– mittlere (lineare) Ab-
  weichung 344
– mittlere quadratische
  Abweichung 344
– Spannweite 343
– Standardabweichung 345
Strichliste 336
Stufenwinkel 215
stumpfer Winkel 214
Substitutionsverfahren 145
Subtrahend 55
Subtraktion
– ganzer Zahlen 67
– gebrochener Zahlen 76
– natürlicher Zahlen 55
– rationaler Zahlen 85
– von Dezimalzahlen 80
Summand 53

Summe 53
Supplementwinkel 214
Symbole
– mathematische 383
Symmetrie 235
Symmetrieachse 235
Symmetriezentrum 236
systematisches Probieren 133

T
Tabellenkalkulationspro-
  gramme 372
Tageszinsen 113
Tangens 196
Tangensfunktion 197, 199
Tangente 282
Tangentenviereck 269, 288
TARTAGLIA, NICCOLÒ 156
Taschenrechner
– elektronischer 365
– Funktionstasten 365
– grafikfähiger 368
Teilbarkeitsregeln 61
Teilen von Strecken
– äußere Teilung 243
– innere Teilung 243
Teiler
– echter 60
– gemeinsamer 62
– größter gemeinsamer
  (ggT) 62
– trivialer 60
teilerfremd zueinander 62
Teilmenge
– echte 44
Terme 25
– gleichwertig 124
Termumformungen 125
Termwert 25
Tetraeder 326, 327
transzendente Zahlen 87
Trapez
– Flächeninhalt 271
– gleichschenklig 269
– Konstruktion 274
– rechtwinklig 267
trigonometrische Funktionen
  196
trigonometrische Gleichungen
  164
Trinom 126

U
überabzählbar unendliche
  Menge 42
überschnittene Mengen 45
überstumpfer Winkel 214
Umfang
– Kreis 280
Umfangswinkel 285
Umformung
– äquivalente 135
Umformungsregeln
– Gleichungen 136
– Ungleichungen 137
Umkehrfunktion (inverse
  Funktion) 174
Umkreis 247, 278, 287
Umlaufsinn 224
UND-Verknüpfung (Konjunk-
  tion) 30
unechter Bruch 72
ungerade Funktionen 192
ungerade Zahlen 60
ungleichnamige Brüche 72
ungleichsinnige Abbildungen
  224
Ungleichung 129
Universalaussage 28
unmögliches Ereignis 348
untere Wertschranke 103
Urliste 336
Urnenmodell 334

V
Variablen
– Form- 25
– freie 27
– gebundene 27
– Lösungs- 25
– rechnen mit 125
Variablenbelegung 25
Varianz 359
Variationen
– mit Wiederholung 332
– ohne Wiederholung 331
Venn-Diagramm 41
VENN, JOHN 41
Verbindungsgerade 205
Vereinigungsmenge 45
Verhältnisgleichung 140
Verneinung einer Aussage
  30

Verschiebung 228
- Nacheinanderaus-
  führung 231
Verschiebungspfeil 228
Verteilung der Zufallsgröße
  356
Verwenden von Klammern
  125
Verzinsungsdauer 115
Vieleck
- Inkreis 278
- konkaves 277
- konvexes 277
- regelmäßiges 278
- überschlagenes 277
- Umkreis 278
- unregelmäßiges 277
Vielfaches 59
- gemeinsames 62
- kleinstes gemeinsames
  (kgV) 62
Viereck
- Drachen- 268, 273, 275
- gleichschenkliges
  Trapez 269, 271
- Parallelogramm 268, 272,
  275
- Quadrat 269, 274
- Raute 268, 274
- Rechteck 268, 274
- rechtwinkliges
  Trapez 267, 271
- konkaves 267
- konvexes 267
Vierspeziesmaschine 364
Vierteldifferenz 345
vietascher Wurzelsatz 152
VIETÉ, FRANÇOIS 152
vollkommene Zahl 60
vollständige Induktion 39
Vollwinkel 214
Volumen 302
- Kegel 316
- Kegelstumpf 320
- Kugel 323
- Prisma 305
- Pyramide 313
- Pyramidenstumpf 320
- Quader 303
- Würfel 303
- Zylinder 307

Volumeneinheiten 98
Vorgänge
- mehrstufige 350
- mit zufälligem Ereignis
  347
Vorgänger 50
Vorrang 59
Vorrangregeln 59, 91
Vorsätze 92

W
wahrer Größe und Gestalt
  297
Wahrheitswert 26
Wahrheitswerteverlauf 33
Wahrscheinlichkeit 349
Wahrscheinlichkeitsrechnung
  347
Wahrscheinlichkeitsvertei-
  lung 350, 356
Währungseinheiten 100
Wechselwinkel 215
Wechselwinkelsatz 216
WENN-DANN-Verknüpfung
  (Implikation) 32
Wertebereich 170
Wertschranke
- obere 103
- untere 103
Winkel
- einander schneidenden
  Geraden 210
- geschnittene Paralle-
  len 215
- halbieren 219
- Kreis 285
- paarweise senkrecht
  aufeinanderstehende
  Schenkel 216
Winkelarten 214
Winkelfunktionen 196
- Kosinus- 199
- Kotangens- 200
- Sinus- 199
- Tangens- 199
Winkelhalbierende 219, 248
Winkelmessung 213
Winkelsumme
- Dreieck 246
- n-Eck 277
- Viereck 266

Winkeltreue 226
Würfel
- Netz 303
- Oberflächeninhalt 303
- Schrägbild 303
- Volumen 303
Wurzel 89
- Begriff 93
- partielles Wurzel-
  ziehen 94
- Rationalmachen des
  Nenners 94
Wurzelexponent 93
Wurzelfunktionen 193
Wurzelgesetz 93
Wurzelgleichung
- lösen 160
Wurzelsatz von Vieta 152
Wurzelwert 93

Z
Zahlen
- algebraisch irrationale 87
- Dezimal- 79
- entgegengesetzte 64
- ganze 63
- gebrochene 71
- gerade 60
- Kubik- 59
- natürliche 50
- negative 63
- positive 63
- Prim- 61
- pythagoreische 258
- Quadrat- 89
- rationale 82
- reelle 87
- transzendente 87
- ungerade 60
- vollkommene 60
Zahlenbereiche
- Überblick 104
Zahlenpaar 47
Zahlenstrahl 50
Zahlentripel
- geordnetes 48
- pythagoreisches 258
Zähler 71
Zahlungsendwert
- nachschüssig 120
- vorschüssig 119

Zahlzeichen
- römische 52, 384
Zehnerbrüche 79
Zehnerpotenzen
- abgetrennte 92
Zeichen
- mathematische 383
Zeiteinheiten 99
Zentrale 282
Zentralprojektion 296
zentralsymmetrisch 236
Zentralwert 342
zentrische Streckung
- Eigenschaften 237
- Nacheinanderausführung 238
Zentriwinkel 285
Zerlegung in Linearfaktoren 152
Ziehen
- auf einen Griff 335
- mit Zurücklegen 335
- ohne Zurücklegen 334

Zinsen
- Jahreszinsen 112
- Monatszinsen 113
- Tageszinsen 113
Zinseszins 116
Zinseszinsrechnung 116
Zinsfaktor 116
Zinsrechnung
- Kapital 114
- Zeitspanne 115
- Zinsen 112
- Zinssatz 114
Zinssatz 114
Zufallsexperiment 347
Zufallsgröße 356
Zufallszahlen 355
Zufallsziffern 355
Zuordnung
- direkte Proportionalität 177
- indirekte Proportionalität 178
ZUSE, KONRAD 364

zuverlässige Ziffern 102
Zweispeziesrechner 364
Zweitafelbild
- Kegel 319
- Kegelstumpf 321
- Prisma 300
- Pyramide 318
- Zylinder 311
Zweitafelprojektion
- senkrechte 299
zweiwertige Logik 28
Zylinder
- Hohlzylinder 309
- Netz 307
- Oberflächeninhalt 307
- schiefer 308
- Schrägbild 309, 310
- Volumen 307
- Zweitafelbild 311

Bildquellenverzeichnis

Bibliographisches Institut, Berlin 96, 237; Bibliographisches Institut, Berlin/Archiv Waldmann 19; Bibliographisches Institut, Berlin/Prof. Dr. Ulrich Sinn 308; Bibliographisches Institut, Berlin/Prof. Dr. H. Wilhelmy (†) 315; Cornelsen Experimenta 64; Cornelsen Schulverlag GmbH 44, 213, 221, 363, 368; Dr. Michael Unger 215, 266; © alephnull – Fotolia.com 23; © arnovdulmen – Fotolia.com 337; © Dora Rossi – Fotolia.com 334; © Fotogrund – Fotolia.com 97; © GaToR-GFX – Fotolia.com 348; © Gomaespumoso – Fotolia.com 302; © iChip – Fotolia.com 49; © Joss – Fotolia.com 9; © Alexey Klementiev – Fotolia.com 101; © Andrey Kuzmin – Fotolia.com 379; © Michael Tieck – Fotolia.com 39; © picsfive – Fotolia.com 96, 169; © Maria.P. – Fotolia.com 178; © RTimages – Fotolia.com 307; © m.schuckart – Fotolia.com 329; © Rob Stark – Fotolia.com 178; © Manfred Steinbach – Fotolia.com 281; © James Thew – Fotolia.com 293; © Jellyhead360 – Fotolia.com© tom – Fotolia.com 97; © Udo Bojahr – Fotolia.com 364; © UMA – Fotolia.com 97; © Uwe Annas – Fotolia.com 361; © WoGi – Fotolia.com 316; © Woodapple – Fotolia.com 98; © Yanterric – Fotolia.com 53; Deutsche Bundesbank, Frankfurt am Main 349, 356; Hemera Photo Objects 38, 278; © iStockphoto.com 208; G. Liesenberg, Berlin 45, 71, 84, 194, 245, 284 f., 290, 294, 319, 320, 321, 325, 357, 362, 363, 364; Lokilech 363; Boris Mahler, Berlin 86, 99; B. Mahler, Fotograf, Berlin 97, 98, 99, 302; Mannesmann Dematic AG 103; MEV Verlag, Augsburg 26, 50, 96, 97, 98, 100, 105, 106, 123, 179, 180, 203, 295, 309, 313, 342, 347, 350, 354; NASA Goddard Space Flight Center Image by Reto Stöckli, Enhacements by Robert Simmon: „Blue Marble" 99; ©panthermedia.net – Marén W. 319; photocase/himberry 281; RUMOLD GmbH & Co. KG 240; shutterstock.com 99, 338; shutterstock.com/arteretum 180; shutterstock.com/mpanch 365; shutterstock.com/Rynio Productions 294; Tetra Pak GmbH & Co 84; Volkswagenwerk, Wolfsburg 99; Zeppelin Baumaschinen, Garching bei München 308

DAS NEUE BASISWISSEN SCHULE – JETZT MIT LERNHELFER

Das Standardwerk zum Nachschlagen – inklusive App und Lernportal mit Onlinelexikon

www.lernhelfer.de

Basiswissen Schule – 5. bis 10. Klasse

Englisch
ISBN 978-3-411-71963-1

Chemie
ISBN 978-3-411-71475-9

Deutsch
ISBN 978-3-411-71594-7

Biologie
ISBN 978-3-411-71485-8

Mathematik
ISBN 978-3-411-71505-3

Physik
ISBN 978-3-411-71465-0